LÉGISLATION ET JURISPRUDENCE

DU NOTARIAT

RÉSUMÉES EN 100 TABLEAUX SYNOPTIQUES

Avec Observations sur la Pratique et la Doctrine

PLAN D'ÉTUDE ET BIBLIOGRAPHIE

PAR LUDGER BRUEL, NOTAIRE

SUIVIES D'UN ANCIEN OUVRAGE **LE CODE NAPOLÉON** RÉDUIT EN LA MÊME FORME

RIOM

IMPRIMERIE DE G. LEBOYER, ÉDITEUR

Propriétaire de la Palais Jeunesse, Journal du ressort de la Cour impériale.

JUIN 1857.

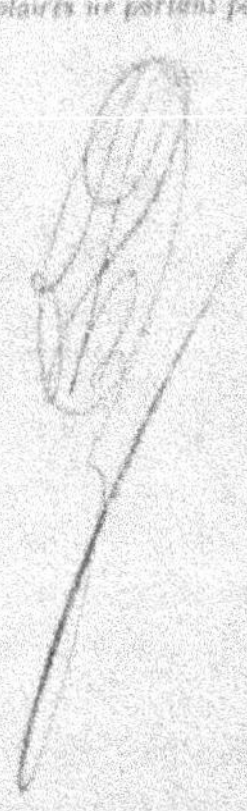

ABRÉVIATIONS.

Arch. du Not.	Archives du Notariat.	Ed.	Édit.
Av.	Avis du Conseil d'État.	Enr. ou Enreg.	Enregistrement.
Arr.	Arrêt ou Arrêté.	Hyp.	Hypothèques.
Art.	Article.	Inst.	Instruction.
Arg.	Argument.	Jug.	Jugement.
C. N.	Code Napoléon.	J. N.	Journal des Notaires et des Avocats.
C. Pr. (ou Proc.)	Code de procédure civile.	J. ou Journ. du Not.	Journal du Notariat.
C. Com.	Code de commerce.	L.	Loi. — (Au pluriel LL.)
C. Inst. Crim.	Code d'Instruction criminelle.	Lett.	Lettre.
C. Pén.	Code pénal.	Min	Ministériel ou ministérielle.
Circ.	Circulaire.	Ord.	Ordonnance.
Cass.	Cour de cassation.	Règ.	Règlement.
C.	Cour impériale. — (Au pluriel CC.)	Roll. de Vill.	Rolland de Villargues.
D.	Décret. — (Au pluriel DD.)	Sol.	Solution.
Dict. Not.	Dictionnaire du Notariat.	S. ou Suiv.	Suivant.
Déc.	Décision.	Trib.	Tribunal.
Délib.	Délibération.	V.	Voir.

LÉGISLATION ET JURISPRUDENCE

DU NOTARIAT

RÉSUMÉES EN 100 TABLEAUX SYNOPTIQUES

Avec Observations sur la Pratique et la Doctrine

PLAN D'ÉTUDE ET BIBLIOGRAPHIE

PAR L'ANCIEN NOTAIRE POITOU[?]

SUIVIES D'UN ANCIEN OUVRAGE, **LE CODE NAPOLÉON** RÉDUIT EN LA MÊME FORME

RIOM

IMPRIMERIE DE G. LEBOYER, ÉDITEUR

Propriétaire de la Gazette Judiciaire, Journal du ressort de la Cour impériale

JUIN 1857.

Avec les excellents manuels de M. ÉDOUARD CLERC, et la quatrième édition du DICTIONNAIRE DU NOTARIAT, dont le seul titre fait l'éloge,

Il manquait — ce me semble — un livre présentant, sous un aspect général, la Législation et la Jurisprudence du Notariat dans leur état le plus récent et sous l'antique forme toujours précieuse des tableaux synoptiques (dont le goût est revenu); lesquels, comme l'a dit un auteur en ce genre, facilitent l'étude aux jeunes commençants et rappellent aux initiés, par un seul coup d'œil, ce qui, dans un moment d'oubli ou de distraction, peut échapper à l'homme le plus exercé.

Ce Recueil sera, pour notre temps, celui des livres auxiliaires que Bacon prescrivait sous le titre de *Sommes ou « Livres sommaires* mettant en ordre tout ce qui est épars, abrégeant les détails et destinés à repasser le droit. »

Je me propose surtout d'encourager les Clercs-aspirants qui, en général, perdent un temps considérable à ébaucher un peu de tout sans ordre ni suite, parce qu'ils sont rarement guidés ou ne le sont que très-imparfaitement dans l'étude du Notariat, dont les matières arides et étendues ne leur étant pas limitées dans un seul cadre, les effraient et les rebutent souvent; — tandis qu'au moyen de ces tableaux qui forment un plan complet et servent de récapitulation, les aspirants marchent droit au but et arrivent beaucoup plus tôt à la capacité; laquelle, ainsi acquise dès les premières années du stage, est aisément agrandie et fortifiée avant l'entrée en fonctions. — Dans les nombreuses occupations demi-sédentaires et semi-actives du Notariat, on trouve beaucoup d'attraits sous différents rapports, et l'étude devient attachante à partir de l'instant où l'on s'explique la marche, l'extension et la portée de tout.

Aucune de nos lois spéciales et professionnelles n'a été omise. — J'ai recherché et assemblé, sous les titres qui leur sont propres, les anciennes dispositions réglementaires encore en vigueur.

Pour les arrêts et décisions concernant ou intéressant le Notariat, — outre la revue de nombreux traités, — j'ai relu toutes les solutions publiées par le J. N. depuis 1830 jusqu'à présent et, après l'appurement le plus attentif, j'en ai extrait et refondu ce qui constitue notre jurisprudence actuelle, en m'attachant surtout aux principes, et sans entrer dans les particularités, ni dans les questions de procédure.

Je serais heureux que cet essai sur la réunion et le classement didactique de tout ce qui est, pour ainsi dire, l'*essence du Notariat*, pût rendre les services qu'ont eu en vue mes simples travaux.

Qu'il me soit permis d'exprimer ici mon humble reconnaissance.

A L'ADMINISTRATION DU JOURNAL DES NOTAIRES. — A CELLE DU JOURNAL DU NOTARIAT,

Pour la parfaite et inépuisable sollicitude dont elles entourent, depuis si long-temps, — et le Notariat en général, — et tous ses membres en particulier.

Comme pour leur Doctrine aussi ferme qu'éminemment éclairée.

Picard.

À Mᵉ Bruno, Notaire

MONSIEUR,

J'ai lu, avec autant d'attention que d'intérêt, le Manuscrit que vous m'avez fait l'honneur de soumettre à mon examen, et je ne crains point d'émettre une opinion hasardée en déclarant que, par cet ouvrage, vous avez complétement atteint le but que vous vous étiez proposé.

Ce résumé, en descriptions graphiques, de la Législation notariale, ne pouvait être qu'une chose bonne et utile : — éparses et disséminées dans les Codes ou dans les bulletins, éparses et disséminées dans la propre contexture de chaque loi particulière, les règles dont nos lois se composent manquent toujours de cette unité, de cet ensemble sans lesquels il est bien difficile, sinon impossible d'en saisir le véritable esprit. — Les tableaux synoptiques, au contraire, ont l'avantage précieux d'embrasser, dans un cadre restreint, des paragraphes entiers et même des sections entières; de réunir, de rattacher à une disposition principale, pivot de la description, toutes les autres dispositions qui, conçues dans le même sens et faites pour le même objet, s'y réfèrent naturellement et n'en sont bien souvent que le développement, l'application ou l'exception.

Les tableaux synoptiques sont, pour la science à laquelle on les applique, ce que les cartes sont à la géographie, et ce que les arbres généalogiques sont à la loi des successions ; ils frappent, en même temps, la vue et l'esprit, procurent ainsi, par une double perception des descriptions qu'ils renferment, une compréhension plus soudaine, plus saisissante, et, par suite, une instruction plus sûre, plus profondément gravée dans la mémoire, et plus durable par conséquent.

« Les yeux, en la voyant, saisissent mieux la chose, » a dit Boileau; et Horace avait dit avant lui : « *Oculis subjecta fidelibus* . . . . . . »

Vous avez rempli avec succès, Monsieur, la tâche que vous aviez entreprise. Vous avez disposé vos tableaux avec beaucoup d'habileté; vous avez groupé, avec autant d'intelligence, autour de la proposition principale, les dispositions qui en sont les accessoires naturels. Les divisions et subdivisions sont parfaitement entendues, parfaitement coordonnées. Tout se suit, tout se lie de manière à ne former qu'un tout complet que l'on saisit, que l'on comprend sans peine, et que l'on retient de même. — Il est encore une idée ingénieuse dont on doit vous louer particulièrement : c'est d'avoir reporté en forme de notes, au-dessous de vos tableaux, ces observations, ces citations qui en sont l'appendice obligé, et qui n'auraient pu prendre place dans les tableaux mêmes qu'aux dépens de l'harmonie qui leur est si essentielle.

Votre travail, Monsieur, dénote chez son auteur des connaissances étendues. Il a dû vous coûter beaucoup de soins, vous prendre beaucoup de temps, et donner lieu à de nombreuses recherches. — C'est une œuvre consciencieuse et méritoire qui ne peut manquer d'obtenir le plus honorable succès.

Veuillez agréer,

Monsieur,

l'expression sincère de mes sentiments d'estime et de considération.

SCHOLL,

Ancien Notaire,

Directeur de l'École de Notariat de Bordeaux.

I.

LÉGISLATION.

ORGANISATION.

Les principaux traités du Notariat en ont établi l'origine et fait l'historique.

Notons seulement — afin de rappeler l'importance de cette institution — qu'elle remonte jusqu'aux premiers temps où les hommes ont fait entre eux des conventions, pour tout ce qui en exige dans les divers rapports de la vie sociale.

Au cinquième siècle, certains notaires sont appelés référendaires : leur chef avait la garde de l'anneau ou sceau royal. — A la fin du huitième siècle, ce titre est remplacé par celui de chancelier.

Les chapelains des rois furent les premiers à remplir les fonctions de notaire, de secrétaire et de chancelier.

L'Edit du mois d'août 1673 donnait aux notaires de Paris la qualité de conseillers du roi, qui les annoblissait.

Le Notariat — autrefois confondu avec la juridiction contentieuse, divisé en diverses catégories sous différents titres, ayant certains privilèges, principalement à Paris, — est aujourd'hui un corps distinct, constitué uniformément.

Il est placé dans les attributions du Ministère de la Justice, par la loi du 19 brumaire an I.

LES NOTAIRES — *Loi du 25 ventôse an 11*

- **sont** :
  - les fonctionnaires publics établis pour { recevoir tous les actes et contrats auxquels les parties doivent ou veulent donner le caractère d'authenticité attaché aux actes de l'autorité publique — en assurer la date — en conserver le dépôt — en délivrer des grosses et expéditions }
  - institués à vie
  - tenus de prêter leur ministère — lorsqu'ils en sont requis (1)
- **doivent résider** au lieu fixé par le Gouvernement — sous peine d'être considérés comme démissionnaires
- **exercent leurs fonctions**, savoir :
  - ceux des villes où est le tribunal d'appel — un tribunal de première instance } dans l'étendue du ressort de chacun de ces tribunaux
  - ceux des autres communes — dans l'étendue du ressort du tribunal de paix
- **ne peuvent instrumenter hors de leur ressort**, à peine de { suspension pendant trois mois / destitution en cas de récidive / tous dommages-intérêts }
- **ne peuvent par incompatibilité de leurs fonctions** être { juges / procureurs impériaux ni substituts / greffiers — avoués — huissiers / préposés à la recette des contributions { directes et indirectes } (2) / commissaires de police / commissaires-priseurs (ord. 31 juillet 1822) }
- **ont la faculté de présenter des successeurs** { excepté dans les cas de destitution / pourvu que ces successeurs réunissent les qualités exigées par les lois } L. 28 avril 1816 art. 91

L. 25 vent. an 11

- **Le nombre / Le placement / La résidence** { des notaires } sont déterminés de manière qu'il y ait :
  - 1° dans les villes de cent mille habitants et au-dessus } un notaire au plus par six mille habitants
  - 2° dans les autres { villes / bourgs / villages } 2 notaires au moins / 3 — au plus par chaque arrondissement de justice de paix } (3)
- **Les places ne sont** supprimées ou réduites, quand il y a lieu, que dans les cas de { mort / démission / destitution } (4)
- **L'outrage par** { paroles / gestes ou menaces } envers les officiers ministériels { à l'occasion ou dans l'exercice } de leurs fonctions } est puni { d'amende de 16 à 200 fr. } C. pén. art. 224 (5)
- **Toute** { attaque / résistance } avec { violence et voie de fait } envers les officiers ministériels agissant pour l'exécution des lois } est qualifiée selon les circonstances { crime ou rébellion } et punie en conséquence C. pén. art. 209 et suiv.

STAGE — *les aspirants au notariat* — *Ord. 4 janv. 1843*

doivent :
- se pourvoir d'un certificat { du notaire chez lequel ils travaillent constatant le grade qu'ils y occupent }
- faire inscrire leur stage { au secrétariat de la chambre dans les trois mois du certificat } sur la production { dudit certificat et de leur acte de naissance } qui demeurent déposés
- signer ces inscriptions au registre — avec le secrétaire de la chambre
- demander l'autorisation de la chambre pour l'inscription des grades inférieurs à celui de quatrième clerc (6)
- avoir dix-sept ans accomplis — pour être admis à l'inscription (7)
- déclarer { dans les mêmes forme et délai et en produisant le certificat } leurs changements de grade et d'étude

(V. le tableau suivant.)

---

(1) Cette obligation comprend la signature en second; et un notaire ne peut refuser son contre-seing à un acte même ordinaire qui lui est présenté par un confrère de sa résidence; c'est un service que les notaires se doivent réciproquement. — Sol. Journal du Not. n° du 13 juillet 1848.

(2) Les fonctions notariales sont aussi incompatibles avec celles de — conservateurs des hypothèques (L. 9 vendémiaire an 3) — sous-préfets (arr. 3 thermidor an 11) — secrétaires de préfecture (ord. 10 messidor an 13) — agents (D. 14 décembre 1810, Ord. 21 novembre 1832) — receveurs de l'enregistrement (L. 21 germinal an 5) — examinateurs de préfecture ou de sous-préfecture (L. 21 vendémiaire an 3) — mais les notaires peuvent être — juges suppléants des tribunaux de paix (Lett. min. 22 janvier 1827) — [pourvu] qu'ils remplissent les conditions (Reg. 3 janvier 1833) — maires ou adjoints — conseillers généraux et d'arrondissement.

(3) Le nombre et le placement des études ont été déterminés par des ordonnances de 1810 et autres postérieures; — mais le gouvernement n'en conserve pas moins le droit d'augmenter ce nombre par des créations effectuées dans les limites de la loi, et suivant le besoin des populations. (V. notamment la loi du 28 juin 1841, art. 1.)

(4) Le droit de réduction du nombre des notaires est confirmé par l'art. 91 de la loi du 28 avril 1816.

(5) L'officier insulté doit dresser procès-verbal de rébellion. (Arg. C. pén. art. 565).

(6) La chambre refuse l'autorisation de cette inscription, lorsque le nombre de clercs demandé est évidemment hors de proportion avec l'importance de l'étude — le même grade ne peut être conféré concurremment à deux ou plusieurs clercs dans la même étude (Ord. précitée).

(7) Les inscriptions à l'École de droit peuvent se prendre à 16 ans (D. 21 septembre 1804).

ORGANISATION [1].

CONDITIONS D'ADMISSION — POUR ÊTRE ADMIS AUX FONCTIONS DE NOTAIRE, IL FAUT :

(V. le tableau précédent.)

1° Jouir de l'exercice des droits de citoyen
2° Avoir satisfait aux lois sur la conscription militaire
3° Être âgé de vingt-cinq ans accomplis
4° Justifier du temps de travail ou stage prescrit

« Le temps de travail ou stage sera, sauf les exceptions ci-après, de six années entières et non interrompues, dont une des deux dernières au moins, en qualité de premier clerc chez un notaire d'une classe égale à celle où se trouvera la place à remplir.

« Le temps de travail pourra n'être que de quatre années, lorsqu'il en aura été employé trois dans l'étude d'un notaire de classe supérieure à la place qui devra être remplie, et lorsque, pendant la quatrième, l'aspirant aura travaillé en qualité de premier clerc chez un notaire d'une classe supérieure ou égale à celle où se trouvera la place pour laquelle il se présentera.

« Le notaire déjà reçu, et exerçant depuis un an dans une classe inférieure, sera dispensé de toute justification de stage, pour être admis à une place de notaire vacante dans une classe immédiatement supérieure.

« L'aspirant qui aura travaillé pendant quatre ans sans interruption chez un notaire de première ou de seconde classe, et qui aura été, pendant deux ans au moins, défenseur ou avoué près d'un tribunal civil, pourra être admis dans une des classes où il aura fait son stage, pourvu que, pendant l'une des deux dernières années de son stage, il ait travaillé en qualité de premier clerc chez un notaire de classe égale à celle où se trouvera la place à remplir.

« Le temps de travail exigé par les art. précédents devra être d'un tiers en sus toutes les fois que l'aspirant, ayant travaillé chez un notaire d'une classe inférieure, se présentera pour remplir une place d'une classe immédiatement supérieure.

« Pour être admis à exercer dans la troisième classe de notaires, il suffira que l'aspirant ait travaillé, pendant trois années, chez un notaire de première ou de seconde classe, ou qu'il ait exercé comme défenseur ou avoué, pendant l'espace de deux années, auprès du tribunal d'appel ou de première instance, et qu'en outre, il ait travaillé pendant un an chez un notaire.

« Le Gouvernement pourra dispenser de la justification du temps d'étude les individus qui auront exercé des fonctions administratives ou judiciaires.

LOI DU 25 VENTÔSE AN 11.

TRAITÉ.

L'aspirant

produit — les pièces justifiant qu'il est dans les conditions prescrites — le traité { constaté par écrit / énonçant le prix fidèle et préalablement enregistré } de l'office acquis

demande — la démission et présentation par le titulaire — à la chambre de discipline du ressort dans lequel il doit exercer — un certificat { de moralité et de capacité }

L.L. 15 ventôse an 11 — 25 juin 1841

EXAMEN.

La Chambre

— a, bien entendu, le droit d'imposer { au candidat l'épreuve de l'examen } pour s'assurer de sa capacité [2]

peut — ne pas employer l'examen qui { n'est point prescrit, est seulement permis } [3] — l'exiger de tout candidat — et même du notaire qui change de ressort, de la personne qui a exercé des fonctions judiciaires

Déc. min. 20 mai 1837 — Déc. min. 9 juin 1845

doit — en cas de refus du certificat — donner un avis motivé — dans tous les cas — communiquer — au procureur impérial — la délibération prise — *L. de ventôse*

— a la faculté de révoquer le certificat qu'elle aurait délivré à un aspirant qui n'en était pas digne — *Joye. — Roll. de Vill.*

L'examen

— est presque toujours oral
— peut avoir lieu sur des questions écrites { quelques chambres procèdent ainsi — les aspirants sont admis à le demander }
— comprend tout ce qui concerne les devoirs et fonctions des notaires
— doit s'étendre { au droit civil et à la jurisprudence } dans ce qui a rapport { au notariat et à la rédaction des actes }

Roll. de Vill. — Dalloz

(V. le tableau suivant.)

---

(1) V. Toullier — *Droit civil* — tome 5, page 136 — une belle et juste réflexion.

Les travaux d'une étude de notaire consistent en :

Conférences — consultations — démarches
Notes préparatoires et rédaction des actes
Tenue { des répertoires / de la table des minutes / de la comptabilité }

Correspondance
Expéditions, extraits, mentions, copies
Bordereaux, réquisitions, états divers, affiches et insertions
Collation
Recherche et classement

Les notariats sont un lieu d'enseignement et de travail pour le stage des { huissiers / commissaires priseurs / greffiers. }

Sur la tenue des études de notaires — V. le bel ouvrage de M. Charles Fournier, président de la chambre des notaires de la Rochelle, 1 vol. gr. in-8° — 1851.

(2) C'était d'usage dans l'ancien droit, d'après l'ordonnance d'octobre 1535 (A. Dalloz).

(3) Considérant, a dit le ministre, que les moyens d'appréciation de la capacité de l'aspirant sont laissés par la loi à la conscience des chambres qui sont moralement responsables envers la société de la bonté des choix du gouvernement qu'elles sont appelées à éclairer.

ORGANISATION [1]

(V. le tableau précédent.)

INSTALLATION

LES NOTAIRES

- nommés { par l'Empereur / sur une commission } énonçant le lieu fixe de la résidence — adressée au tribunal de première instance
- sont tenus :
  - de prêter le serment { politique et professionnel } { à peine de déchéance / dans les deux mois de la nomination / à l'audience du tribunal auquel la commission a été adressée }
  - de représenter { avant le serment } { l'original de la commission / la quittance de versement du cautionnement }
  - de déposer { avant l'entrée en fonctions } leur { signature et paraphe } { au greffe de chaque tribunal de première instance de leur département / au secrétariat de la municipalité de leur résidence / au greffe des autres tribunaux de première instance de leur ressort pour les notaires de première classe }
- n'ont le droit d'exercer qu'à compter du jour de la prestation de serment [2]
- doivent avoir un sceau { portant } { leur nom, qualité et demeure (L. 25 ventôse an 11) / le type de l'empire français (D. 2 décembre 1852) }
- sont autorisés par lettre de sauvegarde du roi Charles VI, d'avril 1411 { à placer à la porte extérieure de leur maison } { des panonceaux aux armes de France } { pour annoncer qu'ils ont un dépôt public placé sous la sauvegarde du souverain } — Circ. min. juin 1809 [3]
- ont rang entre eux — suivant la date de leur réception respective (L. 25 ventôse an 11)
- sont maintenant assujettis à la patente (L. 22 mai 1850)
- doivent tenir { exposé dans leur étude } le tableau des personnes { interdites ou assistées de conseil } dans le ressort { L. 25 ventôse an 11 / D. 16 février 1807 / C. N. art. 501 }

(en marge : Cir. min. 6 novembre 1821 — L. 25 VENTOSE AN 11)

LE CAUTIONNEMENT

- doit être fourni { en numéraire / avant l'installation } — LL. 25 ventôse an 11 — 28 avril 1816
- est fixé par la loi du 28 avril 1816, à raison { de la population et du ressort } des résidences
- spécialement affecté à la garantie des condamnations { prononcées contre eux dans l'exercice de leurs fonctions } — L. de ventôse
- produit un intérêt { réduit de 4 à 3 0/0 par la loi du 4 août 1844, art. 7 / qui se prescrit par cinq ans, comme tous autres (Av. 24 mars 1809) }
- est affecté :
  - par premier privilège — à la garantie des faits de charge
  - par second privilège { au remboursement des fonds prêtés au titulaire pour tout ou partie de ce cautionnement / à la condition de remplir les formalités requises (déclaration par le titulaire — certificat de non opposition, etc.) } { L. 25 nivôse an 13 / D. 22 août 1809 / L. 22 décembre 1812 }
- est remboursé :
  - après la cassation des fonctions — déclarée au greffe
  - sur la justification — des certificats { d'inscription / de quittance / d'affiches / de non opposition } { L. 25 nivôse an 13 / D. 18 septembre 1806 }

Le titre de notaire honoraire { peut être conféré — sur { la proposition de la chambre et le rapport du garde-des-sceaux } aux notaires qui ont exercé pendant vingt années consécutives } — Ord. du 4 janvier 1843

Les notaires honoraires ont le droit d'assister aux assemblées générales — ils ont voix délibérative

Les notaires ont pour patron Saint-Nicolas (Dalloz)

---

(1) Une circulaire de M. le garde des sceaux, du 28 mars 1856, déclare que le gouvernement — loin de vouloir supprimer ou au moins racheter les offices publics et ministériels, comme la malveillance en a répandu le bruit à diverses reprises — respecte la propriété des offices comme toutes les autres, et que jamais il n'est entré dans ses projets de priver les titulaires et leurs familles d'un bien qui souvent constitue leur principale ressource.

(2) Le refus ou le défaut de serment est considéré comme une démission (D. 8 mars 1852).
Le Code pénal, art. 196, dispose que tout fonctionnaire public qui est entré en fonctions sans avoir prêté serment, peut être poursuivi et est puni d'une amende de 16 à 150 francs.
Les décrets spéciaux (5 avril 1852) relatifs à la prestation de serment des fonctionnaires publics, veulent que le serment politique et professionnel soient prêtés à la suite l'un de l'autre.
La formule entière pour les notaires est celle-ci :
« Je jure obéissance à la Constitution et fidélité à l'Empereur (Constitution art. 14).
« Je jure et promets aussi de remplir mes fonctions avec exactitude et probité. » (L. de ventôse art. 47).
La réception des notaires, a dit Loyseau, consiste dans la prestation de serment, réception solennelle qui leur transfère la puissance publique, l'ordre et le caractère d'officier.
Autrefois les notaires prêtaient sur l'Évangile un serment particulier dans l'intérieur de leur compagnie (Roll. de 1311.).

(3) Le nombre des panonceaux, pour chaque étude, doit être de 3 au moins et 4 au plus (arrêté de la chambre des notaires de Paris, du 7 juillet 1813).
Le type actuel des panonceaux est déterminé par le décret précité du 2 décembre 1852.

DISCIPLINE.

LES CHAMBRES DES NOTAIRES

ORDONNANCE DU 4 JANVIER 1843.

sont
- instituées — par la loi organique du 25 ventôse an 11
- établies — par l'ordonnance du 4 janvier 1843 (1)
- — auprès de chaque tribunal de première instance, et dans la ville où il siége
- chargées — de la police de la discipline parmi les notaires de l'arrondissement
- composées —
  - à Paris — de dix-neuf membres
  - dans les arrondissements ayant plus de cinquante notaires — de neuf membres
  - dans les autres arrondissements — de sept —

Ces nombres peuvent être réduits ou augmentés par décision du gouvernement.

ont
- un président qui
  - a voix prépondérante en cas de partage d'opinions
  - convoque la chambre
  - a la police de la chambre
- un syndic qui (2)
  - est partie poursuivante contre les notaires inculpés
  - a le droit de convoquer la chambre comme le président
  - agit pour la chambre et poursuit l'exécution de ses délibérations
- un rapporteur qui — recueille et rapporte tous les renseignements sur les faits imputés aux notaires
- un secrétaire qui
  - rédige les délibérations
  - est gardien des archives
  - délivre les expéditions
  - tient le registre — coté et paraphé par le président, pour l'inscription du stage des clercs aspirants
- un trésorier qui (3)
  - fait les recettes et dépenses autorisées
  - en rend compte sur décharge de la chambre

Officiers que les membres choisissent entre eux et qui ne peuvent refuser de l'être.

ne peuvent délibérer valablement qu'autant que les membres présents et votants sont au moins de
- 9 pour Paris
- 7 — les chambres composées de 9 membres
- 5 — les autres chambres

ont pour attribution
- 1° de prononcer ou de proroger — suivant les cas — l'application de toutes les dispositions de discipline
- 2° de prévenir ou concilier — leurs différents entre notaires — d'émettre leur opinion — par simple avis — en cas de non conciliation
  - prévenir ou concilier — toutes plaintes — de la part des tiers — ou réclamations — contre les notaires — à raison de leurs fonctions
- 3° de donner simplement leur avis sur les dommages-intérêts qui pourraient être dus
  - réprimer — par voie de censure et autres décisions de discipline — toutes infractions qui en seraient l'objet (4)
- 4° de donner leur avis — sur — les difficultés de règlement des honoraires et vacations des notaires, lors différents soumis à cet égard au tribunal civil
- 5° de
  - délivrer ou refuser — tous certificats de — bonnes mœurs et capacité — à elles demandées par les aspirants
  - prendre — à ce sujet toutes délibérations
  - donner — tous avis motivés, les adresser et communiquer à qui de droit
- 6° de recevoir en dépôt les états des minutes dépendant des études de notaires supprimées
- 7° de représenter tous les notaires de l'arrondissement, collectivement sous le rapport de — leurs droits et intérêts communs

doivent
- exercer une surveillance générale sur la conduite des aspirants du ressort (et peuvent, suivant les circonstances, prononcer contre eux soit le rappel à l'ordre, soit la censure, soit enfin la suppression du stage pendant un temps qui ne pourra excéder une année.)
- procéder contre eux comme à l'égard des notaires — sauf — l'inapplication de — la suspension la destitution — à entendre les notaires leurs patrons
- inscrire — sur un registre coté et paraphé par le président de la chambre — toutes leurs décisions et délibérations
- communiquer ce registre au ministère public, à sa première réquisition
- tenir leurs assemblées — en un local à ce destiné — dans la ville où est établie la Chambre
- tenir chaque année deux assemblées générales
  - auxquelles tous les notaires du ressort sont invités
  - soit — pour nommer les membres de la chambre — pour se concerter sur ce qui intéresse l'exercice de leurs fonctions
- avoir la présence du tiers des notaires de l'arrondissement — non compris les membres — pour la validité des délibérations et élections
- faire approuver par le Ministre de la Justice — leurs règlements et le rôle de la bourse commune
- avoir une bourse commune (5) pour les dépenses de la communauté, votées par l'assemblée générale (6)

(V. le tableau suivant.)

---

(1) *Les Chambres de discipline sont un tribunal de famille qui doit exercer sur ses Membres une autorité paternelle (Dict. not.) Elles existaient déjà en vertu d'un arrêté du 2 nivôse an 12, lequel, restant en vigueur, se trouve abrogé par cette ordonnance de 1843. L'exercice et la discipline du Notariat, en Algérie, sont régis par un arrêté du Ministre de la guerre, du 10 décembre 1842.*

(2) *Le nombre des syndics peut être porté à trois pour Paris et à deux pour les Chambres dont le ressort comprend plus de cinquante notaires (Ord. précitée.)*

(3) *Un archiviste est en outre attaché aux Chambres et fait les écritures dont est chargé le secrétaire : c'est un usage général.*

(4) *Sans préjudice de l'action des tribunaux, s'il y a lieu (Ord. précitée.)*

(5) *L'ordonnance de Philippe-le-bel, de 5 juin 1300, contient les premières règles sur la bourse commune (Dalloz.)*

(6) *Dans les dépenses, les Compagnies des notaires de Paris, Versailles, Lyon et beaucoup d'autres arrondissements, comprennent les frais de fabrication de jetons qu'elles se distribuent aux séances (ces jetons n'étant pas d'un prix élevé, puisqu'ils ne peuvent se vendre qu'à 2 fr 50); le J. N., en recommande l'usage à toutes les Chambres comme image honorable de récompense l'assiduité, et comme souvenir durable, pour la famille des notaires, des fonctions exercées. Il observe que l'usage des jetons était en pleine vigueur dans le Notariat en 1581. V. art. 15322.*

DISCIPLINE [1]

(V. le tableau précédent.)

LES MEMBRES de la CHAMBRE sont :

nommés par l'assemblée générale des notaires, convoquée à cet effet [2]
choisis — pour la moitié au moins — dans les plus anciens forment les deux-tiers

élus :
- à la majorité absolue des voix
- au scrutin secret et
- par bulletin de liste

renouvelés : chaque année par tiers ou portion approchante
sans pouvoir rester en fonctions plus de trois ans consécutifs

Le notaire, élu membre, ne peut en refuser les fonctions qu'autant que ce refus est agréé

LA CHAMBRE DE DISCIPLINE

pourra prononcer contre les notaires :
- le rappel à l'ordre
- la censure simple par la décision même
- la censure avec réprimande par le président } aux notaires en personne dans la chambre assemblée
- la privation de voix délibérative dans l'assemblée générale
- l'interdiction de l'entrée de la chambre } pendant un espace de temps } qui ne pourra excéder trois ans pour la première fois / qui pourra s'étendre à six ans pour récidive

si l'inculpation paraît assez grave pour mériter la suspension ou la destitution :

s'adjoint par la voie du sort d'autres notaires de l'arrondissement :
- à Paris — dix notaires
- ailleurs — un nombre inférieur de deux à celui de leurs membres

émet :
- par forme de simple avis
- à la majorité absolue des voix
- au scrutin secret, par correct nomi

son opinion { sur la suspension et sa durée ou sur la destitution

ne peut former son avis qu'en présence des deux tiers au moins des membres appelés

au cas d'avis affirmatif — fait remettre [3] : au greffe du tribunal et au procureur impérial } expédition de la délibération

Les délibérations :

sont motivées et signées par le président et le secrétaire } à la séance même où elles sont prises

contiennent les noms des membres présents
se notifient quand il y a lieu

LES NOTAIRES NE PEUVENT par eux-mêmes ou par personnes interposées :

1° se livrer à aucune { spéculation ou opération } de { bourse / commerce / banque / escompte / courtage

2° s'immiscer dans l'administration d'aucune { société / entreprise / compagnie } { de finance / de commerce / d'industrie

3° faire des spéculations relatives :
- à l'acquisition et revente d'immeubles
- à la cession { de créances / de droits successifs / d'actions industrielles / d'autres droits incorporels

4° s'intéresser dans aucune affaire pour laquelle ils prêtent leur ministère

5° placer en leur nom personnel { des fonds qu'ils auraient reçus / même à la condition d'en servir l'intérêt

6° se constituer { garants ou cautions à quelque titre que ce soit } { des prêts } { faits par leur intermédiaire ou constatés par eux, en acte public ou privé

7° servir de prête-nom } en aucune circonstance — même pour des actes autres que ceux sus-désignés

s'associer pour l'exploitation de leurs offices (arrêt de règlement, 7 février 1812 — Déc. min. 13 juin 1835)

hors les cas où la loi les y oblige :
- donner connaissance { à d'autres qu'aux personnes qui y ont droit / des actes confiés à leur garde (L. 25 ventôse an 11)
- révéler les secrets dont ils sont dépositaires par leur état (C. pén. art. 378) [4]

Les contraventions aux prohibitions qui précèdent et autres infractions à la discipline sont { poursuivies et punies } selon la gravité des cas (Ord. 4 janvier 1843) [5]

Toutes { suspensions / destitutions / condamnations } d'amendes et en dommages-intérêts } sont prononcées { contre les notaires par le tribunal civil } { à la poursuite des parties ou à la diligence du procureur impérial } **Loi de ventôse, art. 52** [6]

Tout notaire { suspendu destitué ou remplacé } devra { aussitôt après la notification } { cesser l'exercice de son état } à peine { de tous dommages-intérêts des autres condamnations légales } **Même loi, art. 53**

suspendu, ne peut — sous les mêmes peines — reprendre ses fonctions qu'après le temps de la suspension

---

(1) Les peines de suspension, destitution et remplacement prévues par la loi de ventôse et le Code de commerce, ont lieu dans les cas suivants :
Défaut de résidence dans le lieu fixé par le gouvernement — remplacement — art. 4.
Instrumentation hors du ressort — suspension pendant 3 mois; destitution en cas de récidive — art. 6.
Fraude dans les surcharges, interlignes, additions, ou dans la datation des actes — destitution — art. 16.
Expédition ou communication des actes, sans ordonnance, à d'autres qu'aux personnes intéressées — suspension de 3 mois pour la récidive — art. 23.
Délivrance de seconde grosse, sans ordonnance du président du tribunal — destitution — art. 26.
Cautionnement entamé { jusqu'au rétablissement intégral — suspension / non rétabli dans les six mois — remplacement } art. 33.
Collusion dans le défaut du dépôt des contrats de mariage des commerçants — Destitution — art. 68 du C. com.
Copie de profits non joracées — profits non répertoriés régulièrement — destitution — art. 170 du C. com.
D'après une circulaire du 28 ventôse an 12, le refus illégal de son ministère, par un notaire — est une cause de suspension et même de destitution, selon les circonstances.
L'art. 17 du D. du 4 mai 1808, enjoint au notaire qui procède à l'inventaire après le décès du titulaire d'un majorat, de donner préalablement à l'autorité avis du décès — sous peine d'interdiction (c'est-à-dire de suspension).
Le D. du 6 novembre 1851 sur les ventes de fruits et récoltes, porte que l'officier qui y procède pourra être suspendu ou destitué pour perception illégale d'honoraires — abonnement ou modification prohibés.
(2) Dans l'usage, la plupart des Chambres ne se réunissent en assemblée générale qu'une fois par an, dans la première quinzaine de mai, époque et délai fixés par l'ordonnance, pour l'élection des Membres de la Chambre — Des décisions antérieures fixaient des diverses dates de réunion, mais elles sont désormais sans autorité.
(3) Les art. 17 à 30 de l'ordonnance sont relatifs à la dénonciation par le syndic des faits de discipline — au mode de citation et de comparution devant la chambre — et à l'exclusion des Membres parents en degré prohibé.
(4) Comme les médecins, pharmaciens, sages-femmes, etc. — C'est donc un devoir d'état, ainsi que le dit Gérard Deschesnes.
(5) Le notaire est donc intéressé à la plus parfaite conduite; il n'est point d'ailleurs de route plus sûre pour aller à la fortune que celle de la probité — en d'autres termes, la ligne droite est toujours la plus courte. (Gérard Deschesnes.) — Les hommes, quelque emploi qu'ils exercent, n'obtiennent jamais la confiance s'ils ne sont justes et intègres (Voltaire).
(6) Les jugements sont sujets à l'appel et exécutoires par provision, excepté quant aux condamnations pécuniaires (même article).

ORDONNANCE DU 4 JANVIER 1843.

Loi de ventôse

ACTES ET CONTRATS (1)

Loi du 25 ventôse an 11.

LES ACTES NOTARIÉS

- font foi en justice jusqu'à inscription de faux — et sont exécutoires dans toute l'étendue de l'Empire (C. N. 1319)
- **DOIVENT**
  - être
    - reçus par
      - 2 notaires — ou
      - 1 notaire — assisté de deux témoins
        - citoyens français — sachant signer
        - domiciliés dans l'arrondissement où l'acte est passé
    - écrits (2)
      - en un seul et même contexte et lisiblement
      - sans
        - abréviation, blanc, lacune ni intervalle
        - surcharge, interligne ni addition dans le corps de l'acte
    - lus aux parties et contenir la mention de cette lecture
    - signés par les parties, les témoins et les notaires qui font mention à la fin de l'acte
      - de toutes les signatures (3)
      - de la déclaration des parties qui ne savent ou ne peuvent signer
    - en minutes — à l'exception des actes simples qui, d'après la loi, peuvent être délivrés en brevet (4)
    - légalisés
      - par le président du tribunal
        - de la résidence du notaire
        - du lieu où est délivré l'acte ou l'expédition
      - savoir
        - ceux des notaires des Cours Impériales — lorsqu'on s'en sert hors de leur ressort
        - ceux des autres notaires — lorsqu'on s'en sert hors de leur département
  - énoncer
    - les nom et lieu de résidence du notaire qui les reçoit
    - les noms, prénoms, qualités et demeures
      - des parties
      - des témoins certificateurs
    - les sommes et les dates en toutes lettres
    - les noms et la demeure des témoins instrumentaires
    - le lieu — l'année — et le jour — de la passation des actes
- **NE PEUVENT**
  - être reçus
    - par les notaires
      - qui sont parents ou alliés des parties
        - en ligne directe à tous les degrés
        - en ligne collatérale, jusqu'au degré d'oncle ou de neveu inclusivement (5)
      - dont les parents ou alliés au même degré auraient en ces actes quelque disposition en leur faveur
    - par deux notaires — qui sont parents ou alliés entre eux, au même degré
  - avoir pour témoins
    - les parents ou alliés — au degré prohibé
      - soit du notaire
      - soit des parties contractantes
    - leurs clercs ou leurs serviteurs
  - contenir
    - des noms ou qualifications supprimées
    - des clauses et expressions féodales
    - des énonciations de poids et mesures et numération décimale supprimées

Les procurations des contractants sont annexées aux actes

Les renvois sont
- écrits en marge
- signés ou paraphés par les notaires et autres signataires
- écrits à la fin si la longueur l'exige, et en ce cas
  - expressément approuvés par les parties
  - outre les signatures ou paraphes

Les mots à rayer le sont
- de manière que le nombre puisse en être
  - constaté à la marge de leur page correspondante ou à la fin de l'acte
  - approuvé de la même manière que les renvois écrits en marge

Tout acte
- se divise en trois parties :
  - le préambule — où sont énoncés le nom du notaire — la comparution des parties — le but de l'acte
  - le corps de l'acte — qui comprend les clauses et conventions
  - la clôture — où se trouvent les mentions requises par la loi pour la solennité de l'acte
- doit
  - nécessairement être écrit en langue française (L. 20 juillet 1794, conforme à l'ord. de 1539)
  - contenir en lui-même la preuve de sa validité
  - mentionner l'accomplissement des conditions légales

Il n'y a point contravention
- pour les ratures et blancs
  - sans importance
  - laissés dans le corps de l'acte
  - (Déc. min. 1er octobre 1837)
- pour les surcharges
  - approuvées régulièrement
  - insignifiantes — non constatées
  - (Déc. min. 23 janvier 1817; — — 4 décembre 1839)

Il n'y a point de nullité
- pour défaut de mention de la signature du notaire (Av. 20 juin 1810)
- pour parenté entre deux témoins instrumentaires (Lett. min. 7 octobre 1809) (6)

LES NOTAIRES

- sont dispensés maintenant d'énoncer les patentes dans les actes qu'ils reçoivent (L. 18 mai 1850)
- **NE DOIVENT**
  - passer des actes pour des maires de communes
    - consentis par eux en cette qualité
    - sans l'autorisation du gouvernement
    - (Circ. min. 21 mai 1809)
  - constater la numération des espèces
    - que quand elle a réellement lieu en leur présence
    - à peine
      - de poursuites criminelles et de l'action disciplinaire
    - (Circ. min. 11 septembre 1823)
  - user
    - que dans les cas d'absolue nécessité de la disposition de l'art. 974 C. N.
    - pour éviter que l'on prétende qu'ils auraient pu trouver tous témoins signataires : cette appréciation n'étant pas suffisamment déterminée ni en doctrine ni en jurisprudence
  - employer pour témoins que des hommes
    - qui
      - outre les qualités voulues par la loi
      - présentent la certitude d'une solide probité
    - Afin de prévenir les fausses déclarations que des parties pourraient obtenir par l'appât d'un gain ou tout autre intérêt contre la sincérité des actes notariés

(V. le tableau suivant).

---

(1) *Comme le style des lois, le style des actes doit être concis ; il doit être simple, précis et nerveux.*
L'acte que rédige le notaire doit être fait de manière qu'il n'en puisse jamais naître un sujet de contestations. | *Massé.*

(2) *D'après les lettres patentes de François Ier, du 1er septembre 1541, les notaires de Paris, et implicitement tous les autres, sont dispensés d'écrire eux-mêmes leurs minutes et peuvent les faire écrire et grossoyer par leurs clercs. — On entend par seul et même contexte : 1° l'unité d'action dans la confection des actes, c'est-à-dire qu'un acte (à la différence des procès-verbaux) ne peut se faire en différents temps et que la teneur ne doit pas être coupée par des clauses étrangères à l'affaire qui s'y traite ; 2° une écriture de caractères uniformes et une disposition régulière des lignes.*

(3) *On fait parapher le recto des rôles des minutes quand il y a plusieurs feuilles (pour garantir qu'il n'en sera point substitué d'autres).*
Après les parties, le notaire en second ou les témoins signent à gauche ; le notaire en premier signe à droite.
Les témoins honoraires et les conseils des parties, quand il y en a, ne font que signer la clôture de l'acte ; leurs paraphes sont inutiles sous les renvois et les approbations des ratures (usage adopté par les notaires de Paris et suivi partout). — C'est l'ordonnance de Charles IX qui enjoignit à tous les notaires de faire signer leurs actes aux parties et témoins, ou de faire mention qu'ils n'avaient su signer (Toullier).

(4) *Il doit être gardé minute des obligations excédant 300 fr. (Déclaration 4 décembre 1750 — Ord. 7 décembre 1823).*

(5) *Cette défense est applicable aux parents naturels ou adoptifs, comme aux parents légitimes — jusqu'aux mêmes degrés (Loret. Roll. Vill.)*
Un notaire ne peut recevoir un acte dans lequel figure un fondé de procuration qui lui est parent au degré prohibé (Let. min. 5 février 1833).

(6) *Mais il est prudent de l'éviter autant que possible — dit la lettre.*

ACTES ET CONTRATS [1]

(V. le tableau précédent.)

LES ACTES notariés — {donation entre vifs / donation entre époux pendant le mariage / révocation de donation ou de testament / reconnaissance d'enfant naturel / procuration pour consentir ces divers actes} doivent être reçus {par deux notaires conjointement / ou / par un notaire en présence de deux témoins} à peine de nullité — L. 21 juin 1843 [2].

Le Code Napoléon pose les définitions et règles générales des Contrats et Conventions.
Il trace les formes des plus fréquents et principaux Actes que les Notaires sont appelés à recevoir

LES ACTES et LES CONTRATS

de consentements divers
respectueux et les notifications
de prêt et de crédit
d'antichrèse
de cautionnement
de nantissement et gage
de dépôt et séquestre
d'ordre et distribution amiables [3]
de liquidation et partage
de notoriété (V. L. du 25 frimaire an 5)
d'offres réelles
de reconnaissance d'enfant naturel
de constitution et restriction d'hypothèque
de ratification
de désaveu de paternité
de prorogation et délibération
de transport et subrogation
de délégation et indication de paiement
de nomination de tuteur et de conseil de tutelle

mariage (V. art. 67, 68, C. com. pour les commerçants [4])
établissement de communauté dissoute
louage d'ouvrage et d'industrie
rente viagère et perpétuelle
société civile
vente et licitation
échange
rachat ou réméré

donations
testaments [5]
baux divers
délivrance de legs
cession et abandon de biens
transactions
désistements
mandats et autorisations
devis et marchés
déclarations et certificats
titres nouveaux

révocations {de donation / de testament / de procuration}

retraits {d'indivision / successoraux / de droits litigieux}

main-levées {d'inscription et subrogation / de saisie / d'opposition / d'écrou}

divers comptes amiables

contre-lettres
conventions diverses et actes innommés {licites à tous égards}

comptes et décharges {dans les cas de} {mandat / bénéfice d'inventaire / tutelle / exécution testamentaire / toutes charges et gestions}

Le Code de procédure civile indique les formalités des actes de la catégorie suivante :

Les procès-verbaux {de délivrance de seconde grosse / de compulsoire — (V. L. de ventose, art. 74) / d'inventaire [6]}

Les {ordres amiables (art. 749 et s.) / partages et licitations / comptes / ventes d'immeubles {judiciaires {renvoyés devant notaire}} / acquiescements {à demandes judiciaires / à jugements} / désistements (ou renonciations)} comprenant — les actes relatifs au bornage (V. C. N. et L. du 7 juillet 1819)

Le Code de Commerce traite des actes ci-après :

LES ACTES

des mineurs émancipés / des femmes marchandes {autorisées pour le commerce}
de société (et leurs publications)

de {charte-partie / affrétement / nolisement} {ou louage de vaisseaux / dont le prix est appelé / fret ou nolis}

dessaisissement {reconnaissance {fournie par le capitaine / des marchandises dont il se charge}}

de prêt à la grosse {sur objets exposés aux risques maritimes}

d'assurance maritime {contre les {pertes / dommages / avaries} {de mer et / de force majeure}}

délaissements {abandon {après le sinistre / pour l'assuré à l'assureur / de ce qui reste des choses assurées}}

concordats et atermoiements
contrats d'union
abdications
ventes des meubles et immeubles des faillis
ventes volontaires de navires
billets à ordre et lettres de change
acceptation, endossements, avals
cessions d'actions

protêts {faute {d'acceptation / de paiement}} V. art. 176 C. com.

(V. le tableau suivant.)

ACTES ET CONTRATS [1]

(V. le Tableau précédent.)

Restent les actes gouvernés par des dispositions particulières. — On peut [...]

LES NOTAIRES — Doivent

- Le bail emphytéotique
- Les baux
- Les certificats de vie
- Les certificats de propriété
- Les déclarations de privilège de second ordre
- Les questions de propriété littéraire
- Les cessions d'offices
- Les ventes de meubles aux enchères
- Les baux des biens
- Les donations et testaments
- Les ventes de brevets d'invention
- Les dessins d'imprimerie et lithographie
- Les contrats d'apprentissage

RÉPERTOIRES ET TABLES.

LES RÉPERTOIRES DES NOTAIRES

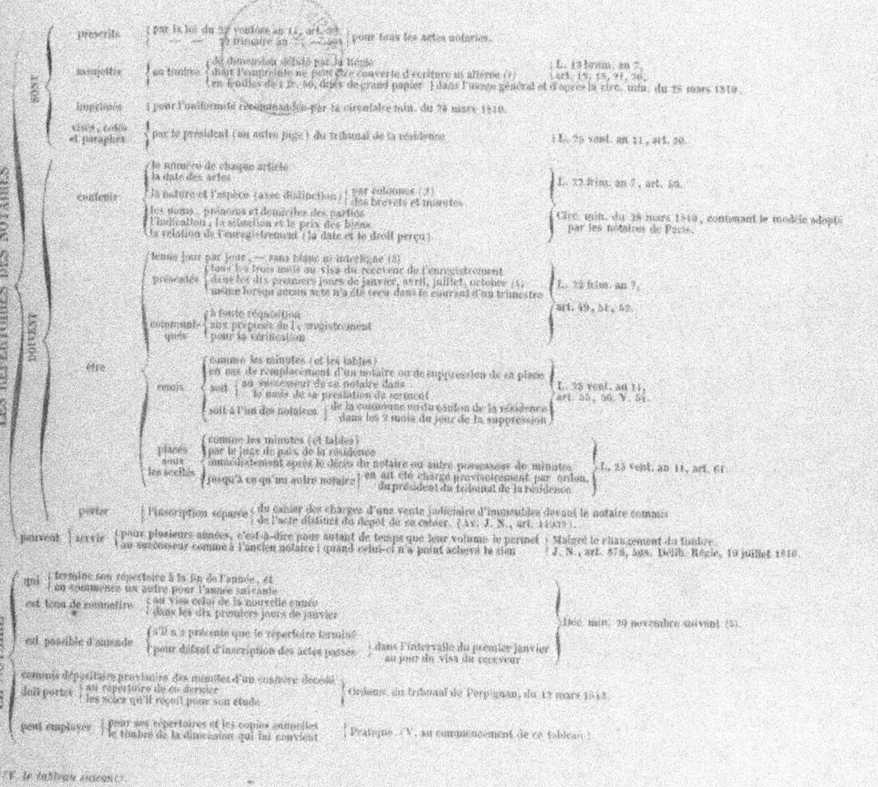

SONT

- prescrits — par la loi du 25 ventôse an 11, art. 29 / 22 frimaire an ... — ... art. ... — pour tous les actes notariés.
- assujettis — au timbre — de dimension fixée par la Régie / dont l'empreinte ne peut être couverte d'écriture ni altérée (1) / en feuilles de 1 fr. 50, dites de grand papier } dans l'usage général et d'après la circ. min. du 28 mars 1810. — L. 13 brum. an 7, art. 12, 13, 21, 26.
- imprimés — pour l'uniformité recommandée par la circulaire min. du 28 mars 1810.
- visés, cotés et paraphés — par le président (ou autre juge) du tribunal de la résidence — L. 25 vent. an 11, art. 29.
- contenir :
  - le numéro de chaque article
  - la date des actes
  - la nature et l'espèce (avec distinction) — par colonnes (2) / des brevets et minutes
  - les noms, prénoms et domiciles des parties
  - l'indication, la situation et le prix des biens
  - la relation de l'enregistrement (la date et le droit perçu) — L. 22 frim. an 7, art. 49. / Circ. min. du 28 mars 1810, contenant le modèle adopté par les notaires de Paris.

DOIVENT être :

- tenus jour par jour, — sans blanc ni interligne (3)
- présentés — tous les trois mois au visa du receveur de l'enregistrement / dans les dix premiers jours de janvier, avril, juillet, octobre (4) / même lorsqu'aucun acte n'a été reçu dans le courant d'un trimestre
- communiqués — à toute réquisition / aux préposés de l'enregistrement / pour la vérification — L. 22 frim. an 7, art. 49, 51, 52.
- remis, comme les minutes (et les tables), en cas de remplacement d'un notaire ou de suppression de sa place — soit au successeur de ce notaire dans le mois de sa prestation de serment / soit à l'un des notaires de la commune ou du canton de la résidence dans les 2 mois du jour de la suppression — L. 25 vent. an 11, art. 55, 56. V. 54.
- placés sous les scellés, comme les minutes (et tables), par le juge de paix de la résidence, immédiatement après le décès du notaire ou autre possesseur de minutes, jusqu'à ce qu'un autre notaire en ait été chargé provisoirement par ordon. du président du tribunal de la résidence — L. 25 vent. an 11, art. 61.
- porter l'inscription séparée du cahier des charges d'une vente judiciaire d'immeubles devant le notaire commis / de l'acte distinct du dépôt de ce cahier. (Av. J. N., art. 12672).

pouvent servir — pour plusieurs années, c'est-à-dire pour autant de temps que leur volume le permet / au successeur comme à l'ancien notaire, quand celui-ci n'a point achevé le sien — Malgré le changement du timbre, J. N., art. 578, sur. Délib. Régie, 19 juillet 1810.

LE NOTAIRE

- qui termine son répertoire à la fin de l'année, et en commence un autre pour l'année suivante
- est tenu de soumettre — au visa celui de la nouvelle année / dans les dix premiers jours de janvier
- est passible d'amende — s'il n'a présenté que le répertoire terminé / pour défaut d'inscription des actes passés } dans l'intervalle du premier janvier au jour du visa du receveur — Déc. min. 20 novembre suivant (5).
- commis dépositaire provisoire des minutes d'un confrère décédé, doit porter — au répertoire de ce dernier / les actes qu'il reçoit pour son étude — Ordonn. du tribunal de Perpignan, du 17 mars 1813.
- peut employer — pour ses répertoires et les copies annuelles le timbre de la dimension qui lui convient — Pratique. (V. au commencement de ce tableau.)

(V. le tableau suivant.)

---

(1) On peut, sans contravention, écrire sur le verso du timbre. (Inst. min., 16 juin 1807); et quand les colonnes des répertoires sont imprimées, il n'y a pas non plus contravention quoique le timbre soit couvert par l'impression, même au recto. (Inst. min., 20 mars 1820).

(2) On entend par la nature de l'acte, si c'est une vente, une quittance, etc.; et par l'espèce de l'acte, s'il est en minute ou en brevet (Dalloz).

(3) Il n'est pas dû d'amende pour les ratures et surcharges, pourvu que la série des numéros ne soit pas interrompue. (Délibération de la Régie du 6 mars 1824).

(4) Quand le dixième jour est un jour férié, la présentation peut, sans contravention, n'avoir lieu que le lendemain. (Sol., 2 septembre 1814). Le receveur doit apposer le visa le jour même de la présentation. — Ce visa ne peut pas influer sur les actes qui auraient été reçus ce jour-là. — Le receveur ne peut retenir le répertoire plus de 24 heures. (Lct. d'administr., 4 avril 1817).

(5) Le J. N. est d'avis contraire. — Mais le tribunal de Thionville a jugé conformément à cette décision, le 16 août 1837. Dans la pratique, des receveurs exigent la présentation des deux répertoires; d'autres se contentent de viser celui de l'année expirée : On doit donc s'entendre avec le receveur et se conformer à ses vues.

RÉPERTOIRES ET TABLES.

(V. le tableau précédent.)

LES RÉPERTOIRES DES NOTAIRES

doivent relater :

- à la dernière date — les actes qui en portent plusieurs (excepté les inventaires)) Délibération 21 mars 1842.
- à la première vacation seulement { les inventaires et procès-verbaux qui exigent plusieurs séances / en rappelant { à la suite et dans le même contexte de l'article la date successive des autres vacations } Décision ministérielle 18 août 1842.
- les testaments olographes — qu'il y ait ou non acte de dépôt) Décis. minist. 9 septembre 1842.
- les testaments mystiques — (l'acte de souscription étant assujetti en général aux formalités de la loi de ventôse) } Art. de cette Loi.
- les copies collationnées de pièces.) Déc. min. 16 juillet 1804 (1)
- les protêts — nonobstant la tenue du registre spécial de ces actes.) Déc. min. 9 mars 1809.
- les actes reçus par substitution d'un confrère) Inst. 14 novembre 1819.
- les procès-verbaux de visites de lieux, faits par un notaire en vertu d'ordonnance du président) Déc. min. 24 octobre 1842.

sont tenus en double annuel : — copie fidèle

- sur laquelle on transcrit — à leurs dates — les mentions des visa apposés à l'original) Pratique.
- qui doit être { certifiée par le notaire — et / déposée { avant le 1er mars de chaque année au greffe du tribunal civil de sa résidence } L. 16 Floréal an 4, art. 1er.
- assujettie au timbre comme le répertoire original) Décision ministérielle 14 vendémiaire an 7. ordinairement imprimée comme lui et sur le même format) D'après l'usage.
- qui n'a pas besoin { d'être remplacée par le dépôt d'un certificat négatif, quand les notaires n'ont reçu aucun acte dans le cours de l'année } Déc. min. des 2 et 4 juillet 1812.
- dont le dépôt est constaté par l'acte que doivent dresser les greffiers.) Déc. min. 27 juin 1803.
- (Il faut autant d'actes qu'il y a de notaires déguisants — ceux-ci ne peuvent être obligés à lever expédition de ces actes.) } Déc. min. { 20 mars 1810. 14 juin 1812. 11 janvier 1816.

comprennent :

1° le registre spécial

- qui doit être { coté, parraphé et visé (sur timbre) dans la forme ordinaire, par un juge du tribunal de commerce, ou par le maire ou adjoint, et conservé pendant dix années } Code de commerce, art. 11, 79, 84.
- sur lequel il faut transcrire { les polices d'assurances maritimes faites par les notaires jour par jour — par ordre de dates — sans ratures, interlignes, transpositions, abréviations } L. 6 juin 1850, art. 47.
- qui est soumis { au visa des préposés de l'enregistrement toutes les fois qu'ils le requièrent }

2° le registre particulier

- qui doit être { coté et paraphé (sur timbre) — et tenu dans les formes prescrites pour les répertoires }
- sur lequel { les notaires — quand ils font des protêts, doivent les inscrire { en entier, jour par jour, et par ordre de dates (3) } Code de commerce, art. 176.

Les Ordonnances des Notaires

- quand ils sont commis { par justice ou même par les parties pour procéder à une liquidation, licitation, etc. doivent être inscrites au répertoire (2) } Trib. Vesoul, 8 novembre 1851.

TABLES.

Aucun texte de Loi ou de Règlement ne paraît avoir prescrit la tenue des Tables servant à la prompte recherche des actes.

Le terme TABLES est employé dans le titre II, section IV, de la Loi de ventôse; mais il s'agit des Tables analytiques des minutes, c'est-à-dire des répertoires.

Ce n'est donc que l'usage qui a établi cette mesure d'ordre et de facilité, qui doit être suivie dans toutes les Études.

(1) Conformément à un jugement du Tribunal de Castel-Sarrazin, du 20 août 1842.

(2) Ce registre n'est point soumis au visa du receveur. (Déc. min. 9 mars 1809).
Les notaires qui ne sont pas dans l'usage de faire des protêts, ne sont pas assujettis à tenir un registre sur lequel ils n'auraient aucun acte à inscrire. — Ils ont la faculté de n'ouvrir ce registre qu'au moment où ils auront à rédiger un acte de cette nature, ou après qu'ils l'auront reçu. (Déc. min. 6 juin 1829).
Il en est de même, dans la pratique, à l'égard du registre des polices d'assurances.

(3) Sont dispensés de l'inscription au répertoire : — les certificats de vie non sujets à l'enregistrement, et qui se délivrent par un seul notaire. (Déc. min. 3 août 1804, 8 février 1822); — les certificats de propriété (Déc. min. 1er août 1831).

DÉPOT ET GARDE DES MINUTES.

LES NOTAIRES

sont tenus { de garder minutes de tous les actes qu'ils reçoivent / à l'exception de ceux qui peuvent être délivrés en brevet (1) } L. 25 vent. an 11, art. 1 et 20.

ne peuvent { se dessaisir d'aucune minute — si ce n'est } dans les cas prévus par la loi / en vertu de jugement / après la substitution, à la minute, d'une copie figurée et en forme } L. 25 vent. an 11, art. 23. — C. inst. crim., art. 452 et suiv.

sans l'ord. du président { donner connaissance des actes } à d'autres qu'aux personnes intéressées (2) } L. 25 vent. an 11, art. 23.

sont

contraignables { par corps { pour la représentation ordonnée de leurs minutes et pièces (3) } C. inst. crim., art. 452 et 454. — C. pr. 301 et s., 221 et s. — C. N. art. 2060.

punissables { des travaux forcés à temps, pour { destruction / soustraction / détournement { des actes et des titres à eux confiés ou leur qualité (4) } C. pén. art. 173, 255. / d'emprisonnement et amende { pour négligence { dans la garde de ces actes } C. pén. art. 254.

autorisés { à compulser les registres de l'enregistrement pour faire les extraits de leurs actes qui ont été incendiés (ou autrement détruits par événement) et à requérir l'enregistrement gratuit de ces extraits } Argument de la loi du 16 août 1793.

Ils ont d'ailleurs { pour le remplacement des minutes, le renvoi aux expéditions délivrées (sauf autorisation) } Favard de Langlade.

ne répondent pas des accidents purement fortuits { arrivés aux minutes. } Rolland de Villargues.

doivent

ranger et classer { les minutes dont ils sont dépositaires / dans le plus grand ordre, en un lieu convenable et sûr / pour leur dignité comme pour leur responsabilité

donner connaissance des actes aux personnes intéressées ou, en cas de décès, à leurs héritiers ou ayants-droit } L. 25 vent. an 11, art. 23.

LES MINUTES

sont

un dépôt public placé sous la sauvegarde du souverain, comme le constatent les lettres-patentes données par Charles VI, et comme l'annoncent les panonceaux, signe de cette royale protection } Lett. d'avril 1411.

gardées { par le notaire substitué, quand il l'est pour cause d'absence ou de maladie } Dallos. — Augan. / par le notaire substituant, quand la substitution a lieu pour d'autres causes } Déc. min. 18 janv. 1809.

tenues à l'abri { en cas de concours de deux notaires principalement { par celui { qui est plus ancien ou que désigne l'usage { selon { la nature des actes / les qualités des parties } V. J. N. (5) / des dangers d'inondation, d'incendie, d'humidité.

peuvent être retenues { par les notaires auxquels elles profitent / pour les décharges { en leur faveur / relatives aux actes passés devant eux } Déc. min. 11 août 1819.

ne doivent être vérifiées { ailleurs que dans les dépôts publics / même du consentement des notaires } Déc. min. 1er février 1855.

doivent être remises { dans les formes et délais prescrits / sous la surveillance du procureur impérial / sur un état sommaire (6) { signé du notaire qui s'en est chargé et dont un double est déposé à la chambre de discipline } L. 25 vent. an 11, art. 54 à 56. — 57, 58.

sont { avec les répertoires et tous autres papiers / mises sous les scellés par le juge de paix de la résidence / après le décès du notaire ou autre possesseur des minutes. } L. 25 vent. an 11, art. 61.

---

(1) Cette disposition est renouvelée d'une ordonnance de Philippe-le-Bel, de l'an 1304, qui ne faisait que conserver un usage déjà établi. — La minute d'un testament notarié ne peut plus être retirée par le testateur (Av. du Conseil d'État du 7 avril 1833), contrairement à l'ancien Édit de mars 1693, qui lui en permettait le retrait quand bon lui semblait.

(2) Cette défense résultait déjà d'une ordonnance d'août 1539.

(3) Voir le décret du 13 décembre 1858. — La contrainte par corps, à cette fin, résultait déjà d'un arrêt de règlement du 27 juin 1716.

(4) Les clercs qui se rendent coupables de la soustraction, sont soumis à la même peine (même art., § 3.)

(5) En principe, le minute doit être laissée au notaire de la partie qui est le plus intéressée à la conservation (Dallos.) Le droit de préférence entre notaires, pour la réception des actes et la garde des minutes, n'est et n'a pu être établi par aucune base légale. — Cependant, beaucoup de chambres de discipline ont établi à cet égard des règles qui doivent être observées par tous les notaires de l'arrondissement. V. J. N. 1847, p. 134. — Rol. Clerc, 3e édition, 2e vol., p. 90 et 128. — Dict. not., 4e édition, lettres M et P.

(6) Cet État se fait (sur timbre) sans frais et sous signatures privées, — par recolement et appel des actes sur les répertoires, — en distinguant les exercices et constatant les minutes manquant sous chacun.

GROSSES ET EXPÉDITIONS.

LES GROSSES ET EXPÉDITIONS

doivent être la copie textuelle des minutes, sauf les styles ou modifications et additions d'usage (Ed. Clerc.)

être remises à qui de droit | C. pr. art. 839 et 840

ne peuvent — être délivrées :
- qu'aux parties, leurs héritiers ou ayants-droit | s'il n'y a ordonnance ou compulsoire | L. de ventôse art. 25 — C. pr. art. 846 et s.
- que par le notaire possesseur de la minute ou dépositaire de l'acte | L. 25 ventôse an 11 art. 21
- qu'après l'enregistrement de la minute | L. 22 frimaire an 7, art. 42
- sans la transcription littérale de la quittance des droits | L. de frimaire art. 44
- sur papier d'un timbre inférieur à 1 fr. 25 c. | L. 13 brumaire an 7 art. 19 — L. 28 avril 1816 art. 63
- à la suite d'une autre expédition sur le même timbre | L. 13 brumaire an 7 art. 22 (1)

ne peuvent — contenir :
- plus de vingt-cinq lignes à la page | L. 11 brumaire an 7, art. 20
- moins de quinze syllabes à la ligne | Tarif, 16 février 1807, art. 174 — (il en est de même des extraits et copies)

sont légalisées :
- celles des notaires de première classe | lorsqu'on s'en sert hors de leur ressort
- celles des autres notaires | quand on s'en sert hors de leur département — L. 25 ventôse an 11, art. 28

doivent :
- porter l'empreinte | du sceau aux armes de France | prescrit par l'art. 27 de la loi du 25 ventôse an 11 / dont le type est déterminé par le décret du 2 décembre 1852 (2)
- être collationnées | pour assurer l'exactitude de la copie
- avoir des barres | remplissant jusqu'au bout de la ligne les blancs de chaque alinéa — pratique

peuvent être écrites par les clercs des notaires | Let. min. 1er septembre 1841

indiquent | par une mention marginale placée à la fin / le nombre des rôles, des renvois, des mots rayés | ou qu'il n'y a ni renvois ni mots nuls — L. de ventôse — arg. art. 14 et s. / C. Paris 23 janvier 1834 / Arr. Chamb. not. de Paris 25 janvier 1834

ne sont signées que par le notaire possesseur de la minute — qui signe : les renvois / la mention marginale / paraphe au bas du verso de chaque rôle

(Quand une créance résultant d'un même acte se divise entre plusieurs créanciers, chacun d'eux a le droit de se faire délivrer par le notaire une grosse séparée; mais dans ce cas la grosse doit mentionner qu'elle est délivrée à tel créancier pour telle somme) | Arg. art. 26 de la loi de ventôse — Ed. Clerc

Les grosses et ampliations :

sont :
- seules — délivrées en forme exécutaire (3) / intitulées et terminées dans la même forme que les jugements (4) | L. 25 ventôse art. 25
- délivrées : une seule fois | à moins d'ordonnances du président ; après mention de cette délivrance | faite sur la minute (et paraphée par le notaire) — Même loi art. 26 / C. pr. art. 844

peuvent être :
- comme quand il s'agit des actes non exécutaires
- délivrées par extrait | usage général qui n'est contraire à aucun texte de loi (5) — Doctrine

UN NOTAIRE

peut :
- délivrer | des grosses ou expéditions de la copie substituée à la minute dans le cas de l'art. 22 de la loi du 25 ventôse an 11 | C. pr. art. 203
- en faisant mention | dans ces grosses et expéditions du procès-verbal qui a certifié la copie | C. Inst. crim. art. 454
- être substitué | par un confrère pour la délivrance d'expéditions (6) / en cas d'empêchement par maladie ou / pour une raison autre que la parenté / sans qu'il soit besoin de commission du tribunal | Boil. de Vil.

ne peut délivrer | ni grosses ni expéditions d'un contrat de mariage modifié sans transcrire à la suite le changement ou la contre-lettre | C. N. art. 1397

En cas de décès :
- le président désigne le notaire qui | jusqu'au remplacement doit délivrer les expéditions
- le notaire | désigné à cet effet est toujours celui qu'on charge du dépôt provisoire des minutes — V. L. de ventôse art. 66

Les parties peuvent :
- exiger la communication des minutes — à l'effet de collationner elles-mêmes les expéditions qui leur sont délivrées | Arg. de l'art. 1334 C. N. Duranton, Dalloz, Carré. — V. C. pr. art. 839
- c'est-à-dire d'une pièce dont le notaire n'est pas dépositaire et qui lui est seulement représentée ne peuvent être considérées que comme simples renseignements | C. N. art. 1325

Les copies collationnées — doivent être :
- délivrées par deux notaires ou un notaire et deux témoins | L. 22 frimaire an 7 art. 68
- datées — enregistrées — répertoriées | Déc. min. 9 prairial et 26 messidor an 13
- attestant que ce sont | des certificats de collation de véritables actes notariés | Ed. Clerc

peuvent se délivrer sur papier timbré de toute dimension

Les règles | sur la loi | dire aux grosses, expéditions et copies des actes sont tracées par les art. 1334, 1335, 1336 du C. N.

---

(1) Sauf les exceptions prévues par la même loi

(2) Les Sceaux, dont l'usage remonte aux premiers temps de la monarchie, ont été gravés aux armes de France depuis Philippe V. — Ord. de 1210.

(3) Une circ. min. du 1er mars 1825 porte que la forme de grosse (dont on fournit souvent abus) ne doit être employée que pour les actes emportant exécution parée.

(4) V. C. pr. art. 545. — La formule actuelle est donnée par le D. du 3 décembre 1857, conformément à l'art. 7 de la constitution.

(5) Mais pour éviter les difficultés qui pourraient, en certains cas, naître de l'insuffisance de ces titres, M. Ed. Clerc conseille d'insérer dans l'acte le consentement des parties, et d'en faire mention dans la grosse par extrait. — Deux sortes d'extraits: l'extrait littéral qui, reproduisant le texte de l'acte, a plus d'autorité et doit être employé pour les dispositions testamentaires et les actes sujets aux formalités hypothécaires; l'extrait analytique qui convient aux actes renfermant de longs détails, de nombreuses charges et explications qu'on ne doit rendre que relativement à certains intéressés, comme dans les partages, actes de société, procuration, etc.

(6) Quand il a été fait une double minute, le droit d'en délivrer expédition est commun aux deux notaires. (Dalloz).

TIMBRE [*]

LE TIMBRE

est une contribution établie sur tous les papiers destinés aux actes civils et judiciaires.

est de dimension — pour :
- tous actes et contrats / les copies et écritures — publics ou privés
- le registre portant transcription des assurances maritimes

  — demi-feuille de petit papier . . . . . 35 c.
  — feuille 70
  — feuille de moyen papier 1 05
  — de grand papier 1 40
  — feuille de dimension supérieure . . . . . 2 ..

- toutes les affiches / qui doivent être — sur papier de couleur (2) / timbrées avant l'impression
  — feuille . . . . . 40 c.
  — demi-feuille 25

est proportionnel — pour :
- les effets négociables ou non, les actions dans les sociétés
- les obligations négociables — de départements, communes, d'établissements publics et compagnies

  — le tout : d'un même format et au prix fixé sur les capitaux à 5 cent. par chaque somme de 100 fr.

doit rester intact dans son empreinte qui ne peut être ni altérée ni couverte d'écriture.

employé :
- à un acte quelconque { ne peut plus servir pour un autre, quand même le premier n'aurait pas été achevé
- aux expéditions — { ne peut contenir plus de 35 lignes par page, compensation faite d'une feuille à l'autre

(marge droite : LL. 13 brumaire an 7 — 6 prairial an 5 — 28 avril 1816 — 25 mars 1817 — 25 mai 1818 — 5 juin 1850 (3))

SONT

timbrés à l'extraordinaire avant d'en faire usage (4) :
- les papiers présentés par les particuliers eux-mêmes
- les actes venant { soit de l'étranger / soit des colonies (2 brumaire an 7 art. 7)

exempts de timbre :
- les expéditions des projets de contrats de mariage pour les officiers { Inst. 17 décembre 1843
- les copies ou expéditions d'actes notariés à faire approuver aux préfets { Circ. min. 6 septembre 1853
- les actes ayant exclusivement pour but la vente des inscriptions provenant de la consolidation des livrets de la Caisse d'Épargne
- les procurations des officiers et soldats en retraite, pour toucher leurs pensions { Déc. du 21 décembre 1808
- les déclarations préalables de ventes mobilières aux enchères { Délib. 30 avril 1850

  (Inst. 31 novembre 1848)

visés pour timbre :
1° au comptant dans les localités autres qu'au chef-lieu, les papiers susceptibles d'être timbrés à l'extraordinaire
2° au débit ou gratis, les papiers destinés à la rédaction des actes pouvant recevoir de la même manière la formalité de l'enregistrement (5) — notamment les natures d'actes destinés aux indigents (Inst. Régie 12 juin 1856)
3° les effets négociables ou non, pour valeurs au-dessus de 50,000 fr., à raison de 50 c. par mille, sans fractions
4° tout effet libre reçu d'un souscripteur (le visa doit avoir lieu dans les quinze jours de la date et dans tous les cas avant négociation)

  (marge droite :)
  L. 25 mars 1817 art. 74, 75
  L. 13 brumaire an 7 art. 11
  L. 5 juin 1850 art. 2

LES NOTAIRES

doivent :
- employer { pour tous actes, contrats et polices — le timbre de dimension (6)
  { pour toutes expéditions, extraits et copies — le format de moyen papier (de 1 fr. 75 c.)
  { un registre timbré — pour — la transcription des polices d'assurances maritimes
- déclarer expressément { si les effets, certificats d'action, titres, livres, bordereaux, polices d'assurances ou tous autres actes sujets au timbre et non enregistrés, mentionnés dans les actes notariés et qui ne doivent pas être représentés au receveur lors de l'enregistrement de ces actes — sont revêtus du timbre prescrit
- et énoncer — le montant du droit de timbre payé (7)

ne peuvent :
- faire ni expédier deux actes à la suite l'un de l'autre, sur la même feuille de timbre
- à l'exception des : ratifications des actes passés en l'absence des parties
  quittances { de prix de ventes et de remboursements
  { de prix de ventes mobilières, mises en marge ou à la suite des procès-verbaux (Avis 7 octobre 1809)
  { à compte sur la même créance, ou sur un seul terme de fermage ou de loyer
  inventaires, procès-verbaux et autres actes à vacations
  révocations de procuration et de testament (Déc. 15 juillet 1819)
- agir sur un acte ou effet de commerce non écrit sur timbre prescrit, ou visé pour timbre

  (marge droite :)
  LL. 13 brumaire an 7 — 28 avril 1816 — 5 juin 1850

---

(1) L'origine du timbre remonte au règne de Justinien (Verpré).
(2) L'autorité pourrait seule employer le papier blanc pour les affiches.
(3) Le décime par franc n'est point perçu sur les droits du timbre (D.D. 28 avril 1816 art. 67 — 14 décembre 1830 art. 3).
(4) Les Notaires ont la faculté de faire timbrer ainsi les parchemins employés pour certaines expéditions (L. de brum. art. 10).
(5) Voir au tableau de l'enregistrement la désignation de ces actes, qui s'enregistrent gratis ou au débet.
(6) À peine { du refus de la formalité d'enregistrement { de la confiscation des actes au besoin — indépendamment de l'amende — L. de frimaire art. 32 et 31.
Mais les Notaires sont libres de choisir celle des dimensions qui leur convient.
(7) Voir au tableau des contraventions, les amendes encourues pour inobservation des prescriptions sur le timbre.

ENREGISTREMENT (1)

LES DROITS D'ENREGISTREMENT

sont
- établis par la loi fondamentale du 22 frimaire an 7
- fixes ou proportionnels — selon la nature des actes
- dus avant l'enregistrement — sans remise ni modération (2)
- acquittés par les notaires — pour les actes passés devant eux (3)
- augmentés de deux dixièmes de guerre (L. 6 prairial an 7 — D. 14 juillet 1855 (4))

ne peuvent
- être restitués — lorsqu'ils sont régulièrement perçus — sauf les cas prévus par la loi

se perçoivent
- dans tous les bureaux indistinctement | pour les actes sous seings privés ou passés à l'étranger
- au bureau de la situation des biens — pour les mutations d'immeubles par décès
- au bureau du domicile du décédé — pour les rentes et autres meubles

} L. 22 frimaire an 7

LES DROITS proportionnels

- sont basés sur les sommes et valeurs { déterminées ou déclarées dans les actes ou de celles / résultant des mercuriales ou de l'expertise } selon les cas { L. 22 frimaire an 7 / L. 15 mai 1849
- se perçoivent en suivant les sommes et valeurs de 20 en 20 fr. — sans fraction / sont au minimum de 25 c. sur les actes et mutations qui ne produisent pas ce chiffre | L. 27 ventôse an 9
- se liquident sans fraction de centime. — Au cas de fraction, le centime entier est dû à l'État | L. 22 frimaire an 7

SONT EXEMPTS DE L'ENREGISTREMENT ou ENREGISTRÉS SOIT GRATIS SOIT EN DÉBET, NOTAMMENT

- les actes de notoriété et procès-verbaux relatifs { à la disparition des militaires / à l'indigence de leurs veuves et orphelins } exempt { D. 25 janvier 1874
- les actes et titres — pour l'assistance judiciaire | débet | L. 22 janvier 1851
- les baux d'immeubles dans lesquels l'État est preneur | gratis | DD. 24 juin 1814 — 5 décembre 1831 — 13 août 1839
- les quittances et décharges des parties prenantes, au profit de la Caisse des consignations | gratis | D. 4 août 1836
- les pouvoirs, certificats de propriété, bulletins d'inventaires et autres pièces à donner et produire par les porteurs de livrets de Caisses d'Épargne qui veulent vendre leurs inscriptions sur le grand livre | exempt | L. 22 novembre 1853
- les certificats, actes de notoriété et autres pièces exclusivement relatives à la loi du 18 juin 1850, créatrice des Caisses de retraite pour la vieillesse | gratis | L. 8 mai 1851
- les certificats de vie pour recevoir / les rentes ou pensions { sur l'État / sur les tontines dont les fonds sont employés en achats de rentes sur l'État / sur la liste civile / sur la Caisse de retraite de la vieillesse } exempt { Circ. 11 messidor an 7 / D. 6 octobre 1813 / D. 17 février 1817 / D. 3 février 1822 / D. 18 août 1853
- les délibérations et actes d'administration { d'ordre et de discipline intérieure } des notaires | exempt | Ord. 4 janvier 1843
- les contrats, quittances et autres actes ayant pour objet exclusif l'acquisition de terrains { pour { la construction / l'entretien / la réparation } des chemins vicinaux } gratis { D. 17 septembre 1846
- les actes notariés relatifs à l'indemnité accordée aux colons par suite de l'affranchissement des esclaves | gratis | LL. 19 janvier — 23 et 28 avril 1849
- les extraits et expéditions d'actes enregistrés | exempt | L. 22 frimaire an 7
- les contrats, quittances et autres actes faits en vertu de la loi | sur l'expropriation pour cause d'utilité publique | gratis | L. 3 mai 1841
- les titres et actes de tous genres produits pour l'indemnité accordée | aux anciens colons de St-Domingue | exempt | L. 30 avril 1826
- les légalisations des signatures d'officiers publics | exempt | L. 22 frimaire an 7
- les actes { de notoriété / de consentement / de reconnaissance d'enfants naturels } concernant { le mariage des indigents / la légitimation de leurs enfants / le retrait de ces enfants déposés dans les hospices } gratis { LL. 3 juillet 1816 — 10 décembre 1850
- les procurations { des sous-officiers et des soldats en retraite } pour toucher leurs pensions } exempt { D. 21 décembre 1898
- les actes intéressant les sociétés de secours mutuels (5) | gratis | D. 26 mars 1852
- les quittances { de fournisseurs / de maîtres de pension / d'ouvriers — et autres de cette nature } produites comme pièces justificatives d'un compte } exempt { C. proc. art. 557

(V. le tableau suivant.)

---

(1) L'enregistrement remplace l'ancienne formalité du contrôle établi par l'Édit du mois de mars 1693, pour garantir la conservation des minutes, concourir à la certitude des dates des actes et en assurer l'existence légale.

(2) Une décision ministérielle du 23 novembre 1852, porte qu'il ne sera admis non plus aucune demande en remise ou modération d'amendes de contraventions encourues par les officiers publics.

(3) Le notaire qui a apposé sa signature sur un acte passé devant lui, ne peut se dispenser de le faire enregistrer, sous le prétexte que les parties ne lui ont pas fait l'avance des droits, car c'est à lui d'exiger cette avance (Vergé).

(4) Le second décime n'est que temporaire : il doit être éteint le 1er janvier 1859.

(5) L'exemption des droits ne s'applique pas aux transmissions de biens, même lorsqu'elles sont constatées par des actes (déc. min. 6 juillet 1853).

ENREGISTREMENT (1)

(V. le tableau précédent).

La perception des droits d'enregistrement — comme de tous impôts en général
- se détermine — d'après la substance des actes et leur forme intrinsèque, abstraction faite des intentions secrètes des parties
- doit être rigoureusement restreinte dans les limites fixées par la loi
- ne peut être étendue par voie d'interprétation

Dans le doute d'un droit — le juge doit se prononcer — contre le fisc / en faveur du contribuable

La seule existence d'un acte — suffit — pour donner ouverture aux droits d'enregistrement / encore que l'acte soit susceptible d'être annulé pour vice radical

} *Doctrine et jurisprudence*

IL Y A PRESCRIPTION

- **après deux ans** — pour la demande :
  - d'un droit non perçu sur une disposition particulière d'un acte
  - d'un supplément de perception insuffisamment faite
  - d'une expertise destinée à constater une fausse déclaration
  - des amendes de contravention — à l'enregistrement / aux lois sur le timbre / — — — les ventes de meubles
  - pour toute demande (en restitution de droits perçus
- **après cinq ans**, pour omission de biens — autres que les inscriptions de rentes sur l'État — dans une déclaration après décès
- **après dix ans**, pour les successions (non déclarées
- **après trente ans** — en cas de retard ou d'omission d'inscription des rentes sur l'État / dans la déclaration des héritiers légataires ou donateurs

} LL. 22 frimaire an 7 — 16 juin 1824 — 18 mai 1850 — 8 juillet 1852

Dans les délais de l'enregistrement — ne sont pas comptés :
- le jour de la date de l'acte
- — — — l'ouverture de la succession
- le dernier jour (s'il est) en dimanche / une fête légale

} L. 22 frimaire an 7

LES RECEVEURS

- **doivent** — tenir leurs bureaux ouverts au public — tous les jours excepté les dimanches et jours fériés reconnus par la loi / pendant une seule séance, de huit heures du matin à quatre de l'après-midi
  } L. 27 mai 1791 / Déc. min. du 9 mars 1839 (2)
- **ne peuvent** :
  - donner aucune formalité après l'heure fixée pour la clôture : même déc. du 9 mars 1839
  - différer l'enregistrement des actes et mutations dont le droit est consigné au taux voulu (si ce n'est pour les brevets qu'ils ont la faculté de retenir pendant vingt-quatre heures quand les notaires refusent d'en certifier la copie demandée à titre de renseignements)
  } L. 22 frimaire an 7
- **doivent tenir** — dans la forme d'un compte ouvert — un registre-carnet sur lequel ils doivent inscrire date pour date : 1° les actes qui ne sont point enregistrés immédiatement / 2° les sommes consignées ou payées par les notaires (pour les droits de ces actes
  } Circ. 14 décembre 1859

LES NOTAIRES NE PEUVENT

- faire ou rédiger un acte, en vertu d'un acte — sous signatures privées ou passé en pays étranger — s'il n'a été préalablement enregistré (3)
- l'annexer à leurs minutes, le recevoir en dépôt, en délivrer extrait, copie ou expédition
- délivrer en brevet, copie ou expédition — aucun acte / faire aucun autre acte en conséquence — avant qu'il ait été enregistré (4)
- recevoir aucun acte en dépôt — à l'exception des testaments olographes — sans dresser acte du dépôt

} L. 22 frimaire an 7

(V. le tableau suivant.)

(1) Pour la fixation des droits d'enregistrement sur les actes notariés et leurs droits de mutation, le meilleur tarif à suivre est celui de l'administration du journal des Notaires, qui est classé par ordre alphabétique, bien complet et toujours tenu au courant dans l'agenda des officiers publics paraissant à la fin de chaque année. — Le tarif actuel se trouve en rapport avec la loi du 5 mai 1855 qui a réuni les droits sur les actes d'obligation et de libération au taux antérieur de 1 fr. et 50 c. o/o.

(2) Ces dispositions s'appliquent aux bureaux et formalités du timbre.

(3) Le Notaire peut énoncer avant l'enregistrement un acte reçu par lui, à la condition de le faire enregistrer en même temps que celui qui contient cette énonciation. (L. 25 août 1818).

(4) Excepté, bien entendu, si l'acte en vertu duquel on agit se trouve affranchi de cette formalité.

ENREGISTREMENT [1].

(V. le tableau précédent.)

LES NOTAIRES DOIVENT

transcrire littéralement | la quittance des droits d'enregistrement | dans toutes leurs expéditions | pour les actes reçus par eux | dans leurs minutes | pour les actes | sous seings privés ou passés à l'étranger | L. 22 frimaire an 7

Le notaire | qui relate | une fausse mention ou une fausse quittance | d'enregistrement | L. du 22 frimaire art. 46 | est passible de l'action criminelle | contre le faux | C. pén. art. 145

déclarer préalablement | au bureau d'enregistrement | toutes les ventes publiques de meubles auxquelles ils sont appelés à procéder (2) | L. 22 frimaire an 7

faire enregistrer | leurs traités d'offices | avant toute demande de nomination sur la déclaration faible du prix de transmission | sauf réduction s'il y a lieu | L. 25 juin 1841

LES ACTES NOTARIÉS DOIVENT ÊTRE ENREGISTRÉS

aux bureaux dans l'arrondissement desquels résident les notaires | L. 22 frimaire an 7

(Les Notaires près les Cours peuvent faire enregistrer les inventaires dans les bureaux où ils instrumentent, excepté la dernière vacation qui doit toujours l'être au bureau de leur résidence (D. 11 thermidor an 12)

sur chaque minute au bureau respectif | des deux notaires | quand ils sont en double minute | D. 16 août 1808

aux bureaux où ont été faites les déclarations | pour les procès-verbaux de ventes mobilières publiques | L. 22 pluviôse an 7

dans les :
- 10 jours | quand les notaires résident dans la commune où est établi le bureau | pour les actes ordinaires (3) | L. 22 frimaire an 7
- 15 jours | quand ils n'y résident pas
- 4 jours | pour les protêts | L. 24 mai 1834
- 20 jours (4) | pour les baux, ventes, acquisitions | dans l'intérêt | d'une commune ou d'un établissement public (5) | L. 14 mai — Ord. 7 octobre | 1818
  - pour les dons et legs en faveur des établissements de bienfaisance | DD. 27 frimaire an 13 — 9 mai 1817 — 7 avril 1818
- 3 mois pour les testaments publics (6) à partir du jour du décès | L. 22 frimaire an 7

dans le débit de chaque séance — pour les actes à vacation | D. 10 brumaire an 14

Les Notaires doivent, pour éviter le droit proportionnel — faire notifier (ou enregistrer) dans les vingt-quatre heures de l'adjudication ou du contrat, les déclarations de command ou ami | L. 22 frimaire an 7

LES PRÉPOSÉS de l'enregistrement

ont à vérifier dans les études et les chambres de discipline :
- 1° l'état, la tenue, le dépôt | des répertoires
- 2° tous les actes et expéditions | des notaires

relativement :
- au timbre
- à l'enregistrement
- à la forme extrinsèque de rédaction
- à toutes autres contraventions, notamment sur : les poids et mesures, les expressions féodales, l'exposition du tableau des interdits, le dépôt des contrats de mariage des commerçants

sans pouvoir, sans aucun prétexte, et pas même du consentement des notaires, déplacer les minutes, à peine de demeurer responsables des événements et dommages-intérêts | Inst. Règle — 15 mars 1831 — 5 juin 1837

Les préposés | qui rapportent un procès-verbal pour contravention aux lois du Notariat | doivent s'abstenir de faire aucune mention marginale | sur les actes argués d'irrégularité | Déc. min. 30 août 1837

---

(1) Voir au tableau des contraventions, les amendes encourues pour inobservation des prescriptions sur l'enregistrement.
(2) Il n'est pas déterminé de délai pour cette déclaration qui peut même n'être faite que la veille.
(3) Et pour les procès-verbaux d'offices.
(4) À partir, savoir : pour les baux, ventes et acquisitions — de la réception à la mairie, de l'approbation du préfet. pour les dons et legs — du jour où l'approbation de l'autorité est connue.
(5) V. L. N. art. 9576 — 10126.
(6) Auxquels sont assimilées les donations entre époux pendant le mariage; — même délai de 3 mois pour les testaments déposés chez les notaires, et pour les actes x. 4. p. (L. 22 frimaire an 7).

HYPOTHÈQUES [1] ET GREFFE.

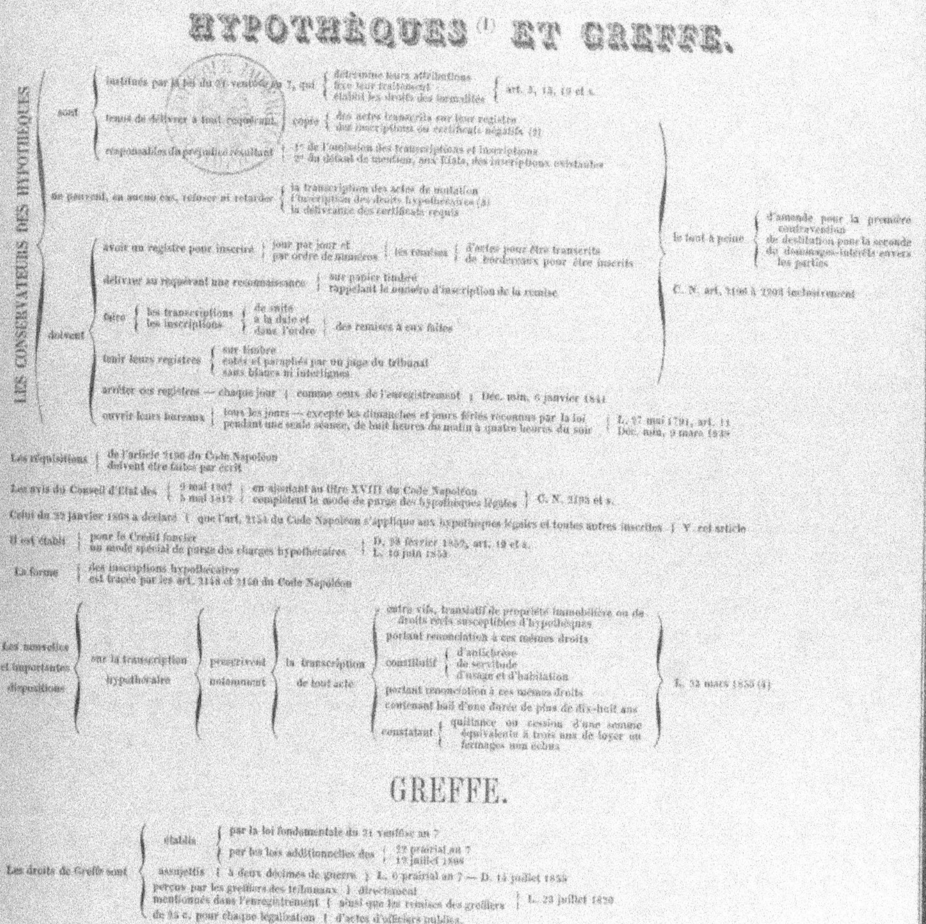

LES CONSERVATEURS DES HYPOTHÈQUES

sont
— institués par la loi du 21 ventôse an 7, qui — détermine leurs attributions / fixe leur traitement / établit les droits des formalités — art. 3, 13, 19 et s.
— tenus de délivrer à tout requérant — copie — des actes transcrits sur leur registre / des inscriptions ou certificat négatif [2]
— responsables du préjudice résultant — 1° de l'omission des transcriptions et inscriptions / 2° du défaut de mention, aux États, des inscriptions existantes

ne peuvent, en aucun cas, refuser ni retarder — la transcription des actes de mutation / l'inscription des droits hypothécaires [3] / la délivrance des certificats requis

doivent
— avoir un registre pour inscrire — jour par jour et par ordre de numéros — les remises — d'actes pour être transcrits / de bordereaux pour être inscrits
— délivrer au requérant une reconnaissance — sur papier timbré / rappelant le numéro d'inscription de la remise
— faire les transcriptions / les inscriptions — de suite / à la date et dans l'ordre — des remises à eux faites
— tenir leurs registres — sur timbre / cotés et paraphés par un juge du tribunal / sans blancs ni interlignes
— arrêter ces registres — chaque jour — comme ceux de l'enregistrement — Déc. min. 6 janvier 1841
— ouvrir leurs bureaux — tous les jours — excepté les dimanches et jours fériés reconnus par la loi, pendant une seule séance, de huit heures du matin à quatre heures du soir — L. 21 mai 1791, art. 11 / Déc. min. 9 mars 1838

le tout à peine — d'amende pour la première contravention / de destitution pour la seconde / de dommages-intérêts envers les parties

C. N. art. 2196 à 2203 inclusivement

Les réquisitions de l'article 2196 du Code Napoléon doivent être faites par écrit

Les avis du Conseil d'État des 9 mai 1807 / 8 mai 1812 — en ajoutant au titre XVIII du Code Napoléon / complètent le mode de purge des hypothèques légales — C. N. 2193 et s.

Celui du 22 janvier 1808 a déclaré — que l'art. 2154 du Code Napoléon s'applique aux hypothèques légales et toutes autres inscrites — V. cet article

Il est établi — pour le Crédit foncier — un mode spécial de purge des charges hypothécaires — D. 28 février 1852, art. 19 et s. / L. 10 juin 1853

La forme des inscriptions hypothécaires est tracée par les art. 2148 et 2150 du Code Napoléon

Les nouvelles et importantes dispositions sur la transcription hypothécaire — prescrivent notamment — la transcription de tout acte —
— entre vifs, translatif de propriété immobilière ou de droits réels susceptibles d'hypothèques
— portant renonciation à ces mêmes droits
— constitutif — d'antichrèse / de servitude / d'usage et d'habitation
— portant renonciation à ces mêmes droits
— contenant bail d'une durée de plus de dix-huit ans
— constatant — quittance ou cession d'une somme équivalente à trois ans de loyer ou fermages non échus
— L. 23 mars 1855 [4]

GREFFE.

Les droits de Greffe sont
— établis — par la loi fondamentale du 21 ventôse an 7 / par les lois additionnelles des — 22 prairial an 7 / 12 juillet 1808
— assujettis — à deux décimes de guerre — L. 6 prairial an 7 — D. 14 juillet 1855
— perçus par les greffiers des tribunaux — directement / ainsi que les remises des greffiers — L. 23 juillet 1820
— mentionnés dans l'enregistrement
— de 35 c. pour chaque légalisation — d'actes d'officiers publics.

[1] Les bases du régime hypothécaire ont été établies par la loi du 11 brumaire an 7 — et ce régime a été organisé par la loi du 21 ventôse même année. — V. LL. additionnelles et modificatives (quant aux droits) des 6 messidor an 7, 22 mars 1806, 21 septembre 1810, 28 avril 1816, 16 juin 1824, 18 avril 1831, 10 octobre 1841, 22 mars 1855 sur les privilèges et hypothèques de nombreuses lois et dispositions spéciales. Elles sont rappelées dans les annotations des Codes Rogron. — Il existe sur les privilèges et hypothèques de nombreuses lois et dispositions spéciales. Il existe le décret du 17 juillet 1856, sur le drainage, a déterminé un nouveau privilège assujetti à l'inscription dans le délai de deux mois, au profit du Trésor public, des prêteurs, des syndicats et des entrepreneurs.

[2] Le conservateur ne doit comprendre dans son état les inscriptions qui ont plus de dix ans, que lorsqu'elles sont conservées par un renouvellement, à peine de restitution des droits perçus pour les inscriptions périmées; à moins que la réquisition lui en ait été faite (arg. C. N. art. 2154).

[3] Le requérant qui éprouve un refus ou un retard, doit en faire dresser procès-verbal par juge de paix, huissier ou notaire (C. N. art. 2199).

[4] M. Grenier, dans son Traité des hypothèques, avait exprimé l'avis d'obliger à l'inscription les hypothèques des femmes devenues veuves, des mineurs devenus majeurs, et des interdits relevés de l'interdiction, leurs acquéreurs et représentants; — comme l'ordonne l'article 8 de cette loi. Cette nouvelle loi oblige à la plus grande célérité dans l'accomplissement des formalités hypothécaires.
V. Commentaire du J. N., agenda de 1856, p. 177 — et pour les demandes d'états et formules nouvelles, le Journal du Not., n° du 9 février 1856, et le Commentaire Grosse.

HONORAIRES ET DÉBOURSÉS.

Les honoraires (1) sont la rétribution accordée à des services rendus.

Pour l'authenticité qu'il confère aux actes, le notaire a droit à des honoraires.

Ces honoraires sont réglés { soit à l'amiable { entre les notaires et les parties — sinon / par le président du tribunal sur l'avis de la Chambre / pour les actes et droits ordinaires non mentionnés aux tarifs légaux (2) } avec simple mémoire sans frais } L. de ventôse, art. 51
{ soit par des tarifs { pour certains actes et procès-verbaux

1° PAR LES TARIFS du 16 février 1807 { (l'art. 173 du premier décret règle la disposition ci-dessus, moins l'avis de la Chambre qui n'y est pas prescrit)

— pour tous les actes indiqués aux Codes Napoléon et de procédure, et pour chaque vacation de trois heures :

1° aux compulsoires faits à l'étude ; 2° devant le juge en cas de transport requis ; 3° à tous actes respectueux ; 4° aux inventaires de séparation entre époux ; 5° aux procès-verbaux dressés pour ces mêmes séparations ; 6° aux inventaires après décès ; 7° en référé devant le président du tribunal ; 8° à tous procès-verbaux dont le temps doit être constaté ; 9° au greffe pour dépôt du procès-verbal de difficultés en matière de partage.

à Paris, Lyon, Bordeaux, Rouen { 4 fr. { dans les autres villes { de Cours impériales et celles excédant trente mille âmes { 3 fr. 10 c. { partout ailleurs { 3 fr. { sans aucun droit pour les minutes des procès-verbaux.

(Il n'est alloué que trois vacations par jour pour les inventaires faits dans le lieu de la résidence ; mais ailleurs il peut en être accordé quatre.)

— Pour transport au-delà d'un myriamètre de la résidence :

1° une vacation par chaque myriamètre d'aller et retour ;

2° quatre vacations par chaque journée de cinq myriamètres, aussi d'aller et retour

— pour la formation { des comptes / de la masse / des lots / des fournissements { en matière de successions ; { une somme { correspondante au nombre des vacations que le juge arbitrera avoir été employées à l'opération

— Pour les expéditions de tous actes et procès-verbaux devant contenir { 25 lignes à la page / 15 syllabes à la ligne

à Paris, Lyon, Bordeaux, Rouen { 3 fr. { dans les autres villes { de Cours impériales et celles excédant trente mille âmes { 2 fr. 70 c. { partout ailleurs { 1 fr. 50 c. { (par chaque rôle)

2° PAR LE DÉCRET du 16 juin 1811

— Pour dépôt au greffe des pièces de comparaison ou arguées de faux :

1° par chaque vacation de trois heures { aux notaires de Paris . . . . 9 f. » { à ceux des départements . . . . 6 75 { (Voir décret du 16 février 1807, art. 166, et pour la réduction, le second décret dudit jour, art. 1 et 2)

2° par chaque myriamètre de transport excédant deux kilomètres . . . . 2 50 { en allant et en revenant { (3 fr. en novembre, décembre, janvier, février)

3° pour chaque journée { de séjour forcé . . . . 3 » { de séjour prolongé hors de la résidence { à Paris . . . 4 » / ailleurs 2 ou 3 50 — selon les lieux

3° PAR L'ORDONNANCE du 19 octobre 1841 — sur les ventes judiciaires d'immeubles

— pour la grosse du cahier des charges — par rôles contenant { 25 lignes à la page (3) / 12 syllabes à la ligne

à Paris, Marseille, Lyon, Bordeaux, Rouen { 2 fr. { dans les autres villes { de Cours impériales et celles excédant trente mille âmes { 1 fr. 80 c. { partout ailleurs { 1 50 { sans pouvoir rien exiger pour les minutes des procès-verbaux d'adjudication

— Pour droit proportionnel sur le prix des ventes : { 1 0/0 jusqu'à 10,000 fr. / 1/2 0/0 de 10,000 à 50,000 / 1/4 0/0 de 50,000 à 100,000 / 1/8 0/0 de 100,000 et indéfiniment

IV. pour la taxe du timbre des placards, le décret du 15 janvier 1823, art. 1ᵉʳ) (4)

(V. le tableau suivant.)

---

(1) Ce mot s'emploie principalement lorsqu'il est question de personnes exerçant une profession libérale, comme les médecins, les avocats, les notaires, les avoués, les huissiers. — Une profession ne peut être bien remplie qu'autant que celui qui s'y adonne trouve dans son exercice honnête, intelligent, assidu, des moyens d'existence honorable, pour lui et sa famille. (*Considérations sur le Notariat*.)

(2) On a pétitionné depuis 1831 pour un tarif légal de tous les actes notariés. — Dans la multitude des demandes présentées par les chambres de discipline, celle rédigée à Clermont par Mᵉ Fabre, fonctionnaire de la plus haute capacité, mérite d'être distinguée à cause de l'étendue des vues et de la parfaite démonstration des motifs. (V. J. N. art. 13301, 13359, 13641, 13601, 13746, 13787. — V. aussi, à l'art. 13520, le projet de loi proposé par la Cour de cassation. — V. enfin l'art. 13571.)
Le tarif légal sollicité presque unanimement, est retombé dans l'oubli, après avoir jeté une lueur d'espoir en 1852.
En l'accordant avec la prescription quinquennale, le Gouvernement trancherait le double vœu de tous les pétitionnaires.
Fixé — uniformément pour toute la France — sur une moyenne modérée, en ayant égard toutefois à l'augmentation du numéraire et aux besoins de l'époque, — et avec une disposition prenant tant contre les perceptions inférieures que contre celles excédantes, — le tarif légal aurait des avantages précieux et incontestables : — La clientèle n'aurait plus à craindre des réclamations qui peuvent se trouver exagérées parfois. — Les notaires (ceux des campagnes surtout) ne seraient plus marchandés et soupçonnés par certains clients, à l'égard de leurs taxes amiables : ce qui n'est que trop fréquent dans le plus grand nombre des départements ; et tous les confrères entre eux seraient à peu près rassurés sur la concurrence de ceux qui ne se font pas scrupule de recevoir des actes en rabais. — Enfin la Chancellerie aurait une appréciation générale et certaine des produits de nos études.

(3) Le cahier des charges n'a pas besoin d'être grossoyé, et ce n'est que pour l'évaluation de l'honoraire de la minute qu'il en est parlé (Circ. min. 30 août 1842).

(4) V., pour la taxe des protêts, le décret du 23 mars 1848, qui n'est point analysé ici, attendu la rareté de cette nature d'actes chez les notaires. — Quelques innovateurs ont demandé que les protêts fussent retirés des attributions notariales.

HONORAIRES [1] ET DÉBOURSÉS.

(V. le tableau précédent).

4° PAR LE DÉCRET du 3 novembre 1851 — sur les adjudications volontaires { de fruits, récoltes / et / coupes de bois taillis

— Un droit proportionnel sur le prix des ventes (non compris les déboursés et sans que la remise puisse être moindre de 2 francs) { 2 0/0 jusqu'à 10,000 fr. | 1 1/2 0/0 sur tout l'excédant } { sans distinction entre les ventes au comptant et celles à terme } (V. les art. 2 et 8 du D.)

— Pour recouvrement des prix par l'officier public | 1 0/0 sur les sommes recouvrées

— Pour expédition ou extrait du procès-verbal, en cas de réquisition | 1 fr. par rôle de 25 lignes à la page et 15 syllabes à la ligne

— Pour { versement à la Caisse des consignations / paiement des contributions / assistance aux référés } { s'il y a lieu } { à Paris, Lyon, Bordeaux / Rouen, Toulouse, Marseille } 4 fr. { partout ailleurs } 3 fr.

5° PAR LA LOI du 22 février 1851

— Pour honoraires des Contrats d'apprentissage | 2 fr.

6° PAR LE DÉCRET du 6 novembre 1855

— Pour la délivrance des certificats de vie / et / — Par chaque trimestre à percevoir { de 600 fr. et au-dessus . . » 50 c. / de 600 à 301 . . . . . » 35 / de 300 à 101 . . . . . » 25 / de 100 à 50 . . . . » 20 / au-dessous de 50 . . . » 60 }

7° D'APRÈS LES INSTRUCTIONS MINISTÉRIELLES des 24 décembre 1851 et 28 février 1852, et une décision ministérielle du 11 décembre 1855 (qui ne s'applique qu'aux ventes volontaires)

— Pour les ventes d'objets mobiliers aux enchères publiques

1° 2 0/0 sur le produit de ces ventes (2) { non compris { les déboursés ni la rédaction des placards / les expéditions ou extraits requis, payés à part } { Comme aux commissaires-priseurs, en vertu de la loi du 18 juin 1843

2° une vacation pour { consignation à la Caisse, s'il y a lieu / assistance à l'essai ou au poinçonnage des matières d'or ou d'argent / paiement des contributions (LL. 14 août 1791 — 12 novembre 1808) / arrangement et mise en ordre des objets à vendre | s'il y a réquisition des parties }

Les Notaires ont droit à des émoluments et vacations réglés à l'amiable (3) { pour les { inscriptions hypothécaires / subrogations, transcriptions, radiations / purges légales, demandes de certificats et états / légalisations, affiches, insertions aux journaux / dépôts ordinaires de pièces aux Greffes et Chambres } formalités par leurs soins

Enfin, un usage général { accordé { constaté par le tarif des Chambres — et qui peut être appuyé sur l'arrêt du Parlement de Paris, du 26 août 1763, qu'on n'a point abrogé / pour la recherche de tout acte ancien (c'est-à-dire reçu par les prédécesseurs) dont la date précise n'est pas indiquée par les parties / un droit fixé ordinairement à { 1 fr. 50 dans les dix premières années / 3 fr. au-delà de cet intervalle }

Doivent être reçus et délivrés gratuitement { les actes et pièces relatifs aux { raisons de retraite pour la vieillesse / assistances judiciaires (quand il y a ordonnance du juge de paix ou du président) } { L. 18 juin 1850 / L. 22 janvier 1851 (4)

Il y a lieu { à la réduction proportionnelle du droit d'expédition / pour le second ou subséquent rôle qui n'est écrit qu'en partie | Déc. min. 10 octobre 1835 (contraire à la jurisprudence)

Les vacations { fixées à trois heures par la loi du 27 mars 1791 et le tarif de 1807 / ne peuvent être de plus de quatre heures, aux termes du décret du 16 brumaire an 14

Un arrêt { du 15 janvier 1855 / défend aux notaires { de se faire souscrire des promesses ou obligations pour leurs honoraires (5)

Les honoraires { sont privilégiés { pour tout acte ou opération de la juridiction contentieuse — comme / pour un inventaire, une vente ou licitation ordonnée en justice, une vente de meubles autorisée par jugement / parce que dans ce cas { les honoraires sont de véritables frais de justice privilégiés de leur nature / les frais de justice ont pour objet la conservation et la liquidation de la chose } / de tous autres actes { qui n'entrent point dans les frais de justice { sont garantis par l'hypothèque judiciaire qu'emporte le jugement qui condamne à les payer — sur tous les biens présents et à venir du débiteur } } C. civ. Not.

(V. le tableau suivant)

---

(1) V. sur les peines de la concussion C. pén. art. 174.
M. Éd. Clerc dit : « Les Notaires doivent comprendre qu'il est de leur dignité et même de leur véritable intérêt d'apporter toujours de la modération dans la fixation de leurs honoraires. — Mais observons que cette même dignité et la bonne confraternité leur interdisent de rabaisser le taux des actes ou salaires, par une mercantile concurrence.

(2) Un arrêt de la Cour de cassation du 20 mai 1851, a jugé que la loi du 18 juin 1843, qui règle le tarif des commissaires-priseurs, n'est pas applicable aux ventes faites par les notaires ou autres officiers, et que ces ventes doivent être réglées par vacation. — Dans la pratique on suit le tarif des commissaires-priseurs.

(3) Un président de tribunal ne peut, en matière de taxe, statuer par aperçu et par voie de disposition générale. — Il peut seulement rendre des décisions particulières sur les actes qui lui sont soumis (Doctrine).
Une circulaire du Parquet de Lyon, du 7 mai 1856, rappelle les notaires à juste le décret du coût des actes sur les expéditions ou grosses et sur les brevets.

(4) Par l'art. 14 de cette dernière loi, il n'y a pour l'assisté que dispense provisoire quant au paiement des droits, émoluments et honoraires dus aux officiers ministériels.

(5) Les notaires, tout qu'ils ne sont point payés de leurs frais et déboursés, peuvent refuser expédition des actes (Arg. C. pr. art. 863).
Il s'établit aussi, dans l'usage, de faire renoncer leurs consultations, conférences et démarches ; mais les clients accordent parfois des honoraires particuliers aux notaires, ou des gratifications à leurs clercs pour les soins extraordinaires.
Dans leur intérêt personnel, par la nécessité de l'ordre inséparable de toute bonne gestion, tous les notaires doivent avoir une comptabilité complète, bien établie et régulièrement tenue. — Plusieurs chambres ont adressé des instructions à cet égard ; c'est d'ailleurs un moyen qui concourt à inspirer la confiance. — V. Éléments de comptabilité par M. Charles Fournier, traité cité aux observations du 2e tableau.

HONORAIRES [1] ET DÉBOURSÉS.

(V. le tableau précédent.)

Les honoraires — des actes auxquels deux notaires ont coopéré — ne peuvent pas être plus élevés que s'il y avait un seul notaire — se partagent également entre eux | Statuts. Not. de Paris, 1861, 1873

Pour qu'il y ait partage par égalité | il faut | que la coopération du second notaire ait été entière et non-seulement accessoire | Chauveau. — Roll. de Vill.

Le notaire substitué — pour cause de maladie ou d'empêchement — a droit à la totalité de l'honoraire (auquel d'ailleurs ne prétend jamais le notaire substituant, attendu que c'est là un service réciproque et de bonne confraternité)

Les frais d'actes — sont à la charge des parties | à qui la convention profite — ou dans les mains de qui elle forme un titre utile | Augan — se règlent toujours ainsi dans l'usage | à moins de stipulation contraire entre les contractants

Les notaires — ont une action solidaire | contre toutes les parties qui contractent afin de paiement de leurs déboursés et honoraires | — c'est un point | parfaitement établi — et conforme à la doctrine comme à la jurisprudence | Arg. des art. 1999, 2002 du C. N. — peuvent exercer cette action en justice — mais ne doivent | par dignité et dans leur intérêt | y recourir | que dans les cas d'évidente nécessité et qu'après avoir épuisé la ressource du refus des expéditions | Pratique

Le moyen — le plus simple et le plus commode à suivre pour faire ordonner le paiement, consiste à : notifier l'état taxé par le président (ou par le tribunal qui a dû juger la fixation faite par celui-ci) | L. de ventôse, art 91 — et assigner le débiteur par le même exploit devant ce tribunal qui en connaît | sans la conciliation préliminaire et quel que soit le montant des frais | C. pr. art. 60 / 2ᵉ décret de 1807

DÉBOURSÉS.

Les déboursés sont les avances faites pour la régularisation des affaires

Les déboursés — ont ordinairement pour objet : — les droits | de timbre et d'enregistrement — les frais | de transcription des contrats / d'inscriptions, subrogations et radiations d'hypothèques / de légalisation de pièces / d'affiches, annonces et insertions / de dépôts d'actes et contrats | aux Greffes / aux Chambres / de voyage et de nourriture | en cas de transport — les ports | de pièces et de correspondances

Les notaires — ne peuvent répéter que des avances légales — doivent éviter de payer pour leurs clients — plus qu'il n'est dû — doivent avancer | sauf leur recours contre les parties / les frais de dépôt des mariages des commerçants | Déc. min. 27 juin 1808

Il leur est interdit | de faire des avances aux parties à la suite des ventes auxquelles ils ont procédé | Déc. min. de 1834

Le notaire — peut déférer le serment à la partie qui invoque la présomption de paiement (des déboursés et honoraires) — résultant | de la quittance donnée à raison de frais d'actes | passés postérieurement à ceux dont on réclame le coût / de toutes autres circonstances

---

(1) On divise les honoraires des notaires en cinq espèces :

1° Les honoraires proprement dits — appartenant à la rédaction des actes ;
2° Les vacations — rétribution pour le temps employé à la confection d'un procès-verbal ;
3° Les droits de rôles — dus pour la délivrance des grosses, expéditions, extraits et mentions ;
4° Les frais de voyages — indemnité accordée pour instrumentation hors du lieu de la résidence ;
5° Les droits divers — qui sont accidentels (comme les recherches) ou s'appliquent à des objets différents (M. Vergé).

D'une autre part, on distingue deux classes d'actes, pour en fixer la rétribution :

À honoraires proportionnels — ceux qui contiennent des valeurs déterminées ou susceptibles de l'être ;
À honoraires fixes — ceux qui, ne présentant aucune valeur, ne laissent considérer que le travail qu'ils exigent.

Les autres bases à considérer — sont : le degré d'utilité des actes, leur importance, les difficultés de rédaction et la responsabilité des notaires ; c'est d'ailleurs ce qui résulte d'une déc. min. du 10 juin 1822.

CONTRAVENTIONS

(AMENDES ET NULLITÉS) (1).

ACTES ET CONTRATS

Acte reçu
- hors du ressort du notaire
- pour ses parents au degré prohibé
- sans le notaire en second, ou les deux témoins ayant les qualités requises
- avec { notaire en second ou témoin, parents au degré prohibé | du notaire ou / témoins qui sont clercs ou serviteurs | des parties }
- en brevet | quand il doit être en minute
- par un notaire suspendu, destitué ou remplacé (après notification)

→ nullité / L. 25 ventôse an 11, art. 6, 8, 9, 10, 20, 57, 68

- en contravention de l'art. | 53 du Code de procédure civile | amende 5 à 100 fr. / (protêts, actes respectueux) | C. pr. art. 1030

Défaut | d'écriture lisible, en un seul et même contexte | amende de 20 fr. — L. de ventôse, art. 13

Abréviation — blanc — lacune — ou intervalle | amende de 20 fr. — L. de ventôse, art. 13

Surcharge — interligne — addition — ratures non constatées et approuvées | amende de 10 fr. — nullité des mots. — L. de ventôse, art. 16

Défaut
- d'annexe des procurations des contractants (2) | amende de 20 fr. — L. de ventôse, art. 13
- des sommes — et dates — en toutes lettres | amende de 20 fr. — L. de ventôse, art. 13
- des nom et lieu de résidence du notaire | amende de 20 fr. — L. de ventôse, art. 13
- des noms, prénoms, qualités et demeures des parties | amende de 20 fr. — L. de ventôse, art. 13
- des signatures ou paraphes des renvois et apostilles en marge des actes | nullité des renvois
- de l'approbation expresse des renvois et apostilles mis à la fin des actes | — L. de ventôse, art. 15
- du lieu et date de la passation | nullité. — L. de ventôse, art. 12
- des noms et demeures des témoins instrumentaires
- des noms, prénoms, qualités et demeures des témoins certificateurs | amende de 20 fr. — L. de vent. art. 13
- de la mention de la lecture aux parties | amende de 20 f. — nullité pour les testaments — L. de ventôse, art. 13
- de signature par les parties, les témoins et notaires
- de la mention de cette signature
- — — — des déclarations faites par les parties { qui ne savent ou / qui ne peuvent signer } | nullité — L. de ventôse art. 14

Emploi | de clauses et d'expressions féodales (même dans les expéditions ou copies) | amende de 20 fr. — L. de ventôse, art. 17

Infraction | aux lois et règlements sur les poids et mesures | amende de 20 fr. — L. 4 juillet 1837, art. 5 / — 10 fr. quand il y a récidive

Défaut | de mention expresse de la présence du notaire en second ou des témoins à la lecture par le notaire et la signature par les parties (ou leur déclaration à cet égard) pour les cinq notaires d'actes spécifiés | nullité. — L. 21 juin 1843, art 2

Défaut | de mention { dans les contrats de mariage / de la lecture { aux parties — par le notaire / du dernier alinéa de chacun des articles 1391, 1394 du C. N. } } | amende de 10 fr. — L. 10 juillet 1850

Défaut | de signature et paraphe de pièces arguées de faux | amende de 50 fr. — C. inst. crim. art. 449

Défaut de publication | dans le mois de leur date / des contrats de mariage des commerçants | amende de 20 fr. / C. com. art. 68

Communication ou expédition d'actes | à d'autres qu'aux parties intéressées, leurs héritiers ou ayants-cause | amende de 20 fr. — L. 25 ventôse an 11, art. 23

Révélation des secrets connus à l'occasion des actes des notaires ou de leurs fonctions | amende de 100 à 500 fr. — C. pén. art. 378

RÉPERTOIRES

Par mois de retard de la remise | des minutes et répertoires d'un notaire remplacé | amende de 30 fr. — L. de ventôse, art. 57

Retard de présentation | du répertoire — au visa trimestriel (3) | amende de 10 fr. — L. 22 frimaire an 7, art. 51

Omission | ou intercalation d'actes sur le répertoire (4) | amende de 5 fr. — L. 22 frimaire an 7, art. 49

Défaut | de dépôt { du double du répertoire / quelle que soit la durée du retard } | amende de 10 fr. — L. 16 floréal an 4 / (5)

(V. le tableau suivant).

---

(1) Les nullités et amendes (comme les déchéances et toutes autres peines) ne sont que des dispositions de droit étroit, qui n'existent qu'autant qu'elles sont textuellement prononcées par la loi, et ne peuvent jamais être ni suppléées, ni étendues par analogie.
V. la théorie sur la nullité des actes et des conventions de tout genre — par M. Solon, 2 vol. in-8°.
La quotité actuelle des amendes se trouve fixée par la loi du 15 juin 1824, art. 18.
Les amendes sont personnelles et s'éteignent par la mort du délinquant (L. fin. 15 juillet 1880)

(2) Cette obligation existe, bien entendu, pour la procuration en minute comme pour celle passée en brevet. — Au premier cas, on annexe l'expédition de cette minute. L'art. 13 de la loi du 25 ventôse an 11, n'obligeant pas les notaires à faire mention de l'annexe des procurations, le défaut de cette mention ne peut entraîner amende (Déc. ins. 11 avril 1812)

(3) Il n'est dû qu'une seule amende de 10 fr., quelle que soit la durée du retard (Délib. Régie, 4 mars 1836)

(4) N'est assujettie à aucune amende, l'omission d'une partie des énonciations prescrites par la loi pour le libellé des répertoires (Roll. de Vill.)

(5) Cette amende est encourue le premier jour (Lett. ou Circ. min. du 17 septembre 1809.)

CONTRAVENTIONS

(AMENDES ET NULLITÉS).

(V. le tableau précédent.)

TIMBRE

Acte public — sur papier libre (ou timbre hors d'usage) / à la suite d'un autre acte sur la même feuille / sur papier timbre ayant servi à un autre acte inachevé / en conséquence d'actes ou effets de commerce non écrits sur papier timbré du timbre prescrit ou non visés pour timbre } amende de 20 fr. — L. 13 brumaire an 7, art. 12, 22, 23 et 24

Protêts — d'effets négociables ou de commerce non écrits sur papier du timbre prescrit ou non visés pour timbre } amende de 50 fr. — L. 24 mai 1834, art. 33

Affiches — non timbrées — ou sur papier blanc } amende de 20 fr. — LL. 28 avril 1816, art. 63 — 25 mars 1817, art. 27 — 15 mai 1818, art. 75

Registre — pour la transcription des polices d'assurances maritimes, en papier non timbré } amende de 50 fr. — L. 5 juin 1850, art. 47

Polices — d'assurances maritimes, expéditions ou extraits d'icelles, sur papier non timbré } amende de 500 fr. / en cas de récidive — 1,000 } L. 5 juin 1850, art. 49

Répertoires — non timbrés (original et double) } amende de 20 fr. — L. 13 brumaire an 7, art. 17

Altération — de l'empreinte du timbre } amende de 5 fr. — L. 13 brumaire an 7, art. 31

Expédition, copie, extrait — sur papier d'un timbre inférieur à 1 fr. 25 c. } amende de 10 fr. — L. 13 brumaire an 7, art. 19 (1) / contenant plus de vingt-cinq lignes à la page } amende de 5 fr. — L. 13 brumaire an 7, art. 30

Défaut de déclaration — que { les effets, certificats d'action, titres, bordereaux, polices d'assurances ou / tous autres actes } sujets au timbre et mentionnés dans les actes publics } sont ou ne sont pas } revêtus du timbre prescrit (2) } amende de 10 fr. — L. 5 juin 1850, art. 12

ENREGISTREMENT

Acte notarié — non enregistré dans les délais } amende de 10 fr. (3) — L. 22 frimaire an 7, art. 32 / fait en vertu d'acte sous signatures privées } ou passé en pays étranger } non enregistré préalablement (4) } amende de 10 fr. — L. 22 frimaire an 7, art. 42 / délivré en brevet, copie ou expédition — sans enregistrement } amende de 10 fr. — L. 22 frimaire an 7, art. 41 / fait en conséquence d'un acte public — non enregistré (5) } amende de 10 fr. — L. 22 frimaire an 7, art. 41

Tout acte sous signatures privées ou passé en pays étranger — { déposé — annexé / délivré en copie ou expédition } avant l'enregistrement préalable } amende de 10 fr. — L. 22 frimaire an 7, art. 42

Défaut — de rédaction d'acte de dépôt d'un acte déposé } amende de 10 fr. — L. 22 frimaire an 7, art. 43 / de transcription littérale de la mention d'enregistrement : 1° dans les expéditions; 2° dans les minutes d'actes faits en vertu d'actes sous signatures privées ou passés en pays étranger (6) } amende de 5 fr. — L. 22 frimaire an 7, art. 44 / de déclaration préalable à une vente de meubles aux enchères } amende de 20 fr. — L. 22 pluviôse an 7, art. 2 / de transcription { de la déclaration de vente mobilière / en tête du procès-verbal } amende de 5 fr. — LL. 22 pluviôse an 7, art. 2 — 16 juin 1824, art. 10 / de mention au procès-verbal d'écriture en toutes lettres { de chaque article adjugé } amende de { 20 fr. / 5 fr. } L. 22 pluviôse an 7, art. 7

Altération du prix des articles adjugés } amende de 20 fr. — L. 22 pluviôse an 7, art. 7

Vente publique et aux enchères — d'objets mobiliers — sans ministère d'officier compétent } amende de 50 à 1,000 fr. — même loi

Refus — de communication aux préposés { des { répertoires, minutes / titres ou registres } amende de 10 fr. — L. 22 frimaire an 7, art. 52 et 53 (sauf les exceptions de ce dernier art.)

Vente — aux enchères — de marchandises neuves } amende de 50 à 3,000 fr. — L. 25 juin 1841, art. 7

Insuffisance d'évaluation / Simulation de prix / Défaut d'enregistrement — en matière de transmission d'office } double droit — L. 25 juin 1841, art. 11, 12, 13

Contre-lettre connue — portant augmentation de prix } triple droit (7) — L. 22 frimaire an 7, art. 40

Deux décimes de guerre — sont imposés { sur le montant des amendes / par { la loi du 4 prairial an 7 et / le décret du 14 juillet 1855 }

---

(1) Et loi du 28 avril 1816, art. 63.

(2) On doit, de plus, énoncer le montant du timbre payé (Jurisprudence).

(3) Cette amende est pour les actes à droit fixe; mais elle s'élève au double droit pour ceux qui sont sujets à une perception proportionnelle supérieure à l'amende (L. 22 frimaire an 7, art. 33 et 34.

(4) V. L. 16 juin 1824, art. 13. — Cet acte peut n'être enregistré qu'en même temps (Délibérations de la Régie des 5 janvier et 30 mars 1825).

(5) V. L. 28 avril 1816, art. 56. — Quand cet acte a été reçu par le notaire qui l'énonce, il peut n'être présenté à l'enregistrement qu'avec celui dans lequel l'énonciation est faite, pourvu que le délai soit observé.

(6) À moins que ces actes soient annexés auxdites minutes.

(7) En matière de cession d'office, il n'est plus dû qu'un double droit, d'après la loi du 25 juin 1841 et la Jurisprudence. — V. l'avant-dernière proposition du 21ᵉ tableau.

NOTA. — Les notaires qui veulent faire usage de presses pour la copie de leurs lettres, avertissements, affiches, etc., doivent demander l'autorisation préalable du Ministre de l'Intérieur (à Paris) et des Préfets (dans les départements), sous peine de six mois d'emprisonnement et 10,000 fr. d'amende (L. 21 octobre 1814, art. 11 — D. 22 mars 1852).

RESPONSABILITÉ (1)

dol et fraude : ne se présumant pas, et devant être prouvés | C. N. art. 1116, 2268

révélation : des secrets confiés dans l'exercice de la profession | C. pén. art. 378

refus : du ministère — sans motif fondé | C. N. arg. de l'art. 1382

fautes :
- lourdes : ignorance ou négligence des soins qui préviennent le danger / assimilées au dol par l'oubli du devoir imposé au notaire
- légères : comprenant tout ce qui n'est pas faute lourde / s'étendant jusqu'aux dernières limites de l'imputabilité

} Doctrine

communication ou expédition : sans ordonnance | des actes | à d'autres qu'aux parties, leurs héritiers ou ayants-droit | L. 25 ventôse an 11, art. 23

délivrance : de seconde grosse | sans ordonnance du président du tribunal | L. de ventôse, art. 26

nullité des actes et des inscriptions hypoth. : par | vice de forme extrinsèque et même intrinsèque (2) / inobservation des formalités et de certains délais / défaut des énonciations substantielles ou nécessaires | Doctrine et Jurisprudence

profits : défaut | de délivrance de copie — et / de la tenue du répertoire particulier | C. vén. art. 176

certificats : de vie | et de propriété | D. 24 août 1806, art. 9 — Inst. min. 17 juin 1830

erreur : de droit | quand le droit n'est pas douteux

indivisibilité des parties : dont la constatation | lorsqu'il y a lieu | ne doit pas être négligée (3) | L. 25 ventôse an 11, art. 11

défaut : d'exposition | dans l'étude | du tableau des interdits | L. de ventôse, art. 18 / de publication des actes de société | omission dans les extraits à publier | C. com. art. 42 à 44 — L. du 31 mars 1833

capacité des témoins : dont le notaire doit s'assurer | pour tous ses actes / même les testaments | Toullier, Dalloz, etc.

contraventions : au § 2 de l'art. 22 et à l'art. 53 de la loi de ventôse / à l'ordonnance du 4 janvier 1843 (titre de la discipline)

mandat exprès ou tacite : principalement en matière de placement de fonds — et / à l'égard (pour tous actes) des clients fidèles (4) | Doctrine et Jurisprudence

acquisition : de procès, droits et actions litigieux, de la compétence du tribunal de leur ressort | C. N. art. 1597

dépôts : de | titres et deniers | dont le défaut de restitution emporte contrainte par corps | C. N. art. 2060 / L. 13 décembre 1848 / à la Caisse de consignation | non effectués aux cas spécifiés | Ord. 3 juillet 1816, art. 10 / de contrats de mariage entre époux dont l'un est commerçant (non effectués) | C. com. art. 67, 68

actes des clercs : relatifs à leurs faits | comme représentant le notaire-patron | C. N. art. 1384 — Jurisprudence

notaire en second : est responsable à l'égard des actes qui réclament sa présence réelle / n'est que rarement, et jusqu'à un certain point, responsable des autres actes qu'il ne contre-signe que pour la forme | L. 21 juin 1843 | Doctrine

expéditions ou grosses : des contrats de mariage | sans transcription à la suite | du changement ou de la contre-lettre | C. N. art. 1397

excès du tarif — abonnement : dans les ventes volontaires de fruits, récoltes et coupes de bois (5) | O. 5 novembre 1851

L'action en responsabilité : est | portée au tribunal civil de la résidence du notaire | Droit commun — L. 25 ventôse an 11, art. 53 / soumise à la prescription | de trente années / à partir de la découverte du fait (6) | Doctrine ; peut être | intentée contre les héritiers du notaire | C. Inst. crim. art. 2, § 2. — Roll. de Vill.

---

(1) Voir la belle définition et les développements de la responsabilité notariale, par M. Terye, docteur en droit.
La responsabilité est motivée le plus souvent sur l'inépuisable article 1382 du Code Napoléon.
Une déclaration du Roi, du 22 septembre 1722, art. 2, avait déjà déclaré les notaires responsables de la nullité de leurs actes.

(2) Il y a controverse quant à la responsabilité de la forme intrinsèque des actes; — mais il est du devoir d'un bon notaire d'apporter tout son savoir et ses soins à la perfection de cette forme.
L'acte le plus délicat, le plus sujet à recherches, c'est le testament; — et après lui, les donations, obligations, certificats de propriété.

(3) V. à la fin du 59ᵉ tableau.

(4) Le mandat tacite est l'écueil le plus subtil, en ce qu'il est souvent difficile d'en reconnaître le caractère, et d'en prévoir toute la conséquence d'après le sens si étendu qu'y donne la jurisprudence (V. la dernière note sous le 59ᵉ tableau).

(5) Les abonnements ne sont permis que pour l'État et les établissements publics.

(6) Les auteurs pensent que ce délai court du jour où la faute a été commise.

PRINCIPES DE DROIT [1]

Le Droit est la science des Lois [2].

La Justice est la conformité de nos actions et de notre volonté à la Loi.

La Loi est une règle d'action et de conduite prescrite à tous les citoyens.

§ 1er.

DU DROIT ET DE LA LOI.

On distingue le Droit en trois espèces principales :

LE DROIT NATUREL est la raison humaine en tant qu'elle gouverne tous les hommes ; c'est la première et la plus négligée de toutes les sciences.

Appliqué aux affaires de nation à nation, on l'appelle le Droit des gens.

LE DROIT POLITIQUE comprend les lois qui établissent les pouvoirs publics et en règlent les actions sur les membres de la Société.

LE DROIT CIVIL s'entend des lois qui régissent les intérêts privés, c'est-à-dire des particuliers entre eux.

Toute définition du Droit civil est douteuse en ce qu'elle peut toujours être interprétée d'une autre manière.

Est reconnu comme étant de droit commun, tout ce qui n'est pas défendu par la loi.

L'erreur commune fait le droit.

Il n'y a point de droit contre le droit.

Personne n'est présumé renoncer à son droit.

Les droits du sang ne peuvent être détruits par aucune loi civile.

La nécessité est la première de toutes les lois.

Nul n'est censé ignorer la loi [3].

La loi n'a point d'effet rétroactif.

Elle commande, défend, permet et punit.

Elle permet tout ce qu'elle ne défend pas [4].

Il n'est pas permis de suppléer à son silence, ni de distinguer là où elle ne distingue pas.

La loi n'a point d'expressions sacramentelles.

Elle n'abroge la loi antérieure que lorsqu'elle l'exprime formellement, ou renferme des expressions incompatibles avec celles de la loi précédente. — Les dispositions spéciales ne sont pas abrogées par les lois générales et de droit commun.

Les cas de force majeure doivent toujours être exceptés des dispositions générales de la loi.

Les privilèges et toutes les exceptions de la loi sont de droit étroit et ne peuvent être étendus à d'autres cas que ceux pour lesquels ils sont créés. — Les peines, les incapacités, les nullités, les déchéances sont aussi des dispositions de droit étroit qui ne peuvent jamais être suppléées.

Savoir les lois, ce n'est pas en savoir les termes, mais en connaître la force et l'esprit [5].

§ II.

SUR LES ACTES ET CONTRATS

De règle, les époux ne peuvent contracter ensemble.

Qui s'oblige oblige le sien.

Celui qui fait une erreur ne s'oblige pas.

Payer ce que l'on ne doit pas, c'est donner.

Il n'y a point de stipulation valable, s'il n'existe point d'intérêt en faveur de celui qui s'oblige.

Il n'est pas permis de faire indirectement ce qu'on ne peut faire directement.

La donation indirecte est nulle quand elle a pour but d'éluder une prohibition légale.

On peut stipuler pour un autre dont on promet la ratification.

Un acte nul ne peut produire aucun effet.

Ce qui abonde ne vicie pas.

Qu'un acte vaille plutôt qu'il ne périsse.

Les obligations se dissolvent de la même manière qu'elles se forment.

Toute obligation de faire ou de ne pas faire se résout en dommages-intérêts, en cas d'inexécution de la part du débiteur.

Nul ne peut transférer à autrui plus de droits qu'il n'en a lui-même.

Est réputé perpétuel tout ce qui est stipulé pour cent ans [6].

C'est la loi du lieu de leur confection qui régit la forme des actes.

La lettre tue l'esprit (des conventions).

(V. le tableau suivant.)

[1] La règle de droit est l'énonciation succincte et formulée qui domine toute une matière. — La plupart des règles de droit émanent des jurisconsultes qui, après avoir observé ce qu'il y a de commun à plusieurs cas particuliers, énoncent cette conformité par une maxime générale. — Ainsi la règle est le résumé de plusieurs dispositions de droit : ce n'est donc pas la règle qui donne lieu à ces dispositions, mais les dispositions à la règle ; et c'est la différence qui existe entre les règles et les principes : ceux-ci, basés sur l'équité, la morale et l'intérêt, président à l'ensemble du droit.
Elle, en ce qu'elle donne en peu de mots une idée nette du sujet, la règle est fort dangereuse si, au lieu de remonter à son origine, d'examiner quelles sont les dispositions particulières dont elle est extraite, on s'en rapporte aveuglément à sa lettre. — Cependant il est certaines règles qui, soit comme embrassant plusieurs matières, soit par leur importance ou leur fréquente application, méritent d'être distinguées, — Il n'existe pas un seul principe dont on ne puisse faire abus en l'étendant outre mesure à l'aide d'une argumentation trop habile : c'est une vérité générale (Dict. not.)

[2] Toutes les sciences ont leurs principes, leurs vérités ; — mais toutes aussi ont leurs erreurs, leurs incertitudes infinies.

[3] Il y a en France soixante-dix mille lois, décrets, ordonnances, édits, arrêtés, avis du conseil d'Etat, décisions et instructions ministérielles, règlements, etc. (Statistique.)

[4] La loi permet souvent ce que défend l'honneur (Sourin) — comme l'invocation de la prescription alors qu'on doit.

[5] A cet égard et pour les plus profonds développements sur les lois générales et diverses, il faut nécessairement étudier l'esprit des lois de Montesquieu.

[6] C'est pourquoi la plus longue durée des concessions et baux emphytéotiques s'arrête à 99 ans.

PRINCIPES DE DROIT [1]

(V. le tableau précédent.)

§ III.

DES JUGEMENTS

La chose jugée est réputée la vérité.

Nul ne peut être juge ni témoin dans sa propre cause.

L'accessoire suit le sort et la nature du principal.

On ne considère point ce qui est écrit, mais ce qui est fait.

Le fait aide le droit.

Nul ne se forclot lui-même.

On ne peut se prévaloir de sa propre turpitude.

Le crime ne peut jamais améliorer la condition de son auteur.

C'est toujours au demandeur à justifier sa demande.

C'est à celui qui affirme à prouver sa prétention.

Le demandeur ne prouvant pas : le défendeur est absous, lors même qu'il ne présenterait aucune défense.

Le défendeur devient demandeur en opposant une exception.

Il vaut mieux ne pas avoir de titre que d'en avoir un mauvais.

À la même cause le même droit.

Le premier devoir est de restituer au spolié.

En toute chose, l'équité doit être considérée avant tout.

Nul ne peut être distrait de ses juges naturels.

Le fait d'une personne ne peut nuire qu'à elle et non à son adversaire.

Un tiers ne peut profiter ni souffrir d'un acte ou jugement dans lequel il n'a pas été partie.

Point d'intérêt — point d'action.

Le droit à une chose mobilière est mobilier.

La forme emporte le fond.

La superficie cède au sol.

La chose périt pour le propriétaire.

En fait de meubles possession vaut titre.

Qui a terme ne doit rien.

Les obligations doivent s'acquitter au domicile du débiteur.

Lorsqu'il n'y a pas de terme à une obligation, la chose est due incontinent.

Une dette est due, quelque minime qu'elle soit.

Les profits appartiennent à celui qui supporte les charges.

Et qui a les avantages a les charges.

De deux prétentions, dont l'une tend à éviter une perte et l'autre à faire un gain, la première est la plus favorable.

Quand deux personnes prétendent la même chose à titre lucratif, on doit préférer celle dont le titre est antérieur.

En parité de cause la possession doit l'emporter.

Dans le doute [2] il faut toujours se déterminer pour la moindre obligation.

Un service ne doit préjudicier à qui le rend.

On n'est pas censé faire tort à celui qui y consent.

La fraude ne se présume pas.

Nul ne peut être contraint de vendre sa chose malgré lui (sauf passage et expropriation pour cause d'utilité publique).

Tout fait quelconque de l'homme qui cause à autrui un dommage, oblige celui par la faute duquel il est arrivé à le réparer.

Nul en France ne plaide par procureur (si ce n'est le chef d'État).

§ IV.

SUCCESSIONS

N'est héritier qui ne veut.

Le mort saisit le vif (transmet sa propriété, ses droits et actions au survivant).

Les legs nuls ou caducs sont censés n'avoir jamais existé.

Il n'est aucune hérédité d'une personne vivante.

Qui prend les biens de la succession jusqu'à concurrence de cinq sous, fait acte d'héritier.

Il n'y a de biens qu'après le paiement des dettes.

Est nul tout pacte sur succession future.

§ V.

POINTS DIVERS

À l'impossible nul n'est tenu.

Qui peut le plus peut le moins.

Nul ne peut s'enrichir aux dépens d'autrui.

Nul n'est libéral s'il n'est libéré.

L'enfant conçu est réputé né quand il s'agit de ses intérêts.

L'État est toujours réputé solvable.

Donner et retenir ne vaut.

Il ne faut pas favoriser la malignité.

Possession vaut titre jusqu'à preuve contraire.

Nul n'est obligé par le conseil qu'il donne.

Il y a plus de sûreté dans la chose que dans la personne.

Le premier en date d'inscription est le premier payé.

La prescription ne court pas contre qui ne peut agir.

Pièces rendues, pièces payées.

Qui épouse la femme épouse les dettes.

Chacun peut user de sa chose comme il lui plaît, à la condition de ne nuire à autrui en aucune manière.

Toutes les choses faites par les anciens sont réputées solennelles.

---

[1] V. Pour l'Histoire générale et la philosophie du Droit, M. Lerminier, 3 vol. in-8°, et pour l'histoire du Droit français, M. Laferrière, 6 vol. in-8°, dernière édition, — un Précis de l'Histoire du Droit civil en France, par Poncelet, 1 vol. in-8°.
Gibbon partage l'histoire du Droit romain en 3 périodes et cette division a été conservée depuis, sauf quelques légères modifications : — la première part des premiers temps de Rome et va jusqu'à la loi des Douze Tables (300 ans avant J.-C.) — la deuxième jusqu'à Cicéron, — la troisième jusqu'à Alexandre Sévère, — la quatrième et dernière jusqu'à Justinien. Cet empereur fit une refonte générale du Droit, compilations en quatre parties : les Instituts, les Pandectes, le Code et les Novelles; le tout publié de l'an 528 à 533. (Au milieu de faits.)

[2] S'il pouvait arriver quelque cas qui ne fût réglé par aucune loi expresse ou écrite, il aurait pour lui les principes naturels de l'équité, qui est la loi universelle s'étendant à tout (Domat).
Les considérants des jugements et arrêts dénaturent parfois la loi et les principes, à force de tiraillements et d'applications diverses. — Il faudrait que la Cour suprême, dans toutes les espèces qui présentent des analogies complètes, prît à tâche de rappeler et formuler les véritables règles du Droit, et décider en audiences solennelles tous les principaux points controversés; — de manière à établir entre les différentes juridictions autant de conformité que possible contre les abus de subtilité en plaidoiries. — C'est tout aussi désirable que la réforme de procédure.

II.

JURISPRUDENCE.

ORGANISATION [1]

STAGE

La continuité du stage
- jusqu'à la demande du certificat de moralité et de capacité
- n'est pas | dans les conditions prescrites par la loi — ni exigée au ministère de la Justice

Seulement
- lorsque la fin du stage remonte à une époque trop éloignée
- on demande des explications à l'aspirant sur l'emploi de son temps

Not. J. N. art. 10,544

En cas de maladie
- dûment justifiée
- il n'y a pas interruption de stage — dans le sens légal de ce mot
- l'aspirant ne perd pas le bénéfice du travail antérieur à sa maladie; mais
- le temps | pendant lequel la maladie a duré — ne peut jamais être compté dans la supputation totale du stage [2]

Déc. min. 9 juillet 1857

Le temps passé à l'École de Droit
- n'est point considéré comme une interruption du stage notarial
- lors même que ce stage a cessé complètement pendant que l'aspirant suivait le cours

Déc. min. 10 décembre 1843

Un aspirant peut obtenir en nomination
- nonobstant une lacune ou interruption de son temps d'étude
- lorsqu'il donne des explications satisfaisantes sur les causes de l'interruption

Inst. min. 2 mars 1841

Les interruptions de stage | ne sont opposées — en général — qu'aux candidats qui ne se sont livrés à aucun travail utile | *Sol. Journ. du Not., n° 1159*

Les greffiers de justice de paix | sont au nombre des fonctionnaires de l'ordre judiciaire qui | peuvent obtenir la dispense du stage notarial | *Ord. 31 janvier 1850.*

Les maires, titulaires ou adjoints | sont au nombre des fonctionnaires de l'ordre administratif pouvant obtenir la même dispense | *Sol. Journ. du Not. n° 1200*

La dispense de stage peut être accordée
- à un maire — s'il justifie d'officiers de sa capacité | *Déc. min. 24 août 1850.*
- à un receveur d'enregistrement | *Déc. min. 14 juillet 1849*

Un licencié en droit ne peut prétendre [3] | à la réduction de stage notarial accordée par la loi aux défenseurs, c'est-à-dire | aux avocats plaidants et aux avoués | *Déc. min. 1ᵉʳ juin 1835*

Le stage non inscrit
- conformément à l'ordonnance du 4 janvier 1843
- n'est pas nul de plein droit
- peut être prouvé par l'aspirant par tels moyens qu'il juge convenables
- l'administration se réservant d'examiner | les publications avec une attention spéciale

Déc. min. 25 janvier 1844

Une Chambre ne peut refuser
- à un aspirant — le certificat de moralité et de capacité
- par le motif qu'il ne s'est pas fait inscrire avant le premier avril 1843, conformément à l'ordonnance du 4 janvier
- que le stage fût complet ou non à l'époque de la publication de l'ordonnance

Sol. J. N. art. 11852, P. 11885
Déc. min. 15 décembre 1843 — 25 janvier 1844

Le stage
- ne peut être fait utilement que chez un notaire en plein exercice
- ne compte pas quand il s'agit de travail chez un ancien notaire
- peut être déclaré inadmissible | lorsqu'un aspirant a travaillé dans une étude, en dehors du nombre de clercs qu'elle peut régulièrement employer

Déc. min. 2 avril 1847 — 12 juillet 1847

Le temps de travail
- maladie de trois ans
- passé dans une étude de première ou de deuxième classe
- ne peut être compté | double à un aspirant | pour être admis à exercer dans la troisième classe

Déc. min. 2 décembre 1844

L'aspirant
- ne peut être admis | si | pendant l'une des deux dernières années de son stage — il n'a eu que le titre de premier clerc adjoint — la loi ne reconnaissant pas ce titre | *Déc. min. 10 janvier 1844*
- qui a travaillé | pendant trois mois dans une étude de première classe — deux ans comme premier clerc dans une étude de seconde — réunit les conditions de stage nécessaires pour être notaire de deuxième classe | *Déc. min. 15 novembre 1843*
- qui a joui dix ans | dans une étude de deuxième classe, dont cinq en qualité de premier clerc — satisfait et au-delà aux dispositions de la loi de ventôse — et peut devenir notaire de première classe, sans avoir été clerc de cette première classe | *Déc. min. 2 août 1844*

Un second clerc dans une étude de Paris
- n'ayant aucun privilège sur ceux des départements
- tel peut être | assimilé à un premier clerc | ni | nommé aux fonctions de notaire | dans une autre résidence [4]

Déc. min. 10 mai 1840

Un notaire
- exerçant depuis treize ans dans une étude de troisième classe
- ne peut être nommé | dans la première classe | si son stage primitif est insuffisant [5]

Déc. min. 26 septembre 1845

(V. le tableau suivant.)

[1] La vie notariale : laborieuse, honnête, calme et modeste, convient aux hommes qui ont l'amour du bien et de la paix (Charles Fourier.) Lorsque la loi ne le dise pas expressément, les notaires comptent parmi leurs attributions les plus importantes, les conseils qu'ils donnent à leurs clients et le dépôt qu'ils reçoivent des secrets des familles (Rut. de Vil.)

[2] Quand la maladie n'est pas extraordinairement durable, les certificats des patrons ne mentionnent jamais l'interruption du stage.

[3] Il en est de même des docteurs. — « La plus savante théorie ne suffirait pas pour faire un bon notaire : il faut aussi une pratique assidue, pour apprendre les formes, pour connaître les lois relatives, pour exprimer avec force des conventions qui se discutent à l'infini; pour éviter des pièges qui sont trop souvent tendus à la bonne foi. Chaque profession a ses règles, celle du notaire a de plus son style particulier : l'habitude seule peut donner ce genre d'instruction. Un des plus grands avantages du stage doit être aussi d'aider les candidats à se bien pénétrer de l'esprit de la profession. Il est utile, il est nécessaire que dans chaque profession il y ait un esprit de l'État, il excite l'émulation, honore le cœur, élève l'âme. — Lorsqu'un homme estime sa profession, il sait prendre les moyens de se faire estimer lui-même. » (Tribun. Jaubert. — Discours sur la loi de ventôse.)

[4] La J. N. dit que l'opinion contraire avait été émise précédemment au Ministère. — V. loi de ventôse, art. 41.

[5] La J. N., art. 12670, établit que c'est contraire à l'esprit de la loi et à un usage antérieur. — V. J. du Not., n° du 25 janvier 1850. (Droit notarial, questions diverses.)

ORGANISATION.

(V. le tableau précédent.)

TRAITÉS des OFFICES (1)

- **Est nul :** comme contraire à l'ordre public / le traité secret portant cession d'un office de notaire à un aspirant qui n'a pas encore l'âge requis — Cass. 6 novembre 1855

- **Un office ministériel** n'est pas au nombre des choses — qui sont dans le commerce / qu'on peut vendre aux enchères publiques — C. Limoges, 10 novembre 1830. — C. Amiens, 2 avril 1845. — Jurisp. ministère de la Justice (2)

- **La charge d'un notaire** ou autre officier ne peut être — ni saisie ni vendue aux enchères / à la requête des créanciers du titulaire, qui ont seulement le droit d'exercer une action sur le prix ou l'indemnité dû par le successeur — C. Caen, 15 juillet 1827. C. Limoges, 10 novembre 1830

- **Le traité de cession**
  - **constitue** une obligation de faire — qui : pour chacune des parties (spécialement pour le cessionnaire) / en cas d'inexécution se résout en dommages-intérêts (3) — C. Rennes, 1ᵉʳ février 1834. C. Amiens, 2 avril 1845. C. Rouen, 22 décembre 1849
  - **ne peut** avoir lieu avec pactes d'association pour l'exploitation de l'office / sous peine de nullité radicale du pacte (4), qui ne saurait autoriser même de la part des tiers aucune action utile — Cass. 6 décembre 1845
  - **oblige** de plein droit le cédant / à ne rien faire qui puisse porter atteinte aux avantages résultant de la clientèle par lui transmise au cessionnaire
  - **ainsi le cédant est passible** de dommages-intérêts envers son successeur s'il a détourné la clientèle de l'étude / s'il a rédigé moyennant salaire des actes sous seings privés dans la résidence du successeur — Trib. Savenay, nov. 1858
  - **peut maintenant stipuler la réserve** par le vendeur de ses recouvrements [et les anciens titulaires qui avaient cédé leurs recouvrements sous l'empire de la jurisprudence antérieure et qui désireraient aujourd'hui, d'accord avec leurs successeurs, en reprendre la propriété, peuvent y être autorisés par décisions spéciales] — Inst. min. 5 novembre 1848 (5)
  - **peut être résolu, quand le cessionnaire** : dans un délai moral apprécié par la prudence des juges n'a pas rempli les conditions et formalités nécessaires à sa nomination étant lui-même titulaire d'un autre office / n'a pas dans un délai raisonnable présenté et fait agréer un successeur pour cet office, et s'est mis ainsi dans l'impossibilité d'obtenir une nouvelle nomination — C. Bordeaux, 14 avril 1851

- **Le titulaire ne peut** après avoir donné sa démission la retirer et se soustraire ainsi à l'exécution du traité / faite en vertu d'une procuration est valable et obligatoire — C. Paris, 14 janvier 1845

- **La cession d'un office**
  - ne peut être valablement faite que par le titulaire, ses héritiers ou ayants-cause
  - ne peut l'être par un tiers non pourvu de l'office — mais qui se prétend cessionnaire de la faculté de présentation
  - est nulle étant faite par un titulaire destitué lors même qu'elle est antérieure à la date de la destitution
  - est toujours faite sous une condition suspensive : la nomination et l'entrée en fonctions du cessionnaire — C. Riom, 10 février 1845
  - peut être faite sur le consentement de la majorité des héritiers du titulaire décédé quand le candidat qui se présente n'a pu réunir tous les héritiers — Déc. min. 23 mai 1846
  - n'est point admise par le ministère de la justice quand elle a lieu par contrat de mariage devant être distincte de ce contrat (6) — Déc. min. 7 janvier 1846

- **En cas de refus** de nomination du cessionnaire d'un office motivé sur son insolvabilité (annoncée par lui) il y a lieu — non pas d'ordonner la revente aux risques et périls du cessionnaire — mais d'impartir au vendeur un délai pour déterminer la nomination — et à défaut de condamner l'acquéreur à des dommages-intérêts — C. Paris, 13 juillet 1821

- **Est inadmissible** dans le traité la clause portant que si l'aspirant n'obtient pas sa nomination dans un délai déterminé le traité demeurera nul et sans indemnité — Déc. min. de 1845

- **Le cessionnaire** d'un office de notaire est passible de dommages-intérêts envers le cédant lorsqu'il refuse de retrancher du traité une clause rejetée par l'administration rend ainsi la nomination impossible — C. Paris, 18 novembre 1845

- **Il ne peut être rien changé** par des stipulations particulières, dépourvues de l'approbation administrative aux conventions intervenues avec cette approbation — en matière de cession

(V. le tableau suivant.)

---

(1) *Autrefois les offices étaient immeubles. — Aujourd'hui ce sont des meubles incorporels. (Dalloz, Toullier, Roll. de Vill.)*

(2) *Notamment une décision ministérielle du 28 avril 1834. — Cependant une charge de notaire du canton de Vorey (Haute-Loire) fut annoncée à vendre aux enchères publiques, en 1851.*

(3) *Jurisprudence constante.*

(4) *Comme contraire à l'ordre public.*

(5) *Les cédants peuvent donc, à leur volonté, vendre ou réserver les recouvrements.*

(6) *« Attendu que ce contrat, n'étant susceptible d'aucune modification, pourrait mettre obstacle au contrôle du Gouvernement. »*

V. au Journal du Not., n° 1154, aux questions diverses, le texte de la formule qu'ont adoptée les notaires de Paris pour leurs traités de cession. — V. aussi le n° 1153 et le J. N., art. 15815, sur les modifications postérieures.

ORGANISATION.

(V. le tableau précédent.)

PRIX des OFFICES. — ÉVALUATION. — CONTRE-LETTRES. — RÉDUCTION.

Pour l'évaluation — il faut prendre — d'un office de notaire dont un des successibles doit le rapport à ses cohéritiers / le chiffre moyen des actes et celui de leur produit / le quart du revenu ainsi fixé qu'on capitalise à 5 0/0 / et ce capital forme la valeur — C. Agen, 27 juillet 1842 (1)

Les offices constituent par le droit de présentation des successeurs une propriété civile (2)

Les contestations qui s'élèvent relativement à la fixation et au paiement du prix sont du ressort des tribunaux — C. Riom, 5 juillet 1851

Les traités secrets en matière de cession d'office sont entachés d'une nullité absolue — et ne peuvent servir de base à aucune espèce de convention — Cass. 10 mai 1854

L'action exercée par l'acquéreur d'un office ministériel en restitution du supplément du prix stipulé par une contre-lettre repose exclusivement sur l'art. 1235 du Code Napoléon et non sur l'art. 1382 relatif aux quasi-délits — Cass. 31 décembre 1853

Le consentement du successeur au paiement de ce supplément de prix constitue d'ailleurs de sa part un fait répréhensible et le rend non recevable à demander des dommages-intérêts contre le vendeur (il n'a droit qu'à la restitution du supplément de prix)

Le vendeur d'un office qui a reçu, à titre de pot de vin ou d'épingles, une somme en sus du prix ostensible doit restituer cette somme et les intérêts du jour où elle a été payée (ce paiement étant réputé de plein droit frauduleux, il n'est pas nécessaire que la mauvaise foi du vendeur soit constatée) — Cass. 31 janvier 1854

Les paiements faits en vertu d'un traité secret, au-delà du prix ostensible sont nuls et sujets à répétition ou imputation sur ce prix

L'imputation se fait sur les intérêts du prix ensuite sur le capital — C. Paris, 11 juin 1849

Une contre-lettre en matière de transmission d'office qui au lieu d'imposer à l'acquéreur des charges en dehors du traité lui assure, dans un cas déterminé, la diminution du prix stipulé est valable — C. Paris, 11 décembre 1849

La nullité d'une contre-lettre qui augmente le prix d'un office est d'ordre public peut conséquemment être proposée, malgré toute renonciation ou déclaration contraire peut être demandée pendant 30 années : l'action ne se prescrivant que par ce délai — C. Rouen, 26 décembre 1849

Les intérêts de la somme sont dus non-seulement du jour de la demande mais du jour du paiement

Les tribunaux peuvent en l'absence même de la lésion du droit commun réduire le prix de la cession d'un office en se fondant sur cela seul que la déclaration des produits de l'office aurait été erronée et frauduleuse — Cass. 13 décembre 1855

sont incompétents pour statuer sur une demande en réduction de l'indemnité imposée au notaire nommé à un office vacant par destitution — Cass. 5 février 1855

la fixation de cette indemnité constitue en faveur des créanciers du précédent titulaire un droit dont les juges ne peuvent refuser l'exécution

L'acquéreur d'un office est fondé à demander la réduction du prix porté au traité de cession dans le cas où les produits ont été exagérés par le cédant sans que l'on établisse à la charge de ce dernier la preuve de manœuvres frauduleuses — C. Bourges, 19 janvier 1853 (3)

peut demander la réduction du prix convenu à raison de circonstances inconnues de lui au moment de la cession — C. Bordeaux, 22 décembre 1855 (4)

peut obtenir la diminution du prix lorsqu'il n'a été fixé que d'après des indications frauduleuses du vendeur par application de l'art. 1641 du Code Napoléon — C. Paris, 28 janvier 1843

ne peut demander une réduction pour cause d'erreur sur l'importance du produit annuel de l'étude acquise — C. Bordeaux, 30 mai 1843

(V. le tableau suivant.)

---

(1) Cette base correspond au taux de 20 p. 0/0 ; — mais la base réglementaire, c'est-à-dire celle adoptée aujourd'hui par la chancellerie est à 12 p. 0/0 net du produit moyen des cinq dernières années ; elle se calcule aussi par huit fois ce produit moyen net (ce qui donne 12,50 p. 0/0), et se guide encore sur le montant ordinaire des droits d'enregistrement. — Ce taux fut long-temps à 10 p. 0/0 brut ; — on est arrivé progressivement à 15. — V. sur l'estimation des charges et le contrôle de l'administration, J. S. art. 13958.

(2) Les offices se rattachant au ministère de la Justice sont au nombre de 18,248, dont : avocats à la Cour de cassation, 60 ; notaires, 9,324 ; avoués, 3,419 ; greffiers, 3,978 ; huissiers, 7,850 ; commissaires-priseurs, 512. — Les charges se rattachant au ministère de l'Agriculture et du Commerce s'élèvent à 897. — Total 20,145 — soit 20 mille. — En se portant en moyenne chaque office ou charge qu'à 20,000 fr., c'est un capital de 400 millions. (Évaluation faite à l'Assemblée nationale dans la séance du 28 décembre 1850. — Dans la séance du 3 février 1838, à la Chambre des Députés, cette évaluation fut portée à 1,300 millions. L'assurance des offices en compte la valeur à un milliard, aujourd'hui.

(3) La jurisprudence est généralement contraire à cet arrêt, notamment : Cass. 17 mai 1823. Bordeaux, 16 mai 1848. Trib. Montargis, 31 août 1849.

(4) Mais on ne peut considérer comme inconnue de lui la déconfiture de l'ancien titulaire amenée, non par des opérations clandestines, mais par de nombreuses dettes civiles parfaitement notoires au moment de la cession. (Même arrêt).

ORGANISATION [1]

(V. le tableau précédent.)

PRIX des OFFICES — Paiement. Privilège.

- **Les créanciers du titulaire d'un office** — ne sont pas ses ayant-cause dans le sens de l'art. .. de la loi du 28 avril 1816. — ont action : non sur l'office lui-même et le droit de présentation qui en dépend — mais seulement sur l'indemnité qui en est le prix ou l'équivalent — *Cass., 21 mai 1851*

- **Le vendeur non payé d'un office, a** — en cas de démission forcée de son successeur, un privilège sur le montant de l'indemnité imposée par le Gouvernement au nouveau titulaire — *CC — Rouen, 13 mars 1851 ; Besançon, 4 janvier 1853 ; Bourges, 21 mars 1851*

- **Lorsqu'un tribunal a provoqué** — sur une poursuite disciplinaire la destitution d'un officier ministériel

- **Cette décision** — diminuant la valeur de l'office — rendant la transmission plus difficile — compromettant le privilège du précédent titulaire

- **Ce dernier peut** — dès avant l'approbation du Garde-des-Sceaux à la mesure disciplinaire — faire prononcer en justice la déchéance du terme pour la portion du prix de l'office restant due — *Cass. 6 août 1851*

- **Est valable** — le paiement fait par anticipation du prix d'un office d'un notaire lorsqu'il n'est entaché d'aucune présomption de fraude, n'existait d'ailleurs à l'époque du paiement aucune saisie-arrêt entre les mains du cessionnaire — *Trib. Châteaudun, 14 août 1816*

- **L'action résolutoire** — faute de paiement du prix convenu n'a pas lieu en matière de cession d'office. — *C. Riom, 29 août 1844*

- **Le cessionnaire** — d'un office ministériel qui a obtenu de son vendeur terme et délai pour le paiement, ne peut, en cas de revente du même office, toucher du nouvel acquéreur une partie du prix au préjudice du privilège du vendeur originaire ; doit être déchu du bénéfice du terme — *C. Amiens, 17 août 1844 ; Trib. Seine, 6 octobre 1855*

- **Le privilège du vendeur d'un office** — est éteint par la destitution de son successeur ; conséquemment l'indemnité imposée par le Gouvernement à celui qui remplace un notaire destitué pour être distribuée à qui de droit, ne peut être considérée ni comme le prix de l'office ni comme la propriété du titulaire destitué ; appartient à la masse des créanciers, et la femme ne peut même y prétendre pour ses reprises matrimoniales — *Cass., 8 décembre 1852 ; C. Paris, 7 août 1852*

- **Le vendeur d'un office** — qui a subrogé dans son privilège le porteur de son cessionnaire, lui doit garantie dans le cas où le privilège est perdu par suite de la destitution de l'acquéreur — *C. Rennes, 21 juillet 1847*

- **Le vendeur non payé d'un office**
  - ne peut exercer son privilège sur l'indemnité accordée par le Gouvernement après la destitution de son successeur — *C. Paris, 20 février 1853*
  - peut réclamer sur le prix de la vente de cet office le privilège établi par l'art. 2102 du Code Napoléon — *Cass. 16 février 1831 — 21 janvier 1845 — 18 juin 1855*
  - ne peut exercer ce privilège que sur le prix dû par le successeur immédiat, l'étendre sur le prix des autres ventes successives (2) — *C. Paris, 25 février 1854*
  - ne peut réclamer de privilège pour la portion de prix lui restant due sur l'indemnité imposée au titulaire nommé en remplacement du successeur destitué — *C. Paris, 24 décembre 1855*

- **La caution solidaire de l'acquéreur d'un office** — lorsqu'elle a payé une partie du prix est subrogée à tous les droits du vendeur, notamment à son privilège ; doit primer conséquemment jusqu'à due concurrence les autres créanciers — *Cass. 1er août 1855*

- **Il est interdit de stipuler** — dans le traité portant cession d'un office ministériel non-seulement que le cédant se réserve le privilège de vendeur; mais encore qu'il se réserve son privilège sur la valeur de la charge — *Déc. min. de 1849*

(V. le tableau suivant.)

---

(1) Il y a en France 9,854 notaires en exercice : 411 de première classe, 1,420 de seconde, 7,983 de troisième. — *Année 1850.*
(Nombre en 1854, — — — 9,738.)

Tous les notaires ont reçu au total :
en 1850 — 3,272,811 actes de toute nature. — En moyenne, 328 chacun. (La moyenne pour chaque notaire était de 305 en 1847, soit un acte par jour.)
en 1851 — 3,174,155 actes de toute nature.
en 1852 — 3,336,813 —
en 1853 — 3,491,447 —
en 1854 — 3,663,383 — — En moyenne 378 actes par chaque notaire. 192 — — mille habitants. — *Rapports ministériels.*

Dans les campagnes on compte ordinairement un acte par deux ménages.
Si la population pouvait être répartie également entre eux, chacun des notaires de France en exercice instrumenterait pour 2,642 habitants, et recevrait, à 100 actes par mille âmes, toutes des meilleures années, 264 actes par an, moyenne de 1847.
Le nombre des mutations qui se sont opérées en 1850, dans les offices de notaires, s'élève à 527.
Ce qui représente environ la 18ᵉ partie du nombre des notaires, donne par conséquent une mutation par 18 notaires — et porte à 18 ans l'exercice moyen de chacun de ces fonctionnaires. — *Rapport ministériel.*

(2) Il le peut quand il y a eu délégation à son profit, par le deuxième acquéreur, et accomplissement des formalités voulues. (V. J. N. art. 15780.)

ORGANISATION.

(V. le tableau précédent.)

PRÉSENTATION et DÉMISSION (1)

Un aspirant — qui n'est présenté que comme intérimaire — ne peut être nommé aux fonctions de notaire | Déc. min. 31 juillet 1843 (2)

Le notaire { en exercice / qui se rend cessionnaire d'une autre étude } ne peut { être pourvu de ce nouveau titre, qu'après avoir présenté et fait agréer un successeur (3) / à moins qu'il ne préfère { donner sa démission pure et simple de son ancienne étude / en renonçant, autant que besoin serait, à toute indemnité pour sa transmission } } | Déc. min. 8 septembre 1845

En cas { de refus par les héritiers d'un titulaire d'office, de présenter un successeur — ou de négligence de leur part à faire cette présentation / le vendeur de l'office, non encore payé d'une partie du prix, peut être subrogé au droit que les héritiers refusent ou omettent d'exercer } | C. Paris, 23 août 1852

Lorsque, après avoir cédé son office, un notaire refuse sa démission au cessionnaire, celui-ci n'a d'action devant les tribunaux qu'en dommages-intérêts contre le cédant pour défaut d'inexécution du traité | C. Aix, 5 janvier 1839

La déclaration faite par un notaire — que sa démission est gratuite — ne suffit pas pour la nomination du successeur désigné | Il faut produire un acte en forme de donation | Déc. min. 20 mars 1843

La démission du titulaire d'un office de notaire et la présentation de son successeur ne peuvent émaner que de sa propre volonté | C. Agen, 6 janvier 1836

Le notaire qui donne sa démission doit la faire pure et simple, sans condition | le Gouvernement n'en acceptant pas d'autre | Circ. min. 12 mars 1845

qui a donné sa démission purement et simplement n'est pas admis à la retirer lorsque l'administration lui a fait connaître qu'elle était acceptée | Déc. min. 9 janvier 1837 — Ord. 20 mars 1838

Le notaire démissionnaire { en faveur d'un successeur, continue ses fonctions, lorsque ce successeur a été révoqué faute de prestation de serment | Ord. 23 juin 1835 / en faveur de ses collègues, doit continuer ses fonctions et conserver le dépôt des minutes jusqu'à ce que sa démission ait été acceptée | Déc. min. 10 août 1833 }

Le remplacement d'un notaire destitué a lieu sur une liste de candidats présentés par ordre de mérite par la chambre de discipline, par le procureur impérial et par le procureur général

Chacun de ces aspirants doit prendre, avant de subir son examen, l'engagement de consigner, en cas de nomination, l'indemnité due aux créanciers

SUPPRESSION.

Lorsqu'il y a extinction de titre de notaire à effectuer dans un canton, l'indemnité { à payer au titulaire dont l'étude est supprimée / peut être réglée d'office par l'administration, nonobstant le traité entre ce titulaire et ses collègues, si le prix de ce traité paraît trop élevé } | Ord. 10 juillet 1845 / l'administration détermine, en même temps, la part contributive de chacun dans l'indemnité

Le notaire dont l'office est à supprimer a le droit de se substituer au premier traité de cession d'un office conservé dans le même canton, à la condition de souffrir la suppression immédiate de son étude mais ce droit de préférence lui est personnel; il ne le transmet pas à son héritier | Inst. min. 3 mars 1841 — Déc. min. 29 octobre 1844

nommé sur la production de deux titres et qui a seul payé l'indemnité d'extinction de l'office supprimé — lorsque cette règle était admise — n'est pas tenu de contribuer à l'indemnité due pour l'extinction d'un autre titre dans le même canton | Déc. min. 24 octobre 1843

Les héritiers d'un notaire destitué et dont l'office a été supprimé ont droit à une indemnité à raison de cette suppression | Déc. min. 2 décembre 1845 (4) — Arg. C. Lyon, 1er mars 1828

CRÉATION, TRANSLATION.

En cas { de création d'une étude (5) ou de translation de résidence }, les autres notaires du canton auxquels la création ou le changement porte préjudice n'ont pas droit à une indemnité | Déc. min. juin 1842

En cas de création de nouveaux offices, les anciens titulaires auxquels cette création porte préjudice ont droit à une indemnité | Ord. 26 août 1839 — Délib. du conseil général de la Seine, 23 novembre 1842

(V. le tableau suivant.)

(1) On a, à diverses reprises, demandé la loi complémentaire annoncée par celle du 28 avril 1816, art. 91, et qui doit régler, pour les titulaires et leurs héritiers, l'exercice du droit de présentation des successeurs; on a pétitionné aussi pour obtenir la fixation légale du prix des offices, et des rapports ont été faits et remis en 1831 au ministère de la Justice, mais tout est resté infructueux, et la jurisprudence continue seule de gouverner la matière. — V. J. N., art. 3682, 9911, et le volume de 1839, second semestre, pages 767, 321. — V. au Journ. du Not., n° du 9 avril 1856, le remarquable article de M. Chauveau qui dit : « Quand tous les officiers ministériels voudront qu'une loi, une loi protectrice de leur propriété soit faite, cette loi sera faite. »

Les Notaires devraient poursuivre avec persévérance, non-seulement ce règlement du droit de transmission des offices et la fixation de la base légale de leurs prix; mais encore — le tarif légal des honoraires; — la solution limitative de la responsabilité notariale, notamment quant aux mandats tacites pour la suite et les formalités conservatoires des actes, (V. la 2e note du 98e tableau); — l'établissement d'une caisse de secours mutuels pour les notaires tombés dans le malheur et qui sont dignes d'appui, comme Me Serbier (V. 1re note du 34e tableau); — l'abrogation des art. 67 et 68 du C. de com. (V. la 1re note du 86e tableau). — Ils devraient veiller, avec vigilance, au maintien des droits du Corps entier, à tous égards. — Des Notaires et plusieurs Chambres prennent de louables initiatives; mais les vœux, les efforts isolés restent toujours impuissants; — et il ne peut y avoir bonne direction et succès que par un comité général et permanent, à la condition de le composer de membres actifs ayant à cœur les améliorations qui sont nécessaires aux intérêts et à la parfaite organisation du Notariat.

(2) Le J. N. observe qu'autrefois on admettait les notaires intérimaires ou confidentiaires chargés de conserver une étude au fils d'un parent ou d'un ami, pour la satisfaction des familles; — et il ne pense pas que la présentation de ces notaires puisse être proscrite d'une manière absolue.

(3) En cas de présentation immédiate d'un successeur, il est statué en même temps sur les deux demandes en nomination du notaire qui change et de son successeur (Déc. min., notifiée le 1er janvier 1845).

(4) L'indemnité due pour un office supprimé se répartit, sur l'avis préalable de la Chambre et du Tribunal, entre tous les notaires du canton, à raison des avantages que chacun peut retirer de la suppression; elle ne saurait être mise à la charge des notaires d'un canton voisin, quoiqu'ils profitent en fait de la suppression (Déc. min. 12 juillet 1843. — Inst. précitée du 3 mars 1841). — Pour la contribution de l'indemnité de suppression, V. Journ. du Not. du 6 février 1856. (Questions diverses).

(5) F. J. N., année 1839, second semestre, p. 195.

ORGANISATION.

(V. le tableau précédent.)

Il faut être âgé de 25 ans accomplis — non-seulement pour être nommé aux fonctions de notaire, — mais pour obtenir de la Chambre de discipline le certificat de moralité et de capacité exigé par la loi [1] — Déc. min. 9 février 1817

Le Gouvernement n'accorde pas de dispense d'âge — aux individus âgés de moins de 25 ans qui se présentent pour être admis — Déc. min. 9 janvier 1837 — — 29 juillet 1843

L'aspirant auquel la Chambre de discipline a refusé le certificat de capacité peut être examiné par le procureur général et nommé notaire si son aptitude est attestée par ce magistrat — Déc. min. 17 juillet 1845

qui, après examen, n'a pas paru posséder une instruction suffisante peut être ajourné par la Chambre à une époque déterminée pour se représenter devant elle et y être examiné de nouveau — Délib. de la Chambre des notaires de Montpellier, 2 juin 1841 — Déc. min. même année.

La délibération de la Chambre portant refus du certificat de moralité et de capacité — ou ajournement de la délivrance — ne lie pas l'autorité

Et l'aspirant peut nonobstant cette délibération être nommé aux fonctions de notaire — Mêmes délib. et déc. min. de 1841

La loi de ventôse n'assujettit pas les aspirants au notariat [2] à la formalité d'un examen préalable — cette formalité paraît conforme au vœu du législateur est observée dans la pratique; mais n'est prescrite par aucune disposition légale — Sol. J. N., art. 1078

Les moyens d'appréciation de la capacité des aspirants demeurent à la disposition des chambres de discipline — qui ne sont pas tenues de leur faire subir l'examen

CERTIFICAT de MORALITÉ et de CAPACITÉ.

Le ministre de la Justice étant le juge suprême des demandes de nomination rien de ce qui contribue à éclairer sa décision ne peut lui être interdit

Ainsi quand un aspirant refusé par la Chambre — prétend avoir été victime de prévention rien n'empêche le ministre de vérifier par lui-même ou par ses délégués au moyen d'un examen supplémentaire si en effet ce candidat est aussi peu capable qu'on le prétend — Sol. J. N., art. 1248 [3]

Au contraire — le ministre ayant de justes sujets de croire qu'un candidat réellement incapable a été l'objet d'un certificat de complaisance a de même le droit de prescrire telles mesures de vérification qu'il juge convenables

Le certificat de moralité délivré par la Chambre de discipline et exigé par la loi est indispensable — et n'a rien de commun avec les renseignements puisés par le Gouvernement à d'autres sources — Déc. min. 1er octobre 1841 spécialement avec le certificat de bonne vie et mœurs

Le notaire en exercice depuis plus d'un an dans une résidence de troisième classe qui demande à être nommé notaire de deuxième n'est tenu de produire aucune justification de son aptitude ni de sa capacité — Déc. min., janvier 1836

qui demande à passer à une résidence d'un autre arrondissement, mais sans changer de classe, ne doit pas être astreint à produire un certificat de capacité — ni à subir préalablement l'examen de la chambre qui n'est pas fondée en ce cas à le lui imposer — Sol. J. N., art. 2173

L'obligation d'un nouvel examen est ce qui concerne un notaire en exercice doit être restreinte au cas où le notaire demande à être admis dans une classe supérieure alors il est un véritable aspirant soumis à la disposition de l'article 43 de la loi de ventôse — Même sol. de l'art. 2173

existe à plus forte raison à l'égard de l'ancien notaire qui demande sa réintégration [4]

Le certificat produit par un aspirant n'est point admis, s'il a une date trop ancienne — Déc. min. 23 mai 1848

(V. le tableau suivant.)

[1] Comme l'observe le J. N. art. 13198, il n'y a pas d'inconvénient à admettre à l'examen l'aspirant auquel il ne manque que quelques mois, puisque le temps de ces formalités le conduit à sa 25e année, et même au-delà, avant la nomination qui est seule entendue par la loi pour le terme de rigueur. — M. Roll. de Vill. dit : Un candidat qui n'a pas encore l'âge requis peut néanmoins acquérir une charge ; le traité n'est pas nul; son exécution n'est que retardée; mais il est bon de faire connaître le défaut d'âge pour éviter des difficultés.

[2] On a souvent prétendu que les élèves en notariat devraient faire leur droit. — Le J. N. dit : « Les aspirants au notariat sont soumis à des études trop longues, trop difficiles, trop complètes, pour qu'ils aient le temps et qu'ils éprouvent le besoin de suivre des cours de droit; ce qui ne serait du reste praticable que pour ceux qui font leur stage dans des villes où se trouvent des Facultés. » V. art. 7884 — 9910.

[3] V. Dict. Not. — 4e édition — Certificat de moralité et de capacité, n° 173.

[4] En abdiquant ses fonctions, il a renoncé à tous les privilèges qui y étaient attachés. même solution.

ORGANISATION [1]

(V. le tableau précédent.)

CAUTIONNEMENT.

Un notaire ne peut être admis / à prêter serment — ni / n'être installé dans ses fonctions / s'il ne justifie du versement intégral de son cautionnement — *Circ. min. 21 octobre 1856*

Le cautionnement d'un notaire / doit être fixé d'après la population / de sa résidence / constatée par le dernier recensement / à l'époque de sa nomination

Mais les notaires / d'une résidence dont la population s'est accrue depuis leur nomination / ne peuvent être astreints à verser / un supplément de cautionnement / à raison de cette augmentation — *Déc. min. 3 mai 1836 — 8 juillet 1853 — 5 septembre 1855*

Le notaire / qui change de résidence / ne peut affecter / à sa nouvelle étude / le cautionnement qu'il avait précédemment fourni — *Circ. min. 16 avril 1856*

Les expéditions / des décrets portant nomination de notaires et autres officiers publics / relatant / le chiffre du cautionnement à verser par le titulaire / pour la base de perception du droit d'enregistrement — *Déc. min. 25 juin 1859*

Le privilège de second ordre / ne peut / appartenir qu'à celui qui a réellement fourni / au titulaire / les fonds de son cautionnement / être attribué / par une déclaration postérieure du titulaire en faveur d'un de ses créanciers, quand c'est le titulaire lui-même qui, lors de son entrée en fonctions, a fourni de ses deniers les fonds de son cautionnement / Cette déclaration ne saurait d'ailleurs produire d'effet, soit comme opérant transport de cautionnement, soit comme acte de nantissement. — *Cass. 26 mai 1855 — C. Paris, 9 décembre 1857 (2)*

Le bailleur de fonds / à un cautionnement / ne peut obtenir le privilège de second ordre sans une double formalité : / 1° déclaration notariée de l'emprunteur; / 2° inscription de cette déclaration à la Caisse des dépôts et consignations — *Cass. 19 juillet 1842 — 4 décembre 1858*

Le bailleur de fonds / du cautionnement d'un officier ministériel / ne peut pas réclamer / les fonds par lui avancés / avant l'échéance du terme convenu — *C. Riom, 29 août 1844* / n'est pas propriétaire de ce cautionnement / a seulement un privilège de second ordre — *Cass. 17 juillet 1849*

Le cautionnement d'un notaire / peut être l'objet d'un transport — *C. Paris, 13 mars 1852*

Les faits de charge / donnant lieu à un privilège sur le cautionnement des fonctionnaires / sont seulement les faits relatifs à leurs fonctions et pour lesquels leur ministère est obligé et non / les opérations résultant de la seule confiance accordée personnellement au fonctionnaire — *C. Douai, 18 décembre 1849 (3)*

Le fait par un notaire / de n'avoir pas employé / conformément à leur destination / des fonds qu'il n'a reçus que pour un placement déterminé / ne constitue pas un fait de charge / comportant pour le créancier / un paiement par privilège sur le cautionnement — *Cass. 18 janvier 1854*

La responsabilité d'un notaire / qui fait faire un mauvais placement à son client / ne constitue pas non plus un fait de charge — *C. Paris, 11 mars 1853*

C'est aux créanciers / pour faits de charge principalement / qu'est accordée la garantie du cautionnement

Mais le privilège / ne s'applique pas seulement aux condamnations que de simples particuliers auraient obtenues pour ces faits de charge

La généralité des termes de la loi / exige / qu'on l'étende encore aux condamnations que la régie obtiendrait contre les notaires pour droits d'enregistrement et d'amende (4)

Attendu que les cautionnements / sont / dans la pensée de la loi / une sûreté / donnée à l'État aussi bien qu'aux particuliers / contre les infractions des notaires — *Cass. 1ᵉʳ janvier 1844 — 1ᵉʳ mars 1875 — 25 juillet 1857*

(V. le tableau suivant.)

---

(1) *Le Journ. du Not., dans son n° du 22 mars 1856, en annonçant la mort de M. Rolland de Villargues, l'auteur de la Jurisprudence du notariat, fait les réflexions suivantes : M. Roll. de Vill. avait appris à connaître, à apprécier, à estimer les notaires; il savait tous leurs pénibles travaux, toutes les difficultés, les dangers de leur profession, les contestations, les tracasseries, les injustices dont ils sont si souvent victimes; il les connaissait avec soin, avec prudence; il les défendait en homme; il déplorait aussi cet esprit fâcheux d'antagonisme que bien des magistrats, en province, laissent subsister entre eux et le notariat, contre lequel ils gardent parfois des préventions mal fondées. Sous ce rapport, les notaires perdent en M. Roll. de Vill. un défenseur et un ami... M. Roll. de Vill. exerçait la magistrature depuis plus de 30 ans, et l'on peut bien dire de lui qu'il a dû toute sa carrière, sa haute position à son mérite, à son travail... Toute sa vie peut se résumer en ces trois mots, pris dans leur plus haute acception : Honnêteté, Simplicité, Travail.*

(2) *Conformément à d'autres arrêts. — F. J. N. art. 1500, arrêt de cassation du 16 avril 1855 sur la nullité des formalités établissant le privilège de second ordre.*

(3) *Principe constant. — La Cour de cassation l'avoit jugé ainsi dès le 16 mars 1807.*

(4) *Alors même que les droits ne leur auraient pas été consignés par les parties.*

ORGANISATION.

(V. le tableau précédent.)

SUR les CHAMBRES

Les Chambres de Discipline [1]

- sont qualifiées pour intervenir en justice, dans les affaires qui intéressent les notaires de leur arrondissement — C. Aix, 23 janvier 1832 — Paris, 15 juin 1843 — Tours, 27 avril 1847 — C. Rouen, 27 février 1856
- ne peuvent, par une délibération de l'assemblée générale, imposer des amendes, spécialement contre les notaires qui ne se présentent pas aux assemblées générales — Déc. min. 26 août 1845
- sont tenues de donner communication, au ministère public — sur sa réquisition, non-seulement du registre des délibérations, mais encore des pièces produites pour ces délibérations — Déc. min. 11 avril 1846
- chargées par délibération de l'assemblée générale de faire l'acquisition d'un immeuble, doivent être autorisées par le Gouvernement — Sol. J. N. art. 13469
- n'ont pas besoin de cette autorisation si, au lieu d'acquérir, il s'agit de faire une vente
- sont tenues de délibérer et examiner les candidats qui se présentent quand le maximum des notaires dans un canton n'est pas dépassé — Circ. et déc. min. 19 mars 1806, 15 juillet et 21 octobre 1820
- peuvent refuser de procéder à l'examen des candidats et de leur délivrer des certificats de capacité et de moralité, lorsque le nombre des notaires d'un canton a été fixé par le Gouvernement et il n'existe aucune charge vacante ou susceptible de le devenir bientôt — Trib. Mortagne, 7 janvier 1831
- commettent un excès de pouvoir lorsqu'elles prononcent une peine disciplinaire contre un notaire qui refuse d'obéir à leur injonction dans une matière où elles ne peuvent donner qu'un simple avis — Cass. 27 août 1854, 29 janvier 1855
- doivent faire approuver par le Garde-des-Sceaux les règlements qu'elles dressent, lesquels, à défaut de cette approbation, sont dépourvus de force exécutoire — Arr. min. 1ᵉʳ juin 1842
- peuvent avoir simultanément pour membres les deux frères notaires du même arrondissement — Sol. J. N. art. 10745

RANG des NOTAIRES entre eux.

- Toutes les questions relatives à la priorité de rang entre notaires, soit pour l'inscription sur la liste d'ancienneté, pour la garde et le dépôt d'actes faits en commun, doivent se résoudre par les règles suivantes :
  1º Le notaire ne tient son pouvoir que de sa nomination suivie de sa prestation de serment
  2º Le rang entre notaires se détermine par la prestation de serment (L. de ventôse art. 63)
  3º La démission fait perdre tous les droits attachés au titre auquel on renonce
  — Sol. J. N. art. 13632
- Il résulte de la dernière règle que le notaire qui change de résidence peut son rang d'ancienneté au tableau pour prendre celui de sa nouvelle réception
- Il n'y a d'autre rang entre notaires (quel que soit le jour de la prestation de serment [2]) que celui résultant de la nomination dont chacun d'eux se trouve pourvu — Déc. min. 31 mars 1832 — Cass. 16 avril 1834 — Déc. min. 8 avril, 2 novembre 1842, — 26 août 1847
- Mais ce rang n'est pas perdu pour le notaire qui change de résidence sans que son titre de nomination soit modifié — Déc. min. 15 mars 1845
- Lorsque deux notaires sont appelés par les héritiers du mari et ceux de la femme à l'inventaire des deux successions, la minute doit rester au plus ancien — C. Bourges, 24 novembre 1845

CALOMNIE.

- Quand un notaire a été l'objet d'une imputation calomnieuse et diffamatoire, mensongèrement le bruit, spécialement lorsqu'on a répandu qu'il avait été mis par le ministère public, sur l'avis préalable de la chambre, en demeure de résigner ses fonctions, La Chambre de discipline peut et doit, par une délibération spéciale et après avoir pris l'avis du procureur impérial, délivrer au notaire ainsi attaqué dans son honneur un certificat constatant que les bruits répandus sur son compte ne sont nullement fondés — Délib. de la Chambre des notaires de Dijon, du 27 avril 1840 [3]
- Est coupable de diffamation et passible, comme tel, de l'emprisonnement celui qui publie par la voie de la presse un écrit contenant l'imputation de faits déterminés et de nature à porter atteinte à l'honneur et à la considération d'un notaire — C. Bordeaux, 3 octobre 1845

(V. le tableau suivant.)

---

[1] Le J. N., art. 12819, en rapportant le règlement (approuvé par le ministre) de la Compagnie des Notaires de l'arrondissement de Bar-sur-Aube, du 2ᵉ juin 1843, qui peut servir pour un modèle de constitution notariale, observe avec raison que la véritable attribution de la Chambre de discipline consiste dans la délégation du pouvoir exécutif de la Compagnie; mais que le pouvoir réglementaire doit n'appartenir dans toute sa plénitude qu'à l'assemblée générale elle-même. — V., art. 12946, le texte des 69 articles retranchés de ce règlement par la Chancellerie.
Un règlement uniforme et légal, pour tous les Notaires de France, est à désirer et serait possible.
Le Doyen d'une Compagnie de Notaires, c'est-à-dire le plus ancien en titre, est toujours considéré comme Président d'honneur et appelé à toutes les députations. — Lorsque le doyen en exercice n'est pas président de la Chambre, il lui est réservé une place à la droite du président dans les assemblées et conférences générales hors du bureau. S'il est membre de la Chambre, il a, dans toutes les séances, sa faculté à la gauche de celui du président. (Statuts des Notaires de Paris. — 1ᵉʳ mai 1809 — 14 mai 1822.)

[2] Lorsque deux notaires ont été nommés en même temps et prêtent serment le même jour, ils prennent rang au tableau d'après l'ordre de leur admission au grade de premier clerc. (Règlement des Notaires de Paris, 27 avril 1847.)

[3] Délibération approuvée avec empressement par M. le Procureur du Roi.

ORGANISATION (1).

(V. le tableau précédent.)

DISPOSITIONS DIVERSES.

- Les fonctions de notaire { sont au nombre des fonctions civiles auxquelles est applicable l'art. 258 du Code pénal
- Conséquemment { est passible { de la peine de l'emprisonnement en vertu de cet article / celui qui s'est immiscé sans titres dans l'exercice des fonctions notariales } Trib. Soissons, 18 mars 1856
- Un intérêt d'honneur { suffit { pour qu'un notaire ait le droit d'intervenir dans un procès / lorsque l'une des parties y a produit { un mémoire imprimé contenant des allégations de nature à porter atteinte à la réputation de ce notaire
- L'article 23 de la loi { du 17 mai 1819 — sur la presse / autorise à porter { devant le tribunal même saisi de l'instance principale / l'action du notaire { afin { de suppression du mémoire imprimé et de tels dommages-intérêts que de raison } C. Amiens, 15 mars 1833
- Les tribunaux peuvent ordonner d'office { la suppression d'un mémoire { produit en justice et / contenant des faits { de nature à porter atteinte à la considération d'un notaire } C. Riom, 25 novembre 1840, 5 juillet 1841
- Un notaire { n'est pas fonctionnaire public dans le sens de l'art. 6 de la loi du 25 mars 1822 / ne peut même être considéré { comme agent ou dépositaire de l'autorité dans le sens de l'art. 16 de la loi du 17 mai 1819 / que lorsqu'il fonctionne { en vertu d'un mandat exprès de l'autorité judiciaire ou administrative
- L'imputation diffamatoire { dont il est l'objet { en dehors du cas ci-dessus / doit être qualifiée de diffamation contre un simple particulier } C. Nancy, 21 juillet 1833; Trib. Tours, 12 avril 1856 (2)
- Les voies de fait { exercées contre un notaire et les témoins instrumentaires pour la réception d'un testament / constituent le délit de rébellion prévu par les articles 209 et 212 du Code pénal } C. Bruxelles, 23 février 1833
- Insulté à raison de ses fonctions — le notaire est réputé l'être à l'occasion de l'exercice de ses fonctions { et l'art. 225 du Code pénal est applicable / quoique l'insulte n'ait pas eu lieu en un endroit public } Cass. 12 mars 1842
- Un notaire { que le tribunal civil commet habituellement { pour procéder à des expertises / comme géomètre arpenteur / ne peut { en cette qualité { être assujetti à la patente } Déc. min. décembre 1844
- Les notaires
  - comme tous les patentables { doivent recevoir et payer une formule de patente } Jugem. conseil d'État, 19 novembre 1853
  - ont reçu de la loi, de leur institution, la qualification de fonctionnaires publics et doivent être considérés comme tels dans le sens de la loi du 31 mai 1850
  - ont conséquemment le droit d'être inscrits { sur la liste électorale de la commune où ils exercent / quelle que soit la durée de leur domicile dans cette commune } Cass. 12 août 1850
  - ne peuvent { sans autorisation / transporter leur résidence dans un hameau dépendant du lieu assigné par la commission
  - il n'y a pas lieu à recours contre les décisions { du Garde-des-Sceaux / relatives à la fixation des résidences } Ord. 28 août 1823
  - nommés { à la résidence d'une commune / sont libres de s'établir sur la partie de cette commune qui leur paraît convenable } Déc. min. 27 septembre 1845, 6 mai 1846
  - n'ont point à recourir à l'autorisation municipale pour apposer les panonceaux { à l'extérieur de leurs maisons / sur la voie publique
  - parce que ce signe de la protection du dépôt public ne saurait être assimilé à l'enseigne { d'un commerce ou d'une industrie privée
  - doivent pourtant { se conformer aux arrêtés de police sur cette matière, et / ne pas excéder l'étendue déterminée à partir du mur de la maison } Sol. J. N. art. 8151
- Les fonctions de notaire { ne sont pas incompatibles avec celles de membre { du conseil de discipline de la garde nationale
- L'incompatibilité { à l'égard des fonctions de juge / ne s'entend pas de celles { accidentelles et temporaires
- C'est ainsi { que l'autorité nomme des notaires { juges suppléants { d'un tribunal ou d'un juge de paix } J. N. art. 8780
- Le privilége des commissaires-priseurs { ne s'étend pas aux communes limitrophes du chef-lieu / quand même elles seraient comprises { dans l'une des justices de paix dont la ville est le centre } C. Dijon, 29 novembre 1850
- Les officiers publics (notaires, huissiers, greffiers) { sont autorisés { à faire les prisées, comme les ventes de meubles / dans les localités où il n'existe pas de commissaires-priseurs } Arg. jug. trib. Tours, 1er juillet 1852
- En toutes assemblées publiques { les notaires ont la préséance sur les avoués (3) } arr. de rég. } 20 février 1597 — 18 juillet 1811
- Les notaires ne doivent pas admettre
  - un clerc à leur étude { sans savoir { du dernier notaire où il était / s'il n'est reprochable en rien / sans le consentement { du notaire de chez lequel il est sorti, ou des syndics, en cas de refus par ce notaire
  - le maître-clerc { sortant d'une étude dont le titulaire est remplacé depuis moins de trois mois / sans le consentement du successeur ou des syndics } Statuts des not. de Paris, 1681, 1708, 1711

(V. le tableau suivant.)

(1) *Le Journ. du Not., dans son no du 10 février 1856, — à propos d'un office d'agent de change dont l'exploitation venait d'être mise en commandite, pour la somme de 1,975,000 francs — dit : «.... Les agents de change paient en un an, deux, trois au plus, le prix fabuleux de leur charge; après quelques années, ils se retirent plus que millionnaires. Les notaires, après 20, 30 et 40 ans de labeurs quotidiens, se retirent après avoir acquitté la valeur de leur office. Les plus heureux se reposent vieillards avec une modeste aisance et avec le petit agrément d'une responsabilité qui pèse sur eux jusqu'à la tombe.*

Le même journal, no du 9 juillet 1856, — en signalant les secours et les sympathies des confrères de Me Gerbier, dont l'habitation, les minutes et la fortune ont été englouties par les dernières inondations, — rapporte ce passage de la lettre du président de la Chambre des notaires de Poitiers : « Il est digne d'une corporation comme la nôtre, de considérer chacun de ses Membres comme un frère, et de ne jamais laisser tomber celui qui, par une vie honorable, a mérité d'être soutenu par tous. »

Il cite aussi, au même propos, ces belles réflexions de Me Favre, notaire à Toulouse : Vous devriez bien, dit-il au Rédacteur, en remplissant votre mission centrale et utilitaire pour le Notariat, faire quelques tentatives afin d'organiser un comité général de secours, en cas de sinistre, de force majeure, comme incendie, inondation, responsabilité ruineuse, dans des cas déterminés, ou soumis à l'appréciation du comité. — Une faible cotisation dans le Notariat pourrait être d'un secours immense. Elle créerait un lien de plus entre les Membres de la corporation, et dans une foule de circonstances, pourrait tarir bien des larmes et soulager de bien cruelles infortunes.

(2) *Les Notaires, exerçant une fraction de l'autorité et de la puissance publiques, et constitués en corporation par la loi organisatrice du 25 ventôse, semblent être, au contraire, de la catégorie de l'art. 16 de la loi du 17 mai 1819. — Et l'art. 6 de la loi du 25 mars 1822, parlant des fonctionnaires publics, paraît comprendre évidemment, par cela seul, les notaires auxquels la même loi de ventôse donne ce titre.*

La Cour suprême a décidé qu'un notaire (spécialement lorsqu'il donne aux parties lecture d'un testament mystique dont il est dépositaire), doit être regardé, quant aux outrages qui lui sont faits, comme un fonctionnaire public dans l'exercice de ses fonctions (arrêt du 22 juin 1809).

(3) *Après différentes décisions pour et contre, la Jurisprudence et la Doctrine s'accordent pour la préséance des notaires, laquelle a toujours lieu dans l'usage; comme cela est encore arrivé à la réception par l'Empereur, le 1er janvier 1853, des corporations d'officiers ministériels (Moniteur du lendemain).*

ORGANISATION (1).

(V. le tableau précédent.)

DISPOSITIONS DIVERSES.

Les notaires — comme tous les fonctionnaires publics des diverses branches de l'autorité, sont autorisés à prendre repos { ou autrement à fermer leurs études } les jours de dimanche, en vertu de la disposition générale de l'art. 57 de la loi du 18 germinal an 10 | Sol. J. N. art. 8635.

Par conséquent — quel que soit l'acte qu'un particulier ait à passer :
- il ne pourrait se plaindre de ce que le notaire s'est absenté { volontairement / un jour de dimanche }
- il ne pourrait y avoir de difficulté { que si la partie parvenait } à adresser sa réquisition au notaire en personne

Les clercs de notaire — n'ont pas de privilège pour leurs appointements, parce qu'ils { ne sont ni gens de service du notaire / sont ses collaborateurs et ses mandataires } | Trib. Marseille, 17 juin 1844

Les recouvrements d'un notaire | constituent une propriété privée | distincte de celle de l'office et qui ne peut être soumise à la déchéance prononcée pour le cas de destitution par l'art. 91 de la loi du 28 avril 1816 | C. Lyon, 25 juin 1845

À la dissolution du mariage d'un titulaire d'office,

Les héritiers de sa femme — commune en biens, ne peuvent provoquer la vente de l'office dont le mari a été pourvu pendant le mariage, qui demeure fixée au moment de la dissolution ; n'ont droit qu'à une simple créance, sans avoir { à profiter / ou / à souffrir } des chances de plus ou moins value survenues depuis lors | C. Paris, 6 avril 1853

Lorsque 2 notaires dont les études sont situées dans des cantons différents { fût-ce dans le même arrondissement } demandent à faire l'échange de leurs résidences,
Il est procédé par institution nouvelle — c'est-à-dire par une double nomination qui appelle chacun des deux notaires à sa nouvelle résidence | Déc. min. 20 août 1845

La seconde expédition du décret de nomination d'un notaire est délivrée { par le greffier du tribunal / sur l'ampliation ou première expédition qui a dû être laissée au greffe lors de la prestation de serment du titulaire } | Déc. min. 23 mars 1858

La déchéance encourue pour défaut de prestation de serment, dans les deux mois de la nomination, n'est que comminatoire ; peut être effacée par une décision { du ministère de la Justice / accordant au notaire nommé un nouveau délai pour se faire installer } | Déc. min. 25 septembre 1849

Le notaire qui ne fait que changer de résidence sans quitter son canton, n'est pas astreint à prêter de nouveau le serment | Soll. du Vill.

Un notaire absent ou empêché peut être substitué { par son frère ou autre parent notaire dans le même canton } | Sol. J. N. art. 15227 (2)

L'établissement de la bourse commune des compagnies de notaires **exige** non-seulement l'approbation du ministre de la Justice, mais encore un rôle de répartition rendu exécutoire par le premier président de la Cour | Déc. min. 4 février 1844

Un notaire ne cesse pas de faire partie de la Chambre par le seul fait de l'envoi de sa démission | Sol. J. N.

Le notaire qui, sans motifs légitimes ne se rend pas à une assemblée générale où il a été dûment convoqué, est passible d'une peine de discipline (3) | C. Bourges, 23 juillet 1847 ; Douai, juin 1820

HONORARIAT.

Un ancien notaire nommé juge de paix ne peut recevoir le titre de notaire honoraire (4) | Déc. min. 23 août 1844

Le titre de notaire honoraire ne peut être conféré qu'aux notaires qui ont au moins 20 années d'exercice.
Cette condition est de rigueur : le Gouvernement ne peut en dispenser, si court que soit le temps qui manque pour accomplir cette période | Déc. min. 9 juillet 1847

Les notaires honoraires sont { comme les notaires en exercice / soumis à la juridiction disciplinaire } de la Chambre des notaires et du tribunal civil de leur arrondissement | Déc. min. 24 juin 1848

---

(1) À différentes époques, et surtout lors des nouveaux gouvernements, on a pétitionné pour l'entière liberté de l'exercice des fonctions de notaire, avoué, etc. — On a jusqu'à décidé qu'il n'y avait pas lieu de revenir sur les droits conférés par la loi du 28 avril 1816, en considérant, surtout, le désordre et les abus qui résulteraient d'une concurrence illimitée. (V. notamment J. N. art. 7339.)
V. sur les offices, J. N. — Droit de transmission dans les colonies, art. 13043. — Propriété, Suppression, art. 13571.

(2) La faculté de se faire substituer par un confrère est fondée sur un usage ancien et constant, à défaut de règle écrite, et cet usage a été confirmé par une déc. min. française par une Inst. de la Régie du 11 novembre 1817. (Ed. Clercq.)
D'après une autre déc. min., du 4 janvier 1808, le notaire empêché pour cause de parenté ou d'intérêt personnel, ne peut, bien entendu, se faire substituer par un confrère, pour conserver la minute de l'acte.

(3) Cette peine ordinairement est celle du rappel à l'ordre. — Elle peut être élevée jusqu'à la suspension, suivant les circonstances.

(4) L'honorariat remonte aux Romains qui l'accordaient aux consuls, aux préteurs.
Les lettres-patentes de 1673 et 1730 consacrèrent en France le privilège de l'honorariat, même aux veuves. (Dalloz.)

DISCIPLINE [1]

- **Les tribunaux sont investis** — d'une juridiction disciplinaire — sur les chambres des notaires comme sur les notaires individuellement — *Trib. Neuchâtel, 27 mars 1845*
- **Les procureurs impériaux** — sont chargés — de la surveillance générale des notaires de leur ressort — *Trib. Montmorillon, 12 août 1855 — Bergerac, 16 janvier 1855* [2]
- **La discipline judiciaire** — édictée par le décret du 30 mars 1808 — ne s'applique — qu'aux officiers ministériels remplissant des fonctions près les tribunaux et non aux notaires qui ne peuvent être privés du premier degré de juridiction — *Cass.* [3]
- **En conséquence** — la suspension d'un notaire — ne peut être prononcée — incidemment par le ministère public dans une cause portée en appel devant la cour

CONTRE-LETTRES.

- **Est passible**
  - de suspension — le notaire — qui a dissimulé une partie considérable du prix de son traité, et qui a maintenu cette fausse déclaration devant la chambre des notaires, les magistrats, le ministre — *C. Paris, 5 mars 1852*
  - de destitution — le notaire qui — a produit un traité simulé lors de sa nomination se trouvant provisoirement en état de déconfiture / a déserté son étude sans avoir averti la chambre des notaires, pris aucune précaution dans l'intérêt de ses clients — *Trib. de la Seine, 24 juillet 1842*
- **Un notaire peut être puni** — disciplinairement même de la suspension en dehors du traité ostensible d'acquisition — lorsque il s'est obligé à faire participer son prédécesseur pendant un temps déterminé aux bénéfices de l'étude — *C. Douai, 22 avril 1850*
- **Est passible** — d'une peine disciplinaire et même de la destitution selon les circonstances — le notaire qui — dans le traité officiel produit pour obtenir sa nomination a dissimulé une partie du prix de l'office et plus tard a exercé contre son prédécesseur une action en répétition de la somme dissimulée — *C. Toulouse, 27 mai 1851*

RÉSIDENCE.

- **Le notaire** — dont la résidence a été usurpée par son confrère — peut former contre ce dernier une demande en dommages-intérêts avant que l'infraction à la résidence ait été reconnue et déclarée par l'autorité administrative ou judiciaire — *C. Paris, 31 juillet 1843 — C. Rennes, 11 décembre 1843* [4]
- **Les règles sur la résidence** — sont imposées — aux notaires des cantons ruraux aussi bien qu'aux notaires de la banlieue des villes
- **Est passible de** peine disciplinaire et dommages-intérêts — le notaire rural qui se rend tous les jours de foire et de marché ou d'audience au chef-lieu de canton — dans un local fixe pour y recevoir des actes — surtout le notaire qui recevrait ces actes dans un cabaret ou une auberge — *C. Rennes, 1ᵉʳ avril 1843 — C. Poitiers, 2 février 1844*
- **Est passible de** suspension et dommages-intérêts — le notaire qui quitte le lieu de sa résidence — et se rend périodiquement dans d'autres communes les jours de foire et de marché pour y recevoir les conventions des parties qui s'y présentent — *Trib. Neuchâtel, 31 janvier 1845 — C. Rouen, 9 février 1839 — Cass. 15 juillet 1840, et 11 janvier 1841*
- **Cette peine peut être prononcée** — dans le cas même où il serait établi que le notaire inculpé avait reçu des réquisitions préalables — s'il y a des motifs suffisants de croire que ces réquisitions n'ont eu lieu que pour couvrir la contravention — *C. de Rennes, 24 août 1841 — Trib. Bourbon-Vendée, 1ᵉʳ avril 1846*
- **Et un tribunal peut rejeter** — l'exception résultant de ce que le notaire se serait borné à recevoir dans les communes étrangères de simples projets d'actes qu'il a réalisés ensuite et fait signer dans son étude par les parties — *C. de Bordeaux, 21 août 1851 — Trib. Bergerac, 16 janvier 1855* [5]
- **— Mais —** les voyages ou transports d'un notaire quelque fréquents qu'ils soient hors de sa commune — ne sauraient constituer une infraction s'il a été requis / ne prouvent que la confiance dont il jouit — *Cass. 21 février 1827 — Paris, 14 mai 1832 — Déc. min. 3 décembre 1836*

(V. le tableau suivant.)

---

(1) V. *Journ. du Not.*, n° 1160, un article sur le pouvoir judiciaire et le pouvoir disciplinaire, dissertation qui a provoqué contre son auteur, M. Coubes, et contre le Directeur du Journal, des poursuites et une condamnation pour délit d'injure contre la Magistrature. — V. aussi n°ˢ 1162 et 1168.

(2) Par application, à ces fonctionnaires, de la loi du 20 avril 1810, art. 45 à 47.

(3) Cette solution, qui résultait déjà d'une déc. min. du 7 juin 1835, est confirmée par nombre d'autres décisions des Cours et Tribunaux.

(4) V. J. N., art. 11557.

(5) Il y a de nombreux arrêts fixant ces propositions. — V. la Revue de Jurisprudence sur ce point, J. N., art. 3658.
Les tentatives d'usurpation de clientèle au préjudice d'un confrère ont été flétries de tout temps; c'est ce qu'anciennement on nommait Carbinage : On appelait carbineur le notaire qui s'en rendait coupable (Roll. v° Notaire, n° 308). — Vergé. — Un arrêt de la Cour de Bruxelles du 4 août 1855 a dit : « Le ministère des notaires est un ministère de libre confiance de la part de tous ceux qui y ont recours. Tout ce qui porte atteinte à cette liberté blesse l'esprit de l'institution et constitue une infraction aux lois de la discipline. »

DISCIPLINE.

(V. le tableau précédent.)

SUR les ACTES.

- **On peut prouver** — par témoins — contre un notaire qu'il a reçu la mission de rédiger un acte / afin de le faire condamner à des dommages-intérêts pour n'avoir pas fait cette rédaction — *C. Limoges, 4 juin 1840*

- **L'interdiction de la Chambre peut être prononcée** contre un notaire qui a consenti à recevoir un acte moyennant un honoraire inférieur au taux fixé par le tarif de l'arrondissement — *Déc. Chambre de discipline de Loches, 18 novembre 1844*

- **Mais la Chambre excéderait ses pouvoirs** en le condamnant à des dommages-intérêts à l'égard desquels elle ne peut émettre qu'un simple avis — *Ord. 4 janvier 1843, art. 3*

- **Le notaire** qui reçoit un acte dans lequel est partie une personne qu'il ne connaît pas sans se faire certifier son individualité / n'est pas passible d'une peine de discipline — *Trib. Périgueux, 1er octobre 1852 (1)*

- **Est passible d'une peine disciplinaire le notaire qui :**
  - rédige, même dans la forme privée, un contrat pignoratif destiné à couvrir des stipulations usuraires — *Trib. St-Marcellin, 16 avril 1847*
  - délivre un certificat de vie concernant une personne décédée, et commet ainsi un faux matériel, même en l'absence de toute intention criminelle — *Trib. St-Dié, 23 juin 1848*
  - pour diminuer les droits d'enregistrement dus sur une vente consent à insérer dans l'acte une somme inférieure au prix réel (Le notaire n'étant tenu de prêter son ministère que pour des conventions licites, commet un acte répréhensible en se prêtant à cette dissimulation qui fraude les droits) — *C. Dijon, 26 février 1836 (2) Inst. min. 2 août 1838*
  - dépositaire d'un testament olographe cacheté en fait l'ouverture et le communique aux parties avant de le présenter au président — *Trib. Chartres, 8 avril 1842*
  - dans un inventaire analyse comme une note se référant à un bail verbal / un écrit sous seings privés sur timbre, daté, fait double et portant tous les caractères d'un véritable bail — *Trib. Montdidier, 15 juillet 1853*

- **Peut être passible de la même peine le notaire qui** a reçu un acte de promesse de dot simulée afin d'obtenir pour un militaire la permission de se marier — *Déc. d'une chambre de discipline, 9 décembre 1853*

- **Les notaires** sont, comme les avocats et les médecins, au nombre des personnes auxquelles l'art. 378 du Code pénal impose le secret des faits qui leur sont révélés à l'occasion et dans l'exercice de leur profession / mais lorsqu'ils sont appelés en justice il ne leur suffit pas, pour se refuser à déposer, d'alléguer que c'est dans l'exercice de leurs fonctions qu'ils ont su le fait sur lequel leur déposition est demandée / il faut, en outre, que ce fait leur ait été confié sous le sceau du secret — *Trib. Rochechouard, 2 juin 1818 / Cass. 10 juin 1853 (3)*

- **La peine de suspension peut être prononcée :**
  - Dans les divers motifs d'une suspension prononcée contre un notaire figure le fait d'avoir reçu en blanc les signatures d'un acte de donation portant partage anticipé — *C. Paris, 14 décembre 1859*
  - contre le notaire qui a reçu au moyen d'un prête-nom — l'acte d'un prêt de ses deniers — *Trib. Chinon, 1845*
  - pour contravention à l'art. 6 de la loi de ventôse contre le notaire qui, hors de son ressort, procède à la lecture d'un acte / reçoit la signature des parties — *Trib. Roanne, 5 décembre 1844 (4)*
  - contre un notaire pour le fait de détournement de clientèle — *Trib. Castellane, 3 janvier 1854*
  - à raison d'actes faits sciemment dans le but de nuire à des tiers, et pour des fraudes envers le Trésor — *C. Paris, 22 novembre 1856*
  - contre le notaire qui afin de reculer l'échéance du délai d'enregistrement a altéré et surchargé les dates de plusieurs actes — *C. Dijon, 10 novembre 1843*
  - enfin contre celui qui signe les actes reçus par un confrère suspendu et favorise ainsi la contravention — *Trib. de Lure 23 mai 1846*

- **Peut encourir la destitution (5) le notaire qui** au mépris de la suspension prononcée contre lui continue à recevoir des actes qu'il fait signer par un confrère — *Trib. Lure, 22 mai 1846*

- **Lors des adjudications volontaires d'immeubles** il est défendu aux notaires qui y procèdent de souffrir la distribution de vin dans la salle des enchères (6) — *Circ. min. 17 mai 1821 — 19 février 1844*

- **Un notaire**
  - qui se fait représenter par son clerc dans une vente de meubles encourt la peine de suspension
  - est responsable du préjudice que son clerc a causé aux parties / spécialement — de la faute commise par ce clerc en laissant le subrogé-tuteur enchérir et en lui adjugeant des meubles dépendant de la succession à laquelle est appelé le mineur dont il surveille les intérêts — *Trib. Louhans, 18 août 1853*

(V. le tableau suivant.)

(1) Le ministère public a interjeté appel de ce jugement. — Il faut d'ailleurs remarquer que le Tribunal d'Amiens a jugé le 31 août 1843 que la peine de suspension peut être prononcée contre le Notaire, pour ce fait.

(2) Surtout quand il a lui-même rédigé ou fait rédiger les contre-lettres (Trib. Schlestadt, 18 novembre 1844).

(3) P. J. N., art. 3426 — 13905.

(4) La contravention n'est pas couverte par cette circonstance que le notaire n'a apposé lui-même sa signature à l'acte que dans son étude; — mais il peut, sans violer en rien la loi du ressort, rédiger, hors de son territoire, un acte sous seing privé, et lui donner ensuite, dans son étude, la forme d'un acte notarié (même jugement).

(5) D'après une instr. min. du 31 novembre 1826, la destitution peut aussi être encourue par le notaire qui procède à des ventes publiques de biens immeubles appartenant à des mineurs, sans l'autorisation de l'art. 457 du C. N.

(6) Pour mettre fin aux habitudes de réunir les adjudicataires dans les auberges et cabarets, une circ. min. du 2 décembre 1854 a recommandé de faire ces adjudications dans les salles de mairies, écoles ou prétoires de justice de paix; mais il se rencontre des difficultés d'exécution qui pourront nuire à l'établissement générale de cet usage. V. Journ. du Not., n° 1397.

DISCIPLINE.

(V. le tableau précédent.)

DÉTOURNEMENTS de FONDS.

Le détournement — par un notaire — des fonds qui lui ont été remis pour l'enregistrement des actes passés devant lui — ne constitue pas un abus de confiance { s'il est constant que le notaire a dû avoir raisonnablement l'espoir de les retrouver à sa disposition au moment de l'emploi } — *C. Bordeaux, 2 décembre 1843*

Un notaire { n'est pas coupable { du délit d'abus de confiance / quand il n'a fait que changer { la destination des sommes à lui confiées par un client sans qu'il en résulte pour celui-ci aucun préjudice } } — *Trib. d'Angoulême, 29 juillet 1857*
qui reçoit des fonds pour faire un paiement à un tiers } et qui ne remplit pas son mandat / peut être condamné — même par corps — à la restitution de cette somme — *Cass. 6 mars 1855 (1)*

Est passible de discipline { le notaire qui applique { à ses affaires personnelles / une somme qu'il a reçue pour la payer à un tiers } / quoique plus tard — il ait remboursé cette somme en principal et intérêts — *Déc. d'une chambre de discipline, 27 janvier 1841*

Le fait du notaire { qui { persuade { mensongèrement à son client / qu'il a trouvé un emprunteur pour en bon placement } / déclare ensuite { qu'il a opéré ce placement / tandis qu'il a gardé la somme pour ses besoins personnels } } / constitue à la fois { l'abus de confiance / et l'escroquerie } — *Cass. 14 février 1843*

Un notaire { peut être { poursuivi correctionnellement / et puni de la peine d'emprisonnement } pour avoir { détourné / et dissipé { au préjudice du propriétaire / une somme à lui remise en dépôt } }
La preuve testimoniale { ne peut être admise sur le fait du dépôt { qu'autant qu'il y a un commencement de preuve par écrit / que lorsque le notaire a employé { pour obtenir le dépôt / des manoeuvres frauduleuses } } — *Trib. Rennes, 10 juillet 1855*

Le notaire est contraignable par corps { pour la restitution des sommes qu'il a reçues pour ses clients / lors même que { par suite de l'impossibilité où il s'est trouvé de leur rembourser ces sommes à leur demande / il s'est obligé, par contrat, à leur payer intérêts } / (cette circonstance ne saurait faire considérer le notaire comme un simple emprunteur) } — *C. Bourges, 11 décembre 1849*
pour la restitution des sommes { qui lui ont été remises ou laissées par ses clients pour un usage déterminé } / (le § 7 de l'article 2060 du Code Napoléon s'entendant des sommes reçues des clients eux-mêmes, comme de celles reçues pour eux) — *C. Douai, 29 mai 1858*

Le notaire { entre les mains duquel { des sommes { empruntées par un client / ont été laissées { pour un emploi déterminé, tel que le paiement de certains créanciers indiqués par le client — et d'ailleurs sans autre bénéficiaire pour le notaire, que celui auquel peuvent donner lieu les actes de son ministère relatifs à cette opération } } } / ne peut être { considéré — ni comme dépositaire — ni comme un mandataire salarié / poursuivi { par voie correctionnelle / à défaut des sommes qui lui ont été confiées } / n'est conséquemment passible que d'une simple action civile } — *Cass. 12 février 1857*

Celui { qui touche dans l'intérêt de son client — une somme d'argent / en devient dépositaire et doit la rendre dans les mêmes espèces / peut être poursuivi disciplinairement, s'il a confondu cette somme dans son actif et ne peut la représenter } — *C. Colmar, 16 mars 1855 (2)*

(V. le tableau suivant.)

---

(1) C'est contraire à un arrêt de cassation du 12 avril 1813 qui avait décidé que les notaires ne sont point dépositaires publics quant aux dépôts non relatifs à leurs fonctions.

(2) Pour tout le respect dû aux dépôts, les notaires ne devraient même jamais les encaisser avec leurs propres deniers, si fidèlement que soit d'ailleurs opérée la remise.
Chaque somme doit être, selon son importance et la nature des espèces, mise en rouleau ou placée dans un sac avec une note ou étiquette indiquant le nom du déposant, le montant et la destination du dépôt, — ce qui remplit le vœu du dernier arrêt cité ci-dessus, et puis la tenue d'un livre spécial.
L'art. 34 de l'arrêté du 26 décembre 1842, instituant le notariat en Algérie, porte que les notaires tiendront un registre côté, paraphé, soumis ou visa de l'enregistrement, et y mentionneront, jour par jour, par ordre de date, sans blancs, lacunes, ni transports en marge ; 1° toutes les sommes ou valeurs qu'ils recevront en dépôt, à quelque titre que ce soit ; 2° les noms, prénoms, professions et demeures des déposants ; 3° la date des dépôts ; 4° l'emploi qui aura été fait des valeurs déposées.

DISCIPLINE.

(V. le tableau précédent.)

INFRACTIONS DIVERSES.

- **Les notaires sont destituables** — dans tous les cas graves, même dans les cas non prévus par la loi sur le Notariat. — Cass. 13 mai 1807 — 12 décembre 1810 — 31 octobre 1811

- **La discipline notariale** s'applique à tous les actes de notaire à compromettre la dignité personnelle de l'officier et celle du corps dont il fait partie, alors même que ces actes ne constituent pas de contraventions à l'ordonnance du 4 janvier 1843.

- **Ainsi le notaire** dont le désordre des affaires est la suite de sa négligence, qui ne paie pas ses dettes et subit des condamnations par corps, est passible de peines disciplinaires (1). — C. Bordeaux, 16 août 1853

- **Il est défendu aux notaires** de rien dissimuler, notamment des prix d'adjudications volontaires auxquelles ils procèdent (2), en remplaçant le procès-verbal d'adjudication par des actes de vente passés pour chaque acquéreur individuellement, et dans lesquels se trouve énoncé un prix inférieur à celui de l'adjudication et dont la différence est réglée en billets écrits par le notaire ou dans son étude.

- **C'est** contraire aux devoirs des notaires, préjudiciable au Trésor, contre l'intérêt des parties elles-mêmes, pour les cas de : emploi, reprises matrimoniales, purge d'hypothèques et ordre. — Délib. Chambre des not. de Nancy, 3 mai 1836 — Déc. min. 21 août 1835 — Trib. Péronne, 10 août 1836

- **La peine de suspension peut être prononcée** contre un notaire qui a enlevé des feuilles de son répertoire et les a remplacées par de nouvelles, cotées par le président du tribunal comme feuilles supplémentaires — Trib. Libourne, 22 novembre 1853 ; a délivré un certificat de stage à un candidat qui n'a pas travaillé chez lui — Agen 18 février 1835.

- **Le fait par un clerc** d'avoir soustrait frauduleusement dans l'étude de son patron un titre confié à ce notaire pour être inventorié et conséquemment en sa qualité de notaire, est prévu par l'art. 255 du Code pénal qui prononce contre l'auteur de la soustraction la peine de réclusion, la peine des travaux forcés à temps ; par l'art. 173 du même Code qui inflige on conçoit du dépositaire public qui se rend coupable de la soustraction d'un titre dont le fonctionnaire public est dépositaire en cette qualité, au préposé. — C. Paris, 1er avril 1853

- **Un notaire ne peut** occuper immédiatement la maison dans laquelle un de ses confrères était établi ; il faut qu'il se soit écoulé depuis la sortie du premier notaire un intervalle ordinairement fixé à trois ans. — Sol. Journ. du Not. n° 1186

- **Est passible d'une peine disciplinaire le notaire qui :**
  - se fait intermédiaire de prêts onéreux et les garantit — C. Bordeaux, 10 août 1853
  - à l'occasion d'une demande d'honoraires s'emporte en injures et provocations envers un tiers et compromet ainsi son caractère d'officier public — Trib. Auxerre, 1er mars 1845
  - perçoit des honoraires supérieurs au tarif de sa compagnie — et a pour habitude de refuser à ses clients, soit des comptes, soit des détails de sommes touchées ou employées, des reçus ou notes de frais — C. Paris, 5 août 1841
  - a manqué à la dignité et aux convenances dans l'exercice de ses fonctions, lorsque son ministère étant requis par un réfugié politique, il a été lui-même à l'étranger chercher des renseignements sur l'individualité de son client — C. Lyon, 13 mai 1851

- **Un notaire a été suspendu** pour ne s'être point rendu à l'appel du président qui l'invitait par un billet à se rendre chez lui afin de lui donner des renseignements sur une taxe et de lui apporter la minute de l'acte à taxer. — C. Bourges, 30 décembre 1850 (3)

- **Peut être poursuivi disciplinairement** le notaire qui, dans une lettre missive et sans provocation a adressé des injures à une personne avec laquelle il était en relations d'affaires. — Délib. d'une chambre de discipline, 8 novembre 1836

- **Le délit contre les mœurs** peut motiver la suspension d'un notaire. — C. Bordeaux, 6 juin 1833

- **Spécialement** la suspension peut être prononcée contre le notaire qui a enlevé une jeune fille qu'il recherchait en mariage. — Même arrêt (4)

- **Est passible de destitution le notaire qui :**
  - à la suite de dépenses de luxe, en disproportion avec ses ressources, est tombé en déconfiture — Lorsque surtout à cette circonstance viennent se joindre des faits de charge, spécialement quand il a retenu et s'est approprié des dépôts — C. Paris, 16 décembre 1844
  - a pris part à des troubles politiques — C. Agen, 18 janvier 1847

(V. le tableau suivant.)

---

(1) « Attendu que les Tribunaux sont chargés de veiller, dans l'intérêt des justiciables, à la discipline et à la considération du Notariat; — qu'ils sont investis, à cet égard, et par la nature même des choses, d'un pouvoir discrétionnaire; La loi n'ayant pas, en dehors des règles précises tracées aux notaires dans l'exercice de leurs fonctions, prévoir et définir les transgressions et les fautes si diverses par lesquelles un notaire peut compromettre sa dignité et la dignité du Corps dont il fait partie. »

(2) En éludant la loi, le notaire se compromet; en la faisant exécuter, il élève ses fonctions (Grosse). — V. le 37e tableau.

(3) Le J. N. observe — bien entendu — que c'est illégal (art. 7215).

(4) « Attendu que, d'après l'exposé des motifs de la loi de ventôse, le manque de délicatesse devient un délit de la part d'un notaire, et son défaut de probité, un crime; — que l'intérêt des familles veut qu'en dehors comme dans l'exercice de leurs fonctions, les notaires ne cessent pas de se montrer des hommes irréprochables. » Ces considérations parfaitement fondées, — et l'application du pouvoir discrétionnaire des juges, — rendent la discipline notariale plus sévère que celle de tous les autres ordres civils.

DISCIPLINE.

(V. le tableau précédent.)

POURSUITES et CONDAMNATIONS

C'est en audience publique qu'il doit être statué | sur l'action disciplinaire dirigée contre un notaire | Déc. min. 22 décembre 1845

La preuve testimoniale { en matière disciplinaire / est admissible { dans tous les cas | même contre et outre le contenu d'un acte notarié | Trib. d'Orléans, 2 février 1854 / spécialement pour établir qu'un acte { reçu par le notaire inculpé contient de fausses énonciations | C. Rennes, 21 décembre 1853

L'action criminelle et l'action disciplinaire { sont indépendantes l'une de l'autre

En conséquence le notaire { renvoyé des poursuites criminelles / peut { à raison du même fait / être traduit devant la juridiction disciplinaire | C. Limoges, 2 novembre 1852 (1)

Lorsque le ministère public { poursuit un notaire par voie disciplinaire / l'intervention de la Chambre des notaires est inutile | Cass. 2 août 1848

Lorsqu'il existe contre un notaire { des faits pouvant donner lieu à des poursuites / le procureur impérial { ne doit pas recevoir sa démission avant d'en avoir référé à l'administration supérieure | Déc. min. 28 août 1853

Le ministère n'accepte pas { la démission d'un notaire { contre lequel il existe des faits de nature à motiver une action en destitution | Déc. min. 29 novembre 1837

La destitution d'un notaire { peut être prononcée { même après qu'il a donné sa démission si elle n'a point encore été agréée par le Gouvernement | Trib. Mayenne, 12 décembre 1837 / résulte de plein droit { d'une condamnation { à la réclusion ou à toute autre peine emportant la dégradation civique | Déc. min. 22 décembre 1845

Les peines { d'amendes, suspension et destitution contre un notaire (2) / peuvent s'appliquer dans le cas même où la loi ne les prononce pas formellement | Cass. 31 octobre, 29 novembre 1844 / C. Poitiers, 6 décembre 1843

La suspension { n'étant pas limitée par la loi dans sa durée / peut être prononcée { non-seulement pour plusieurs mois mais encore pour plusieurs années | Trib. d'Orléans, 6 février 1854

Les tribunaux civils | peuvent appliquer les peines de discipline intérieure | Paris, 29 juin 1857

Les { suspensions destitutions { prononcées { contre les notaires par le tribunal civil de leur résidence en vertu du § 3 de l'art. 53 de la loi de ventôse / condamnations { à l'amende — et aux dommages-intérêts { sont sujettes à l'appel | Trib. Civray, 14 juin 1843

Les décisions des cours impériales { en matière de discipline notariale — comme en toute autre / ne sont souveraines que quant à l'appréciation et à la qualification des faits / sont soumises à la cour de cassation pour tout ce qui touche à l'appréciation des motifs de droit | Cass. 19 août 1844 (3)

Le pourvoi en cassation n'est pas suspensif { cette règle est applicable { en matière de discipline notariale comme en matière civile | Déc. min. 16 août 1847

Les Chambres de discipline { délibèrent et jugent à huis-clos / peuvent cependant prononcer leurs décisions en présence des notaires contestants / en prononçant des peines disciplinaires | doivent énoncer les faits qui en justifient l'application / doivent aussi { par leurs délibérations statuer comme les jugements | sur tous les chefs de demandes | Cass. 30 juillet 1854

Le tribunal { saisi d'une demande en suspension contre un notaire / reste compétent { pour prononcer une peine de discipline intérieure si les faits ne lui paraissent pas assez graves pour prononcer la suspension | C. Bordeaux, 5 novembre 1855

Une cour impériale { statuant en matière de discipline notariale / ne peut ordonner l'affiche de son arrêt { l'affiche étant une peine autorisée seulement contre les officiers ministériels au nombre desquels ne figurent pas les notaires | Cass. 21 mai 1855

Le recours en cassation { est admis pour excès de pouvoir ou vice de forme / contre les décisions des chambres portant condamnation | à des peines de discipline | Cass. 30 juillet 1850 / — 31 juillet, 12 août 1851

Mais { hors ce cas { les décisions { de discipline intérieure — rendues par les chambres / ne sont susceptibles { ni d'appel ni de pourvoi en cassation (4) | C. Paris, 28 avril 1818 / Trib. Civray, 14 juin 1843 / Cass. 4 décembre 1855

La prescription { qui atteint l'action publique en matière de crimes et délits / ne s'applique point à l'action disciplinaire | Cass. 23 avril 1839

---

(1) *Conformément à la jurisprudence de la Cour de cassation. — Cela résultait déjà d'une lettre ministérielle du 18 janvier 1811, déclarant en outre que les cas de destitution prévus par la loi ne sont pas limitatifs.*

(2) *À l'égard des amendes, ces arrêts sont contraires aux principes et à un arrêt de la Cour de Dijon du 26 février 1850, cité aux tableaux.*

(3) *Ainsi la Cour peut casser un arrêt qui, après avoir constaté en fait une contravention à la loi notariale, refuse cependant d'appliquer au fait constaté les peines prononcées par cette loi. (Même arrêt.)*
La Cour de cassation ne juge pas les faits; elle les prend tels que le juge en dernier ressort les a posés; elle examine si l'application de la loi a été exactement faite. (J. du Not.)

(4) *V. J. N., art. 7716.*

ACTES ET CONTRATS EN GÉNÉRAL.

DIVISION ET TABLE [1]

[1] Les autres parties des résumés ne sont pas susceptibles de ce classement par table.

(2) L'acte imparfait qui ne figure point dans ce cadre et auquel on accorde généralement trop peu d'attention, ne peut être supprimé par le notaire, malgré ses imperfections; il est susceptible d'être délivré en expédition ou copie (ou en grosse, puisqu'il n'y a pas lieu à exécution), et peut, dans certains cas, valoir comme commencement de preuve par écrit. (J. N., art. 707, 2337, 2314 — Code Napoléon, art. 1318 — C. pr., 841 et suiv.)

Cependant les notaires ne sont légalement tenus de conserver que leurs minutes, — et il a été décidé — que l'acte fait dans la forme notariale, qui n'est pas revêtu de la signature du notaire et qui renferme des conventions synallagmatiques, ne peut valoir comme acte sous seing privé, n'étant pas fait en autant de doubles qu'il y a de parties intéressées (R. Rom, 13 juin 1855); — qu'un notaire n'est pas tenu de faire enregistrer ni de répertorier un acte qu'il n'a pas revêtu de sa signature, quoique l'acte ait été signé par les parties et les témoins (déc. min., 14 mars 1931, Cass., 2 mars 1807, 2 avril 1833, et lors même qu'il n'y manquerait plus que la signature du notaire en second (Trib. Seine, 24 mars 1832; — et que les droits ne sont pas dûs lors même que l'acte aurait été coté par le répertoire (J. N., art. 1905). — J'ajoute aussi que les notaires ne sont pas tenus de garder minute des actes qu'il n'a pas signés, car l'authenticité est une condition essentielle de leur validité (Bordeaux, 3 août 1841).

ACTES ET CONTRATS.

ACTE NOTARIÉ (1)

L'authenticité consiste — en ce que l'acte fait foi par lui-même sans aucune vérification préalable | J. N. art. 1582

C'est surtout pour les actes notariés | qu'existe la puissance du fait accompli
Une fois un acte notarié signé | il n'est au pouvoir de personne d'y rien changer
Lorsqu'un acte est irrégulier ou incomplet — il en reste que la ressource d'en faire un autre — Sol. J. N. art. 1582

Lorsque — après la signature d'un acte notarié — spécialement d'un contrat de vente — les parties expriment d'un commun accord l'intention — de le résilier — ou — d'en suspendre l'exécution

Le notaire — ne doit pas moins — inscrire l'acte sur son répertoire et le présenter à l'enregistrement dans les délais
dolt surtout — se refuser à changer ultérieurement la date de cet acte dans le cas où les parties viendraient à s'accorder pour la mise à exécution de leur convention primitive
en agissant autrement — s'expose à une peine de discipline — C. Agen, 16 août 1855

L'acte notarié — contenant une clause au profit du notaire rédacteur — en son nom personnel, ou — par l'intermédiaire d'un prête-nom — Cass. 15 juin 1852 — C. Caen, 20 février 1856
est absolument nul à son égard et ne peut même valoir comme acte sous seing privé

Un contrat de vente — reçu par un notaire qui s'y rend acquéreur par interposition de personne — est frappé d'une nullité absolue et d'ordre public — C. Orléans, 15 mai 1849
ne peut valoir ni comme acte sous seing privé, ni comme convention

Une clause ou modification de clause — ajoutée par interligne dans un acte notarié — est absolument nulle — alors même que l'addition a été faite — par le notaire — avant toute signature de l'acte — C. Toulouse, 7 décembre 1850

Les mots ajoutés — par un notaire à un acte de son ministère — postérieurement à la signature de cet acte — constituent une contravention passible de peine disciplinaire — C. Colmar, 1ᵉʳ février 1851

Les énonciations d'un acte — ne peuvent être opposées à un tiers non partie à cet acte et qui a seulement assisté à la rédaction et l'a signature sans protester contre ces énonciations — C. Rouen, 15 janvier 1851

Les notaires ne peuvent se servir — de formules imprimées ou lithographiées (2) — pour les minutes des actes qui se produisent le plus fréquemment — C. Bruxelles, 28 mars 1849

La présence réelle — du notaire ou second et des témoins instrumentaires — C. Limoges, 15 mai 1847 | Cass. même cause
n'est passe que à peine de nullité — dans les actes à titre onéreux qui ont pour objet de déguiser une donation (3)

Pour qu'on puisse reconnaître — dans un contrat à titre onéreux — une donation indirecte ou déguisée — C. Riom, 24 mai 1855

La condition essentielle et absolue — c'est — que l'une des parties ait eu l'intention de donner et que l'autre ait eu celle de recevoir à titre gratuit

Il n'y a pas contravention — dans un acte notarié qui n'énonce pas la profession et le domicile d'un mineur — soit parce que jusqu'à preuve contraire le mineur est présumé ne pas exercer de profession — soit parce que son domicile est de plein droit chez son tuteur (4) — C. Douai, 16 avril 1849

L'omission — dans un acte quelconque — des qualités des parties — n'entraîne pas la nullité de l'acte — mais seulement une peine contre le notaire — Sol. J. N. art. 1582

Un acte notarié — est nul — s'il n'est pas rédigé en langue française (V. le 6ᵉ tableau) — J. N. art. 3927, 4327

Un notaire — ne peut — énoncer — sans contravention — dans le contrat de mariage d'un mineur — la délibération du conseil de famille — portant consentement au mariage et non encore enregistrée — Trib. Fontainebleau, 24 juillet 1849
est passible d'amende — pour avoir reçu un acte en conséquence d'un acte passé devant un autre notaire et non enregistré, en énonçant qu'il le sera dans le délai légal — Trib. Vitré, 14 octobre 1847

L'erreur — dans la désignation d'un témoin instrumentaire — n'est pas une cause de nullité — dans un testament — lorsque d'ailleurs l'identité du témoin est constante — Cass. 24 juillet 1846 — 8 décembre 1845

Il n'est pas nécessaire — à peine de nullité — que les actes notariés — énoncent — le lieu particulier — c'est-à-dire la maison — où ils sont passés — même les testaments publics — C. Rennes, 9 mars 1809 — Cass. 26 février 1816 — 21 novembre 1855 — C. Riom, 18 mai 1841

La loi n'oblige pas — les notaires — à se soumettre aux formules qui peuvent leur être présentées par les parties — C. Rouen, 7 juin 1809

Les actes — ne peuvent être annulés que par les tribunaux — Cass. 27 août 1813

L'exécution volontaire d'un acte — emporte confirmation ou ratification de l'acte — Cass. 27 mars 1813 — 5 décembre 1838 — C. Grenoble, 8 mai 1825 (5)
— Qu'autant que l'exécution a eu lieu — avec connaissance des vices dont il était entaché et dans l'intention de réparer ces vices

(V. le tableau suivant).

ACTES ET CONTRATS.

(V. le tableau précédent.)

ACTE NOTARIÉ

Un acte notarié
- est valable quoiqu'écrit par l'une des parties } Nîmes, 27 juin 1810
- fait par lui-même foi de sa date (indépendamment de la formalité d'enregistrement } C. Bourges, 17 mai 1827
- reçu à des jours différents —
  - n'est considéré comme définitif que le jour de la dernière date } C. Paris, 11 décembre 1847
  - peut être fait à plusieurs dates. } Trib. Soissons, 18 juin 1846

Les actes notariés à plusieurs dates [1]
- sont parfaitement réguliers en thèse générale, et il est souvent même impossible de procéder autrement
- présentent quelquefois de graves inconvénients pour certains actes surtout les donations entre vifs et spécialement les partages anticipés et dans tous les actes où la présence simultanée des parties est indispensable

Les notaires doivent
- conséquemment n'employer plusieurs dates que dans les cas de nécessité absolue
- s'entourer de précautions minutieuses pour éviter les difficultés pouvant en résulter

} Sol. J. N. art. 14035 (V. art. 12217)

Il n'est pas d'une nécessité absolue que l'acte contienne plusieurs dates quoique les signatures des parties aient été apposées à des intervalles différents } J. N. art. 266

Un acte
- passé le 5 janvier 1812
- ayant été daté de la veille | il fut déclaré qu'il y avait crime de faux de la part du notaire } Cass. 15 juillet 1812

On peut s'inscrire en faux
- contre un acte notarié
- pour prouver | qu'il a été reçu par un clerc hors la présence du notaire que le notaire ne l'a signé qu'après coup } C. Caen, 26 mai 1847

Et cette preuve faite | l'acte doit être annulé comme dépourvu d'authenticité

Est passible d'une peine de discipline (le notaire qui donne authenticité à des actes passés | hors de sa présence par son clerc | C. Nancy, 29 juin 1836 — C. Metz, 25 août 1847

Jugé
- en outre
- qu'un pareil acte peut être déclaré nul | non-seulement comme acte notarié mais comme sous seing-privé (2) | C. Limoges, 27 mai 1829 — Cass. 4 juillet 1818 — 16 avril 1843

L'acceptation du créancier (n'est pas indispensable pour la validité d'une obligation portant hypothèque (3) } Cass. 27 août 1832 — 5 août 1839

La femme
- qui a souscrit une obligation notariée (conjointement avec son mari
- ne peut pas prétendre | y avoir été contrainte par la violence et les mauvais traitements de son mari lorsqu'elle n'a pas protesté devant le notaire contre cette violence } Trib. Muret, 2 juin 1847 (4)

La clause
- imposant | à l'enfant doté | la condition alternative | de laisser jouir le survivant des donateurs de tous les biens du conjoint prédécédé — ou d'imputer la totalité de la dot sur la succession du prémourant
- est valable (et l'imputation doit avoir lieu (5) } C. Paris, 2 mai 1847

La simulation de prix
- afin d'éviter une partie des droits d'enregistrement — et sans qu'il en résulte de préjudice pour le vendeur
- ne peut offrir un moyen de faux contre l'acte } C. Rennes, 5 mars 1841

L'inscription de faux
- est la seule voie ouverte | à l'égard d'un acte authentique pour obtenir la rectification de fausses énonciations qu'il qualifient par suite d'erreur involontaire } Cass. 2 juin 1854

La rature
- d'un ou de plusieurs mots dans la mention des mots rayés nuls d'un acte notarié doit être approuvée par une mention spéciale et distincte

Les tribunaux
- sauf les seuls cas des art. 1319 et 1244 du Code Napoléon
- ne sont point investis du droit d'accorder des délais au débiteur dont | la dette | constatée par acte authentique est réclamée avec un titre dûment en forme exécutoire } Sol. J. N. art. 7591 (6)

Aucun obstacle
- ne s'oppose à ce qu'un notaire reçoive les actes que veut faire un individu incarcéré sous le poids d'une accusation criminelle | Circ. min. du .... (7)

Toutefois
- s'il s'agit d'un testament
- la capacité du testateur devant exister au moment de son décès
- la disposition testamentaire pourrait devenir nulle par les suites de la condamnation } Sol. J. N. art. 8390

Le notaire
- lorsqu'il n'énonce pas les noms, prénoms, qualités et demeures de toutes les parties qui sont représentées dans son acte par un mandataire ou par un negotiorum gestor qui se porte fort pour elles commet une contravention à l'art. 13 de la loi de ventôse } Cass. 23 novembre 1840 — C. Rennes, 31 août 1841 — C. Douai, 13 décembre 1842 — Trib. Riom, 22 février 1850

On doit entendre par parties [8] | toutes les personnes intéressées à l'acte, qui ont le droit | d'en demander communication et d'en retirer expédition | Sol. administr. Journ. du Not.

(V. le tableau suivant.)

---

(1) V. la deuxième note sous le 80ᵉ tableau.

(2) D'après cela, les notaires, obligés de faire rédiger les actes par leurs clercs, devraient au moins et toujours lire ces actes, recevoir le consentement des parties, leurs signatures et celle des témoins; mais il est bien difficile, dans les grandes études, de se conformer à ces décisions contraires à la Pratique et d'une rigueur outrée.

(3) Les obligations ou actes de prêt, contenant sa ou son affectation hypothécaire, n'étant que des actes unilatéraux.

(4) Cependant la crainte d'autres sévices (s'il en a déjà été exercé) a pu l'empêcher de faire cette protestation.

(5) C'est contraire à l'opinion du J. N. qui y voit un pacte sur succession future, avec clause pénale.

(6) Jugé de même : Pau, 26 novembre 1807; Bruxelles, 18 juin 1812; Paris, 23 avril 1821. — Jugé aussi que l'exécution d'un acte notarié ne peut être suspendue que par un jugement, et qu'il ne suffirait pas d'une opposition : Colmar, 13 avril 1815.

(7) Cela résulte d'abord et suffisamment de l'art. 1172 du C. N. — D'après une autre décision ministérielle du 9 août 1804, le privilège du Trésor ne peut s'exercer sur les biens que le prévenu a aliénés de bonne foi depuis le mandat d'arrêt lancé contre lui.

(8) « Dans le langage des lois sur le Notariat, les parties intéressées en nom direct sont les parties contractantes, celles qui ont stipulé directement dans l'acte; et les tiers intéressés sont ceux qui n'ont pas assisté au contrat, mais en faveur desquels les contractants ont passé des déclarations, des reconnaissances de droit ou fait des stipulations quelconques (C. Rouen, 13 mars 1836).

« On entend par parties intéressées en nom direct ceux même qui ont contracté par l'acte et pour eux, et non ceux dont il serait parlé dans l'acte, mais qui n'auraient point contracté; on ne regarderait pas non plus comme partie le tiers dont il serait fait mention dans l'acte, quand même cet acte contiendrait une reconnaissance ou une obligation en sa faveur (Pigeau, t. 2, p. 227). »

C'est dans ces définitions qu'est l'exactitude parfaite et légale.

ACTES ET CONTRATS.

(V. le tableau précédent.)

ACTE ADMINISTRATIF

Les actes administratifs | qui contiennent des obligations | et par exemple une adjudication de travaux publics | emportent hypothèque sur les biens de l'obligé (1) | Cass. 12 janvier 1825

Un fait | passé devant le maire | n'emporte pas exécution parée | C. Colmar, 22 janvier 1834 — Cass. 27 novembre 1833

Les actes | émanés de l'autorité administrative — et renfermant des ventes — marchés — baux et autres conventions | ne confèrent | ni l'hypothèque légale — la loi ne l'ayant point établi | ni l'hypothèque conventionnelle — la convention n'ayant point été passée devant notaire | Sol. J. N. art. 8167

rédigés | par le maire | au nom de sa commune | n'ont d'autre valeur que celle des actes sous seing privés

Les maires doivent être autorisés pour passer actes devant notaire — dans l'intérêt de leurs communes | Déc. min. 21 mai 1866 (2)

Un notaire | en se faisant remplacer par son adjoint ou par un autre membre de la commission administrative | peut sans aucune difficulté recevoir des actes | pour la commune dont il est maire — ou | pour l'hospice dont il est administrateur | Sol. Journ. du Not. n° 1451

ADJUDICATION

Les avoués ont caractère légal | pour intervenir | dans les adjudications faites devant un notaire commis en justice

Dans ce cas | l'art. 709 du Code de procédure est applicable à l'avoué adjudicataire — et | l'avoué a trois jours pour déclarer l'acquéreur | de même que dans les adjudications devant le tribunal | Cass. 16 février 1820

Mais les avoués | sont sans qualité officielle pour enchérir dans les adjudications | non judiciaires | faites devant notaire;

qui — en ce cas — se sont rendus adjudicataire sous réserve d'être command,

sont tenus | de faire leur déclaration et | de la notifier au receveur d'enregistrement | dans les 24 heures de l'adjudication | Cass. 12 mars 1828 (3)

Les notaires ont seuls qualité | pour procéder aux adjudications volontaires d'immeubles (4) | Déc. min. 2 octobre 1811 — Trib. Château-Thierry, 14 juillet 1828

Le clerc | du notaire devant lequel a lieu une adjudication | peut porter des enchères et se rendre adjudicataire comme tout autre particulier | C. Amiens, 17 décembre 1832

Est nulle | pour cause d'erreur sur la substance même de la chose — l'adjudication de la nue-propriété d'un immeuble | lorsque l'usufruitier est décédé avant cette adjudication et que son décès a été ignoré du vendeur et de l'adjudicataire | C. Paris, 13 décembre 1846

AUTORISATION MARITALE

La procuration | donnée par la femme à son mari à l'effet | d'aliéner les biens que les époux peuvent posséder en quelques lieux qu'ils soient situés | de subroger les tiers-acquéreurs dans tous ses droits et privilèges | Cass. 19 mai 1832

est nulle | pour contravention à la nécessité de l'autorisation spéciale

La femme | est légalement autorisée dans l'acte où son mari est lui-même partie | Gênes, 30 août 1811

Une procuration générale | donnée par une femme à son mari | ne suffit pas | pour contracter un emprunt avec hypothèque | quand même elle contiendrait pouvoir | d'emprunter et d'hypothéquer | C. Bordeaux, 9 décembre 1847

doit être spéciale à l'effet de tel emprunt et telle hypothèque

Le mari mineur | peut autoriser sa femme majeure | mais seulement pour les actes d'administration | Dissertation J. N. art. 1390

Le mari est obligé de payer | les fournitures faites à sa femme séparée de fait et non spécialement autorisée | si elles n'excèdent pas ses besoins conformément à sa position sociale | C. Douai, 20 janvier 1848

La reconnaissance de la femme | pour ses fournitures | est interruptive de prescription

La femme séparée de biens | ne peut | sans l'autorisation de son mari | donner un immeuble à antichrèse | Cass. 22 novembre 1841

ACCEPTATION DE DONATION (5)

Il ne peut être suppléé | au défaut d'acceptation (en termes exprès) de la donation faite par une femme à son mari | par des inductions tirées | soit de la présence du donataire à l'acte | soit de la déclaration qu'il autorise sa femme à lui faire cette donation | C. Rennes, 20 mars 1841

Les maires | en vertu de l'avis des conseils municipaux | peuvent | à titre conservatoire et sans attendre la décision de l'autorité supérieure | accepter les donations faites aux communes et établissements communaux | (I, 18 juillet 1837) — J. N. art. 10118

Cette faculté ne s'étend pas | aux établissements | de charité et de bienfaisance

Les père et mère du mineur — Les ascendants des père et mère | peuvent accepter | valablement toutes sortes de donations faites à ce mineur | sans être autorisés à cet acte par le conseil de famille | Cass. 25 juin 1842 (6)

(V. le tableau suivant.)

---

(1) M. Troplong est d'avis contraire.

(2) Le J. du Not. et le Dict. not. considèrent comme très-utile et conseillent l'annexe des arrêtés préfectoraux portant autorisation des ventes, échanges, baux de biens communaux. C'est ce qui se fait le plus souvent dans la pratique et devrait se faire toujours; mais ce n'est pas obligatoire.

(3) V. au 51ᵉ tableau : Déclaration de command.

(4) Cette proposition, pourtant si fondée, n'est pas solidement établie aujourd'hui. Il se fait en France — de ventes d'immeubles — pour un chiffre de 1,600 millions par an.

(5) Les frères des écoles chrétiennes forment une congrégation autorisée, qui fait partie du corps enseignant et qui peut recevoir des donations, sans être frappée des incapacités prononcées par les lois spéciales contre les établissements ecclésiastiques et les communautés religieuses. — D. 17 mai 1808; LL. 2 janvier 1817, 25 mai 1825; C. Riom, 24 décembre 1855.
Le maire d'une commune a le droit d'accepter une libéralité faite aux frères des écoles chrétiennes, mais qui n'a d'autre objet que l'établissement d'une école de ces frères dans cette commune (même arrêt C. Riom, 24 décembre 1855.

(6) Conformément à l'opinion de Sirey.

ACTES ET CONTRATS.

(V. le tableau précédent.)

ACTE RESPECTUEUX. (1)

L'acte respectueux
- est valable | quoique l'enfant n'y ait été | ni présent / ni représenté par un mandataire spécial — *C. Douai, 13 février 1841 — Lyon, 15 décembre 1841*
- doit | à peine de nullité | énoncer le véritable domicile de l'enfant qui le requiert — et ce domicile ne peut être celui de la concubine que cet enfant se propose d'épouser — *Trib. Seine, 7 octobre 1840*
- peut être rédigé | d'avance dans l'étude du notaire / sans qu'il soit nécessaire que cette rédaction soit faite dans la demeure même de l'ascendant — *C. Bordeaux, 2 avril 1826*
- est valablement notifié | à l'ascendant de la manière prévue par l'art. 68 du Code de procédure / dans le cas où il se trouve momentanément absent de sa demeure / (à défaut de présence du maire ou de l'adjoint — le premier conseiller municipal dans l'ordre du tableau, a qualité pour recevoir cette notification faite à l'ascendant non présent) — *C. Riom, 28 janvier 1829*
- peut être fait un jour férié | attendu qu'il n'y a de nullité que celles expressément prononcées par la loi (4) — *C. Agen, 27 août 1828*

Celui qui est pourvu d'un conseil judiciaire | peut | sans l'assistance de ce conseil | faire des actes respectueux — *Toulouse, 10 janvier 1831*

En l'absence des parents | auxquels doit être notifié l'acte respectueux / cette notification | au lieu d'être laissée à un voisin / peut être remise au maire de la commune — *C. Montpellier, 17 août 1835*

L'époux de la personne à laquelle une notification est faite, et ses alliés | sont assimilés aux parents / ont qualité pour recevoir la copie de l'acte notifié — *Sol. Journ. du Not. n° 1182*

ALIMENTS.

Sauf le cas de fraude | les créanciers du fils n'ont pas le droit de demander la réduction d'une pension alimentaire constituée par leur débiteur à son père — c'est un droit purement personnel au fils — *C. Paris, 27 décembre 1841*

Quoique par une convention | l'enfant se soit obligé à recevoir son père chez lui et que le père ait consenti à y demeurer / ce dernier peut | en cas d'incompatibilité d'humeur / demander une pension alimentaire — *C. Lyon, 9 août 1848*

L'obligation | des enfants | de fournir des aliments à leurs père et mère (3) / n'est pas solidaire — chacun d'eux n'est tenu qu'en proportion de ses facultés — *C. Bordeaux, 14 décembre 1841 — C. Limoges, 19 février 1846*

Est nulle | la renonciation | même par voie de transaction / au droit de demander des aliments | entre personnes tenues de s'en fournir — *C. Bordeaux, ... 1846*

ACTES DIVERS

L'enfant naturel | peut être adopté par son père qui l'a reconnu (de même, bien entendu, par sa mère)

Les héritiers collatéraux de l'adoptant | sont recevables | après son décès — à demander la nullité de l'adoption | soit pour vice de forme / soit pour incapacité — *C. Paris, aud. solenn. du 22 mai 1853 (4)*

Les communautés religieuses | non autorisées / ne peuvent pas plus acquérir à titre onéreux qu'à titre gratuit

Et le vendeur peut | revendiquer l'immeuble vendu en offrant de restituer le prix / sans alléguer aucun vice de consentement et alors même que cet immeuble aurait augmenté de valeur

Celui | qui a attaqué un acte comme constituant une donation au profit d'un incapable — et a perdu son procès / peut | sans qu'on lui oppose la chose jugée / attaquer de nouveau cet acte comme constituant une vente nulle — *Cass., 15 décembre 1856*

Le prête-nom | peut être condamné avec la partie à qui il a servi d'intermédiaire / s'il est jugé que ce prête-nom était personne interposée au profit d'un incapable

La faculté | accordée aux religieuses d'une communauté légalement reconnue | de disposer | dans les six mois de la reconnaissance de l'établissement / de plus du quart de leurs biens — au profit de cette communauté / s'applique | aux biens personnels de la disposante / comme à ceux dont elle n'avait que la propriété apparente — *Cass. 22 décembre 1851*

Pour que la donation | autorisée par la loi du 24 mai 1825 — soit valable / il suffit | qu'elle ait lieu dans les six mois de la reconnaissance légale de la communauté / quand même l'acceptation serait postérieure à ce délai

Une communauté religieuse | ne cesse pas d'exister tant qu'il existe un de ses membres / peu importe que ce soit une religieuse de chœur ou une sœur converse / l'état d'une religieuse ne peut être contesté sous prétexte qu'il n'aurait pas été dressé acte de ses vœux par l'officier de l'état civil / les dispositions | du décret du 18 février 1809 à cet égard / n'étant pas prescrites à peine de nullité / et en tout cas cette nullité ne pourrait être invoquée par des tiers — *C. Poitiers, 20 mai 1855*

Les donations | faites aux établissements d'aliénés / doivent être acceptées par les préfets

Les adjudications | de fournitures et de travaux | à opérer pour ces mêmes établissements / doivent avoir lieu devant le préfet ou devant le fonctionnaire qu'il délègue — *Circ. min. 20 avril 1845*

Les préfets doivent acquérir | soit au nom de ces établissements / soit au nom des départements | les propriétés vendues aux asiles d'aliénés

La loi n'indiquant pas de quelle manière doit être scellé le testament mystique — il suffit qu'il y ait | apposition | d'une empreinte d'un cachet quelconque | de manière que le testament ne puisse être extrait sans altération du papier — *C. Bordeaux, 11 mars 1839*

Le notaire | rédacteur de l'acte de souscription d'un testament mystique / est responsable des suites du vice de forme de cet acte — *C. Bordeaux, 16 juin 1831*

(V. le tableau suivant.)

---

(1) *Avant la révolution, les parents pouvaient déshériter leurs enfants lorsqu'ils se mariaient contre leur gré. — Une ordonnance de Henri II, de 1556, leur donnait ce moyen de venger leur autorité (Serieys).*

(2) *Des auteurs pensent le contraire — considérant cet acte comme contentieux.*

(3) *Une loi d'Athènes obligeait les enfants à nourrir leurs pères tombés dans l'indigence. — Elle exceptait ceux qui étaient nés d'une courtisane et ceux à qui le père n'avoit point donné de métier pour gagner leur vie (Montesquieu) — Cette obligation naturelle, qui était réciproquement due par les pères à leurs enfants, a fait établir le mariage pour déclarer celui qui devait remplir l'obligation. Les peuples Germaniens ne faisaient la paternité que par la ressemblance (Le même).*

(4) *La jurisprudence, sur le premier cas, est fixée par arrêt de cassation du 1er avril 1816.*

ACTES ET CONTRATS.

(V. le tableau précédent).

ACTES DIVERS. (Suite.)

Dans un contrat de rente viagère — la déclaration — frauduleusement mensongère du créancier de la rente relativement à son âge / est un fait de dol pouvant donner lieu à des dommages-intérêts contre lui — *C. Lyon, 23 juin 1851.*

Le mandat — donné par un débiteur à son créancier / de vendre — en cas de non paiement — ses récoltes — sans remplir les formalités de la saisie brandon / est valable — et ne se trouve pas révoqué par la mort du mandant (1) — *C. Douai, 22 décembre 1849.*

On ne peut considérer — comme laboureur — dans le sens de l'art. 1028 du Code Napoléon / le propriétaire qui donne la plus grande partie de ses terres à ferme et exploite le surplus / (l'obligation ou billet non approuvés peuvent servir de commencement de preuve par écrit) (2) — *C. Caen, 28 avril 1847.*

Le notaire est tenu d'annexer (3) — à l'acte passé par un fondé de pouvoirs substitué / non-seulement l'acte de substitution de pouvoir — mais / aussi la procuration sur laquelle repose cette substitution — *C. Nancy, 9 février 1836.*

L'alliance — ne cesse pas par le décès — sans enfants de l'époux qui la produisait / *CC. Bruxelles, 11 juin 1847 — Dijon, 26 janvier 1857 / Paris, 13 mars 1850.*

Dans ce cas — les alliés au degré prohibé — ne demeurent pas moins incapables d'être témoins instrumentaires / *Nîmes, 28 janvier 1831 / Cass. 16 juin 1855.*

Un débiteur — lorsqu'il donne effectivement un immeuble en paiement d'une dette de somme d'argent / n'éteint pas par là définitivement sa dette — s'il n'est pas constaté que les parties ont voulu opérer novation / alors même que cette dation ne serait suivie d'aucune éviction ex causa antiqua

En conséquence — si le débiteur vend plus tard le même immeuble à un tiers, sans opposition de la part du créancier auquel il l'avait donné en paiement / la dette doit être considérée comme n'ayant jamais été éteinte — et le créancier peut se prévaloir de l'hypothèque légale qui en garantissait le paiement — *Cass. 12 mai 1857.*

La clause — par laquelle le principal locataire d'une maison se réserve les indemnités qui pourraient être dues aux sous-locataires — en cas d'expropriation pour cause d'utilité publique / est valable et doit recevoir son exécution — bien que l'indemnité allouée ait eu pour cause l'industrie personnelle du sous-locataire et non l'aménagement ou le prix de location — *C. Paris, 24 août 1852.*

BAIL.

Une promesse de louer est obligatoire — Sol. J. N. art. 625.

Le bail d'un appartement peut être déclaré résolu — si les changements et constructions / faites par le bailleur dans la maison louée modifient gravement la jouissance — *C. Lyon, 7 août 1854.*

Les juges — ne peuvent accorder un délai suivant les circonstances / quand la résolution du bail est stipulée pour défaut de paiement exact — *Nîmes, 22 août 1800 — Colmar, 6 décembre 1811 / Dijon, 31 juillet 1817.*

Il y a lieu de poursuivre la résiliation d'un bail — lorsque — le preneur d'un domaine de pur agrément, au lieu de se conformer au mode de jouissance que comporte ce genre de propriété, y introduit des bestiaux qu'il laisse en pâcage / lorsqu'ils dégradent et détruisent les agréments du domaine et lui enlèvent presque toute sa valeur locative — *C. Bordeaux, 23 août 1847.*

Les pailles et engrais — que le fermier est obligé par son bail à consommer sur la ferme / ne sont pas sa propriété et ne peuvent être saisis par ses créanciers — *C. Douai, 12 avril 1848.*

La clause d'un bail — portant que le locataire ne pourra sous-louer qu'à des personnes agréées par le propriétaire / n'autorise pas celui-ci à refuser un sous-locataire par pur caprice — et les tribunaux peuvent le contraindre à l'agréer, s'il réunit toutes les conditions désirables — *C. Paris, 6 août 1857.*

Les maires peuvent procéder — sans le concours des notaires / à l'adjudication publique des baux des biens des communes et / à la vente publique de ces mêmes biens — *Circ. min. 13 décembre 1848 — 12 juillet 1845.*

L'adjudication d'un bail — faite devant un notaire désigné par le préfet / est valable — nonobstant le défaut de signature de celui qui s'est rendu adjudicataire

Il en est — d'une pareille adjudication / comme de celle — qui serait faite — en justice ou devant un notaire commis par le tribunal en vertu du Code de procédure civile — *C. Rennes, 23 août 1842 / Cass. 13 août 1838.*

Quand il n'a pas été stipulé — dans un bail — qu'il jouirait du droit de chasse / le fermier ne peut prétendre à l'exercice de ce droit

Le droit de chasse — étant une dépendance du droit de propriété / ne peut appartenir au fermier qu'autant qu'il lui a été conféré expressément — *C. Paris, 19 mars 1817.*

La disposition — de l'art. 129 du Code de procédure civile / n'est point applicable — quand il s'agit du paiement de fermages en denrées livrables à une certaine époque de l'année — *Cass. 28 décembre 1850.*

Leur valeur — doit être estimée d'après les mercuriales de l'époque fixée pour leur livraison.

BREVET de MAITRE DE POSTE.

La faculté — accordée aux maîtres de poste par la loi du 24 juillet 1793, art. 69 / de disposer de leur établissement / comprend — non pas le droit de céder leur brevet — mais / seulement de présenter un successeur à l'administration qui peut l'agréer ou le refuser — *Orléans, 28 novembre 1827.*

COMMUNICATION

Un notaire — ne peut pas refuser — de laisser prendre à un employé de l'administration l'extrait d'un acte à lui confié, / sous prétexte que cet acte n'a pas été remis en ses mains en sa qualité de notaire / mais en celle d'homme de confiance — *Cass. 12 décembre 1860.*

Lors de l'inventaire — après décès d'un notaire / les préposés — de l'enregistrement — qui y assistent / n'ont droit — qu'à la communication des actes dont le notaire est dépositaire public et non / à celle de ses actes et papiers personnels — ni des actes et papiers dont il est / en possession à titre de dépositaire — particulier et confidentiel — *Cass. 4 août 1841 / 14 août 1855.*

Les notaires — peuvent et doivent — se refuser — au déplacement de leurs minutes (et répertoires) / pour les vérifications et recherches des employés supérieurs de la Régie — *Sol. J. N. art. 9028.*

(V. le tableau suivant.)

---

(1) V. à l'égard des immeubles, C. pr. art. 742.

(2) *Cette dernière solution est conforme à l'opinion de M. Toullier et à deux autres arrêts : C. Bordeaux, 7 avril 1838; C. Riom, 28 janvier 1839.*

(3) *Lorsqu'une procuration se trouve déjà annexée à un acte, il n'est pas nécessaire de l'annexer aux actes subséquents passés dans la même étude (Lett. min., 28 mai 1807). — À l'égard des procurations des héritiers, que les greffiers prétendent quelquefois annexer au procès-verbal de la levée de scellés, une circulaire ministérielle du 28 avril 1852 a décidé qu'elles doivent l'être à l'inventaire dressé par le notaire qui peut, conséquemment, opposer cette décision à l'appui de l'article 14 de la loi de ventôse.*

ACTES ET CONTRATS.

(V. le tableau précédent).

CONDITION.

- Le créancier d'une rente viagère | peut stipuler | le remboursement du principal en cas de non paiement des arrérages — Cass. 23 août 1843 / C. Paris, 21 juillet 1834 (1) — Rouen, 27 janvier 1815 / Bordeaux, 28 mars 1817 / Toulouse, 7 juin 1824
- Est valable | le contrat de vente d'un immeuble — où l'acquéreur stipule que le prix sera payable à son entrée en jouissance qui aura lieu à sa première réquisition — Cass. 9 novembre 1846
- Ce n'est pas une condition potestative (l'acquéreur pouvant être contraint | à recevoir l'immeuble dans un délai déterminé
- Est licite | la condition | imposée au légataire de prendre les nom et prénoms du testateur
- Le legs | est conséquemment caduc si le légataire ne peut obtenir du souverain l'autorisation de porter tous les noms — Cass. 4 juillet 1838
- En vain dirait-on | que la condition doit | comme impossible être réputée non écrite

CONVENTION.

- Est réputée | licite et obligatoire | la convention qui a pour objet | la contrebande en pays étranger, à l'aide de ruses employées pour tromper la surveillance de la douane — Cass. 25 août 1824
- La faculté de réméré | peut être stipulée dans des ventes de meubles comme dans les ventes immobilières, seulement elle / ne produit d'effet pour les meubles qu'entre le vendeur et l'acheteur | à moins que le sous-acquéreur ne soit de mauvaise foi — C. Paris, 4 août 1836
- La convention par laquelle les parties | avant l'expiration du délai de cinq ans fixé pour l'exercice du réméré prorogent ce délai (est illégale et nulle — Caen, 27 avril 1812 / C. Bordeaux, 14 juin 1849
- Il n'est pas nécessaire (pour la validité d'un contrat synallagmatique que toutes les parties | soient en présence et s'engagent dans le même acte

COMMUNAUTÉ DE BIENS.

- Le droit | de retrait d'indivision accordé à la femme par l'art. 1408 du Code Napoléon ne peut s'exercer qu'à la dissolution de la communauté — C. Nancy, 19 juin 1855
- L'option de la femme | peut aussi être annulée quand il est évident qu'elle n'a eu pour but que de frauder les créanciers du mari
- On peut stipuler valablement | dans un contrat de mariage une communauté universelle — sous une condition suspensive — C. Colmar, 16 mars 1854
- La preuve | qu'un immeuble n'est pas acquêt de communauté, mais propre à l'un des époux peut résulter des faits et circonstances (de nature à faire fléchir la présomption de l'art. 1402 du Code Napoléon — Riom, 10 novembre 1854
- L'office | dont le mari était pourvu au moment du mariage ne tombe pas dans la communauté si la propriété antérieure du mari est authentiquement constatée — et quoiqu'il n'ait pas été dressé d'état en forme de l'apport de l'office — C. Bordeaux, 19 février 1856 / V. J. N. art. 10750
- La plus value de l'office | pendant le mariage ne tombe pas non plus dans la société d'acquêts si elle ne provient que de l'augmentation générale du prix des offices
- L'indemnité | que l'administration oblige le successeur d'un officier destitué à déposer | à la caisse des consignations pour qui de droit / ne fait pas partie de la communauté existant entre l'officier destitué et sa femme — C. Bordeaux, 12 janvier 1852
- Et la femme n'a pas le droit de la prélever pour le montant de ses reprises
- La femme | qui renonce à la communauté — comme celle qui l'accepte / exerce | ses reprises sur les biens provenant de la communauté non pas à titre de créancière, mais de propriétaire — Cass. 15 février 1852 — 11 avril 1854 — 9 janvier 1855
- La clause d'un contrat de mariage | par laquelle les époux | après avoir adopté la communauté réduite aux acquêts / ont stipulé que la femme reprendrait ses apports | exempts de toutes dettes et charges lors même qu'elle se serait obligée / est opposable aux créanciers (avec lesquels elle a contracté et qu'elle-même a subrogés à son hypothèque légale — Cass. 16 avril 1856 / V. Journ. du Not. 8ᵉ 1164 et suiv. / V. J. N. art. 14575, 15950
- Est valable | la donation entre vifs | faite | par les époux conjointement / à d'autres qu'aux enfants communs des biens de la communauté — C. Amiens, 15 février 1850
- La vente consentie | par un mari à sa femme (du mobilier de la communauté pour la remplir de ses reprises matrimoniales / est nulle (si le mari est plus tard déclaré en faillite — avec report de la faillite à une date antérieure à la vente — C. Metz, 17 juin 1855
- La femme | en cas de faillite de son mari / ne peut | exercer ses reprises sur le mobilier de la communauté qu'autant que les effets qu'elle réclame sont les mêmes que ceux par elle apportés / quelle que soit d'ailleurs l'époque où le mari est devenu commerçant
- L'inventaire (2) | fait par la femme après la dissolution de la communauté et hors du délai fixé par la loi peut être déclaré insuffisant — s'il a été fait (à une époque où tout ou partie des effets de la communauté ont pu disparaître — Cass. 2 février 1848
- Le legs | fait | à une femme mariée en communauté / à condition qu'elle touchera | le revenu des biens légués sur ses simples quittances et sans l'autorisation de son mari / est valable et ne saurait être déclaré nul | soit comme contraire à la puissance maritale — ni comme dérogeant aux stipulations du contrat — C. Paris, 27 janvier et 27 août 1855 (4) / peut contenir aussi la condition que le mari n'en aura même pas l'administration

CHASSE.

- L'usufruitier a le droit de chasse (J. N. art. 1710
- La réserve du droit de chasse | faite (à perpétuité par le vendeur d'un fonds pour lui, ses héritiers ou ayants-cause / n'a rien de féodal ni de contraire à l'ordre public / est obligatoire pour le tiers-détenteur comme pour le premier acquéreur — C. Amiens, 2 décembre 1855 (3)

(V. le tableau suivant).

---

(1) Dans le cas de résolution pour défaut du service exact d'arrérages, le créancier n'est pas tenu de restituer ceux qu'il a reçus, pour l'excédant de l'intérêt ordinaire. (C. Paris, 18 février 1827. — C. Bordeaux, 18 février 1834. — V. J. N., art. 9019.)
Pour que la mise en demeure résulte de la convention, aux termes de l'art. 1139 du Code Napoléon, il faut que l'acte porte cumulativement ces mots : Sans qu'il soit besoin d'acte, et par la seule échéance du terme. (Dissertation J. N., art. 1503). — Pour les ventes, V. art. 1656 du Code Napoléon.

(2) Le délai pour faire inventaire et délibérer n'est pas fatal, mais l'inventaire peut être déclaré insuffisant et nul par suite de la négligence de la femme (Doctrine).

(3) Conformément à l'opinion de MM. Toullier, Duranton, Proudhon.

(4) Conformément à l'opinion de M. Sirey.

(5) Le J. N. critique cette décision. — V. art. 9428.

ACTES ET CONTRATS.

(V. le tableau précédent.)

CURATELLE. — Le mari : est — de droit — le curateur de sa femme mineure — et il l'autorise : valablement en cette qualité / dans les actes d'administration qui la concernent — *C. Paris, 15 février 1858 — Sol. J. N. art. 9316*

CONSEIL JUDICIAIRE.
- Il peut être nommé : sur la demande du mari / pour cause de prodigalité / au conseil judiciaire à la femme séparée de biens — *Cass. 4 juillet 1858*
- Les donations : faites par contrat de mariage / par un individu pourvu d'un conseil judiciaire / sont nulles : si le conseil judiciaire a été donné pour faiblesse d'esprit — *C. Amiens, 31 juillet 1862*
- — Mais cette nullité : n'entraîne pas celle des autres stipulations : matrimoniales / contenues au contrat

COMPROMIS. — Il n'y a point nullité : du compromis : reçu par un notaire — et / dans lequel il a été nommé arbitre de l'une des parties — *C. Toulouse, 17 juillet 1856 — C. Lyon, 9 février 1858 — J. N. art. 6241, 7862*

CAPTATION ET SUGGESTION.
- Les donations par contrat de mariage : et spécialement celles entre époux / sont attaquables pour cause de captation — *C. Douai, 19 février 1855 (1)*
- La captation : résultant de manœuvres frauduleuses / est une cause de nullité des libéralités testamentaires — *C. Rennes, 31 août 1857 / Cass. 8 janvier 1845*
- Le concubinage : même adultère / n'est pas par lui-même un motif d'annuler les donations ou testaments — mais il peut être un des faits constitutifs de la captation ni des manœuvres frauduleuses — *Nîmes, 29 thermidor an 13 — Pau, 30 mars 1832 — Montpellier, 1834, 1839 — Cass. 8 janvier 1845, etc., etc.*
- L'arrêt : qui annule : des libéralités pour cause de captation frauduleuse / par appréciation des faits qui ont : précédé / accompagné ou / suivi : ces libéralités / est à l'abri de la Cour de cassation — *Cass. 11 mars 1857*
- Les faits postérieurs : ont pu être invoqués comme preuve complémentaire du dol

CARENCE (PROCÈS-VERBAL DE). — Les notaires peuvent encore : sous l'empire du Code de procédure / faire des procès-verbaux de carence — *Dissertation J. N. art. 2261*

CIRCULAIRES MINISTÉRIELLES. — Les circulaires ministérielles : n'ont point un caractère légal obligatoire pour tous les tribunaux — *Cass. 11 juin 1816 — 29 juin 1830 — 28 février 1838*

CAISSE DES CONSIGNATIONS. (2)
- Cette caisse a le droit d'exiger : des créanciers colloqués dans un ordre / une quittance notariée
- Les frais de cette quittance doivent être : avancés par les créanciers et / supportés par l'adjudicataire — *Trib. Vouziers, 29 novembre 1849*

CLERC DE NOTAIRE.
- La loi du 25 ventôse an 11 : ne s'oppose pas à ce que les clercs d'un notaire figurent : dans les actes reçus par ce dernier / soit comme parties intéressées / soit comme mandataires des parties
- Le clerc qui fait constater : par-devant le notaire chez lequel il travaille une convention qui l'intéresse / n'est pas : de droit / présumé interposé par rapport au notaire — *C. Lyon, 11 février 1854*
- Le clerc de notaire : qui : est constitué mandataire et qui, en cette qualité / consent, en l'étude de son patron, une vente portant que le prix sera payé : au vendeur ou à son mandataire / en l'étude du notaire / est responsable : des paiements que l'acquéreur fait en l'étude, entre ses mains, / s'il n'a pas énoncé dans les quittances qu'il recevait pour le notaire, — et / s'il en a versé le montant, non pas à son mandant, mais au notaire lui-même (3) — *C. Metz, 15 janvier 1856*

CHAMBRE DE DISCIPLINE.
- Quand le Garde-des-Sceaux : a approuvé : seulement un certain nombre d'articles / dans un règlement notarial / les articles : non approuvés par le ministre / sont démunis de force exécutoire — et / ne peuvent servir de base à aucune délibération de la chambre de discipline
- Les tribunaux civils ne peuvent : par voie de délibération générale / prononcer l'annulation d'un règlement notarial / même dans le cas où le règlement n'a pas été : approuvé : par le ministre / dans la forme prescrite par l'ordonnance de 1843 — *Trib. Rambouillet, 26 mars 1852*

CONTRAT ENTRE ÉPOUX. — La femme commune en biens : ne peut valablement contracter avec son mari une société commerciale en nom collectif — *Cass. 9 août 1854*

COPIE COLLATIONNÉE. — Une copie collationnée : peut comprendre plusieurs pièces — Dissertation J. N. art. 278 / d'un acte antérieur au contrôle — peut être délivrée sans contravention / quoique cet acte n'ait été ni contrôlé, ni enregistré — *Déc. min. 4 septembre 1854*

(V. le tableau suivant.)

---

(1) M. Grenier est d'avis contraire.
M. Merlin soutient que l'action ab irato peut être intentée contre une donation par contrat de mariage.

(2) Les notaires sont souvent nommés séquestres des biens de communauté ou de succession; mais ils ne peuvent garder entre leurs mains les sommes recouvrées par eux en cette qualité : Les tribunaux doivent en ordonner le dépôt à la Caisse des consignations. (Ord. 4 juillet 1816, art. 2, n° 13; Montpellier, 19 juin 1827.)
En général, le notaire qui a été établi dépositaire de sommes, doit les déposer à la Caisse des Consignations. (Ar. min. 9 septembre 1822.)

(3) Voyez Responsabilité.

ACTES ET CONTRATS.

(V. le tableau précédent.)

CAPACITÉ et QUALITÉ DES PARTIES.

Le notaire
- quand il a porté un individu sur le tableau des interdits { n'est plus garant de la nullité de l'acte } J. N. art. 2253
- n'est pas responsable { du défaut de capacité ou de qualité de l'une des parties comparantes dans l'acte passé devant lui } Sol. J. N. art. 2223 — C. Alger, 17 avril 1853

COMPTE DE TUTELLE.

Les pièces { remises à l'appui du compte { doivent être détaillées — la remise en bloc ne suffit pas } Dissertation J. N. art. 1471

L'emprunt solidaire
- contracté { par le tuteur et le mineur devenu majeur / avant la reddition du compte de tutelle, et / avec subrogation du prêteur dans l'hypothèque légale du mineur
- ne peut être annulé par application de l'art. 472 du Code Napoléon, lequel n'est relatif qu'aux traités portant sur la gestion du tuteur } Cass. 10 avril 1849

Cet art. 472 du Code Napoléon
- qui annule { les traités faits entre le tuteur et le pupille devenu majeur / lorsqu'ils n'ont pas été précédés de la remise d'un compte détaillé avec pièces justificatives — antérieure au moins de 10 jours
- ne s'applique qu'aux traités ayant pour objet direct ou indirect de suppléer la reddition du compte de tutelle — et non à des traités sur des difficultés particulières } Cass. 16 mars 1847

La nullité
- du traité fait { entre le tuteur et son pupille / avant la reddition du compte de tutelle
- se couvre { par une ratification expresse ou tacite — ou / par la prescription de dix ans } Cass. 1829 (1)

CAUTIONNEMENT. (?)

Le pacte
- sur une succession future
- est d'une nullité { absolue et d'ordre public / qui annule { la totalité du contrat où ce pacte est stipulé et spécialement le cautionnement donné en garantie du contrat } C. Lyon, 14 février 1852

La nullité { résultant de ce qu'une rente viagère a été constituée gratuitement par acte sous seing privé / est absolue et emporte la nullité du cautionnement donné en garantie de cette rente } Même arrêt du 14 février 1852

L'art. 2037 du Code Napoléon
- qui décharge la caution
- lorsque { par le fait du créancier / elle ne peut plus être subrogée à ses droits, privilèges et hypothèques
- s'applique à la caution solidaire — comme à la caution simple } Cass. 9 janvier 1849 — 24 février 1857 (2)

La gratuité { n'est pas de l'essence / mais seulement de la nature } du cautionnement (4)
En conséquence la caution { peut stipuler { une prime à son profit par le débiteur } C. Limoges, 23 novembre 1847

L'obligation { contractée par la femme mariée { sans autorisation / peut être valablement cautionnée (5) } Paris, 24 juillet 1819

Une caution { s'oblige valablement { pour la vente faite par un mineur émancipé ou non — sans formalités; / et lors même que le mineur s'est fait restituer pour cause de minorité / le cautionnement ne continue pas moins de subsister } Cass. 3 novembre 1813 (6)

Le cautionnement { étant un acte unilatéral / n'a pas besoin en général d'être accepté } (Ed. Clerc)
Cependant { il a été décidé que l'acceptation est nécessaire } Bourges, 6 mai 1828

CESSION DE BIENS.

Le débiteur ne peut { rentrer dans la possession des biens abandonnés / qu'en payant ce qu'il doit } J. N. art. 3692

Lorsque le débiteur vient à mourir { avant que les biens abandonnés soient vendus / les créanciers ne peuvent les vendre que huit jours après / la signification du contrat aux héritiers } J. N. art. 2691

(V. le tableau suivant.)

---

(1) *Conformément à l'opinion de M. Toullier.*
Le reliquat du compte arrêté et l'action en rectification de ce compte, ne se prescrivent que par 30 ans. — Toutes demandes en réparation d'erreur, omissions, faux ou doubles emplois dans les comptes, se prescrivent par 10 ans (Arg. Code Napoléon, 1304).

(2) *V. Code Napoléon, art. 2031 et suivants.*

(3) *En matière de vente perpétuelle, la caution peut, après 10 ans, demander sa décharge (Doctrine).*

(4) *Serait valable le cautionnement pour une dette indéterminée mais qui peut être fixée ultérieurement (Grenier). — De même pour une obligation future (Pothier, Delvincourt).*

(5) *C'est aussi l'avis de MM. Toullier, Duranton et Dalloz.*

(6) *Il en serait de même à l'égard d'un interdit (Duranton, Delvincourt).*

ACTES ET CONTRATS.

(V. le tableau précédent.)

La loi du 25 ventôse an 11 — n'a point dérogé aux dispositions — de celle du 28 floréal an 7 | réglant la transmission des rentes sur l'État (1)

En conséquence un notaire — ne peut délivrer — un certificat de propriété d'inscription de rente au profit d'un successible que lorsque l'absence d'inventaire est constatée par un acte de notoriété délivré par le juge de paix du domicile du décédé (2)

Et le notaire — qui ne se conforme pas à cette obligation peut être déclaré responsable envers les tiers; — mais il faut qu'il y ait eu un préjudice causé

Trib. Seine, 13 janvier 1853 — C. Paris, 31 juillet 1853 — Cass. 8 mai 1854

L'art. 6 de la loi du 28 floréal an 7 — n'exige que les mentions relatives à la nature et à l'origine de la propriété | *Cass. 9 août 1853 — C. Agen, 30 juin 1854*

CERTIFICATS DE PROPRIÉTÉ ET DE VIE

Le notaire —

appelé à délivrer — au légataire d'une inscription de rente sur l'État le certificat de propriété nécessaire pour obtenir le transfert

— ne peut insérer — dans ce certificat — des énonciations tendant à présenter — le droit de ladite rente comme sujet à contestation

ayant pour mission — non d'apprécier mais de constater — le titre de propriété et la possession

— doit délivrer — un certificat pur et simple

Cass. 9 août 1853

possesseur de la minute d'un acte — qui a trait à la mutation d'une rente sur l'État sans toutefois la justifier d'une manière complète

— peut délivrer le certificat de propriété — en se faisant déposer par les ayants-droit les expéditions des actes — reçus par d'autres notaires et relatifs à cette mutation | *(Loi 28 floréal an 7, art. 16)*

qui n'est détenteur d'aucune minute d'acte concernant la mutation — ne peut — délivrer le certificat de propriété quoique les ayants-droit lui aient fait le dépôt des expéditions — en bonne forme — de tous les actes justificatifs de cette mutation | *Arr. de la Cour des comptes 24 juin 1854*

répond — des formalités relatives au partage ou partout autre mode de délivrance de l'état ou de la capacité — des nouveaux propriétaires au moment du certificat de propriété

devrait mentionner — l'interdiction qui frapperait l'un des ayants-droit l'état de minorité de l'un d'eux l'incapacité d'une femme mariée sous le régime dotal en général — toutes les charges pouvant affecter la rente

— comme la prohibition — d'aliéner tout ou partie des biens de la succession faite dans un legs contenant des rentes sur l'État

à défaut de cette précaution — parce que — le nouveau titulaire — nonobstant son incapacité pourrait aliéner les rentes à lui échues ces aliénations provenant de son imprudence ce serait au notaire à porter la peine

Cass. 8 août 1857 — Bordeaux, 5 mars 1844 — 7 juin 1852

Détenteur du contrat de mariage de la femme au nom de laquelle existe une inscription de rente — doit délivrer un certificat établissant que le transfert de cette rente peut avoir lieu sans remploi | *Pratique*

doit s'abstenir — de délivrer — des certificats de propriété à l'égard des mutations d'actions ou autres droits sur des caisses et établissements particuliers qui ne dépendent pas de l'administration publique | *Av. de la Chambre des Not. de Paris, en 1838*

Les certificats — de vie | délivrés aux pensionnaires de l'État de propriété | pour le transfert des inscriptions sur le grand livre de la dette publique — sont les seuls actes qui ne doivent pas être enregistrés et répertoriés | *Trib. Épinay, 5 juin 1853 (3)*

Les notaires — ne sont pas obligés — de remplir les quittances placées au bas des certificats de vie présentés au visa du payeur du département | *Déc. min. 27 avril 1849*

(V. le tableau suivant.)

(1) V. l'instruction relative à la justification des mutations après décès et à la rédaction des certificats de propriété pour les rentes et pensions sur l'État. — J. N. art. 9057.
(2) Les notaires ont le droit de recevoir ces actes de notoriété, qui doivent être en minute. — (L. 25 ventôse an 11, art. 25. — Pratique constante du Trésor.)
(3) V. Certificat de propriété, n° 133, 1re édition du Dict. Not.

ACTES ET CONTRATS.

(V. le tableau précédent.)

CONTRAT DE MARIAGE. (1)

Les époux peuvent — se soumettre, partie au régime dotal et partie au régime de la communauté } Turin, 28 juillet 1865

La femme peut — dans son contrat de mariage sous le régime dotal
- se réserver l'administration de tous les biens qu'elle apporte en dot } Cass. 14 juillet 1851
- sans qu'il y ait rien de contraire aux bonnes mœurs ni à l'ordre public (2) (C'est contraire à l'art. 1549 du Code Napoléon)

Le contrat de mariage (3)
- passé { en l'absence de la future / par ses père et mère stipulant pour elle sans être munis de pouvoirs } est absolument nul } Cass. 29 mai 1855 — 9 janvier 1855
- ne peut être considéré comme ratifié { par la célébration du mariage / ni par des actes postérieurs
- est nul { lorsque le mineur n'a pas été assisté des personnes dont le consentement est requis pour la validité du mariage / et dans ce cas : les époux sont mariés sous le régime de la communauté légale } C. Riom, 23 juin 1855

Les futurs époux
- comme leurs père et mère — dans le cas où leur présence est nécessaire
- peuvent { se faire représenter au contrat de mariage par des mandataires
- en vertu d'une procuration { qui doit être expresse et spéciale / qu'il est convenable de faire authentique / qu'il faut { ainsi et en minute / si le contrat doit contenir des donations } Sol. J. N.

Quand les époux
- se marient sous le régime de la communauté — mais en se réservant propre tout leur mobilier présent et futur
- la communauté { n'est pas moins propriétaire de ce mobilier — seulement elle / est débitrice de sa valeur } C. Paris, 31 janvier 1857 (4)

— Il en est ainsi
- spécialement : des créances mobilières apportées par la femme / et le mari peut en disposer même avant leur exigibilité

La défense
- de faire des changements : est absolue et d'ordre public

— Ainsi est nulle
- à quelqu'époque qu'elle ait lieu
- la renonciation du mari à exiger { le capital de la dot constituée à la femme — ou / les intérêts futurs de ce capital } C. Rennes, 1ᵉʳ mars 1842 (5)

Il suffit
- que les parties soient appelées : pour assister : au changement ou à la contre-lettre } (Malleville et Toullier)

Le notaire
- qui rédige un acte contenant modification ou addition à un contrat de mariage précédemment signé
- est tenu { de mentionner la lecture faite aux parties conformément à l'art. 1294 du Code Napoléon modifié par la loi de juillet 1850 / de remettre aux parties un nouveau certificat pour l'officier de l'état civil } C. Paris, 17 janvier 1856
- n'est pas obligé — dans ce cas — de délivrer un nouveau certificat } C. Caen, 3 décembre 1856 — Cass. 18 mars 1857

Le remaniement d'un contrat de mariage { est un changement soumis à l'application de l'art. 1397 du Code Napoléon / ne peut conséquemment être passé que devant le notaire qui a reçu le contrat } Sol. Journ. du Not. n° 1704

L'art. 315 du Code Napoléon { n'est pas applicable aux conventions matrimoniales

— En conséquence
- le prodigue peut valablement { sans l'assistance de son conseil / faire par son contrat de mariage une institution contractuelle } de tous ses biens en faveur de son épouse } Cass. 31 décembre 1856

La clause
- d'un contrat de mariage
- qui { en établissant le régime de la communauté / interdit au mari { en lui conservant l'administration / de vendre { ou hypothéquer les biens de la communauté sans le concours et le consentement de la femme } C. Paris, 7 mai 1855
- est illégale et nulle : étant contraire aux droits du mari comme chef
- par laquelle les époux se donnent mutuellement, en cas de survie, tous leurs biens meubles et immeubles / ne révoque pas tacitement les testaments antérieurement faits par les époux au profit des tiers / — cette révocation n'est que conditionnelle et subordonnée à la survie ou au prédécès du testateur } C. Caen, 25 novembre 1857

La donation
- par contrat de mariage : d'un mineur à son conjoint
- n'est valable qu'autant qu'elle a été consentie spécialement { par le conseil de famille dont le consentement était nécessaire pour la validité du mariage } C. Douai, 1ᵉʳ décembre 1856
- est nulle : si elle est faite avec la seule assistance de son tuteur : alors que celui-ci n'agit qu'en vertu d'une procuration générale du conseil de famille } Cass. 22 avril 1857

Une date fausse
- ne suffit pas { pour frapper de nullité le contrat de mariage / s'il est constant en fait que ce contrat a précédé la célébration } C. Agen, 1819

Un époux
- auquel son père et mère ont fait des avantages dans son contrat de mariage / ne peut renoncer à ses avantages dans un partage anticipé par ses père et mère } Cass. 29 juillet 1813

La disposition de l'art. 1499
- ne s'applique qu'au cas où le contrat de mariage garde le silence sur la consistance du mobilier actuel des époux

Mais si le contrat indique
- que chaque époux possède telle valeur en objets mobiliers, argent ou créances } (Arg. art. 1502) (Ed. Clerc)
- l'apport est suffisamment justifié { sans qu'il soit besoin d'état ou inventaire, et c'est ainsi qu'on procède toujours dans l'usage }

L'état détaillé
- n'est utile : que pour conserver { à chaque époux et particulièrement à la femme le droit de reprendre en nature les objets apportés en mariage } (Ed. Clerc)

C'est la valeur même
- de ses objets mobiliers que chaque époux a le droit de reprendre lors de la liquidation / on ne pourrait forcer l'un d'eux à retirer des objets qui existeraient encore en nature } (Roll. de Vill.)

(V. le tableau suivant.)

---

(1) La jurisprudence romaine fit un devoir aux pères de doter les filles. — Au commencement de la monarchie, la femme française ne recevait rien de sa famille : sa dot elle-même lui était donnée par son mari (Sériès.)
— On ne saurait trop recommander de préciser nettement — dans les contrats de mariage sous le régime dotal — quels biens on entend constituer dotaux et inaliénables, pour éviter les doutes que laissent à cet égard beaucoup de rédactions, surtout les anciennes, qui, en suivant des formules mobilisées des textes et de la conséquence du droit, ne contiennent aucune explication raisonnée sur le sort des biens. — La question de savoir si, dans ce silence, ils sont dotaux ou paraphernaux a été douteuse pour les meilleurs auteurs et controversée en jurisprudence. — Aujourd'hui la pratique est amenée à considérer comme paraphernal et conséquemment aliénable tout ce qui n'est point expressément mentionné comme apport ou constitution au contrat, par arg. de l'art. 1574 et du principe que les clauses doivent plutôt s'interpréter contre la rigueur de ce régime. — En France, c'est le ministre d'État qui reçoit les contrats de mariage des membres de la famille impériale. — En Espagne, c'est le ministre de la justice : il est Grand-Notaire du Royaume.

(2) L'art. 4 du Code Napoléon est le premier, le plus impératif commandement sur les actes et contrats. — Pour le notaire, l'appréciation des stipulations qui y dérogent est délicate, difficile dans des cas nouveaux : — Alors, comme toutes les fois qu'il y a le moindre doute sur la convenance du prêt de son ministère, le mieux est de consulter les magistrats et prévenir ainsi ce qui pourrait atteindre la pureté de sa réputation.

(3) Pour les contrats de mariage (comme pour la vente et l'échange) il est très-utile d'avoir les Traités spéciaux de M. Troplong. — V. Dict. Not., 4ᵉ édition, au mot Contrat de mariage, n° 36 et suiv., l'état actuel de la Doctrine et de la Jurisprudence sur les régimes mixtes.
L'indication de l'heure est nécessaire pour les contrats de mariage faits le même jour que l'acte civil de la célébration, afin de constater que le contrat a précédé (Cass. 18 août 1840).

(4) Solution fort controversée, — dit le J. N., art. 2539.

(5) C'est conforme à l'opinion de M. Troplong.

ACTES ET CONTRATS [1]

(V. le tableau précédent.)

DOUBLE MINUTE.
- On peut faire en double minute — toute espèce d'acte — lorsque les parties le demandent — Sol. J. N. art. 270
- Un notaire est tenu
  - sous peine d'amende
  - de rédiger acte du dépôt — soit à son étude — par un autre notaire — de la double minute d'un acte passé devant ce dernier — Déc. min. 12 juin 1846 [2]

DÉPOT DE PIÈCES.
- En règle générale — et sauf le cas de testament mystique
  - un notaire ne peut se constituer authentiquement dépositaire que de pièces qui lui sont connues et doit la description en retracter est faite une à une dans l'acte de dépôt;
  - en un mot — que de pièces dont il puisse délivrer des expéditions ou extraits aux déposants — Sol. J. N. art. 3793 [3]
- Un notaire ne peut
  - recevoir le dépôt d'un acte sous signature privée
  - si l'un des signataires est son parent au degré prohibé
  - quoique ce parent ne figure pas à l'acte constatant le dépôt — Sol. Journ. du Not. n° du 6 février 1856
- La demande
  - en communication de pièces confiées au notaire liquidateur d'une succession formée par l'un des intéressés
  - doit être introduite — non contre le notaire, — mais contre les autres parties qui ont le droit de la consentir ou de la refuser — C. Caen, 26 février 1852

DÉCLARATION DE COMMAND.
- La déclaration de command
  - par un notaire enchérisseur pour le compte d'un client
  - doit être — faite et notifiée — dans les vingt-quatre heures — au receveur d'enregistrement
- Les dispositions
  - de l'art. 707 du Code de procédure
  - qui accordent aux avoués — trois jours afin de faire connaître les clients pour lesquels ils se sont rendus adjudicataires
  - sont toutes spéciales — et concernent — uniquement les avoués et les ventes en justice — Trib. Seine, 8 novembre 1854
- Quand une vente d'immeubles
  - a eu lieu — sans réserve d'élection de command — la veille d'un jour de fête légale
  - la déclaration de command — faite le lendemain du jour férié — doit n'être enregistrée qu'au droit fixe — Cass. 13 mars 1838

DÉPOT DES CONTRATS DE MARIAGE.
- Le délai d'un mois
  - pour le dépôt des extraits des contrats de mariage des commerçants
  - court — du jour de la date de ces contrats — et non pas seulement du jour de la célébration du mariage — Trib. Grenoble, 26 mai 1852
- Le notaire est présumé connaître — la profession principale des parties qui traitent devant lui — s'il ne la connaît pas il doit se la faire attester par témoins
- — Cette profession — faisant partie de l'individualité des parties — il est passible d'amende pour défaut du dépôt — C. Douai, 21 juillet 1848
- Le notaire est passible d'amende
  - pour défaut de dépôt de l'extrait du contrat de mariage
  - lorsque le futur exerce notoirement la profession de marchand
  - bien qu'il n'ait pas pris cette qualité dans le contrat — C. Bordeaux, 22 juin 1836
- Le mot commerçant doit toujours être entendu dans le sens de l'art. 1ᵉʳ du Code de commerce [4]
- Sont commerçants — et soumis à l'application des art. 67 et 68 du même Code — tous négociants, banquiers, fabricants et marchands
- Ne le sont pas
  - et le simple artisan qui — ne travaillant qu'au fur et à mesure des commandes — ne fait point de son état un objet de spéculation
  - ni les ouvriers et artisans en général — à moins qu'ils joignent — à cette qualité celle de fabricant ou marchand — Déc. min. 7 avril 1811 — 5 mai 1812
- Le boulanger — doit être rangé dans la classe des commerçants — Trib. Strasbourg, 14 novembre 1856
- Par acte de commerce — on entend — suivant l'art. 52 — tous achats de marchandises pour les revendre soit en nature soit après les avoir travaillées et mises en œuvre — J. N. art. 9109

DÉPOSITION DE TÉMOINS.
- En matière civile
  - on ne peut être admis à produire en justice
  - la déposition — faite devant notaire par des témoins — même sous la foi du serment
  - l'autre partie — a le droit de s'opposer à la lecture de cette déposition — C. Limoges, 8 août 1849

DÉCHARGE.
- L'avis du conseil d'État du 21 octobre 1809
  - qui reconnaît que les notaires peuvent recevoir les décharges à leur profit, du reliquat du prix des ventes de meubles
  - ne s'applique qu'au cas spécial où la quittance est formalisée à la suite ou en marge du procès-verbal de vente
- La décharge
  - quand elle est dressée en dehors de ce procès-verbal, c'est-à-dire par acte séparé
  - ne profite plus de l'exception et retombe sous l'application des art. 8 et 68 de la loi du 25 ventôse an 11
  - est nulle comme acte authentique et ne peut même valoir comme acte sous seing privé si elle n'est pas signée des parties — Cass. 10 décembre 1856 [5]

(V. le tableau suivant.)

---

(1) Avant le 16ᵉ siècle, on rédigeait tous les actes en latin. — François Iᵉʳ abolit l'ancien usage de plaider, de juger, de contracter en latin. — Ord. de 1539. (V. le 6ᵉ tableau.)

(2) Ces doubles minutes, en usage dans certaines provinces du midi, ne sont pas les doubles minutes proprement dites dont il vient d'être parlé. (V. J. N., art. 13176.)

(3) Les notaires doivent, par prudence, s'abstenir de recevoir le dépôt d'actes passés devant des confrères de leur résidence. (Statuts des Not. de Paris.) Si les parties ne sont pas d'accord, le notaire devant lequel l'une d'elles somme l'autre de comparaître, à l'effet d'assister au dépôt d'un acte sous seing privé, doit se borner à les renvoyer aux tribunaux pour faire juger leur différend, au lieu de recevoir, malgré la protestation de l'une des parties, l'acte présenté. (V. Nîmes, 24 août 1812.)

(4) Cette règle — qui n'est qu'un simple avis — abandonne aux notaires le soin d'apprécier, sous leur responsabilité, les circonstances dans les cas particuliers qui se présentent — Pour les individus réputés commerçants et dont les mariages doivent être publiés, V. Dissertation du Journ. du Not., n°ˢ des 19, 23, 30 janvier 1856. — Sur le lieu où doit être fait le dépôt, V. circ. min. du 30 avril 1821. — Le délai d'un mois accordé, doit être augmenté d'un jour par 5 myriamètres de distance du lieu où a été passé le contrat à celui du dépôt (Déc. min. 19 octobre 1813.) V. J. N. art. 615. — Les notaires de l'arrondissement de Grenoble, dans leur assemblée générale de 1856, ont provoqué, avec entraînement de raison, l'abrogation des art. 67 et 68 du Code Napoléon, auxquels suppléerait la loi du 10 juillet 1850, sur la publicité des contrats de mariage. — V. Journ. du Not., n°ˢ 1151 et 1206.

(5) V. au Journ. du Not., n° 1525, la Dissertation de Mᵉ Flandin, notaire.

ACTES ET CONTRATS.

(V. le tableau précédent.)

DOMICILE. (1)
Il n'est pas nécessaire { d'un intervalle de temps de résidence pour que le domicile réel soit acquis — Limoges, 1er septembre 1813 (V. la 3e question du 57e tableau)

DÉLÉGATION.
La délégation { au profit d'un créancier / dans un acte où il n'a pas été partie / n'est opposable aux tiers { que lorsque le créancier du délégataire a fait signifier au débiteur délégué son acceptation — C. Agen, 2 décembre 1851 (1)

DÉPÔT DE TESTAMENT.
La remise { d'un testament au notaire en personne / lorsqu'elle est constatée dans le procès-verbal d'ouverture / dispense de rédiger l'acte de dépôt { que le notaire doit dresser en toute autre circonstance lorsqu'une pièce lui est remise pour demeurer au rang de ses minutes — Trib. Seine, 20 mai 1855 / Lyon, 6 juin 1855

Les notaires sont tenus / de dresser acte { du dépôt en leur étude des testaments olographes / qui leur sont remis { soit directement / soit par une personne tierce / en vertu d'ordonnances judiciaires — Déc. min. 20 janvier 1852 / Boulogne-sur-Mer, 28 mars 1856 (2)

— Toutefois { à raison des doutes qui s'étaient élevés au sujet de cette obligation / il ne sera pas revenu sur le passé

L'ordonnance du président { qui a prescrit le dépôt d'un testament mystique chez un autre notaire / que celui qui a reçu l'acte de souscription / peut être réformée par la Cour impériale sur l'appel des héritiers

Et le notaire { qui a reçu l'acte de souscription / peut intervenir { sur cet appel / pour demander que le testament soit réintégré dans son étude — C. Montpellier, 8 août 1850

DONATIONS ENTRE ÉPOUX.

La donation { par contrat de mariage / n'est point assujettie à la présence réelle { des témoins instrumentaires / ni du notaire en second — C. Bordeaux, 17 mai 1853 (3)

Les deux quotités disponibles { déterminées par les art. 913 et 1094 du Code Napoléon (4) / ne peuvent se cumuler { lorsque la donation entre époux étant irrévocable a été faite la première et qu'elle absorbe la quotité disponible antérieure au profit de tous autres que le conjoint

En conséquence l'époux qui { ayant trois enfants { a gratifié irrévocablement son conjoint de l'usufruit de la moitié de ses biens, équivalant à un quart en pleine propriété / a épuisé la quotité disponible envers tout autre — et / ne peut plus donner à un de ses enfants un quart en nue-propriété

(A moins de circonstances particulières — l'usufruit doit être évalué à la moitié en toute propriété)

Le conjoint / gratifié de l'usufruit de moitié par son contrat de mariage { à sot usufruit du vivant de son conjoint / ne peut renoncer { pour valider la donation { du quart en nue-propriété / faite par ce dernier { en contrat de mariage / à l'un de ses enfants / ne le peut non plus { après la mort de son époux / s'il a fait un acte duquel résulte une acceptation { tacite ou expresse / de son usufruit / lorsque la succession était ouverte — Cass. 2 août 1853 / C. Toulouse, 23 novembre 1853 / C. Lyon, 28 janvier 1855

La donation ou Le legs / d'usufruit { faite par un époux au profit de son conjoint / n'a pas besoin { pour affecter la réserve de l'ascendant dans les termes de l'art. 1094 / d'être spécialement exprimée sur ce point — C. Lyon, 3 février 1853

— Il suffit { qu'elle soit assez générale pour qu'il n'y ait qu'à vérifier dans ce cas si elle excède ou non la quotité disponible

La donation { d'une rente viagère faite au conjoint survivant / doit { au cas d'excès de la portion disponible / être réduite { au disponible le plus fort entre époux / c'est-à-dire à l'équivalent de 1/4 en propriété et 1/4 en usufruit et / non pas seulement de moitié en usufruit — C. Rennes, 9 avril 1853 (5)

L'art. 901 du Code Napoléon { s'applique aux donations mutuelles entre époux par contrat de mariage

Le mot aliéner { comprend généralement tout acte de disposition { soit à titre onéreux / soit à titre gratuit — C. Bordeaux, 5 février 1855 / Cass. 22 décembre 1856

Est nulle { la donation contractuelle faite { à son futur / par la future { à laquelle avait été nommé un conseil judiciaire / non assistée de ce conseil au contrat de mariage

(V. le tableau suivant.)

---

(1) L'élection de domicile qui, dans l'usage des actes notariés, se fait en l'étude du notaire rédacteur, a pour but, au regard de la procédure, de fixer le lieu de l'exécution; en sorte, par exemple, qu'un créancier peut y signifier les actes de poursuites en recouvrement de sa créance, sans se préoccuper du changement de domicile de son débiteur, lequel a pu s'éloigner beaucoup. — Cette élection est nécessaire à la validité des inscriptions qui se forment d'office sur transcription, des ventes, échanges, donations moyennant rentes, etc.

(2) Comme en matière de transport. — C. N. art. 1690.

(3) Le notaire peut recevoir ce dépôt sans enregistrement préalable du testament et pièces qui s'y trouvent renfermées, quand la remise en est faite par ordonnance du juge; mais le notaire doit, en ce cas, fournir au receveur de l'enregistrement, dans les dix jours qui suivent l'expiration du délai de trois mois, à compter du décès des testateurs, des extraits certifiés des testaments, dont les droits ne leur ont pas été remis par les héritiers ou légataires (déc. min. 23 septembre 1851). — Les élections qui veulent l'acte de dépôt dans tous les cas, ont parfaitement raison et doivent être suivies; d'ailleurs la prudence le recommande ainsi dans le doute. — Sous le seul rapport de la forme, un acte indépendant placé dans les minutes n'a aucune signification, et il n'est pas rationnel que la preuve de la régularité du dépôt se trouve en un autre lieu que là où il est effectué.

(4) Celle-même d'ailleurs de la discussion de la loi du 21 juin 1843, — cependant le doute a existé dans les premiers temps, comme on le voit en jurisprudence. D'après M. Éd. Clerc, il en est ainsi même quand le contrat contient des donations par des tiers en faveur des futurs époux. Cette loi de 1843 n'a pas compris non plus l'acte d'acceptation (séparé) d'une donation, au nombre de ceux pour lesquels elle a exigé la présence réelle du notaire en second ou des témoins. — Cependant M. Éd. Clerc pense qu'il faut étendre ses dispositions à ce cas; l'acte d'acceptation étant le complément de la donation.

(5) Le cumul des donations conformes à ces deux articles est un point très-délicat qui exige la plus grande attention.

(6) Solution neuve et conforme à l'opinion de M. Proudhon.

ACTES ET CONTRATS.

(V. le tableau précédent).

DONATIONS ENTRE ÉPOUX. (1)

Les donations faites entre époux par contrat de mariage sont révocables
- pour cause d'ingratitude
- même quand il n'y a pas eu séparation de corps
- l'art. 955 du Code Napoléon ne leur étant pas applicable

> C. Lyon, 4 mars et 8 décembre 1852. — Cass. 26 février 1856. — Trib. Toulouse, 4 mars 1857.

La séparation de corps révoque les donations même testamentaires faites
- antérieurement à la demande
- par son conjoint à l'autre époux contre qui elle a été prononcée

> Cass. 25 avril et 5 décembre 1849.

Les donations entre époux ne sont pas révoquées par une reconnaissance d'enfant naturel faite
- par l'un des conjoints
- pendant son mariage

> Trib. Seine, 24 février 1846 (2).

par contrat de mariage ou pendant le mariage de biens présents comprenant des meubles doit être accompagnée d'un état estimatif

> Grenoble, 1813. — Cass. 19 juillet 1817.

Est nulle

la clause par laquelle deux époux communs en biens stipulent que la chose par eux achetée ou commune restera au survivant

> C. Lyon, 28 juillet 1840.

comme contraire à la prohibition { des donations mutuelles entre époux par un seul et même acte,

la convention par laquelle des père et mère, en constituant une dot à leur fille réservent l'usufruit des biens donnés { au survivant d'eux (mais la constitution de dot est valable)

> Cass. 29 mars 1855 (3).

la clause d'un partage d'ascendant par laquelle les deux ascendants se réservent au profit de tous deux et du survivant { l'usufruit des biens compris dans le partage

— cette nullité entraîne celle du partage entier — et existe
- 1° dans l'excédant de la quotité disponible
- 2° dans la donation faite par un seul et même acte
- 3° dans la disposition d'une succession de personnes vivantes

> C. Amiens, 10 novembre 1843 (4).

la donation entre vifs par contrat de mariage à l'un des époux si elle est faite en vertu d'une procuration sous seing privé

la donation faite par la femme seule pendant le mariage des objets dépendant de la communauté

> Cass. 19 avril 1842.

Est valable

la clause par laquelle le mari en instituant par son contrat de mariage { sa future épouse usufruitière de ses biens dans le cas où elle viendrait à lui survivre

stipule que cet usufruit devra prendre fin { si sa femme
- devenue veuve
- convole à de nouvelles noces

> Trib. Toulouse, 18 avril 1857.

La déchéance résultant du second mariage de la femme constitue en faveur des héritiers de son mari un droit auquel ils peuvent renoncer

Le mari qui a traité sa femme en qualité de médecin pendant la maladie dont elle est morte n'est point incapable
- de recevoir ses libéralités
- l'art. 909 du Code Napoléon n'étant pas applicable

> Cass. 30 avril 1865.

L'art. 904 du Code Napoléon qui n'autorise le mineur à disposer à titre gratuit que par testament s'applique aux donations { que le mineur peut faire à son conjoint même de ses biens à venir pendant le mariage

En conséquence de telles donations { sont nulles si elles ne sont revêtues de la forme testamentaire

Et dans ce cas le notaire
- à qui l'on s'en est rapporté sur la meilleure forme de l'acte
- peut être { déclaré responsable de la nullité de la donation s'il l'a faite sous la forme d'actes entre vifs

> Cass. 12 avril 1843.

La donation pendant le mariage entre époux de même que celle faite par le contrat de mariage peut avoir pour objet
- ou les biens présents
- ou seulement les biens à venir

de biens présents saisit { le donataire immédiatement et de telle sorte que les créanciers postérieurs du donateur n'aient aucun droit de poursuite sur la chose donnée, tant que la donation n'a pas été révoquée par son auteur

> Cass. 19 avril 1834 (5).

La disposition de l'art. 1525 du Code Napoléon est faite uniquement pour les époux qui n'ont pas d'enfant d'une première union

ne peut
- sans contredire le texte et l'esprit de l'art. 1098
- s'appliquer au cas où il existe un ou plusieurs enfants d'un précédent mariage

> Cass. 27 juin 1855.

(V. le tableau suivant.)

---

(1) Les donations entre époux par contrat de mariage sont tellement irrévocables, qu'il ne serait pas permis à l'époux d'y renoncer ou d'en modifier l'effet pendant le mariage. (Ed. Clerc.)

(2) Conformément à l'opinion de M. Duranton.

(3) C'est contraire et nuisible à la pratique. — Cet arrêt semble d'ailleurs être le seul.

(4) La Cour de Poitiers a décidé, le 10 juin 1851, que cette clause est valable, et qu'elle est la condition sine quâ non du partage. — D'ailleurs, dans les usages du Notariat, ces sortes de donations sont d'une pratique constante. (J. N.)

(5) La Doctrine est conforme. — Jugé de même qu'une donation entre vifs de biens présents faite entre époux, pendant le mariage, est valable et doit avoir son effet. (Rouen, 1 février 1816; rejet, 16 juillet 1817.) — Si elle comprend des meubles, elle doit être accompagnée d'un état estimatif. (Id. — V. J. N. art. 906.)

ACTES ET CONTRATS.

(V. le tableau précédent.)

DONATIONS DIVERSES. (1)

La donation entre vifs — d'immeubles de la communauté — faite par le mari au profit d'un enfant de son premier lit — est nulle à l'égard de la seconde femme et des héritiers de celle-ci — *Cass. 24 août 1855*

Les héritiers peuvent — non-seulement exiger une récompense contre le mari donateur — mais exercer l'action en nullité contre l'enfant donataire

On peut prouver — par témoins — que le donateur n'était pas sain d'esprit au moment de la donation — *C. Bourges, 30 novembre 1839 (?)*

Une donation entre vifs — peut être déclarée nulle si elle est faite à deux dates différentes, l'une à l'égard du donateur, l'autre à l'égard du donataire — s'il ne résulte pas des énonciations de cet acte que les parties et les témoins étaient présents aux deux actes différents — *C. Riom, 3 janvier 1852*

L'acceptation — d'une donation par une femme mariée, sans l'autorisation de son mari — est absolument nulle

Le donateur | peut — révoquer la donation malgré l'acceptation expresse de la femme seule — tant que cette acceptation n'a pas été validée par l'autorisation maritale — *Cass. 19 juillet 1836*

La nullité d'une donation | n'est pas couverte par l'exécution volontaire du donateur | *Cass. 1821*

L'adoption ne révoque pas | les donations antérieures faites par l'adoptant | *Cass. 2 février 1852*

Le donateur d'un immeuble — qui a produit à l'ordre ouvert sur le prix de cet immeuble — n'a pas perdu pour cela | l'action révocatoire pour inexécution des conditions même après adjudication en justice de l'immeuble donné — *C. Bordeaux, 30 juin 1852 (la)*

Pour que le ministre du culte — soit incapable de recevoir — il faut { qu'il ait administré des secours spirituels au donateur — et que ce soit pendant sa dernière maladie (ces deux circonstances doivent concourir) — *C. Riom, 2 février 1852*

La nécessité — d'un état estimatif des meubles donnés entre vifs — s'applique aux meubles incorporels comme aux meubles — corporels

— Toutefois | la donation { par une femme à son enfant de tous ses droits résultant de reprises, indemnités et récompenses — renferme une énonciation suffisante des valeurs données — *C. Bordeaux, 19 juillet 1852*

L'état — ne doit pas contenir seulement une évaluation en masse — il doit être fait article par article | à peine de nullité — *Cass. 17 mai 1848*

Il suffit | de renvoyer à un inventaire | pour l'énoncé et l'estimation des objets | *Cass. 11 juillet 1851*

Les donations | accessoires ou subordonnées | sont affranchies de la nécessité de l'acceptation | *Journ. du Not. (et Doctrine)*

La donation de une propriété — faite à un tiers à la charge de payer une somme à telle fabrique — peut être acceptée — n'a rien de contraire au principe que les donations aux établissements religieux ne peuvent être faites sous réserve d'usufruit — *Déc. 12 septembre 1852*

Le créancier — de celui qui était tenu de faire opérer la transcription d'une donation entre vifs étant l'ayant-cause de ce dernier — ne peut pas plus que lui opposer aux tiers le défaut de transcription — *C. Paris, 2 janvier 1854*

Une donation d'immeubles — faite par une personne tombée depuis en faillite — peut être transcrite après l'époque de la cessation de paiements

L'art. 448 du Code de commerce — relatif à la nullité des inscriptions prises après l'époque de la cessation de paiements — ne s'applique pas à la transcription d'une donation — *C. Rouen, 7 avril 1856*

La donation déguisée — faite à la femme par son mari par reconnaissance d'un apport fictif — est valable { comme une donation ordinaire — dès qu'elle n'excède pas la portion disponible entre époux — *Cass. 16 août 1853*

sous l'apparence d'un contrat onéreux | comme une vente — est valablement faite { dans la forme de ce dernier contrat — si elle a lieu entre personnes capables { de donner et de recevoir — *Cass. 6 février 1849 — C. Paris, 27 juillet 1854*

n'est pas assujettie { à l'acceptation expresse — ni aux formalités spéciales de la loi du 21 juin 1843 — peut être ratifiée comme le contrat dont elle a emprunté la forme

La nullité — résultant de ce qu'une donation entre époux a été faite sous le nom d'un tiers — dans le but de soustraire la donation à la révocabilité — est d'ordre public | et peut être invoquée par le donateur lui-même — *Cass. 16 février 1850*

Le pro-tuteur comme le tuteur | est incapable de recevoir { à titre gratuit de la part du pupille — soit directement soit par personne interposée — avant la reddition du compte de tutelle — *Cass. 27 novembre 1848*

Le retour conventionnel | ne doit pas s'induire { dans une donation entre vifs — de ce qu'elle a été faite en avancement d'hoirie — *C. Montpellier, 16 mars 1841 (4)*

La femme | mariée sous le régime dotal | peut disposer { de ses biens dotaux au profit de toutes personnes — par voie d'institution contractuelle — *C. Grenoble, 11 juin 1851 (5)*

L'art. 1546 | ne prescrit pas de limites | à la faculté qu'a la femme dotale { de donner ses biens dotaux pour l'établissement de ses enfants — *C. Rouen, 17 janvier 1852*

Cette donation est valable | alors même qu'elle excéderait la réserve de l'enfant et la portion disponible dans la succession

La faculté de l'art. 1526 comprend celle — d'hypothéquer les biens dotaux pour le même objet — et de subroger à l'hypothèque légale de la femme dotale — *C. Rouen, 23 août 1844 — Cass. 1er avril 1845*

Ce même article — ne doit s'entendre { que d'une donation sérieuse dont les enfants profitent — et non d'une donation simulée à l'effet de soustraire les biens au régime dotal — *C. Paris, 10 mai 1844*

doit s'entendre { non-seulement de l'établissement par mariage — mais encore de tout autre qui tend à procurer à l'enfant { une position sociale, un état, une profession — *C. Toulouse, 17 mai 1856 — C. Rouen, 23 février 1858*

(V. le tableau suivant.)

---

(1) Le sourd-muet ne peut disposer par donation qu'autant qu'il sait lire. (Dict. Not.)

(2) Les donations doivent être le produit d'une raison saine et d'une volonté libre. (Législation et Doctrine.)
Les libéralités ont en général une cause suffisante dans la volonté de gratifier. (Législation et Doctrine.)

(3) L'art. 717 du Code de procédure ne s'appliquait pas ici.

(4) Solution des plus constantes.

(5) La Cour de Caen, par deux arrêts des 26 août 1813 et 14 août 1831, avait décidé que — la prohibition d'aliéner les biens dotaux n'empêche pas la femme de les donner par testament.
Il en doit être nécessairement ainsi, puisqu'il ne s'agit que d'une disposition à cause de mort.

ACTES ET CONTRATS.

(V. le tableau précédent.)

DÉMISSION. — La vente de la gérance d'un débit de tabac — est valable. Le débit de tabac { comme emploi du Gouvernement est hors du commerce, il est vrai { mais la gérance { qui en est distincte est cessible { C. Paris, 21 novembre 1855

DÉCLARATION DE VENTE MOBILIÈRE. — Le notaire { qui doit procéder { à la vente publique aux enchères { ventes ou créances de { fonds de commerce — et autres droits incorporels { n'est pas tenu de faire { au bureau de l'enregistrement la déclaration préalable prescrite par l'art. 2 de la loi du 22 pluviôse an 7. { Déc. de la Régie, 30 décembre 1844 — 31 janvier 1846

DEUIL. — Le deuil { des domestiques est { comme le deuil de la veuve à la charge des héritiers du mari { C. Pau, 27 mai 1857 (1)

DÉPÔT D'OBJETS. — Est nulle { la clause par laquelle le déposant charge le dépositaire de remettre { après sa mort l'objet déposé à telle personne désignée { C. Paris, 1ᵉʳ mars 1826 — Cass. 22 novembre 1819 — 14 août 1849 — 29 avril 1850. — C'est aux héritiers du déposant que l'objet doit être restitué (2)

EXPERTISE. — Des experts { nommés par justice ne peuvent être recherchés { à l'occasion d'erreurs qu'ils auraient commises dans l'accomplissement de leur mission lorsque leur rapport a été homologué judiciairement { C. Dijon, 25 juillet 1854

ÉGALITÉ (PROMESSE D'). — La promesse d'égalité (3) { faite par un père à l'une de ses filles ne se transforme pas en une institution contractuelle et n'est pas un obstacle à ce que le père lègue { la quotité disponible à un étranger en cas de présence de ses enfants { C. Bordeaux, 17 mai 1846. — L'assurance { d'une part héréditaire { ou promesse d'égalité faite en faveur de mariage { à l'un des époux par ses père et mère rend impossible { de la part de ceux-ci toute disposition ultérieure de la portion disponible { C. Paris, 16 ou 26 janvier 1855 — Cass. 11 mars 1834 (4)

ERREUR. — L'erreur { même de droit { dans une convention vicie le consentement de celui qui a contracté par erreur et est une cause de nullité de la convention (5) { C. Grenoble, 24 juillet 1830

ENFANT NATUREL. — L'acte de naissance { d'un enfant naturel contenant désignation de sa mère fait preuve de la filiation maternelle { Cass. 26 décembre 1855. — Les droits { accordés par la loi à l'enfant naturel sur les biens des père et mère qui l'ont reconnu ont les mêmes caractères et produisent les mêmes effets { que la réserve proprement dite { Cass. 22 avril 1856

ENCHÈRES. — Quand il est prouvé qu'un adjudicataire a écarté les enchérisseurs { par dons ou promesses l'adjudication est nulle { Paris, 19 janvier 1811. — Le délit d'entraves aux enchères { n'existe qu'autant qu'il y a fraude. — L'art. 412 du Code de procédure { qui punit les entraves apportées à la liberté des enchères est applicable aux surenchères { Cass. 11 mars 1835. — se rend { coupable { du délit d'entraves à la liberté des enchères celui qui { pour empêcher une surenchère paye une somme à la personne qui se proposait de surenchérir { complice { du même délit { celui qui, ayant reçu la somme, s'abstient de surenchérir { C. Pau, 18 mai 1860. — (Pour l'usage des crieurs et les cas où l'officier public qui procède seul aux ventes en a besoin { V. Déc. min. 27 juin 1859 — J. N. art. 6074

ENREGISTREMENT. — Le délai pour l'enregistrement { des actes notariés intéressant les { communes et établissements publics court du jour de la remise { par le maire au notaire de l'arrêté d'approbation du préfet { — remise qui doit être constatée par une attestation du maire { datée et signée en marge de l'arrêté { Déc. min. 22 janvier 1835

ÉTAT CIVIL. — La loi de ventôse n'exige point que les notaires { rédacteurs d'un contrat de vente connaissent l'état civil d'un vendeur — ou l'interpellent sur cet état (dont ils ne sont point responsables) { C. Orléans, 24 juillet 1856

(V. le tableau suivant.)

---

(1) C'est l'opinion de MM. Toullier et Duranton.

(2) Conformément à la Doctrine de M. Troplong, — par la raison que ces dépôts avantageraient les incapables, rétabliraient les fidéi-commis, frustreraient les réservataires, etc.

(3) Un arrêt de la Cour de cassation, du 15 décembre 1818, a décidé que la promesse d'égalité, lorsqu'elle ne constitue ni une institution contractuelle générale, ni la prohibition de disposer de la quotité disponible, n'empêche pas de léguer cette quotité à un étranger. Cette opinion est professée par Delvincourt, Duranton, Rolland de Villargues. — Du reste, il est constant que la promesse d'égalité est une institution contractuelle dans toute la portion qui revient à l'enfant à l'égard de ses frères et sœurs et qui se compose de sa réserve et de sa part dans la quotité disponible (mêmes auteurs). — Il faut reconnaître avec la pratique que, dans les promesses d'égalité, les disposants et surtout les père et mère entendent toujours et ont absolument l'intention d'assurer ainsi l'intégralité de leurs successions, sans conserver l'arrière-pensée, en faveur de qui que ce soit, sauf l'effet des réserves que l'on entendrait faire.

(4) Le J. N. fait remarquer que cette décision est conforme à l'ancienne jurisprudence qui assimilait la promesse d'égalité à l'institution contractuelle (V. art. 4005).

(5) Conformément à l'opinion de Demal.

ACTES ET CONTRATS.

(V. le tableau précédent.)

FAUX. (1)

- Aucune loi ne s'oppose — à ce que le notaire — qui a reçu un testament / soit entendu en justice
- du moins à titre de renseignement
- Sinon comme témoin — dans une instance — en inscription de faux contre le testament / où il a été mis en cause comme garant / alors même que sa déclaration peut avoir pour effet de consentir à l'annulation de cet acte — *Cass. 26 juin 1851*
- Le notaire — rédacteur d'un acte argué de faux / peut être entendu comme témoin — *Cass. 23 novembre 1812 — Bourges, 8 juin 1825 (2)*
- Lorsque le notaire — rédacteur d'un testament / a été appelé en garantie — sur l'inscription de faux incident poursuivie contre ce testament / les explications et déclarations — qu'il fournit en justice sur la confection de l'acte / peuvent être prises en considération par les juges sans violer aucune loi — *Cass. 26 juin 1851*
- L'apposition d'une croix — au bas d'un acte — n'équivalant pas à une signature et / ne pouvant créer aucune obligation / ne peut constituer le crime de faux — *C. Nancy, 14 février 1851*
- Toute altération matérielle — faite — dans un acte notarié pour dissimuler une contravention et / pour échapper ainsi à une poursuite judiciaire / cause à l'intérêt public — un préjudice dont l'existence constitue l'un des éléments du crime de faux — *Cass. 18 janvier 1859*
- En matière de faux — contre les actes authentiques / les magistrats ont un pouvoir souverain pour admettre ou rejeter la preuve des faits articulés — *C. Riom, 15 mai 1856*

FRAUDE.

- La fraude — au droit du créancier / qui — aux termes de l'art. 1167 du Code Napoléon / l'autorise à attaquer les actes de son débiteur / n'exige pas d'autres éléments que ceux qui constituent la fraude ordinaire au préjudice des tiers — *Cass. 7 mai 1857*
- La donation — par contrat de mariage faite par un père à son fils / est un contrat — à titre onéreux / qui ne peut être annulé — pour fraude à l'égard des créanciers du donateur / à moins que l'on établisse la complicité des époux — *C. Bourges, 9 août 1848 / Cass. 24 mai 1848*

FAILLITE. (3)

- La subrogation — dans l'hypothèque légale de la femme — sur les biens de son mari failli / est nulle — si elle a lieu — dans l'intervalle de la cessation des paiements au jugement déclaratif de la faillite et / au profit d'un créancier qui avait connaissance de la cessation
- — Toutefois — l'obligation de la femme subsiste — et / la femme ne peut pas — exercer son hypothèque légale / à l'encontre du créancier qu'elle y a subrogé — *C. Paris, 18 janvier 1854 / 7 juin 1858*
- Un commerçant — peut être déclaré en faillite — lors même qu'il n'a qu'un seul créancier / attendu que la faillite dépend du seul fait de la cessation de paiements — *Cass. 7 juillet 1851*
- Le débiteur déconfit est — comme le débiteur failli — déchu du bénéfice du terme — *Rennes, 24 mars 1852*

FOLLE ENCHÈRE.

- Une vente — ordonnée par justice / a — comme celle sur saisie immobilière / le caractère de vente judiciaire
- Et les art. — du Code de procédure sur la folle enchère en matière de saisie immobilière / sont applicables à toutes les ventes ordonnées en justice — *Cass. 12 mars 1834 / J. N. art. 8120*

FEMME.

- Lorsque la femme — refuse d'habiter la maison conjugale
  - le mari — n'est pas recevable à employer contre elle la voie de la contrainte par corps (4) / qui n'est autorisée par aucun texte de loi ni celle des dommages intérêts
  - a seulement le droit — de lui refuser des aliments et / de saisir ses revenus si elle est majeure
  - ne peut non plus — recourir qu'à cette mesure pour forcer la femme de lui rendre ses enfants mineurs lorsqu'elle les retient indûment après le rejet d'une demande en séparation de corps — sauf le droit du mari de les faire réintégrer chez lui par toutes voies légales — *C. Colmar, 10 juillet 1851*

(V. le tableau suivant.)

---

(1) V. sur les cas de faux dans les actes notariés la table générale du J. N., édition de 1853, p. 182.

(2) V. J. N. art. 18213. — Suivant la jurisprudence et l'opinion des auteurs, il n'y a faux dans le sens de l'art. 145 du Code pénal, que lorsqu'il a été commis méchamment et dans l'intention de nuire.

(3) La banqueroute était si odieuse aux Romains, que la loi des douze tables permettait aux créanciers de mettre en pièces leurs débiteurs infidèles; et dans la plupart des pays, les lois ont proposé la peine de mort contre les banqueroutiers (noir dans l'esprit des lois).

(4) Cependant la Cour de cassation, — par un arrêt du 9 août 1836 qui paraît le seul, — a jugé que la femme peut être contrainte par huissier, assistée au besoin de la force publique.

ACTES ET CONTRATS.

(V. le tableau précédent.)

GRACE. { Le droit de faire grâce | n'est pas applicable aux condamnations { prononcées par les tribunaux / contre les notaires / en matière disciplinaire } | Déc. min. 12 avril 1839 — 29 août 1842 (1)

GRAINS. La loi du 6 messidor an 3 | qui prohibe et punit de la confiscation / la vente des blés en vert / n'a pas cessé d'être en vigueur | Cass. 12 mai 1848 (2)

GÉNÉALOGIE. Au cas | d'inexistence ou de perte des registres de l'état civil / on peut établir une généalogie à l'aide de titres privés — ayant date certaine | Cass. 10 juin 1833 (3)

GARANTIE. Dans le cas de résolution | de la vente d'un immeuble / pour cause de vice caché { le vendeur est tenu de rembourser à l'acquéreur les améliorations qu'il a faites — non pas pour le prix des matériaux et de la main-d'œuvre / mais seulement pour la plus value procurée à l'immeuble } | Cass. 29 mai 1855 (4)

GAINS DE SURVIE.
- Les gains de survie | stipulés par contrat de mariage / forment une créance et non pas un droit héréditaire et / peuvent conséquemment être l'objet d'un traité qu'on ne pourra attaquer comme pacte sur succession future
- La prohibition | portée par l'art. 1084 du Code de procédure civile / de compromettre sur une pension alimentaire stipulée dans un contrat de mariage / n'entraîne pas pour la femme { la prohibition de transiger sur la même pension }

Cass. 27 février 1851

HÉRITIER. (6)
- L'acquéreur | qui a acheté de bonne foi de l'héritier apparent / ne peut être évincé par le véritable héritier | C. Rouen, 25 mai 1839 (5)
- La qualité d'héritier | est valablement établie { vis-à-vis des tiers, spécialement des débiteurs de la succession / par un inventaire — ou — à défaut / par un acte de notoriété dans la forme des actes notariés } | Sol. J. N. art. 9525

HYPOTHÈQUE.
- L'hypothèque ne peut être consentie | en vertu d'un mandat sous signature privée | Cass. 7 février 1855 — 12 novembre 1855 — C. Amiens, 2 avril 1856
- La ratification postérieure du mandant | n'est pas opposable au tiers | — Trib. Toulouse, 2 février 1857
- Il n'est pas nécessaire | que les biens que l'on hypothèque soient désignés en détail et pièce par pièce
- Il suffit qu'ils se trouvent compris dans une désignation générique | qui indique d'ailleurs { la nature des biens / leur situation / leur contenance totale si ce sont des terres } | Cass. 1845, 1847
- Les biens | du mari nommé co-tuteur des enfants issus d'un précédent mariage de sa femme / sont grevés de l'hypothèque légale au profit de ces enfants
- Dans ce cas { l'hypothèque légale des enfants prime celle de la femme sur les biens du second mari | Cass. 29 novembre 1836 / la femme étant présumée { par le seul fait de son obligation solidaire avec le mari / les avoir subrogés tacitement dans ses propres droits } }
- L'acte | par lequel une femme renonce à son hypothèque légale en faveur des créanciers de son mari / n'a pas besoin d'être accepté par ceux-ci pour être irrévocable | Cass. 19 novembre 1855
- Le créancier | qui est payé dans un ordre par l'effet de la cession qui lui a été faite de l'hypothèque légale de la femme / est censé payé par la femme elle-même | C. Riom, 11 août 1855
- En conséquence celle-ci peut exercer les droits de ce créancier en vertu de la subrogation légale
- Le notaire { qui reçoit une constitution d'hypothèque / a pour premier devoir { d'interroger avec scrupule les titres de propriété des immeubles hypothéqués et / de constater par un examen personnel s'ils appartiennent au débiteur } | C. Paris, 31 mai 1856 (7) / qui { a manqué à ce soin essentiel à sa fonction et / compromet ainsi les intérêts des parties contractantes } / engage sa responsabilité }
- La réduction de l'hypothèque légale | ne peut être consentie { dans son contrat de mariage / par une femme mineure } | Cass. 2 juillet 1839 — C. Paris, 27 juillet 1850
- Est nulle | la clause d'un contrat de mariage par laquelle | les futurs { après avoir restreint l'hypothèque légale de la femme à certains immeubles / se réservent la faculté de transporter cette hypothèque sur d'autres immeubles équivalents } | C. Lyon, 16 janvier 1851 (8)
- Mais la nullité de cette clause | n'influe pas sur la validité de celle qui restreint l'hypothèque légale à certains immeubles
- Un débiteur | ne peut hypothéquer ses immeubles | après la dénonciation de la saisie | Paris, 19 août 1820

(V. le tableau suivant).

---

(1) Le J. N., art. 11733, critique ces décisions.

(2) Mais il ne faut pas perdre de vue l'exception portée à cette loi par celle du 23 mars du même mois — pour les ventes comprenant tous autres fruits ou productions que des grains.

(3) V. C. N. art. 46. — C'est l'empereur Justinien qui a établi les trois ordres d'héritiers : ascendants, descendants, collatéraux.

(4) Il est certain que la garantie des vices rédhibitoires est applicable à la vente des immeubles.

(5) De nombreuses décisions antérieures et subséquentes confirment celle-là.

(6) On doit éviter, dans les actes reçus pour des héritiers qui ne veulent point accepter formellement l'hérédité, toute énonciation ou stipulation de laquelle on puisse inférer et prendre acte d'héritier. — L'acceptation expresse qui serait ainsi faite imprudemment ayant pour effet de soumettre irrévocablement l'héritier à tous les engagements qui en sont la suite (V. C. N. art. 778, 779, etc.) — Jugé d'une autre part que le veuf ayant pris purement et simplement dans l'inventaire la qualité de donataire en usufruit de son conjoint, sa renonciation ultérieure à cet usufruit ne le dispense pas du paiement des droits de mutation par décès (Cass. 4 avril 1849) (V. J. N. art. 14792).

(7) L'origine de propriété, comme l'état civil et la situation hypothécaire, doivent toujours être établis, aussi bien dans les actes de prêt que dans les actes de mutation, afin d'éclairer les prêteurs comme les acquéreurs tant sur cette origine et la régularité des titres que sur les diverses charges pouvant affecter les biens désignés. — V. Etat civil, à la fin du 55e tableau.

(8) V. les 7e et 8e propositions du 31e tableau.

ACTES ET CONTRATS.

(V. le tableau précédent.)

INVENTAIRE

- Un notaire ne peut être nommé par justice | pour faire un inventaire — par commune renommée | Cass. 17 janvier 1848 (1)
- **En cas de concours**
  - de deux notaires — pour la confection d'un inventaire
  - la préférence peut être donnée { au moins ancien des deux / lorsqu'il a été choisi par la partie qui a requis les scellés et que l'intérêt commun des parties paraît l'exiger } C. Paris, 19 mars 1859
  - la supériorité de classe | n'est pas une cause de préférence (2)
- **Lorsqu'un étranger**
  - décède en France | et qu'il ne se présente aucun héritier
  - l'opération | de la levée des scellés et de l'inventaire doit être faite avec l'intervention du consul de la nation à laquelle appartenait cet étranger } Déc. min. 17 janvier 1837
- **Si quelques-uns des héritiers ou intéressés** | qui ont assisté à la première vacation d'un inventaire viennent à se retirer sans vouloir le signer | l'inventaire peut être continué en leur absence | J. N. art. 703
- Il n'y a pas nullité de l'inventaire pour omission { sans mauvaise foi / de différents objets mobiliers de peu de valeur | Cass. 18 août 1853
- Il y a obligation de réitérer { à la clôture de l'inventaire { le serment prêté lors de son ouverture | Sol. J. N. art. 9488
- **Le notaire** | qui procède à l'inventaire après le décès du titulaire d'un majorat doit se faire représenter le certificat de la notification de son décès à l'autorité | Dissertation J. N. art. 768
- **Dans un inventaire** (3)
  - c'est au notaire | et non au juge de paix qu'appartient le droit de
    - faire prêter { entre ses mains / par la veuve, l'héritier ou le gardien des scellés / le serment de n'avoir rien pris ou détourné
  - c'est au notaire seul | qu'appartient le droit { d'examiner / de constater / de décrire } les titres et papiers de la succession (4)
  - le juge de paix { n'a pas le droit de s'immiscer dans les affaires de la succession / ne doit point donner d'office des conseils { aux parties / sur la direction de ces affaires }
  - ses fonctions se bornent { à la levée et à la réapposition des scellés et / aux opérations ou difficultés qui s'y rattachent
  - le notaire enfin | est { absolument et sans restriction / le maître de l'opération
  - mais s'il se fait remplacer { momentanément par un clerc / le juge de paix peut { à la rigueur, se refuser à la levée des scellés et / même dresser procès-verbal de cette circonstance }
  - } C. Aix, 9 juillet 1838 — Sol. J. N. art. 12660

INTÉRÊTS DE CAPITAL.

- **Le privilège du vendeur** | quant aux intérêts du prix de vente | s'étend { non pas seulement à deux années et l'année courante — mais / à toutes les années d'intérêt exigibles { quel que soit leur nombre } Cass. 8 juillet 1851 (5)
- **La production à l'ordre peut** { comme une demande en justice { faire courir les intérêts moratoires / à l'égard d'une obligation exigible et pour laquelle il n'avait pas été stipulé d'intérêt / sans qu'il y ait lieu de limiter la collocation selon l'art. 2151 du Code Napoléon. } C. Paris, 17 novembre 1853 — Amiens, 22 février 1851 — Rouen, 22 décembre 1851 — Cass. 3 avril 1852
- **On peut stipuler** | dans une obligation pour prêt d'argent | que le débiteur pourra { à l'expiration de chaque année / garder { entre ses mains les intérêts de cette même année / pour n'en payer le montant qu'avec le capital — et / à condition que ces intérêts produiront à leur tour des intérêts à partir de leur échéance } Cass. 11 décembre 1844
- **Cette stipulation** | est valable alors même que l'époque de l'exigibilité du capital serait portée à plus de quinze ans / ne contient pas une renonciation anticipée à la prescription
- **Le banquier** | qui prête de l'argent à un non commerçant par acte devant notaire / peut exiger l'intérêt à 6 0/0 (6) | Sol. J. N. art. 12390
- **Lorsqu'une somme** | est stipulée payable sans intérêt / les intérêts sont dus après l'époque fixée pour le paiement | C. Toulouse, 19 janvier 1844 (7)

(V. le tableau suivant.)

---

(1) Le J. N., art. 9831, est d'opinion contraire.

(2) La préférence basée sur le notaire de la partie la plus intéressée ou sur le notaire le plus ancien, est fort controversée. — V. pour les règles générales de préférence, Ed. Clerc, 1ᵉʳ vol., p. 128, 3ᵉ édition.

(3) Un décret du 20 août 1817 porte — que pour les inventaires ou tous autres actes à faire ou signifier dans les palais, châteaux, maisons royales et leurs dépendances, les officiers qui en sont chargés devront, selon les cas, s'adresser aux concierges ou se présenter aux gouverneurs ou à son remplaçant qui pourvoira immédiatement à ce qu'aucun empêchement ne soit donné à ces officiers et leur fera prêter, au besoin, tout secours et aide nécessaire.

(4) V. C. proc., art. 918, 919, 920.

(5) De nombreuses décisions sont conformes à cet arrêt. — C'est aussi l'avis de MM. Grenier, Troplong. — Les hypothèques légales des femmes, des mineurs et des interdits conservent tous les intérêts qui sont dus. (Mêmes auteurs et M. Merlin.)

(6) Conformément à l'opinion de M. Troplong.

(7) Question controversée. — Il faut toujours, dans les actes notariés, stipuler l'intérêt à défaut de paiement exact, et en indiquer le taux. — Le taux de l'intérêt est fixé par la loi du 3 septembre 1807 : à 5 0/0 en matière civile; à 6 0/0 en matière commerciale. Chez les premiers Romains, l'intérêt de l'argent, qui n'était fixé par aucune loi, se payait tous les mois les jours des ides, c'est-à-dire le 13 ou le 14. La plus forte usure était de 1 0/0 par mois, ce qui revenait à peu près à notre denier huit (Montesquieu

ACTES ET CONTRATS.

(V. le tableau précédent.)

IVRESSE.

- Le dérangement accidentel de l'intelligence rend incapable de disposer — Rouen, 1825
  - — Ainsi serait nul | la donation ou le testament fait dans un état d'ivresse
- L'ivresse est une cause de nullité des conventions
  - Surtout lorsqu'elle est l'effet de manœuvres frauduleuses | employées par celui envers qui l'obligation a été contractée — C. Rennes, 16 août 1843; Colmar, 1813 — Rouen, 1825 (1); Rouen, 14 juillet 1849
- Un individu ayant bu | d'une manière immodérée au moment où il a donné son consentement, cette circonstance ne suffit pas pour faire annuler la convention lorsque d'ailleurs il n'est pas prouvé que cet individu fût en état d'ivresse — Rouen, 17 juin 1845

INDIGNITÉ.

- Lorsqu'un legs | est fait conjointement à deux personnes et qu'il a été révoqué quant à l'une d'elles, pour indignité — il y a lieu à accroissement au profit de l'autre — C. Pau, 17 août 1854

INDIVISIBILITÉ.

- Les créances d'une succession | se divisent de plein droit | entre les héritiers
  - de sorte | qu'avant tout partage, chaque héritier a le droit de demander sa part au débiteur — à la charge de justifier | de sa qualité — et de la quotité de son droit — Cass. 9 novembre 1847 (2)

INALIÉNABILITÉ.

- La prohibition d'aliéner
  - est valable | quand elle n'est imposée que pour un certain temps par exemple jusqu'à ce que le donataire ait atteint sa 30e année lorsque d'ailleurs cette condition est dans son véritable intérêt — C. Lyon, 24 juillet 1855 (3)
  - pendant sa vie | imposée | par l'ascendant donateur dans un partage de ses biens entre ses enfants — C. Angers 30 juin 1842
    - est valable | lorsqu'elle a pour but d'assurer le retour légal et le service d'une rente viagère — C. Paris, 26 janvier 1848
  - imposée | pour un certain temps, à un légataire, dans son seul intérêt | est un précepte | nu, non obligatoire et réputé non écrit — C. Douai, 29 décembre 1847
  - est une exception | qui ne peut résulter que d'une loi positive et spéciale — Cass. 30 janvier 1811 — 6 juin 1853
- Pour qu'une rente ou pension viagère soit incessible et insaisissable | Il n'est pas nécessaire qu'elle ait été expressément donnée à titre d'aliment, le mot rente ou pension viagère suffit — C. Rouen, 30 décembre 1849

INSCRIPTION AU GRAND LIVRE.

- L'inscription | d'une rente sur le grand livre de la dette publique
  - est une preuve | civile et complète du droit de propriété de celui au profit duquel elle a été faite
- En admettant | que le transfert de cette inscription ait eu lieu à titre gratuit
  - il constitue une donation déguisée | sous la forme d'un contrat onéreux et qui conséquemment n'a pas besoin d'acceptation formelle — Cass. 24 juillet 1844

INSCRIPTION HYPOTHÉCAIRE. (4)

- L'inscription | est destinée à fixer seulement le rang des hypothèques — mais elle conserve aux privilèges leur effet à compter du jour où ils ont pris naissance
  - C'est-à-dire que | par rapport aux hypothèques | la date de l'inscription | est uniquement ce qu'il faut consulter — Dict. Not.
  - relativement aux privilèges | le seul fait de l'inscription en temps utile suffit pour conserver au créancier le droit de primer toutes autres créances même antérieurement inscrites
- Quand tous les intérêts échus | ont été compris dans l'inscription | Ils se confondent avec le capital — et leur collocation ne peut présenter de difficulté — Dict. Not.
- Il n'en est pas de même | de ceux non compris. | L'art. 2151 ne permet de les colloquer au rang du capital que pour deux années et celle courante

L'INDIVIDUALITÉ DES PARTIES

- doit être certifiée dans toute espèce de contrats synallagmatiques ou unilatéraux — Amiens, 13 juillet 1822
- peut l'être par les témoins instrumentaires eux-mêmes (5) — Rouen, 13 février 1823 — Cass. 7 juin 1835
- l'est suffisamment par le nom : — le prénom, la capacité n'ont pas besoin d'être attestés — Cass. 8 janvier 1824, 8 août 1827

(V. le tableau suivant.)

---

(1) C'est conforme à la Doctrine, et cependant un arrêt de la Cour de Besançon, du 5 mai 1819, a jugé le contraire.

(2) V. art. 873 Code Napoléon pour les dettes de succession.

(3) Proposition contestable : la prohibition d'aliéner n'est valable qu'autant qu'elle intéresse le disposant lui-même, ou un tiers qui peut en profiter. — J. N. art. 15343. Jugé qu'une donation d'immeubles ne peut être faite sous la condition que pendant la vie du donateur les biens donnés ne pourront être, même de son consentement, aliénés et hypothéqués (C. Lyon, 11 juin 1856).

(4) Il est défendu aux conservateurs de rédiger ou laisser rédiger par leurs commis les bordereaux d'inscription pour le compte des particuliers (Déc. min. 11 août 1826.) — V. sur les hypothèques et inscriptions les 90e à 91e tableaux.

(5) Conformément à la pratique et à l'opinion de MM. Carré, Loret, Dalloz. — Les témoins peuvent être parents des parties dont ils certifient l'individualité (Favard, Dalloz, Roll. de Vill.) — Ils doivent savoir signer.

ACTES ET CONTRATS (1)

(V. le tableau précédent).

LIQUIDATION (2)

Le renvoi devant un notaire | pour les opérations de liquidation et partage en justice | est forcé et non pas seulement facultatif

Lorsque le notaire commis a déclaré | dans un procès-verbal | que | attendu l'insuffisance des documents produits | il est dans l'impossibilité de faire le travail de liquidation — il y a lieu par les juges | de désigner | un autre notaire pour établir les bases de cette opération — *Cass. 18 juillet 1853*

L'acte | par lequel un notaire | commis par un jugement pour procéder à une liquidation | indique | au bas d'une requête présentée par l'avoué de la partie poursuivante | un jour pour la comparution devant lui des parties intéressées — est un acte | du ministère du notaire | constituant un préliminaire à la liquidation | qui doit | conséquemment et sous peine d'amende | être inscrit au répertoire du notaire — *Cass. 14 avril 1854*

LÉGALISATION

Tous les actes | sans distinction | destinés à être envoyés dans les pays étrangers et dans les colonies — ou provenant des colonies et de l'étranger | doivent être | légalisés à Paris par les autorités compétentes et rédigés sur un timbre suffisant pour recevoir toutes les légalisations — *Ord. 30 mai 1845 — 30 juillet 1851 — Inst. min. 16 mars 1847* (3)

LETTRE

Les lettres missives | sont réputées confidentielles ; les tiers ne peuvent s'en prévaloir | *Lyon, 21 juillet 1819 — 4 avril 1821*

LICITATION

L'indivisibilité | des immeubles d'une succession | est la seule cause légale de licitation

Ainsi | l'on ne peut | ordonner la licitation d'immeubles partageables | en se fondant | sur le peu d'importance des biens et sur les frais qu'entraînerait le partage — *C. Riom, 2 février 1843*

L'usufruitier | et le nu-propriétaire | ne sont pas dans l'indivision | *Cass. 7 décembre 1846*

Le droit de transcription | d'un acte de licitation entre co-propriétaires ou co-héritiers | doit être perçu | sur le prix intégral de l'adjudication et non pas seulement sur la portion du prix correspondant aux parts indivises acquises par les co-partageants — *Cass. 13 avril 1857* (4)

Une licitation est nulle | quand il y a été procédé sans appeler le créancier de l'un des colicitants qui s'était opposé au partage hors sa présence — *Paris, 5 mars 1812*

En quels cas | la licitation partielle — ou la cession de droits successifs — entre cohéritiers | doivent être considérées comme équivalant à partage ? ces mêmes actes | ont-ils le caractère d'une vente ?

Questions des plus importantes, car : | si l'acte est un partage | on lui applique les règles relatives | à la garantie et au privilège des co-partageants | à la rescision pour lésion de plus du quart — les droits des tiers | constitués par le cédant | sont résolus d'après l'art. 883 du Code Napoléon — si l'acte est une vente, | il faut faire l'application des règles | sur la garantie en matière de vente | sur la lésion des sept-douzièmes | sur | l'action résolutoire et le privilège de vendeur — les droits des tiers sont maintenus | à la charge des formalités | de transcription et de purge — *Sol. J. N. art. 17231*

Le J. N. | par une revue de la jurisprudence controversée sur ces distinctions — est d'avis que :

Il faut voir un partage | dans tout contrat qui FAIT CESSER L'INDIVISION | soit à l'égard d'une chose déterminée, | par voie de licitation | soit entre deux cohéritiers | par rapport à une quotité héréditaire.

Les termes absolus de l'article 888 ne permettent pas de décider autrement. — Cet art. qualifie partage tout acte qui a pour objet de faire cesser l'indivision entre cohéritiers (et non pas entre tous les cohéritiers). Et par conséquent ces termes s'appliquent complètement à la licitation partielle ou à la cession de droits successifs qui est bien un acte entre cohéritiers et qui a pour objet de faire cesser entre eux l'indivision, soit quant à l'objet licité, soit quant à la quotité héréditaire abandonnée par le cédant. — L'art. 889 applique la rescision pour lésion de plus du quart, à la vente de droits successifs faite à l'un des cohéritiers par les autres cohéritiers ou par l'un d'eux. Une disposition pareille est déterminante, car elle signifie nécessairement que la cession de droits successifs a tous les caractères d'un partage, même lorsqu'elle est faite par un cohéritier à un seul des autres cohéritiers. Ce texte suffirait donc à lui seul pour justifier notre proposition, dit le J. N.; et quand il est approché de l'art. 888, aucun doute sérieux ne peut rester sur le sens de la loi.

(V. le tableau suivant.)

---

(1) *Les notaires devraient, toutes les fois qu'il y a occasion dans leur intérêt ou celui des clients :*
1° Demander l'abrogation ou réformation (selon les cas), des points de législation qui seraient devenus sans harmonie, nuisibles à certains égards, ou trop onéreux sans utilité réelle, etc.;
2° Résister aux diverses décisions ayant, soit les mêmes inconvénients, soit des exigences et prétentions outrées ou des complications de formalités pouvant s'éviter facilement et sans préjudice. — Par exemple, comme l'assujettissement qu'on a paru vouloir introduire, d'élire un domicile spécial dans certains actes, pour la validité de l'inscription d'office formée à la transcription. — Il est beaucoup de petites causes de nullité imaginées ou existant véritablement, qu'on pourrait prévenir en s'attachant à simplifier tant de détails qui peuvent l'être, et qu'on laisse dans la confusion comme pour entretenir la discussion et la procédure.
(2) *V. J. N. art. 1597, Solutions importantes en liquidation.*
(3) *V. J. N. art. 2561 — Agenda du J. N. de 1857, à la fin; — au mot Légalisations. — Pour la légalisation ou certification par les notaires des titres sur le dernier emprunt du Gouvernement quand leur transfert a lieu, V. J. du Not. n° 1196.*
(4) *Conformément à de nombreuses décisions qui ont précédé et suivi cet arrêt.*

ACTES ET CONTRATS.

(V. le tableau précédent.)

LOTERIE D'IMMEUBLES. — La mise en loterie d'immeubles (1) — bien qu'isolée et accidentelle — constitue le délit prévu par l'art. 410 du Code pénal — surtout lorsqu'il y a eu distribution de billets dans le public par des agents à ce commis — Toutefois — l'immeuble mis en loterie ne doit pas être confisqué — les fonds et effets dont l'art. 415 du Code pénal prononce la confiscation ne s'entendent que des capitaux et effets mobiliers — *Av. 2 juin 1847 — C. Paris, 17 novembre 1857*

LOUAGE. — L'usage étant que les serviteurs pour l'agriculture s'engagent pour une année — Le domestique qui rompt son engagement avant ce terme est passible de dommages-intérêts envers le maître — *Trib. Châlons-sur-Marne, 3 février 1827*

LÉGITIMATION. — Le mariage contracté avec dispense entre beaux-frères et belles-sœurs depuis la loi du 16 avril 1832 ne peut légitimer les enfants nés incestueux d'un commerce antérieur — *C. Orléans, 18 avril 1829*

LETTRE DE CHANGE. — Les lettres de change créées fictivement pour couvrir une dette civile ne sont que de simples promesses — n'emportent ni la contrainte par corps ni la compétence commerciale — *C. Lyon, 6 décembre 1845*

LEGS.
- L'attentat contre la propriété du donateur constitue l'ingratitude aussi bien que l'attentat contre la personne — Un legs peut être révoqué lorsque le légataire s'est rendu coupable de vol au préjudice du testateur — *C. Limoges, 13 décembre 1853*
- L'inexécution d'une condition imposée à un legs doit faire déclarer ce legs caduc — *Cass. 26 novembre 1846*
- Si le mode d'exécution d'un legs ordonné par le testateur ne peut avoir lieu selon ses prévisions — il faut ordonner que cette exécution se fera selon le mode le plus conforme à la volonté présumée du testateur — *C. Bordeaux, 10 mai 1852*
- Le legs comprend à la fois du mobilier garnissant la maison du testateur / les meubles meublants et les objets mobiliers qui sont dans ladite maison, à l'usage du testateur — *C. Douai, 1er mai 1851*
- L'acceptation du legs de sommes ou valeurs destinées à des messes ou bonnes œuvres n'a pas besoin d'être autorisée par le Gouvernement — *Cass. 16 juillet 1854*
- La disposition par laquelle un testateur institue deux légataires universels pour jouir et disposer en toute propriété à part et portion égale — est un legs sans assignation de parts — et donne lieu au droit d'accroissement — du moins les juges ont le droit souverain d'interpréter ainsi la volonté du testateur — *Cass. 9 mars 1857*
- Un legs fait au profit de personnes incertaines c'est-à-dire désignées par leur situation ou classe comme les pauvres d'une localité, des ouvriers infirmes — ne peut avoir d'effet qu'à la condition que les personnes aient un représentant établi — ou reconnu par la loi — *C. Paris, 27 novembre 1856 (2)*
- Les gardes-malades peuvent recevoir les legs de ceux qu'ils ont soigné dans leur dernière maladie — *J. N. art. 3457*

LÉSION.
- La rescision pour cause de lésion de plus des 7/12es d'une vente d'usufruit est recevable dans le cas où la vente a été faite moyennant une rente viagère inférieure au revenu des immeubles affectés à l'usufruit — *C. Bordeaux, 6 juillet 1854*
- La vente de droits successifs faite moyennant une rente viagère n'est pas aléatoire — et peut être rescindée pour cause de lésion lorsque les biens cédés sont connus et déterminés; la valeur vénale des immeubles pourrait produire des intérêts égaux au taux de la rente — *Cass. 16 juillet 1854*
- Une vente d'immeubles moyennant une rente viagère supérieure au produit des biens vendus est un contrat aléatoire qui ne peut être rescindé pour cause de lésion — par le motif que les calculs sur l'âge et la durée probable de la vie du vendeur établiraient qu'il a été lésé des sept douzièmes dans la fixation du prix — *Cass. 31 décembre 1855*
- La vente faite par un cohéritier — de tout ou partie de son lot ne le rend pas non recevable à demander la rescision du partage pour cause de lésion (3) — à moins qu'il ne soit établi qu'avant la vente il connaissait l'existence de la lésion et qu'il a voulu ainsi ratifier le partage — *Cass. 4 décembre 1850*
- Quand un partage est attaqué non-seulement pour lésion mais encore parce que le cohéritier demandeur n'avait pas reçu sa part dans chaque nature de biens — s'il s'agit par exemple d'un partage d'ascendant — les défendeurs ne peuvent arrêter cette action en fournissant un supplément — *Cass. 10 novembre 1847 — 20 août 1848 (4)*
- En matière de partage les co-partageants sont restituables contre l'erreur de droit qui occasionne une lésion de plus du quart — *Cass. 13 mars 1845*
- N'est pas sujette à rescision pour cause de lésion une vente faite à la charge de loger, nourrir, chauffer et éclairer le vendeur tant en santé qu'en maladie jusqu'à son décès (5) — *Poitiers, 4 juin 1850 — Cass. 16 février 1827*

(V. le tableau suivant.)

---

(1) V. loi du 21 mai 1836, portant que les loteries de toute espèce sont prohibées, sauf les exceptions de l'art. 5.

(2) V. J. N. art. 13467, les considérants de cet arrêt.

(3) Jugé qu'au même cas, le cohéritier n'est plus recevable à demander cette rescision, lorsqu'il résulte des circonstances qu'il a dû connaître, avant l'aliénation, la valeur des biens partagés (C. Agen, 6 juin 1855).

(4) V. C. N. art. 832. — V. le 62e tableau, 1re et dernière décisions.

(5) V. la 1re décision du 60e tableau.

ACTES ET CONTRATS.

(V. le tableau précédent.)

MARIAGE.

- **Des irrégularités** se rencontrant dans les formalités d'un mariage et pouvant le faire annuler n'autorisent pas les époux à contracter un nouveau mariage ni à régler de nouvelles conventions civiles — Cass. 22 août 1836
- **L'engagement** dans les ordres sacrés est encore aujourd'hui une cause d'empêchement absolu au mariage — C. Paris, 14 janvier 1833
- **En France**, on ne peut se marier par procureur
  - — Cependant un tel mariage, quoique nul, produit, s'il a été contracté de bonne foi, tous les effets civils à l'égard des enfants qui en sont issus — C. Bastia, 2 avril 1849 (1)
- **Le mariage** contracté par les français en pays étranger suivant les formes qui y sont usitées n'est valable qu'autant que les publications prescrites par les art. 63 et 170 du Code Napoléon ont préalablement été faites — Cass. 6 mars 1821

MANDAT. (3)

- **Une procuration** dont la date remonte à dix ans ne doit pas pour cela être réputée ... continue de valoir même après ce temps, cette cause d'extinction n'étant pas spécifiée par l'art. 2003 du Code Napoléon — C. Montpellier, 22 juillet 1833
  - pour consentir hypothèque, doit être authentique, à peine de nullité — C. Riom, 31 juill. 1851 — C. Amiens, 9 avril 1856 (V. le 2e tab.)
- **Il faut conclure** de l'art. 2004 du Code Napoléon que, quoique le mandataire soit parti dans la procuration et nonobstant la disposition de l'art. 839 du Code de procédure, le notaire dépositaire de la minute ne doit pas en délivrer de son chef une seconde expédition, doit se faire autoriser comme pour une deuxième grosse (M. Doirineau)
  - qu'autrement le voeu de la loi serait méconnu — car il s'agit d'empêcher le mandataire d'abuser de la procuration révoquée
- **Toutefois** le mandant doit notifier la révocation au notaire, car il a été jugé que la deuxième expédition ne pourrait pas, sans cela, être refusée au mandataire — C. Paris, 2 mai 1808
- **L'acte** fait par le mandataire sans se prévaloir de son mandat, mais seulement comme se portant fort du mandant — Cass. 19 avril 1845, n'est valable à l'égard des tiers qu'après ratification
- **Si le mandataire** abusant de sa procuration commet un dol, le contrat subsiste au profit des tiers de bonne foi — Dissertation du J. N. art. 3654
- **La procuration** donnée par un débiteur à son créancier afin de vendre ou faire vendre à l'amiable les biens affectés à sa créance est licite est valable, ne tombe pas sous la nullité prononcée par l'art. 747 du Code de procédure contre la clause de voie parée — C. Bordeaux, 30 novembre 1843
- **Une procuration en brevet** est de son essence un acte unique
- **Les pouvoirs qu'elle confère** s'arrêtent à la première personne dont le nom y est inséré
- **Le notaire** qui, après avoir reçu cet acte, le place au nombre de ses minutes et en délivre des expéditions à des personnes différentes — C. Bruxelles, 4 août 1855, commet une infraction à la loi et aux règles de la prudence
- **En matière de rémunération d'agent d'affaires** on ne peut invoquer les principes ordinaires sur l'exécution des conventions, et les tribunaux ont le droit et le devoir de modifier et de réduire toute stipulation de salaire excessif et qui ne serait pas en rapport avec les peines et soins du mandataire — C. Paris, 12 janvier 1856 / V. J. N. art. 6152

MAIN-LEVÉE. (4)

- **La femme** mariés sous le régime dotal, ne pouvant aliéner sa dot, ne peut non plus donner main-levée de l'inscription hypothécaire conservatrice de la créance dotale — Cass. 9 juin 1841
- **Celle** qui a vendu avec son mari un immeuble de la communauté a capacité pour donner, avec son autorisation, main-levée de l'inscription qui existe sur cet immeuble pour sûreté de son hypothèque légale, lors même que l'acquéreur est encore débiteur du prix — Trib. Metz, 4 août 1854
- **Le conservateur** n'est pas garant du préjudice que la femme peut éprouver par suite de l'usage qu'elle fait à cet égard de sa capacité légale, n'a donc pas à s'inquiéter et doit opérer la radiation qui d'ailleurs a lieu dans l'intérêt principal de l'acquéreur et non dans celui du mari seul
- **Le tuteur ne peut pas** donner main-levée de l'inscription hypothécaire du pupille sans recevoir le paiement — J. N. art. 1457 (5)

(V. le tableau suivant).

---

(1) *Conformément à l'opinion de la plupart des auteurs.*

(2) *Il est douteux qu'un notaire puisse valablement, et sans être reprochable, recevoir dans la forme authentique des ventes qu'il a consenties sous seing privé comme mandataire des vendeurs (J. du Not., n° du 14 juin 1856 — six questions diverses.) — Il est au moins prudent de faire comparaître les vendeurs à la réalisation. En règle générale, le mandat donné par lettre et même verbalement, est valable (Doctrine).*

(3) *Cependant la procuration cesserait après dix ans d'absence du mandant, si les héritiers de celui-ci obtenaient l'envoi en possession de ses biens (C. N. art. 121).*

(4) *Un notaire peut recevoir la main-levée d'une opposition formée entre ses mains, parce qu'il n'y a là rien en sa faveur (Ed. Clerc).*

(5) *C'est l'opinion de M. Troplong; — et cette règle est toujours observée dans la pratique. — Un mandataire ne peut non plus, d'après la Doctrine et la Pratique, consentir la main-levée et la radiation d'une inscription, sans toucher le montant de la créance qu'elle conserve, que si la procuration en contient expressément le pouvoir (V. Dict. Not.)*

ACTES ET CONTRATS.

(V. le tableau précédent).

MINEUR.
- Le mineur émancipé
  - assisté de son curateur
  - spécialement la femme mineure assistée de son mari
  - peut intenter { sans l'autorisation du conseil de famille / une demande en licitation d'immeubles indivis }
  → C. Paris, 3 mai 1848

MEUBLES.
- La présomption
  - qu'en fait de meubles possession vaut titre
  - ne s'applique pas | aux | meubles incorporels tels que les rentes foncières
  → Cass. 10 août 1840

MINUTES.
- Les notaires ne peuvent
  - délivrer en brevet { les quittances de capitaux et de remboursements de rentes dont les titres ont été gardés en minute } → Cass. Belgique, 29 mai 1853
  - être tenus de représenter les mémoires ou brouillons sur lesquels ont été rédigés les actes | Sol. J. N. art. 2472
- Lorsque la minute
  - d'un acte notarié | a été brûlée par force majeure
  - on peut prouver { par témoins / la convention dont cet acte était l'objet (peu importe qu'il n'ait point été transcrit sur un registre public) }
  → C. Toulouse, 1er décembre 1845

NOTAIRE.
- Un notaire d'Espagne | a reçu | le trois avril mil huit cent quarante-neuf / l'acte d'abdication du roi de Sardaigne
- cet acte
  - est un témoignage de l'importance | qu'ont | dans tous les pays / les fonctions notariales
  - prouve qu'il n'est | parmi les hommes / aucun traité, aucun fait qui ne soit du ressort du notaire
  → J. N. art. 13722
- Un notaire ne peut | en tête de ses actes / joindre à son titre celui d'avocat | Lett. min. 12 juillet 18[illegible]
- Il ne peut non plus | recevoir les actes qui intéressent l'hospice de sa commune / lorsqu'en qualité de maire il se trouve président de la commission administrative de cet hospice | Déc. min. 11 avril 1809
- Un juge de paix peut
  - recevoir { lorsqu'il n'y a pas réellement contestation entre les parties / selon la forme d'une prorogation de juridiction / des obligations et contrats volontaires qui sont dans les attributions des notaires } → Cass. 16 janvier 1845 (1)
  - spécialement un acte { reçu dans cette forme — a le caractère d'un jugement et confère une hypothèque judiciaire }
- Les parties ayant le choix de leur notaire | sauf les cas de nomination d'office / il a toujours été défendu aux juges d'imposer aux parties le notaire qui devra passer un acte | Turin, 14 août 1860 (2)

NOCES (secondes).
- L'époux veuf avec enfants | ne peut donner
  - à son conjoint / sa part dans une société d'acquêts stipulée par le contrat de mariage
  - qu'autant que cette part | réunie à toutes autres libéralités / n'excède pas une part d'enfant le moins prenant
  → Cass. 24 mai 1865

NANTISSEMENT.
- La tradition | est de l'essence du nantissement
- — Ainsi
  - lorsqu'une chose a été | donnée en nantissement et / mise en la possession réelle du créancier
  - le débiteur ne peut attribuer | à d'autres sur cette chose / un droit de gage par ordre successif / pour en jouir après le paiement de celui qui la détient
  → C. Paris, 15 novembre 1850
- Une rente sur l'État | peut être donnée en nantissement
- Ce nantissement est valablement consenti par acte notarié
- Les reprises | de la femme du débiteur / ne peuvent être exercées par préférence aux droits du créancier nanti d'un gage
  → C. Paris, 12 janvier 1854

(V. le tableau suivant.)

---

(1) Le J. N. art. 12250 critique cet arrêt et démontre la tendance des juges de paix et surtout de leurs greffiers à empiéter sur les attributions notariales, même pour les actes et constatations dont la réception par eux est le plus souvent nulle et préjudiciable aux parties, comme les états estimatifs de mobiliers contenus dans les délibérations portant nomination des subrogés-tuteurs et destinés à suppléer aux inventaires. — (V. aussi J. N. art. 5198 — 9123. — F. C. pr. art. 7 — 941).

(2) Un notaire ne doit conséquemment pas accepter ni conserver le choix qui serait fait de lui, à l'exclusion de ses confrères (Statuts not. Paris — janvier 1609, juillet 1760).

ACTES ET CONTRATS.

(V. le tableau précédent.)

OFFICE.

- La cession d'un office — a une date et une existence légale — du jour du traité — et non pas seulement du jour de l'installation du cessionnaire
- — Conséquemment — un officier ministériel démissionnaire peut valablement — dans l'intervalle qui s'écoule entre la présentation du successeur et la nomination — consentir la délégation du prix de la charge
- — et l'opposition — postérieure au paiement de cette somme — est nulle et de nul effet
- Le prix d'un office ne peut être transporté valablement avant la nomination du successeur — Trib. Seine, 5 avril 1845 — C. Paris, 26 décembre 1848

Ciras., 13 janvier 1845 / 16 janvier 1849

OBLIGATION.

- Est nulle — l'obligation — comme contraire aux mœurs — souscrite au profit d'un tiers — pour le récompenser de son entremise dans la négociation d'un mariage — alors même que ce mariage se serait réalisé (1) — C. Poitiers, 9 mars 1855 — Cass. 1er mai 1855
- On peut — déroger au principe de la division des obligations entre les héritiers du débiteur — J. N. art. 2671
- Est valable — comme promesse de vente la clause d'un acte d'emprunt qui déclare — le prêteur propriétaire des immeubles affectés à la créance — dans le cas où — à l'échéance — le montant du prêt ne serait pas remboursé — C. Montpellier, 1er mars 1855 — Cass. 26 février 1856
- la clause par laquelle le créancier stipule le droit de — faire vendre — à défaut de paiement — l'immeuble hypothéqué aux enchères publiques devant notaire — C. Rennes, 7 février 1857 — C. Toulouse, 5 mai 1857 — Cass. 16 mai 1849 (2)
- L'exécution de cette clause — peut être poursuivie — contre les mineurs héritiers du débiteur — sans qu'il y ait lieu de remplir les formalités prescrites pour la vente des biens de mineurs
- Le créancier — ne peut se rendre adjudicataire de l'immeuble hypothéqué — lorsque la vente publique se fait — à sa requête devant notaire en vertu de la clause insérée dans l'obligation
- — Mais l'adjudication — faite sans dol ni fraude au fils du créancier — est valable — C. Bordeaux, 19 mai 1854
- La présomption légale — d'interposition de personnes — n'a lieu qu'au cas particulier prévu par l'art. 911 du Code Napoléon
- L'obligation notariée — est nulle — si elle est acceptée par le notaire qui a reçu l'acte — C. Amiens, 9 avril 1856 — Journ. du Not. n° 1162
- La mention — d'une fausse cause dans l'acte — ne vicie pas la convention — si elle a d'ailleurs une cause légitime quoique non exprimée
- La femme dotale — est capable de s'obliger personnellement — nonobstant l'inaliénabilité de ses immeubles
- On ne peut donc déclarer nulle — l'obligation solidaire prise par une femme conjointement avec son mari — par cela seul que ces immeubles seraient frappés de dotalité — Cass. 29 juin 1843
- Mais les engagements — contractés par la femme dotale — ne peuvent être exécutés — sur les biens dotaux même après la dissolution du mariage — Trib. Seine, 24 février 1850
- Est valable — une obligation au porteur — passée devant notaire — de même que l'hypothèque qui s'y trouve constituée — C. Bordeaux, 23 janvier 1855
- Quand une obligation de faire — est sanctionnée par une condition résolutoire formelle — l'inexécution donne lieu à la résolution du contrat — C. Riom, 4 août 1849
- — sans qu'on puisse — considérer cette clause comme comminatoire ni accorder un délai au débiteur

OFFRES RÉELLES.

- Les notaires ont qualité — pour faire des actes d'offres réelles (3)
- Le procès-verbal d'offres (4) — fait par un notaire — conserve néanmoins le caractère d'acte extra-judiciaire — peut être gardé en minute pour la garantie du notaire
- L'expédition de ce procès-verbal — pour la personne qui a fait notifier les offres — doit être écrite sur papier au timbre de 1 fr. 25 c.
- — Mais la copie — qui est remise pour la notification — doit être sur un timbre à 35 centimes

Sol. J. N. art. 13573

ORTHOGRAPHE. — Les écritures et signatures mal orthographiées ne sont pas moins valables — Cass. 21 juillet 1806 (5)

(V. le tableau suivant.)

---

(1) MM. Duvergier, Delangle et Valisserant, prétendent que cette obligation est valable.

(2) Conformément à d'autres nombreux arrêts. — V. J. N. art. 8243, 8783, 9705, 9612; — C. pr. art. 742. — Des assemblées notariales ont émis le vœu de l'abrogation de cet art. 742 C. pr., au moins pour les immeubles ne valant pas 10,000 francs.

(3) C'est l'opinion de MM. Toullier, Favard et Carré.

(4) Il est utile de rappeler, à l'occasion des offres et du paiement en général, — 1° le décret du 1er juillet 1806, portant que le débiteur est autorisé à faire, pour les paiements en pièces d'argent, de 500 francs et au-dessus, sous le nom de passe de sacs, une retenue de 15 c. réduite à 10 c. par le décret du 17 novembre 1807; — 2° le décret du 18 août 1810, portant que la monnaie de cuivre et de billon de fabrication française ne peut être employée dans les paiements (si ce n'est de gré à gré) que pour l'appoint de la pièce de cinq francs.

(5) Selon les deux arrêts du Parlement de Paris, des 23 février 1742 et 5 juillet 1753.

ACTES ET CONTRATS.

(V. le tableau précédent.)

PROMESSE DE MARIAGE.

- Lorsqu'une promesse de mariage | a pour objet de réparer un préjudice — spécialement celui qui résulte pour la femme de sa grossesse | l'inexécution de cette obligation peut donner lieu à des dommages-intérêts | *Cass. 30 mai 1838 — C. Bordeaux, 16 mars 1849*
- L'inexécution de cette promesse | peut donner lieu à des dommages-intérêts — non-seulement pour le préjudice matériel, mais encore pour le préjudice moral
- qui peut | résultant d'un refus sans motifs | exposer la femme à la malignité publique et lui rendre difficile un autre établissement | *C. Nîmes, 3 janvier 1855*

PROTÊT.

- Est nul | le protêt d'un billet à ordre fait le jour même de l'échéance | ne pouvant être fait que le lendemain | *C. Agen, 20 avril 1835 — C. Bordeaux, 19 décembre 1839*
- Les protêts peuvent être faits | par les notaires | dans l'assistance d'un second notaire ou de témoins | *Sol. J. N. art. 15013*

PURGE. (1)

- Le ministère des avoués | n'est point forcé | pour l'accomplissement des formalités de purge légale | *Amiens, 30 mai 1835 — Cass. 31 mars 1840 — Sol. J. N. art. 8012* (2)
- Les notaires peuvent | comme les avoués | remplir ces formalités au nom de la partie
- L'acquéreur | qui veut purger l'hypothèque légale d'un mineur non pourvu d'un subrogé-tuteur (3) | doit en faire nommer un | ne peut se contenter de remplir les formalités prescrites par l'avis du conseil d'État du 1ᵉʳ juin 1807 | *Cass. 8 mai 1854*
- Les formalités | prescrites pour la vente des biens des mineurs | ne dispensent pas l'acquéreur de purger. | *Sol. J. N. art. 1141*

PRISÉE.

- Il peut être procédé | par un même notaire — dans les lieux où il n'existe pas de commissaires-priseurs | à la prisée et à l'inventaire des objets mobiliers | — et le notaire a le droit de se faire assister d'un expert
- L'expert | qui a ainsi assisté un notaire | n'usurpe point les fonctions de priseur | ne peut être en conséquence actionné en dommages-intérêts par les huissiers priseurs | *C. Douai, 26 août 1835 — C. Grenoble, 4 décembre 1839* (4)
- Un notaire | peut lui-même | assister | en qualité d'expert (et sans prêter serment — J. N. art. 292) | hors de son canton — un autre notaire | dans l'opération de la prisée à faire par ce dernier à l'occasion de l'inventaire dont il est chargé
- Le notaire | a le droit de procéder à la prisée du mobilier qu'il décrit — mais | s'il se croit hors d'état de faire cette prisée | ne peut appeler | pour y procéder | qu'un des officiers ministériels indiqués par la loi | *C. Bourges, 8 juin 1852* (5)

PARENTÉ.

- La nullité de l'acte notarié | pour cause de parenté ou alliance du notaire avec l'une des parties | n'est point divisible et peut être invoquée même contre les autres parties | *C. Nancy, 2 février 1838*
- Un notaire | ne peut | recevoir des actes pour la femme de son beau-frère (6) | lorsque celui-ci doit en tirer avantage comme chef de la communauté
- — peut | dans une vente publique de meubles — opérée par son ministère | recevoir l'enchère faite par un de ses parents ou alliés | *Sol. J. N. art. 8640*
- La dissolution du mariage | même sans enfants | ne fait pas cesser l'affinité | *Dict. Not., 4ᵉ édition — alliance, allié, n° 33*

PERTE D'ACTE.

- Dans le cas de perte | d'un acte notarié | par un accident particulier | les mentions | faites des dispositions de cet acte à l'enregistrement | tiennent lieu de la transcription | qui | prévue par l'art. 1396 du Code Napoléon et | autorise la preuve testimoniale pour suppléer à l'acte perdu (7) | *C. Montpellier, 23 décembre 1825*

PROCÈS-VERBAL.

- L'ajournement à l'audience | accepté dans un procès-verbal devant notaire | ne peut tenir lieu d'une assignation régulière | *Trib. com. de la Seine, 16 juillet 1856*

PERSONNE INTERPOSÉE.

- Une donation | faite | à une personne que la loi répute interposée | comme la mère d'un enfant naturel | peut être déclarée valable | si elle a un caractère purement rémunératoire et alimentaire pour le donataire personnellement | *C. Paris, 6 mai 1854*
- La présomption | de l'art. 911 du Code Napoléon | au sujet de l'interposition de personnes | n'est pas limitative | *C. Paris, 30 janvier 1855*

POURVOI.

- On peut faire devant notaires | la déclaration qu'on se pourvoit en cassation contre un jugement criminel | si le greffier du tribunal a refusé de la recevoir | *Cass. 3 janvier 1813*

(V. le tableau suivant.)

---

(1) Hors le cas où le contrat désigne tous les précédents propriétaires, l'acquéreur ne peut purger qu'en faisant transcrire tous les actes de propriété. Cela est applicable au cas de deux ou plusieurs ventes successives que l'acquéreur veut purger des hypothèques légales non assujetties à l'inscription. Le dépôt du contrat au greffe est aux hypothèques légales dispensées de l'inscription, et que la transcription est aux hypothèques assujetties à cette formalité (Doctrine). — Les frais de transcription et de purge sont à la charge de l'acquéreur (C. N. 1583, J. N. 9795).

(2) Ces propositions sont admises par les rédacteurs du Journal des avoués, — mais V. sur la délivrance des copies collationnées le J. du Not., n° 1182, Contraventions à éviter. Les notaires ne peuvent délivrer copie de leurs actes, à fin de purge, que sur le timbre de 1 fr. 25, et non sur celui de 35 ou 70 centimes comme les avoués.

(3) Solution fixée et observée dans la pratique à Paris.

(4) V. J. N., art. 8651 pour la prisée et l'inventaire des labours et semences. — V. aussi art. 3478, 3353. — V. LL. 16 juillet 1790, 17 septembre 1793, — arrêt, 27 nivôse, an 5, D. 13 juin 1813, art. 37 — L. 28 avril 1816, art. 89.

(5) D'après l'opinion du J. N. les notaires peuvent profiter de la disposition de l'art. 925 C. proc. en tant que l'expert ne donnerait que de simples avis sans faire lui-même la prisée.

(6) M. Roll. de Vill. est d'avis qu'un notaire peut recevoir des actes pour le beau-frère de sa femme, pour le second mari de sa belle-mère, pour les beau-père et belle-mère de son fils; cela doit être incontestable, il n'y a pas d'affinité entre eux et le notaire (V. J. N., art. 641).

(7) V. la 5ᵉ décision du 62ᵉ tableau.

ACTES ET CONTRATS.

(V. le tableau précédent).

PORTION DISPONIBLE.

L'enfant — donataire en avancement d'hoirie { qui renonce à la succession } a le droit de retenir { le don à lui fait { cumulativement jusqu'à concurrence de la portion disponible et de sa réserve légale

Dans ce cas — il n'y a pas lieu d'appliquer la règle d'après laquelle la part de l'héritier renonçant accroît à ses héritiers, et qui ne s'applique { qu'à la part attribuée au successible comme héritier et non à celle qu'il retient comme donataire
Cass. 17 juillet 1854. — C. Paris, 12 avril 1856.

L'enfant donataire en avancement d'hoirie { qui renonce à la succession } ne peut retenir { à la fois { la quotité disponible et la réserve
C. Agen, 18 mars 1852. — Rambouillet, 11 janvier 1855 (1).

Le don — en avancement d'hoirie { fait par un père à l'un de ses enfants } doit s'imputer { d'abord sur la réserve { et en cas d'insuffisance seulement sur la quotité disponible { lors même que l'enfant donataire renonce { à la succession pour s'en tenir au don
Cass. 21 mai 1836.

L'époux — qui a fait donation à son conjoint de l'usufruit de tous ses biens } ne peut { s'il laisse un seul enfant — disposer plus tard au profit d'un étranger si l'on évalue cet usufruit à la moitié en propriété
C. Bordeaux, 2 avril 1852.
qui a gratifié son conjoint de moitié en usufruit } ne peut plus { s'il laisse trois enfants faire de dispositions envers tout autre
Cass. 21 mars 1857 (2).

La réduction — à la quotité disponible de l'art. 1094 du Code Napoléon } ne peut être demandée { que dans l'intérêt des enfants et non dans celui d'un légataire étranger

La donation — de l'usufruit de l'entière succession } équivaut { d'après une doctrine et jurisprudence constantes à la donation de la moitié en toute propriété
C. Bordeaux, 2 avril 1852.

Pour évaluer la quotité disponible on doit estimer { les usufruits donnés ou légués en égard à l'âge et aux infirmités de l'usufruitier

Ainsi — à raison de ces circonstances { une donation entre époux { de la moitié en usufruit peut n'être estimée qu'à un huitième de la toute propriété
C. Grenoble, 3 mars 1851 (3).

L'irrévocabilité — du partage d'ascendant — fait entre vifs } n'empêche pas l'ascendant donateur { de faire { de nouvelles libéralités sur les biens lui restant à son décès

Et en ce cas — la portion disponible se calcule en réunissant { fictivement aux biens de la succession ceux qui ont fait l'objet du partage
C. Agen, 11 avril 1842.

La disposition universelle — faite entre époux par donation ou autrement } n'embrasse la réserve { de l'usufruit de l'ascendant que l'art. 1094 leur permet de se donner qu'autant que l'intention en est expressément énoncée en l'acte
Av. J. N. art. 9232 (4).

Les art. 913 et 1094 du Code Napoléon { établissent deux quotités disponibles indépendantes et qui ne doivent point être confondues (5)
Ainsi l'époux — qui n'a qu'un enfant { ne peut donner à son conjoint que la quotité déterminée par l'art. 1094
Cass. 5 décembre 1844.

PRÉCIPUT.

Le prix du remplacement militaire — payé par un père pour l'un de ses enfants { est rapportable par le fils remplacé si le remplacement a eu lieu dans son intérêt exclusif
C. Lyon, 2 juillet 1856.
cesse d'être sujet à rapport { quand le remplacement a eu lieu dans l'intérêt du père et de la famille à laquelle les travaux du fils remplacé étaient nécessaires (6)
C. Toulouse, 9 février 1835. — Douai, 20 janvier et 20 février 1838.

La dispense du rapport d'une libéralité { quand elle n'a point été faite par l'acte même qui la contient peut être faite postérieurement par un acte entre vifs ou testamentaire
Sol. J. N. art. 636.

La dispense de rapport — ou la clause du préciput hors part { n'a pas besoin d'être textuelle peut résulter de certaines conditions de la donation par exemple { de la condition imposée au donataire dans son contrat de mariage { de ne pouvoir demander au donateur { compte de l'administration qu'il a eue de ses biens
Cass. 5 avril 1854.

« Attendu que si la dispense de rapport doit être expresse { la loi n'exige pas qu'elle soit faite en termes sacramentels »

(V. le tableau suivant).

---

(1) Cette importante question est remarquablement controversée : La Cour de Paris, dans son arrêt précité du 10 avril 1856, a jugé tout le contraire de sa décision du 14 juin 1855. — Elle prétend, en dernier lieu, que l'enfant donataire n'a pas besoin d'être héritier pour avoir sa part dans sa réserve; tandis que la Cour suprême (qui en cela se contredit aussi), dit, dans un arrêt du 5 mars 1850, également relatif à la renonciation à succession, que le droit de réclamer la réserve n'appartient à l'enfant qu'en sa qualité d'héritier, qui ne peut être séparée de celle de réservataire. Il ne paraît pas douteux que le Code Napoléon n'accorde au renonçant que la rétention de la quotité disponible, art. 785, 786, 843.

(2) La moitié donnée en usufruit équivalant au quart disponible en ce cas. — V. la 7ᵉ décision du 65ᵉ tableau.

(3) D'après cela, l'estimation de l'usufruit, à moitié de la toute propriété, n'est que la présomption ordinaire.

(4) V. la 8ᵉ décision du 65ᵉ tableau.

(5) V. le 65ᵉ tableau. — Donation entre époux.
Quand l'époux a donné à un conjoint tout ce que la loi lui permet de disposer, ou l'universalité de ses biens, c'est le conjoint donataire (et non les héritiers du donateur) qui a l'option entre les deux quotités de l'art. 1094 (Nîmes, 29 juillet 1857); — mais si l'époux qui a excédé la portion disponible n'a disposé qu'en usufruit au profit de son conjoint, la donation est, bien entendu, réduite à la moitié de cet usufruit.
Sur la quotité disponible, V. le traité de M. Vernet, docteur en droit. — 1 vol. in-8°.

(6) Conformément à l'ancienne Jurisprudence et à l'opinion des auteurs.

ACTES ET CONTRATS.

(V. le tableau précédent.)

PARTAGE. (1)

Le notaire
- nommé par jugement pour procéder à une liquidation
- qui indique au bas d'une requête un jour pour la comparution devant lui des parties intéressées
- fait un acte de son ministère constituant un préliminaire aux opérations — et conséquemment
- doit — sous peine d'amende — inscrire cet acte sur son répertoire — *Cass. 1) avril 1850*

Cette décision s'applique aux partages judiciaires renvoyés devant notaire — *Sol. Journ. du Not. n° 1187*

Le partage d'ascendant
- est assujetti aux règles qui sont de l'essence des partages en général et
  - *spécialement*
    - qui attribue à chaque cohéritier sa part en nature dans les meubles et les immeubles;
    - qui exige que chacun des lots soit autant que possible composé d'une même quantité de chaque espèce de biens
  - *en conséquence*
    - est nul le partage d'ascendant par acte entre vifs dans lequel tous les biens meubles et immeubles sont attribués en nature à l'un des co-partageants, à la charge de payer à l'autre une soulte en argent
  - *peu importe d'ailleurs*
    - que l'ascendant ait stipulé | des rentes viagères ou des réserves d'usufruit
    - qu'on puisse considérer ce partage comme pacte de famille

  Cass. 18 mars 1850 — 17 avril 1833 — 13 mai 1847 — 18 décembre 1849 — 18 décembre 1855 — Journ. du Not. 6 février et 12 mars 1856
- *est nul*
  - s'il attribue à l'un des lots un usufruit seulement, quand la nue-propriété est aux autres | *Cass. 22 février 1856 — V. J. N. art. 15835*
  - s'il n'attribue qu'une rente viagère à l'un des enfants | *C. Paris, 2 août 1850 (2)*
- fait entre tous les enfants — mais qui n'a pas été accepté par l'un d'eux | est nul pour le tout | *C. Bordeaux, 5 décembre 1849 (3)*
- fait par le père au profit de son enfant interdit dont il est tuteur, ne peut être accepté par le donateur lui-même en qualité de tuteur, doit l'être par un tuteur ad hoc | *C. Riom, 25 mai 1854*
- n'est assujetti à aucune formalité sacramentelle — il suffit que l'intention du disposant résulte clairement des termes de l'acte | *C. Paris, 27 décembre 1851*

La règle
- *qui prescrit* même pour le partage d'ascendant de faire entrer dans les lots la même quantité de meubles et d'immeubles
- *n'est pas applicable*
  - *quand les dons* en argent faits antérieurement à quelques-uns des enfants les ont à peu près remplis de leurs parts héréditaires
  - *lorsque l'ascendant*
    - ne laissant plus d'argent dans sa succession
    - se borne à compléter leurs lots en immeubles, tout en ne composant que d'immeubles les lots des autres

  C. Angers, 10 mai 1838

L'acte modificatif
- d'un partage d'ascendant contenant renonciation aux garanties stipulées pour l'exécution des charges est une donation nouvelle qui doit être acceptée | *C. Paris, 27 décembre 1851*

Le droit de partage anticipé
- que donne l'art. 1075 du Code Napoléon ne s'étend pas aux biens de la communauté (4)
  - *lesquels* pendant le mariage n'appartiennent exclusivement ni au mari ni à la femme

  C. Bordeaux, 8 août 1830

Est valable
- aux termes de l'art. 1255 du Code Napoléon le partage anticipé par une femme dotale de ses immeubles dotaux entre ses enfants
- avec déclaration que cette donation est faite pour | faciliter ce partage, assurer l'établissement des enfants et éviter toute discussion après le décès de la donatrice
- (l'acquéreur de ce bien ne peut se refuser à payer son prix sous le prétexte de la dotalité)

  C. Bordeaux, 3 avril 1841

Le mari ne peut seul et sans le concours de sa femme faire un partage définitif des biens dotaux à elle échus

Le partage provisionnel fait par le mari seul (il n'est point un obstacle à ce que même durant le mariage — un partage définitif soit demandé par les époux)

  C. Nîmes, 17 mars 1825

L'exécution volontaire d'un acte de partage rend le co-partageant non recevable à attaquer cet acte pour cause de lésion

Spécialement l'aliénation de son lot élève contre lui une semblable fin de non recevoir lorsque cette aliénation constitue un fait d'exécution volontaire d'un partage

  Cass. 22 février 1854 — C. Paris, 21 juin 1856

L'action en rescision
- d'un partage d'ascendant fait entre vifs
- se prescrit par 10 ans | non du jour de l'acte — mais du jour du décès de l'ascendant | *Cass. 15 janvier 1852*
- pour contravention aux règles générales du partage n'est ouverte qu'à la mort de l'ascendant | *Cass. 14 juillet 1852*

Le partage auquel une femme mariée sous le régime dotal est intéressée | peut être fait à l'amiable, ne peut être attaqué que dans les cas et les délais prescrits par les art. 887, 1304, 1554, 1558 du Code Napoléon | *Cass. 17 décembre 1841 (5)*

(V. le tableau suivant.)

---

(1) *Dans l'usage et à défaut de titres et documents pouvant établir la consistance et la valeur du mobilier d'une succession, on l'évalue à un dixième de la succession, surtout en pays de montagne (C. Riom, 11 mars 1856).*
Pour l'acte si important du partage de succession, il faut consulter le Traité de M. Bateur, recommandé par M. Armand Dalloz. — Et en général, pour la meilleure direction des affaires, il est très-bien d'avoir les ouvrages spéciaux sur les principaux actes et contrats.

(2) *V. C. N. art. 826, 832.*

(3) *Conformément à l'opinion de M. Duranton.*

(4) *Contrairement à l'opinion de plusieurs auteurs et à la pratique — V. J. N. art. 9264, 13731.*

(5) *Mais la femme ne peut compromettre sur les difficultés résultant de ce partage (même arrêté). — V. J. N. art. 3017.*

ACTES ET CONTRATS.

(V. le tableau précédent.)

PARTAGE.

La femme — mariée sous le régime dotal avec société d'acquêts — a le droit — de prélever — qu'elle accepte ou non la société d'acquêts — à titre de propriétaire sur les biens qui composent cette société / le montant de sa dot mobilière / ne peut être astreinte à venir à contribution avec les créanciers du mari — *Cass. 5 mai 1855*

Est valable — la disposition de toute la portion disponible des biens du testateur / dans le cas où l'un ou plusieurs des enfants n'exécuteraient pas le partage / en faveur des enfants qui l'exécuteront, et au préjudice de ceux qui s'y seront refusés — *Cass. 1ᵉʳ mars 1820, 1ᵉʳ mars 1831, C. Bordeaux, 22 mai 1843*

N'est pas valable — la peine testamentaire / si elle a pour objet de faire valoir des dispositions qui priveraient l'enfant du testateur de sa réserve légale — *C. Paris, 16 janvier 1863*

La condition — imposée au légataire de la nue-propriété d'un immeuble / de ne point provoquer le partage pendant la vie de l'usufruitier / est obligatoire { comme suspensive et non prohibitive du partage — *Cass. 29 janvier 1846*

Le partage — fait par des père et mère { au profit d'enfants mineurs / peut être accepté { au nom de ceux-ci par le donateur { pour les biens donnés par la mère / par celle-ci { pour les biens donnés par le père — *C. Paris, 22 juin 1849*

Pour éviter — les difficultés qu'entraîne la trop longue rédaction d'un partage testamentaire en un seul contexte, on peut diviser ce partage en plusieurs vacations, c'est-à-dire l'opérer par plusieurs actes successifs — *Sol. J. N. art. 10031 (1)*

Dans une action — en réduction { contre un partage d'ascendant / on doit estimer les biens d'après leur valeur { à l'époque du décès de l'ascendant et non à l'époque du partage (2) — *Cass. 14 février 1851*

Un partage de succession { doit à peine de nullité { être constaté par écrit { *C. Orléans, 16 juillet 1847*

La fiction { de l'art. 883 du Code Napoléon s'applique aux créances comme aux autres effets de la communauté — spécialement { le créancier de l'un des époux { qui { après la dissolution de la communauté / a fait une saisie-arrêt sur la moitié revenant au débiteur dans une créance de communauté / peut être { privé de l'effet de cette saisie / se — par le partage ultérieur — cette créance tombe en totalité au lot de l'autre époux — *Cass. 24 janvier 1837*

Lorsqu'il résulte { des termes d'un acte de partage { entre majeurs et mineurs / non accompagné des formalités légales / que les parties ont entendu procéder à un partage définitif — cet acte ne peut être attaqué par les parties majeures / la nullité { résultant du défaut de formalité / ne peut être invoquée que par les mineurs — *Cass. 24 juin 1839 (3)*

Il en serait autrement { s'il résultait de l'acte que les parties n'ont voulu faire qu'un partage provisionnel

Dans un partage judiciaire (4) { un notaire peut être nommé expert { *Cass. 26 avril 1808* / on ne peut procéder par voie d'attribution et se dispenser du tirage des lots au sort { à moins que { tous les héritiers ne soient majeurs et / ne donnent leur consentement à l'attribution respective des lots — *Cass. 12 mars 1844*

Chaque héritier { peut exiger que les lots soient tirés au sort { c'est la règle générale qui devient impérieuse quand il y a des mineurs ou autres incapables / alors même { que les héritiers ont des parts inégales / cas auquel on fait des opérations successives de partage — *Cass. 1834 (5)*

Quand il y a { erreur ou omission { dans les comptes entre cohéritiers { ces erreurs peuvent toujours être réparées / nonobstant { l'homologation de la liquidation / le traité définitif sur le partage et l'exécution de ce traité — *C. Lyon, 15 juin 1855*

Le droit { ouvert aux créanciers par l'art. 882 du Code Napoléon / de s'opposer à tout partage fait hors de leur présence / s'applique exclusivement aux héritiers d'une succession encore indivise dont les immeubles ne peuvent être l'objet d'aucune vente ou saisie de la part de leurs créanciers

Ce droit ne s'applique point { aux simples acquéreurs d'un immeuble dépendant d'une succession indivise / cet immeuble tout indivis qu'il est — pouvant être mis sous la main de justice pour sauvegarder les droits des créanciers desdits acquéreurs — *C. Riom, 21 juin 1856*

L'opposition à partage { faite par un créancier aux cohéritiers d'une succession / n'est valable qu'autant qu'elle a été signifiée à tous les héritiers sans exception / faite par un créancier de l'un des co-partageants / doit être signifiée à tous les héritiers { faute de quoi / le partage { intervenu en l'absence du créancier opposant / est inattaquable pour le tout — *C. Bordeaux, 30 novembre 1840*

Quand les parties { sont représentées par un avoué { dans une instance en partage / il suffit { pour la validité des opérations du notaire / que la sommation de comparaître devant lui { ait été faite par acte d'avoué à avoué / sans qu'il faille qu'elle soit signifiée à personne ou à domicile — *C. Toulouse, 16 mars 1840 (6)*

Les juges { ne peuvent procéder eux-mêmes { à la formation de la masse / à la composition des lots et / à leur attribution entre les co-partageants — *C. Toulouse, 18 janvier 1842 (7)*

Un acte de partage { dans lequel l'un des héritiers n'a pas figuré / est nul à son égard / **Mais la nullité peut en être couverte** { si cet héritier a ratifié plus tard — ou / s'il l'a exécuté volontairement — *Cass. 2 février 1847 — (Rejet de pourvoi)*

(V. le tableau suivant.)

---

(1) Articles contenant les formules pour cette forme exceptionnelle.

(2) Quand donc un partage d'ascendant renferme au profit de l'un des enfants un excédant de plus d'un quart sur la portion des autres, il n'est pas nul, mais seulement réductible à la portion disponible (Riom, 25 avril 1815).

(3) Conformément à l'opinion de M. Duranton.

(4) Pour provoquer en justice un partage de succession mobilière ou immobilière, comme pour y défendre et y procéder, un mineur émancipé, assisté de son curateur, a qualité suffisante sans qu'il ait besoin de l'autorisation du conseil de famille (Chabot, Malpel).

(5) C'est aussi l'avis de M. Vazeille.

(6) Selon l'opinion de M. Pigeau.

(7) Arrêt conforme à la doctrine et à un avis du Conseil d'État du 22 février 1808.

ACTES ET CONTRATS.

(V. le tableau précédent.)

PREUVE.
- L'écriture — n'est pas de l'essence de la vente — et ne peut être requise que pour la preuve
- La vente — verbalement faite d'un immeuble — est valable — mais peut être considérée comme un simple projet si les parties sont convenues d'en passer acte — Trib. Rouen, 16 février 1854

PUISSANCE PATERNELLE.
- Est valable la condition par laquelle le testateur qui fait un legs à un mineur prive le père du légataire de la jouissance des biens légués et ordonne qu'ils seront administrés par un tiers — comme n'ayant rien de contraire aux droits essentiels de la puissance paternelle — C. Paris, 5 décembre 1854 (1)

PRESCRIPTION.
- L'indivision n'est pas un obstacle à la prescription — Cass. 2 août 1841
- Les tiers-acquéreurs de bonne foi prescrivent par dix ans avec la propriété de l'immeuble les charges réelles qui le grevaient et n'ont pas été déclarées en l'acte — C. Agen, 9 février 1844 (2)

PIGNORATIF (Contrat)
- On doit considérer comme un simple acte pignoratif non translatif de propriété la vente à réméré faite à vil prix avec maintenue du vendeur en possession — C. Caen, 15 mai 1848 (3)

PRIVILÉGE
- La garantie pour cause d'éviction réclamée par les co-partageants n'est conservée à l'égard des tiers que par l'inscription du privilège prise dans le délai prescrit — Cass. 12 juillet 1853
- On ne peut établir par la convention un privilège que la loi n'autorise pas — Cass. 3 août 1857
- Le donateur d'un immeuble n'a pas de privilège pour raison des charges par lui imposées au donataire — C. Douai, 6 juillet 1853 — C. Agen, 4 juillet 1854 — C. Nîmes, 29 novembre 1854
- En règle générale ce sont les privilèges spéciaux sur les meubles qui priment les privilèges généraux — il n'y a qu'une exception à ce principe : elle existe en faveur des frais de justice sans lesquels le créancier n'aurait pu se faire payer — C. Rouen, 1856 (4)
- Le privilège du médecin pour frais de dernière maladie prime le privilège du bailleur — C. Paris, 11 juillet 1851
- L'acquéreur d'un immeuble à l'égard duquel l'ancien propriétaire n'a pas payé les termes échus de la contribution est passible du privilège appartenant au Trésor sur les récoltes, fruits et loyers — Cass. 6 juillet 1853
- Le vendeur d'un immeuble en vertu d'un titre ayant date certaine antérieurement au premier janvier 1856 est soumis pour la conservation de son privilège et de l'action résolutoire à la transcription de son titre ou de son action dans les termes des art. 1ᵉʳ et 11, § 4 de la loi du 23 mars 1855 — Trib. Évreux, 14 novembre 1856 (5)

PACTE SUR SUCCESSION FUTURE.
- On ne peut considérer comme pacte sur une succession future la cession faite par le mari à un tiers d'une somme d'argent constituée en dot à sa femme et exigible au décès du constituant (cette cession n'a pour objet qu'une obligation à terme) — Cass. 12 août 1856
- On peut céder ses droits à la succession d'un absent même avant la déclaration d'absence sans qu'il y ait là un pacte sur succession future — C. Bordeaux, 21 juin 1858
- La prohibition de tout pacte sur succession future ne s'applique pas seulement aux successions déférées par la loi, mais encore à celles déférées par une institution contractuelle — C. Lyon, 16 juin 1838
- L'institué ne peut donc, en traitant avec le donateur, renoncer aux objets compris dans la donation
- Est nulle la clause d'un contrat de mariage portant que le futur laissera jouir à raison de la dot à lui constituée par ses père et mère le survivant de ces derniers des biens du prédécédé sans pouvoir demander aucun compte ni partage — Cass. 16 février 1839 (6)
- la convention par laquelle les enfants s'engagent à ne jamais attaquer les dispositions faites par leur père en faveur d'un tiers — Cass. 27 juin 1838
- La nullité d'un pacte sur succession future est d'ordre public et ne peut être ratifiée — C. Aix, 7 juin 1840

PASSAGE.
- L'art. 218 du Code forestier n'a aucunement modifié la disposition du Code rural du 6 octobre 1791, tit. 2, art. 41, lequel établit comme droit commun le droit pour les voyageurs (et voituriers) de passer sur les propriétés riveraines quand le chemin ordinaire est impraticable — Cass. 16 août 1828 (7)

(V. le tableau suivant.)

---

(1) Il y a controverse; mais la jurisprudence semble pencher dans le sens de cet arrêt.

(2) Question également controversée; il n'en saurait être autrement.

(3) La jurisprudence s'accorde à annuler le contrat pignoratif, lorsqu'il se déguise sous une vente à réméré et qu'il est infecté d'usure.

(4) Conformément à l'opinion de M. Persil. — Les frais de deuil doivent être mis au rang des créances privilégiées. J. N., art. 376

(5) V. la réfutation de ce jugement au Journ. du Not., nᵒˢ 1790 et 1791, par MM. Ducruet, notaire à Lyon, et M. Renault, ancien notaire à Elbeuf. Ce dernier commence ainsi sa dissertation : « A peine une loi est promulguée, qu'elle donne lieu aux interprétations les plus contradictoires; on pourrait croire que le sens commun n'existe plus en droit; les notions les plus élémentaires sont dédaignées pour des subtilités qui sembleraient ne pouvoir être enfantées que par des esprits tout-à-fait étrangers aux lois. En particulier, que n'a-t-on pas fait dire à cette loi du 23 mars 1855 ? Au lieu de produire la lumière, on arrive à pervertir la raison humaine. »

(6) Mais — dit M⸢e⸣ Édouard Clerc — si l'on ajoute qu'en cas de demande de compte et partage, la totalité de la dot sera imputée sur la succession du prédécédé, cette clause d'imputation doit recevoir son exécution (Paris, 11 janvier 1839). — Si la dot est constituée par le survivant des père et mère, avec condition que l'enfant le laissera jouir des biens du prédécédé, sans pouvoir demander compte ou partage, cette clause n'a rien de contraire à la loi, puisque la succession est ouverte.

(7) Cette décision n'a pas seulement un intérêt général. — Elle peut recevoir son application pour les notaires de certaines contrées, à l'occasion de leur service.

ACTES ET CONTRATS.

(V. le tableau précédent.)

RENTE.

- **Les rentes perpétuelles** { créées depuis la promulgation de la loi du 18 décembre 1790 / sont rachetables au denier 20 (quand le taux de rachat n'est pas fixé par le contrat constitutif de la rente) } — C. Paris, 3 août 1851
- **Le débiteur** { d'une rente en denrées dont le taux excède à 0/0 / peut { répéter ce qu'il a payé en sus de ce taux et / y faire réduire la rente pour l'avenir } } — C. Riom, 18 juillet 1845
- **Le contrat** { de rente viagère peut être annulé / s'il a pour unique objet de déguiser un prêt usuraire } — Cass. 26 juin 1845
- **L'art. 1975 du Code Napoléon** { qui annule { le contrat de rente viagère / lorsque le constituant est mort dans les 20 jours de sa date } / s'applique { à la donation d'une somme d'argent avec constitution de rente viagère au profit du donateur / lorsque l'acte offre un caractère onéreux } } — Cass. 19 juillet 1852
- **La rente viagère** { créée sur deux têtes { sous l'empire du Code Napoléon / subsiste intégralement { après le décès de la première tête sur la tête survivante (pour qu'il y ait décroissement — il faut une stipulation particulière) } } } — Cass. 14 juin 1856 (1)
- **C'est par la loi** { du 11 brumaire an 7, art. 1, 6, 7, et non par le Code Napoléon / que les rentes foncières { qui étaient jusqu'à cette loi considérées comme immeubles / ont été mobilisées { d'une manière complète et non pas seulement sous certains rapports } } } — Cass. 25 février 1852
- **La rente foncière** { constituée depuis la loi du 17 décembre 1790 et antérieurement à celle du 11 brumaire an 7 / n'est plus qu'une créance mobilière { dont le tiers détenteur de l'immeuble n'est tenu qu'autant qu'il en a été chargé par son contrat d'acquisition } } — Cass. 17 décembre 1855
- **Le remboursement** { d'une rente perpétuelle { constituée portable / peut être exigé faute de paiement sans aucune mise en demeure } (Peu importe en ce cas que le remboursement soit demandé aux héritiers du débiteur et qu'on ne leur ait pas fait signifier le titre : l'art. 877 du Code Napoléon n'étant pas applicable à cette hypothèse spéciale) } — Cass. 3 août 1841 (2)

RETRAIT.

- **Le droit** { accordé à la femme par l'art. 1408, § 2 du Code Napoléon / lui est tout personnel ; et ne peut être exercé par ses créanciers } — Cass. 14 juillet 1834
- **Ce droit** { est applicable sous le régime dotal { comme sous celui de la communauté } — Cass. 22 mars 1841 — C. Toulouse, 19 janv. 1845 — C. Riom, 20 juillet 1843 (3)
- **Le mari** { qui a acquis les droits d'un cohéritier de sa femme dans une succession indivise avec elle / ne peut vendre ni hypothéquer la portion de biens ainsi acquise par lui — au préjudice / de la faculté { qui appartient à sa femme à la dissolution du mariage / de retenir { comme propre cette portion de biens, en faisant compte du prix d'acquisition } } } — C. Riom, 29 mars 1842 (4)
- **Le retrait successoral peut être exercé** { sans que la cession de droits successifs ait été notifiée à l'héritier qui l'exerce } — Cass. 3 janvier 1857
- **L'action en retrait successoral** { appartient à tous les successeurs — c'est-à-dire à tous ceux / qui { par testament, donation ou disposition particulière de la loi / sont appelés à recueillir une quote-part de la succession } } — Cass. 1er décembre 1856; Sol. J. N. art. 10309
- **Certaines cessions de droits litigieux** { ne sont point sujettes au retrait — telles sont : / une cession faite à titre gratuit / une cession d'immeubles même à titre onéreux — L'art. 1699 ne s'appliquant qu'aux créances et droits incorporels seuls } — Riom, 16 juillet 1842 / Bordeaux, 20 juin 1878

RECONNAISSANCE D'ENFANT NATUREL.

- **Le mineur** { peut valablement reconnaître un enfant naturel } — Cass. 4 novembre 1835 (5)
- **Il en est de même** { de l'interdit pendant ses intervalles lucides et du condamné à une peine temporaire afflictive ou infamante } — J. N. art. 7725 et 9901
- **La reconnaissance** { d'un enfant naturel — après son décès / ne donne pas au père — le droit de recueillir sa succession / de l'enfant naturel { établit la preuve de la paternité contre son auteur (6) / qui ne peut plus être admis à une preuve contraire } / peut être faite avant sa naissance } — Cass. 22 janvier 1855 / Cass. 16 décembre 1811 — Aix, 1847 — Colmar, 11 mars 1819

RÉGIME DOTAL.

- **La clause** { d'un contrat de mariage { passé sous le régime dotal / portant que les biens de la femme seront aliénables par le mari à charge de remploi / ne soumet pas ces biens à la dotalité lorsqu'ils n'ont pas été expressément constitués en dot / — cette clause pouvant également s'appliquer à des biens paraphernaux } } — C. Bordeaux, 6 décembre 1853 (7)
- **La femme dotale** { peut { par le contrat de sa fille (à la faveur de l'art. 1556 du Code Napoléon) / se rendre caution { sur ses biens dotaux — de l'apport constitué par son gendre futur et touché par son mari } } } — C. Limoges, 5 mars 1854 / Cass. 21 janvier 1855
- **Le mari** { quelle que soit l'étendue de ses pouvoirs sur la dot mobilière de sa femme / ne peut l'aliéner par des actes dotaux concertés avec l'acheteur dans leur double intérêt } — Cass. 26 mars 1855
- **En conséquence** { a dû être déclarée nulle l'aliénation d'une rente dotale { contraire à la conservation de la dot / lorsque cette aliénation { n'a eu pour cause qu'une spéculation frauduleusement concertée entre le mari et un tiers } } }
- **L'immeuble** { acquis en remploi d'un bien dotal — est dotal } — C. Pau, 5 avril 1837

(V. le tableau suivant.)

---

(1) Il en était autrement sous l'ancien droit.

(2) Jugé ainsi par la même Cour en 1818, avec observation qu'aucunes offres réelles faites après l'expiration du terme ne peuvent empêcher la déchéance. — Cependant certains tribunaux résistent à cette jurisprudence.
Il n'est pas nécessaire qu'il se soit passé deux années sans que la rente ait été servie, si dans le contrat de rente on a inséré une clause résolutoire pour les cas où le débiteur n'en servirait pas exactement les arrérages ; cette clause étant de rigueur et non simplement comminatoire (Cass. 1816) — V. pour le décompte du capital des anciennes rentes la loi précitée du 18 décembre 1790, titre 3, art. 3 — et J. N., art. 9374.

(3) Conformément à l'opinion de M. Troplong.

(4) Conformément à l'opinion de MM. Delvincourt, Toullier et Duranton.

(5) Même sans l'assistance de son tuteur ou curateur — conformément à nombre d'autres arrêts, C. Aix, 3 décembre 1807; C. Bruxelles, 12 janvier 1808; Cass. 23 juin 1812, et à l'opinion de tous les auteurs, notamment Toullier, Delvincourt, Favard, Duranton. — Le pourvu d'un conseil judiciaire, sans l'assistance de ce conseil, et la femme mariée sans l'autorisation maritale peuvent reconnaître un enfant naturel (J. N., 858, 2501).

(6) Ainsi, quoiqu'il en soit, le reconnaissant est réputé père et assure à l'enfant les avantages de la reconnaissance.

(7) V. le tableau suivant à ces mots : La simple stipulation, etc. Il n'existe pas, par rapport à la constitution de dot, une contradiction entre les art. 1393 et 1541 du Code Napoléon (V. J. N. art. 1259).

ACTES ET CONTRATS.

(V. le tableau précédent).

RÉGIME DOTAL. (1)

Sujet	Disposition	Référence
Le privilège du bailleur	s'exerce — sur le mobilier garnissant la maison ou la ferme alors même que ce mobilier serait dotal	Cass. 4 août 1856
Les fruits des biens dotaux	participent de l'inaliénabilité du fonds lui-même / peuvent être saisis — même après séparation de biens des époux pour ce qui excède les besoins du ménage	C. Paris, 15 juillet 1856
La femme stellionataire	peut être poursuivie sur ses biens dotaux	Cass. 4 mars 1853
La dot est aliénable	pour exécuter — sur les biens de la femme les condamnations résultant de délits ou de quasi-délits	Cass. 7 décembre 1846
Pour les biens paraphernaux	c'est-à-dire non déclarés dotaux — la femme peut — sans l'autorisation de son mari — faire tous les actes d'administration notamment recevoir des deniers paraphernaux et en donner quittance	C. Grenoble, 11 avril 1843
La femme dotale	ne peut — valablement — pendant le mariage et avant la séparation de biens / donner — à l'acquéreur d'un immeuble de son mari quittance du montant de ses reprises dotales dont cet immeuble se trouvait grevé en vertu de l'hypothèque légale	Cass. 22 août 1851 / J. N. art. 13887
L'immeuble	acquis conjointement par deux époux mariés sous le régime dotal appartient pour moitié à la femme	Sol. J. N. art. 7301
La clause	d'un contrat de mariage — qui donne à la femme la faculté d'aliéner et d'hypothéquer les biens dotaux — emporte la faculté d'aliéner les meubles comme les immeubles et par conséquent de subroger un tiers dans l'effet de son hypothèque légale	Cass. 1er juin 1853 — 21 décembre 1856
La femme	mariée sous le régime dotal — avec faculté d'aliéner sans remploi — peut valablement subroger à son hypothèque légale	C. Caen, 18 novembre 1851
L'inaliénabilité de la dot mobilière	a seulement pour effet — par la loi — contre son mari — pour la conservation de sa dot — d'empêcher la femme de disposer des droits qui lui sont accordés / n'ôte pas au mari le pouvoir — de céder les créances dotales — spécialement d'aliéner les rentes faisant partie de la dot (?)	Cass. 1er décembre 1851
La dot mobilière de la femme dotale	est inaliénable comme sa dot immobilière	
En conséquence	l'acquéreur — quand une dot mobilière a été stipulée payable à la charge d'emploi des biens du mari, qui a payé cette dot sans s'assurer d'un emploi suffisant peut être contraint à payer deux fois nonobstant toute renonciation de la femme à sa collocation sur le prix de ces biens	Cass. 14 novembre 1846
L'estimation	dans le contrat de mariage — des effets mobiliers composant la dot de la femme faite en sa faveur — la preuve de leur valeur	C. Bordeaux, 23 janvier 1846
La faculté d'aliéner les biens dotaux	stipulée dans un contrat de mariage emporte celle de les échanger (3)	C. Agen, 4 décembre 1851
L'échange entre époux	est permis dans tous les cas où la vente l'est elle-même	
La prohibition d'aliéner	stipulée dans un contrat de mariage (à moins d'une disposition précise) emporte nécessairement la prohibition d'hypothéquer	Cass. 28 mai 1839 / Caen, 13 mai 1840
Mais la faculté	d'aliéner l'immeuble dotal — n'entraîne pas celle de l'hypothéquer	Cass. audience solennelle du 28 mai 1839
La simple stipulation du régime dotal	ne suffit pas pour rendre dotaux les biens de la femme lorsque cette stipulation n'est pas accompagnée d'une constitution expresse de dotalité sur certains biens (4)	C. Bordeaux, 5 août 1842 / C. Lyon, 23 mars 1846
La soumission au régime dotal	ne résulte pas de ce que les époux ont déclaré dans le contrat de mariage constituer une société d'acquêts avec la faculté par la femme d'aliéner ses biens moyennant remploi en immeubles	Cass. 13 février 1850
Quand le contrat de mariage	permet l'aliénation de l'immeuble dotal sous condition de remploi / l'acquéreur est responsable — envers la femme du défaut de ce remploi — tellement qu'elle peut exiger une seconde fois le prix sans discussion préalable des biens du mari	Trib. Villefranche, 11 août 1850 / C. Agen, 23 mars 1842 (6)
Lorsque l'immeuble	acquis à titre de remploi du bien dotal aliéné a été revendu en vertu de la clause du contrat de mariage / la différence en plus — entre le prix d'acquisition et celui de la revente de l'immeuble qui formait le remploi est frappée de dotalité	C. Pau, 5 juin 1837
Est sans effet	l'acte par lequel des enfants (du vivant de leur mère) ont déclaré — approuver l'aliénation de l'immeuble dotal — et renoncer à l'attaquer / étant — cet acte — considéré comme renfermant une renonciation à succession future	C. Caen, 19 juin 1837 (6)
Les engagements	de la femme dotale sont contractés sous la condition implicite qu'ils ne pourront être exécutés sur ses biens dotaux mais seulement sur ceux paraphernaux	
Mais l'enfant	de la femme dotale — qui a fait acte d'héritier pur et simple est personnellement tenu des obligations valablement contractées par sa mère durant le mariage et ne peut s'en affranchir sur le motif qu'elle ne lui aurait transmis que des biens dotaux	Cass. 14 novembre 1855
Le droit	de faire révoquer les aliénations du bien dotal est personnel à la femme, au mari ou à leurs héritiers / ne peut être exercé par les créanciers de la femme	C. Montpellier, 17 juillet 1846
La femme dotale	peut — affecter ses paraphernaux à la garantie de la vente de son bien dotal / après la séparation de corps — tout aussi bien qu'après la dissolution du mariage — ratifier la vente des biens dotaux (7)	Cass. 4 juin 1851
La prescription	de l'action en nullité contre la vente d'un bien dotal — a lieu par 10 ans à compter du jour de la dissolution du mariage	Cass. 31 mars 1841 — 1er mars 1847

(V. le tableau suivant).

(1) Les pays coutumiers qui faisaient la moitié de la France du côté du Nord, vivaient sous le régime de la communauté; l'autre moitié, les pays de droit écrit sous le régime dotal. (Serrigny).

(2) Conformément à d'autres arrêts de la même Cour : 12 août 1846 et 29 août 1845.

(3) Conformément à la Doctrine — mais la faculté d'échanger n'entraîne pas celle d'aliéner (Ed. Clerc).

(4) La pratique est devenue conforme à cette importante décision — V. J. N. art. 1316, 11700.

(5) Il y a plusieurs autres arrêts. — V. J. N. art. 7642.

(6) D'ailleurs si la mère ne laissait à son décès que des collatéraux pour héritiers, l'approbation de ses enfants décédés, eût-elle été valable à leur égard, deviendrait insignifiante.

(7) Cependant, d'après la doctrine, l'inaliénabilité des biens dotaux existe pendant toute la durée du mariage et ne cesse pas par la séparation de biens. — Un arrêt de la C. de Rouen et un autre de la C. de cass. l'ont décidé de même (V. la 2e observation sous le second feuillet de l'appendice).

ACTES ET CONTRATS.

(V. le tableau précédent.)

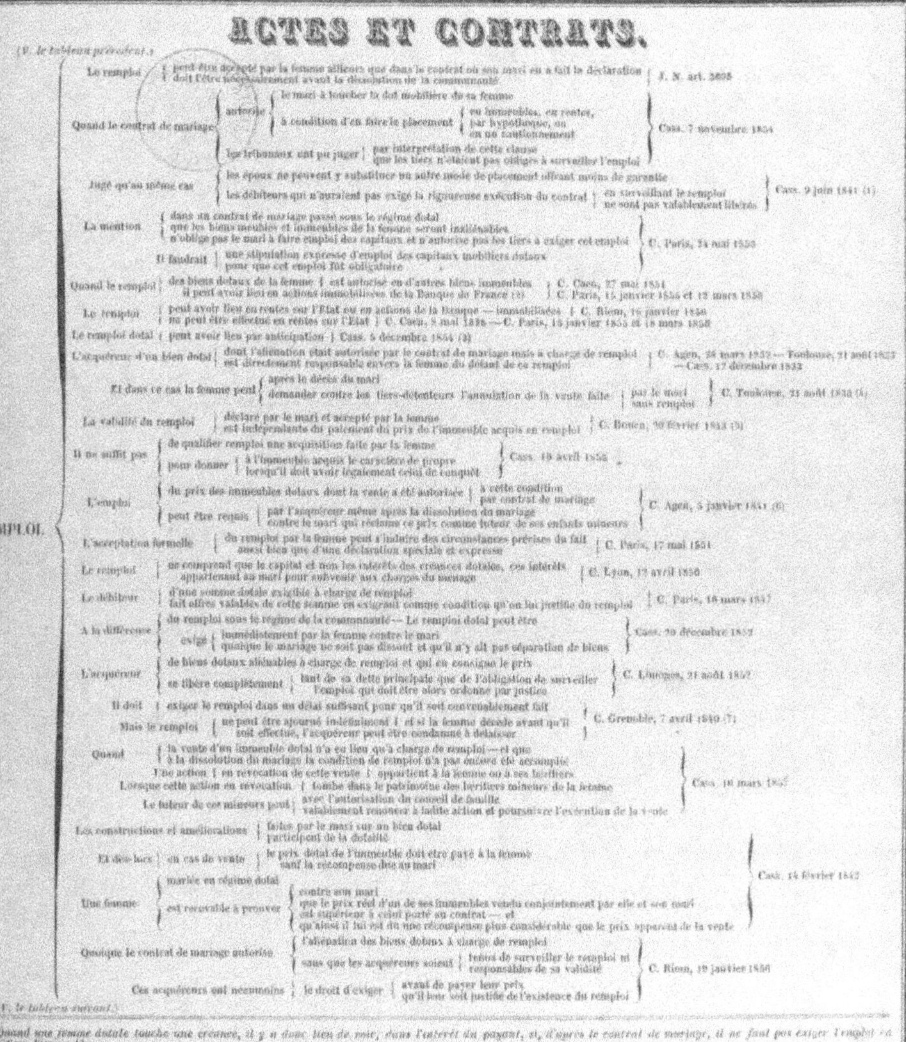

REMPLOI

Le remploi — peut être accepté par la femme ailleurs que dans le contrat où son mari en a fait la déclaration — doit l'être nécessairement avant la dissolution de la communauté	J. N. art. 1405
Quand le contrat de mariage — autorise le mari à toucher la dot mobilière de sa femme — à condition d'en faire le placement { en immeubles, en rentes, par hypothèque, ou en un cautionnement } — les tribunaux ont pu juger par interprétation de cette clause que les tiers n'étaient pas obligés à surveiller l'emploi	Cass. 7 novembre 1854
Jugé qu'au même cas — les époux ne peuvent y substituer un autre mode de placement offrant moins de garantie — les débiteurs qui n'auraient pas exigé la rigoureuse exécution du contrat { en surveillant le remploi ne sont pas valablement libérés }	Cass. 9 juin 1841 (1)
La mention { dans un contrat de mariage passé sous le régime dotal que les biens meubles et immeubles de la femme seront inaliénables n'oblige pas le mari à faire emploi des capitaux et n'autorise pas les tiers à exiger cet emploi — Il faudrait une stipulation expresse d'emploi des capitaux mobiliers dotaux pour que cet emploi fût obligatoire }	C. Paris, 14 mai 1855
Quand le remploi { des biens dotaux de la femme est autorisé en d'autres biens immeubles il peut avoir lieu en actions immobilisées de la Banque de France (2) }	C. Caen, 27 mai 1851 — C. Paris, 15 janvier 1855 et 12 mars 1858
Le remploi { peut avoir lieu en rentes sur l'État ou en actions de la Banque — immobilisées ne peut être effectué en rentes sur l'État }	C. Riom, 16 janvier 1856 — C. Caen, 8 mai 1856 — C. Paris, 15 janvier 1855 et 18 mars 1858
Le remploi dotal { peut avoir lieu par anticipation }	Cass. 5 décembre 1854 (3)
L'acquéreur d'un bien dotal { dont l'aliénation était autorisée par le contrat de mariage mais à charge de remploi est directement responsable envers la femme du défaut de ce remploi }	C. Agen, 28 mars 1832 — Toulouse, 21 août 1823 — Cass. 17 décembre 1832
Et dans ce cas la femme peut { après le décès du mari demander contre les tiers-détenteurs l'annulation de la vente faite par le mari sans remploi }	C. Toulouse, 23 août 1838 (4)
La validité du remploi { déclaré par le mari et accepté par la femme est indépendante du paiement du prix de l'immeuble acquis en remploi }	C. Rouen, 20 février 1843 (5)
Il ne suffit pas { de qualifier remploi une acquisition faite par la femme pour donner à l'immeuble acquis le caractère de propre lorsqu'il doit avoir légalement celui de conquêt }	Cass. 10 avril 1855
L'emploi { du prix des immeubles dotaux dont la vente a été autorisée { à cette condition par contrat de mariage } peut être requis par l'acquéreur même après la dissolution du mariage contre le mari qui réclame ce prix comme tuteur de ses enfants mineurs }	C. Agen, 5 janvier 1851 (6)
L'acceptation formelle { du remploi par la femme peut s'induire des circonstances précises du fait aussi bien que d'une déclaration spéciale et expresse }	C. Paris, 17 mai 1851
Le remploi { ne comprend que le capital et non les intérêts des créances dotales, ces intérêts appartenant au mari pour subvenir aux charges du mariage }	C. Lyon, 12 avril 1856
Le débiteur { d'une somme dotale exigible à charge de remploi fait offres valables de cette somme en exigeant comme condition qu'on lui justifie du remploi }	C. Paris, 16 mars 1847
À la différence { du remploi sous le régime de la communauté — Le remploi dotal peut être exigé { immédiatement par la femme contre le mari quoique le mariage ne soit pas dissout et qu'il n'y ait pas séparation de biens } }	Cass. 10 décembre 1852
L'acquéreur { de biens dotaux aliénables à charge de remploi et qui en consigne le prix se libère complètement { tant de sa dette principale que de l'obligation de surveiller l'emploi qui doit être alors ordonné par justice } }	C. Limoges, 21 août 1852
Il doit { exiger le remploi dans un délai suffisant pour qu'il soit convenablement fait — Mais le remploi ne peut être ajourné indéfiniment — et si la femme décède avant qu'il soit effectué, l'acquéreur peut être condamné à délaisser }	C. Grenoble, 7 avril 1849 (7)
Quand { la vente d'un immeuble dotal n'a eu lieu qu'à charge de remploi — et que à la dissolution du mariage la condition de remploi n'a pas encore été accomplie — Une action en révocation de cette vente appartient à la femme ou à ses héritiers — Lorsque cette action en révocation tombe dans le patrimoine des héritiers mineurs de la femme — Le tuteur de ces mineurs peut avec l'autorisation du conseil de famille valablement renoncer à ladite action et poursuivre l'exécution de la vente }	Cass. 16 mars 1857
Les constructions et améliorations { faites par le mari sur un bien dotal participent de la dotalité — Et dès lors, en cas de vente, le prix dotal de l'immeuble doit être payé à la femme sauf la récompense due au mari }	Cass. 14 février 1842
Une femme mariée en régime dotal { est recevable à prouver contre son mari que le prix réel d'un de ses immeubles vendu conjointement par elle et son mari est supérieur à celui porté au contrat — et qu'ainsi il lui est dû une récompense plus considérable que le prix apparent de la vente }	
Quoique le contrat de mariage autorise { l'aliénation des biens dotaux à charge de remploi sans que les acquéreurs soient tenus de surveiller le remploi ni responsables de sa validité — Ces acquéreurs ont néanmoins le droit d'exiger { avant de payer leur prix qu'il leur soit justifié de l'existence du remploi } }	C. Riom, 19 janvier 1856

(V. le tableau suivant.)

(1) Quand une femme dotale touche une créance, il y a donc lieu de voir, dans l'intérêt du payant, si, d'après le contrat de mariage, il ne faut pas exiger l'emploi en acquisition d'immeubles.

(2) Aux termes du décret du 16 janvier 1808, les actionnaires de la Banque de France qui veulent donner à leurs actions la qualité d'immeubles, en ont la faculté. — Cette disposition est rendue applicable par l'art. 2 du décret du 1ᵉʳ mars 1808 (sur les majorats) aux rentes sur l'État, et, par le décret du 16 mars 1810, aux actions sur les canaux d'Orléans et du Loing. À propos des distinctions entre les meubles et les immeubles, l'orateur Treilhard a dit : « Une chétive chaumière est un immeuble, et un vaisseau, qui vaut plusieurs millions, n'est qu'un meuble aux yeux de la loi. »

(3) Cette proposition, devenue incontestable, est conforme à l'opinion de M. Troplong. — Elle était certaine dès avant 1847.

(4) V. J. N. art. 1560.

(5) C'est contraire à la pratique, — et cela peut être dangereux pour l'acquéreur qui doit surveiller le remploi.

(6) V. J. N. art. 1904. — Quelques tribunaux ont jugé qu'après le décès de la femme, il n'y a plus de remploi possible, puisqu'il n'y a plus de mariage, ni subséquemment de dotalité, et que le mari, en qualité de tuteur, peut toucher ce retour comme toute autre créance. — Et la pratique suit naturellement ce système dans les pays où les Tribunaux l'adoptent.

(7) V. Dissertations du Journal du Not., n° des 27 mars et 4 avril 1856, sur la dot et le remploi.

ACTES ET CONTRATS.

(V. le tableau précédent.)

SAISIE-ARRÊT. — La saisie-arrêt frappe d'indisponibilité la créance saisie-arrêtée — et empêche le transport, à moins que le premier saisissant n'ait donné main-levée, avant toutes autres oppositions | Cass. 8 juin 1853

SAISIE IMMOBILIÈRE.
Avant la notification de la saisie immobilière aux créanciers inscrits, sans le concours de ces créanciers, le saisissant et le saisi peuvent la faire convertir en vente volontaire sur publication judiciaire | Cass. 6 janvier 1835

Est valable la vente volontaire faite par le saisi avec le consentement du saisissant, de la notification des placards, avant l'enregistrement au bureau des hypothèques | Cass. 14 mai 1835 (1)

Le trésor public, outre son privilège sur les fruits et revenus, a le droit de faire exproprier les redevables | Cass. 24 mars 1870

SÉPARATION — DE CORPS, — DE BIENS.
Le péril de la dot, donnant ouverture à l'action en séparation de biens, peut consister en ce que le mari étant débiteur de sommes considérables il est à craindre qu'il détourne de leur destination légale les revenus de la femme mariée pour acquitter ses engagements personnels

La femme séparée de biens ne peut disposer de son mobilier et l'aliéner que dans les limites des actes d'administration | C. Paris, 28 juin 1851 (2)

La femme dotale séparée de biens a le droit de recevoir ses deniers dotaux sans en faire emploi | C. Caen, 18 juillet 1848

Des injures graves exprimées dans la lettre qu'un époux adresse à son conjoint sont pour celui-ci un motif qui l'autorise à former une demande en séparation de corps contre son conjoint (3) | Cass. 2 novembre 1859

SOUS-SEING PRIVÉ.
Il n'est pas nécessaire que la signature de toutes les parties soit sur chaque exemplaire de l'écrit | Cass. 13 octobre 1808

Lorsque la mention que l'écrit est fait double a été omise, la représentation des deux doubles ne couvre pas cette omission | J. N. art 1778

L'acte sous seing privé (b) non double est nul de plein droit | Cass. 24 juin 1808

La nullité de l'acte sous seing-privé contenant des conventions synallagmatiques, résultant de ce que l'acte n'a pas été fait double, est couverte par l'exécution volontaire de la convention à l'égard de la partie qui a exécuté | Cass. 4 mars 1856

Le notaire est très-fondé à répéter des dommages-intérêts contre son prédécesseur à raison du préjudice que lui cause ce dernier en rédigeant des actes sous seing privé | Trib. Savenay, 16 novembre 1858 — a ce droit contre des tiers — et à plus forte raison contre son prédécesseur qui lui doit la garantie de ses faits personnels | C. Rennes, 13 juillet 1859

Le prédécesseur non-seulement est passible de dommages-intérêts — mais peut être poursuivi en vertu de l'art. 154 du Code pénal | Trib. Soissons, 19 mars 1856 — Laon, 31 mai 1856

SOCIÉTÉ ANONYME.
Les art. 42 à 44 du Code de commerce s'appliquent aux sociétés anonymes

La nullité de ces sociétés pour défaut de publicité peut être demandée par les actionnaires et n'est pas couverte par l'exécution volontaire | C. Paris, 26 janvier 1855

Il y a lieu dans ce cas à liquider devant arbitres les intérêts qui survivent à la nullité de la société

SOCIÉTÉ D'ACQUÊTS.
Sous le régime dotal avec société d'acquêts, l'acquisition d'un immeuble faite par la femme à titre de remploi d'immeubles dotaux qu'elle se propose de vendre | Cass. 24 novembre 1863 — constitue un acquêt de communauté si la femme est décédée sans avoir opéré la vente projetée

Les paraphernaux sont administrés de droit par la femme, mais les économies qu'elle peut faire sur ses biens appartiennent à la société d'acquêts | C. Limoges, 22 décembre 1849

Sous le même régime, avec société d'acquêts réduite aux immeubles de la succession du mari, le passif composé tant de ses dettes mobilières que de ses dettes immobilières, sans distinction, est à la charge de la communauté d'acquêts | C. Caen, 21 janvier 1850

Sous le régime de la société d'acquêts réduite aux immeubles, le mari a exclusivement droit aux valeurs mobilières résultant des économies faites sur les revenus ou les fruits des biens de la femme

(V. le tableau suivant.)

---

(1) V. C. pr. art. 684, 691.

(2) Jurisprudence fixe.

(3) En 1854, le nombre des demandes en séparation de corps formées en France, a été de 1,881. — 1,516 étaient formées par les femmes et 171 par les maris. — Les Tribunaux en ont accueilli 1,289; les autres ont été rejetées ou rayées des rôles. La même année, il y a eu 1,793 demandes en séparation de biens, — admises, moins 124.

(4) Pour la régularité des affaires, il est besoin, je pense, d'une loi qui oblige à la forme notariée toutes les transmissions entre-vifs d'immeubles et de droits réels; — et celle-ci serait dans l'intérêt le mieux entendu des parties, et ne ferait qu'occasionner plus tôt l'acquit du droit d'enregistrement en vue duquel elles se soustraient à cette forme (c'est le motif général) — par l'obligation de titres authentiques ou au moins enregistrés pour opérer les mutations aux rôles de contributions, la nécessité de les transcrire en conformité de la nouvelle loi, la peine du double droit d'enregistrement, après le délai de 3 mois, les vices de forme et de rédaction si communs dans les conventions privées, l'incertitude des signatures, les frais et inconvénients de toutes sortes, quand il s'agit de les faire exécuter, ou de les produire en contractant, sont autant de causes qui militent déjà pour la réalisation devant notaire, à laquelle d'ailleurs on fait le plus souvent par recourir dans la suite.

ACTES ET CONTRATS.

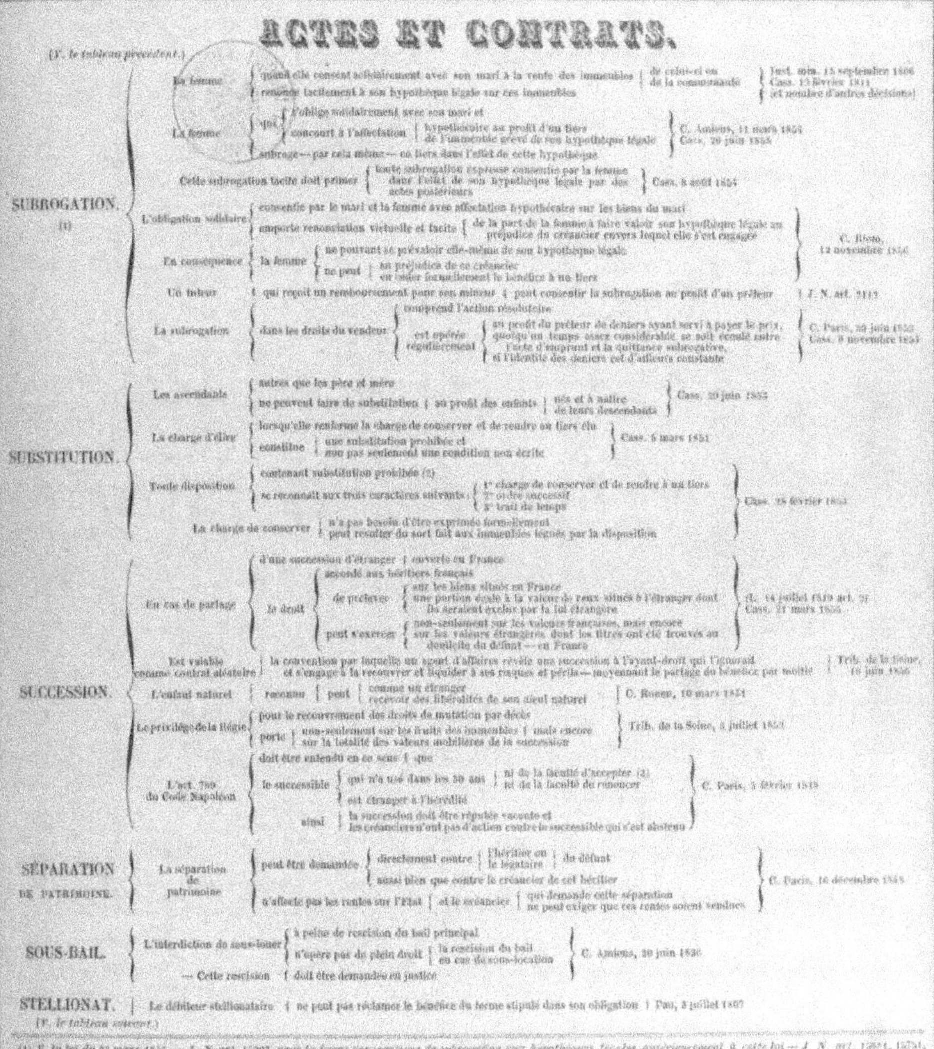

(V. le tableau précédent.)

SUBROGATION (1)

- La femme — quand elle consent solidairement avec son mari à la vente des immeubles / renonce tacitement à son hypothèque légale sur ces immeubles — de celui-ci ou de la communauté — Inst. min. 15 septembre 1856. Cass. 15 février 1811 (et nombre d'autres décisions).
- La femme qui — l'oblige solidairement avec son mari et / concourt à l'affectation hypothécaire au profit d'un tiers de l'immeuble grevé de son hypothèque légale / subroge — par cela même — ce tiers dans l'effet de cette hypothèque — C. Amiens, 11 mars 1854. Cass. 20 juin 1855.
- Cette subrogation tacite doit primer toute subrogation expresse consentie par la femme dans l'effet de son hypothèque légale par des actes postérieurs — Cass. 8 août 1854.
- L'obligation solidaire — consentie par le mari et la femme avec affectation hypothécaire sur les biens du mari / emporte renonciation virtuelle et tacite de la part de la femme à faire valoir son hypothèque légale au préjudice du créancier envers lequel elle s'est engagée.
- En conséquence — la femme ne pouvant se prévaloir elle-même de son hypothèque légale / ne peut au préjudice de ce créancier en céder formellement le bénéfice à un tiers — C. Riom, 12 novembre 1856.
- Un tuteur qui reçoit un remboursement pour son mineur peut consentir la subrogation au profit d'un prêteur — J. N. art. 2112.
- La subrogation dans les droits du vendeur — comprend l'action résolutoire / est opérée régulièrement au profit du prêteur de deniers ayant servi à payer le prix, quoiqu'un temps assez considérable se soit écoulé entre l'acte d'emprunt et la quittance subrogative, si l'identité des deniers est d'ailleurs constante — C. Paris, 20 juin 1855. Cass. 9 novembre 1855.

SUBSTITUTION

- Les ascendants autres que les père et mère — ne peuvent faire de substitution au profit des enfants nés et à naître de leurs descendants — Cass. 20 juin 1855.
- La charge d'élire — lorsqu'elle renferme la charge de conserver et de rendre au tiers élu / constitue une substitution prohibée et non pas seulement une condition non écrite — Cass. 5 mars 1851.
- Toute disposition contenant substitution prohibée (2) se reconnaît aux trois caractères suivants : 1° charge de conserver et de rendre à un tiers ; 2° ordre successif ; 3° trait de temps — Cass. 18 février 1853.
- La charge de conserver n'a pas besoin d'être exprimée formellement / peut résulter du sort fait aux immeubles légués par la disposition.

SUCCESSION

- En cas de partage d'une succession d'étranger ouverte en France, le droit accordé aux héritiers français — de prélever sur les biens situés en France une portion égale à la valeur de ceux situés à l'étranger dont ils seraient exclus par la loi étrangère / peut s'exercer non-seulement sur les valeurs françaises, mais encore sur les valeurs étrangères dont les titres ont été trouvés au domicile du défunt — en France — L. 14 juillet 1819 art. 2. Cass. 21 mars 1855.
- Est valable comme contrat aléatoire la convention par laquelle un agent d'affaires révèle une succession à l'ayant-droit qui l'ignorait et s'engage à la recouvrer et liquider à ses risques et périls — moyennant le partage du bénéfice par moitié — Trib. de la Seine, 16 juin 1856.
- L'enfant naturel reconnu peut, comme un étranger, recevoir des libéralités de son aïeul naturel — C. Rouen, 10 mars 1851.
- Le privilège de la Régie pour le recouvrement des droits de mutation par décès porte non-seulement sur les fruits des immeubles, mais encore sur la totalité des valeurs mobilières de la succession — Trib. de la Seine, 3 juillet 1852.
- L'art. 789 du Code Napoléon doit être entendu en ce sens que le successible qui n'a usé dans les 30 ans ni de la faculté d'accepter (3) ni de la faculté de renoncer est étranger à l'hérédité ; ainsi la succession doit être réputée vacante et les créanciers n'ont pas d'action contre le successible qui s'est abstenu — C. Paris, 3 février 1849.

SÉPARATION DE PATRIMOINE.

- La séparation de patrimoine peut être demandée directement contre l'héritier ou le légataire du défunt, aussi bien que contre le créancier de cet héritier. / N'affecte pas les rentes sur l'État, et le créancier qui demande cette séparation ne peut exiger que ces rentes soient vendues — C. Paris, 16 décembre 1848.

SOUS-BAIL.

- L'interdiction de sous-louer à peine de rescision du bail principal n'opère pas de plein droit la rescision du bail en cas de sous-location. / — Cette rescision doit être demandée en justice — C. Amiens, 20 juin 1856.

STELLIONAT.

- Le débiteur stellionataire ne peut pas réclamer le bénéfice du terme stipulé dans son obligation — Pau, 3 juillet 1857.

(V. le tableau suivant.)

(1) V. la loi du 23 mars 1855. — J. N. art. 15393, pour la forme des mentions de subrogation aux hypothèques légales antérieurement à cette loi — J. N. art. 12624, 12731, 12773, et le J. du Not., nos des 3 février, 7, 24 et 28 mai, 7 et 14 juin, et surtout 10 juillet 1856, pour la subrogation dans l'hypothèque légale de la femme et les formalités de l'inscription.
Suivant deux arrêts : Bourges, 22 novembre 1855 et Cass. 31 mai 1856, la subrogation par une femme à son hypothèque légale comprend son douaire, même s'il consiste en une pension alimentaire. — V. le 67e tableau au mot Hypothèque.

(2) Le fidéi-commis diffère de la substitution prohibée en ce que le fidéi-commissaire doit restituer sur le champ, sans profiter de la chose, tandis que le grevé de substitution ne doit remettre la chose qu'à son décès (Dissertation J. N. art. 3889). — Aussi le fidéi-commis tacite fait au profit d'une personne capable de recevoir, est valable même article. La fiducie n'est qu'une charge de gérer et administrer les biens légués jusqu'à ce que le légataire puisse entrer en jouissance. — La faculté de disposer par fiducie ne peut pas avoir été prescrite.

(3) On dit que c'est l'empereur Justinien qui créa le moyen d'acceptation des successions sous bénéfice d'inventaire. — Le principal effet de la renonciation est de dispenser le successible des chances d'un partage ; de l'affranchir des dettes de l'hoirie, de l'obligation d'un rapport qu'il juge désavantageux (Cass.).

ACTES ET CONTRATS.

(V. le tableau précédent).

SOURD-MUET.

- Aucune disposition de loi | ne déclare | les sourds-muets incapables de contracter
- En conséquence | ils sont capables de toutes conventions
- Peu importe
  - d'ailleurs — qu'ils soient illettrés
  - pourvu | que la capacité de consentir ne leur soit pas contestée et qu'ils puissent complétement faire connaître leur volonté | soit par signes, soit autrement
  - pourvu qu'ils y apportent un consentement | libre, volontaire et suffisamment éclairé
  } Cass. 30 janvier 1854
- spécialement | le sourd-muet même illettré | peut | contracter mariage et consentir toutes les conventions de ce contrat
- Il peut aussi | faire une donation entre vifs (1) lorsque d'ailleurs il lui est possible de se mettre en communication avec le notaire et les témoins | de manière à ne laisser aucun doute sur sa volonté
- Le sourd-muet | qui ne sait ni lire ni écrire n'est pas par cela seul incapable de faire une donation | surtout une donation avec charges
- Mais il y a lieu de vérifier | s'il a eu la conscience de l'acte qu'il a consenti — et s'il a pu suffisamment manifester sa volonté au notaire et aux témoins.
- À cet égard | l'interprétation donnée par le notaire n'est que le résultat de son opinion personnelle et non la constatation d'un fait, faisant foi jusqu'à inscription de faux
  } C. Bordeaux, 9 décembre 1866
- Un sourd-muet | illettré — mais intelligent | peut | contracter mariage et stipuler toutes conventions civiles à cet effet sans qu'il y ait lieu de lui nommer un curateur ad hoc
  } C. Paris, 3 août 1860
- Un notaire peut sans difficulté | instrumenter pour un sourd-muet qui consent | avec ses co-propriétaires indivis | la vente d'un immeuble
- Si le sourd-muet peut écrire | il explique par écrit ses intentions au notaire; et il prend lui-même lecture de l'acte — ce qui est constaté par une mention particulière
- S'il ne sait ni lire ni écrire | et s'il sait seulement s'expliquer par gestes, c'est le cas d'employer un interprète
  } Sol. J. du Not. n° 1192

SURENCHÈRE.

- La surenchère | n'est pas admissible | après une adjudication sur folle enchère | Cass. 30 juin 1847 — 24 mars 1841
- La surenchère du sixième
  - n'a pas lieu en matière de vente | par-devant notaire d'immeubles appartenant à une commune | C. Nîmes, 12 mars 1845
  - peut être formée par un colicitant
  - doit porter | seulement sur le prix principal | sans qu'il soit nécessaire comme pour celle du dixième d'y comprendre les charges
  - peut être formulée en termes généraux | soit sur le dixième du prix principal sans annoncer une somme fixe
  } C. Paris, 24 novembre 1855
- Une surenchère | peut avoir lieu le dimanche — mais elle ne peut être faite ailleurs qu'au greffe | C. Douai, 3 juillet 1840
- Est valable | la vente sur surenchère par suite de licitation entre majeurs et mineurs bien qu'elle ait eu lieu hors la présence des subrogés-tuteurs des mineurs colicitants | Trib. de la Seine, 28 janvier 1858
- Les femmes mariées, les mineurs ou interdits | ont le droit de surenchère sur le prix des biens affectés à leur hypothèque | J. N. art. 2438

SIGNATURE (3)

- Aucune loi n'a déterminé | ni la manière ni la forme | de signer
- Il suffit | que le signataire | et spécialement le testateur | ait signé de telle sorte qu'on ne puisse avoir de doute sur la personne
  } C. Pau, 15 juillet 1822 (3)
- En principe | la signature doit être celle du nom de famille
- Cependant | si une partie n'avait l'habitude de signer que d'un prénom (et c'est l'usage des évêques) il ne paraît pas que l'acte dut être déclaré nul pour cela — fût-ce même un testament | Sol. Dict. Not. (4)
- La signature d'un surnom | lorsqu'elle est la signature ordinaire et habituelle du signataire équivaut à la signature du nom véritable | Cass. 24 janvier 1825 (5)
- Un acte public | dans lequel le notaire a mentionné la déclaration faite par une partie qu'elle ne savait pas signer quoiqu'elle le sût réellement est valable | Cass. 30 messidor an 11
- Dans les actes unilatéraux
  - spécialement une obligation, une quittance
  - le défaut de signature | de la partie vis-à-vis de laquelle on s'oblige ou fait la reconnaissance ne vicie pas le contrat
  } Parlement de Paris, 4 août 1749 — Cass. 8 juillet 1818
- Ne serait pas nul | l'acte que les femmes signeraient du nom de leurs maris comme elles le font d'ordinaire dans les actes de la vie privée | (Dalloz)
- Si c'est un étranger qui signe | en employant des caractères particuliers comme en Allemagne il est d'usage qu'on dise | qu'il a écrit son nom dans les caractères de sa langue | (le même)

SCEAU.

- Les actes en brevet | doivent | comme les grosses et expéditions être revêtus du cachet notarial | Sol. J. N. art. 272
- Toutefois | un notaire | n'est soumis à aucune peine pour avoir délivré un acte non revêtu de ce cachet | Sol. J. N. art. 2268
- Ne sont pas nulles | les contraintes exercées en vertu d'une grosse non scellée | Sol. J. N. art. 2517

(V. le tableau suivant).

---

(1) À l'égard du testament — voir le 79e tableau.

(2) Les ordonnances de 1569 et 1579 n'exigeaient pas que les témoins sussent signer, à moins qu'il ne s'agit d'actes passés dans les villes ou gros bourgs, ou par une partie ne pouvant signer; — L'arrêt de règlement du 4 septembre 1685 prescrivait, sans distinction, qu'il y eût au moins un témoin qui signât (Dalloz). — Il n'y a pas nullité pour une signature mal formée ou même illisible (Merlin, Toullier, Roll. — Cass. 20 mars 1839 et 4 août 1841) — La J. N. art. 798, dit que la présence des parties à la signature de l'acte est une condition essentielle de l'authenticité de l'acte; mais que les parties qui ont déjà signé l'acte notarié ne peuvent s'en départir, bien que le notaire n'ait pas encore apposé sa signature.

(3) Conformément à l'opinion de Sirey.

(4) C'est aussi l'avis de Grenier et Toullier.

(5) Conformément à l'opinion de Sirey.

ACTES ET CONTRATS.

(V. le tableau précédent.)

TRANSPORT-CESSION.

Le mari sous le régime dotal **peut** — *céder et transporter* : avant l'échéance du terme — et aux risques et périls du cessionnaire les sommes dotales dues à la femme — *attendu* que le mari doit être considéré comme le propriétaire de la dot mobilière, qu'il peut en disposer à sa volonté, qu'il a un droit né et actuel même sur la dot payable à terme. — *C. Agen, 30 novembre 1845 (1)*

La signification d'un transport seulement à l'un des co-débiteurs solidaires saisit le cessionnaire à l'égard des tiers. — *Cass. 31 mai 1848*

Les sommes déposées à la Caisse d'Épargne ne sont pas cessibles par voie de transport. — *Trib. Montpellier, 21 avril 1847 (2)*

La cession de droits successifs indivis confère, sur les immeubles héréditaires, un véritable droit de propriété et non pas seulement une action pour se faire délivrer la part revenant au cédant.

En conséquence cette cession, de même que toute vente d'immeubles, doit être transcrite au bureau des hypothèques, soumet le cessionnaire aux formalités de purge légale et à la surenchère des créanciers du cédant. — *Cass. 21 janvier 1839*

Les lois des 23 septembre 1814 et 28 avril 1816 n'ont nullement dérogé à celle du 19 pluviôse an 3, en ce qu'elle réduit à un cinquième la quotité des appointements des militaires sur laquelle leurs créanciers peuvent exercer des droits.

La réduction à un cinquième, à l'égard des créanciers opposants, n'empêche pas les militaires de faire la cession des 4/5ᵐ de leurs appointements arriérés. — *Cass. 8 juin 1831*

TUTELLE. (3)

Si le tuteur s'empare des biens sans inventaire, il peut être destitué comme suspect. — *J. N. 1471*

Le tuteur qui détourne à son profit les fonds appartenant à son pupille peut être condamné comme coupable d'abus de confiance. — *Cass. 19 août 1850*

Si durant le mariage le mari a des intérêts opposés à ceux de ses enfants mineurs — ceux-ci doivent être pourvus d'un tuteur ad hoc et non d'un curateur, et ce tuteur doit être nommé par le tribunal, non par le conseil de famille. — *Turin, 2 janvier 1811*

Quand le père tuteur est tombé dans un état d'insolvabilité notoire par suite duquel il y a tout lieu de craindre que la fortune mobilière de son pupille soit mal administrée par lui, **le conseil de famille et les tribunaux** ont le droit de décider qu'un capital appartenant au mineur, assuré sur fonds suffisants par un privilège de vendeur, restera entre les mains de l'acquéreur de cet immeuble et ne pourra être touché par le tuteur; — lequel en percevra seulement les arrérages. — *C. Limoges, 25 février 1840*

Cette décision ne porte pas atteinte aux droits du père de famille comme tuteur et comme usufruitier (4).

La tutelle d'un enfant naturel légalement reconnu appartient de plein droit à son père ou à défaut à sa mère. — *J. N. art. 383*

La mère naturelle n'a pas la tutelle légale de son enfant mineur, ne peut dès-lors, à défaut de tuteur datif, ester pour lui en justice. — *C. Lyon, 14 juin 1856*

TITRE NOUVEL.

Est obligatoire pour le débiteur la renonciation qu'il a faite dans un titre nouvel au droit d'exiger du créancier la représentation du titre primordial. — *Cass. 5 décembre 1847*

TRANSACTION.

L'enfant naturel ne peut, pas plus que l'enfant légitime, transiger sur son état. — *Cass. 12 juin 1828*

On peut transiger sur une pension alimentaire stipulée dans un contrat de mariage; l'art. 1004 du Code de procédure n'est pas alors applicable. — *Grenoble, 16 juillet 1821 — Cass. 12 février 1821*

TÉMOIN INSTRUMENTAIRE.

On ne peut annuler un acte notarié comme ayant été reçu avec l'assistance d'un témoin instrumentaire qui serait le clerc du notaire rédacteur, même lorsque ce témoin se serait fait inscrire au stage des aspirants, s'il exerce une profession commerciale et s'il se borne à faire des écritures dans l'étude, en faisant également des travaux pour d'autres patrons. — *Trib. Agen, 31 juillet 1855*

La nullité du testament authentique, pour parenté de l'un des témoins avec un légataire, ne pourrait être couverte que par une erreur commune qui aurait rendu impossible la connaissance de cette parenté. — *Cass. 4 février 1856*

(V. le tableau suivant.)

---

(1) L'application de cette Doctrine paraît dangereuse et contraire à la bonne pratique. La stipulation dans le contrat de mariage de l'inaliénabilité du mobilier comme des immeubles est une précaution à prendre, quand on veut éviter cette conséquence ainsi attribuée au régime dotal.

(2) On peut transporter un droit de réméré, une action en revendication, un droit de rescision, et en général toute créance soumise à un droit éventuel ou suspensif (Troplong, Pigeau, Coll. de Vill.).

(3) Le tuteur ne peut; — compromettre même sur des objets mobiliers (J. N. art. 1471) — se rendre adjudicataire des biens meubles et immeubles qui lui appartiennent solidairement avec le pupille (J. N. art. 855) — se faire céder un droit, une créance contre le mineur; ce qui n'empêche pas le tuteur d'être subrogé légalement dans le cas de l'art. 1251 du Code Napoléon (J. N. art. 1471 précité).

(4) V. les 3ᵉ et 4ᵉ décisions du XIᵉ tableau.

ACTES ET CONTRATS.

(V. le tableau précédent).

TÉMOIN INSTRUMENTAIRE.

		Références
Un acte n'est pas nul	par exemple un testament — parce que le nombre des témoins surpasse celui exigé par la loi	Limoges, 7 décembre 1859
Le testament authentique	fait en présence d'un témoin instrumentaire qui n'a pas la qualité de français — peut être déclaré valable : s'il résulte d'une erreur commune que le témoin a dû être considéré par le notaire et le testateur comme ayant cette qualité	C. Paris, 7 mars 1843
Un domestique à gages	lorsqu'il est attaché à la personne ou au ménage ne peut être témoin instrumentaire	C. Rennes, 23 juin 1827 ; C. Toulouse, 9 juin 1843
Mais	il n'en est pas de même des domestiques attachés à la culture, spécialement des valets de ferme ou de labour	
Un fonctionnaire amovible	n'ayant pas de principal établissement dans un lieu autre que celui de sa résidence actuelle est présumé avoir fait élection de domicile dans ce lieu — et il y a qualité suffisante pour être témoin instrumentaire	C. Limoges, 27 mars 1844 (1)
Un individu	en état de milice ne peut être employé comme témoin instrumentaire	C. Rouen, 11 mai 1839
L'erreur commune ne peut	couvrir en pareil cas la nullité résultant du défaut de capacité du témoin qu'autant qu'il est constant que la nullité était ignorée dans la résidence de ce témoin	
La capacité putative	d'un témoin instrumentaire ne suppose la capacité réelle qu'autant que l'erreur commune s'appuie sur des faits et actes qui la rendent excusable	Cass. 24 juillet 1839
La décision des juges	ne renfermant en pareil cas qu'une appréciation de faits n'est point susceptible de cassation	
L'erreur commune	sur l'âge d'un témoin instrumentaire suffit pour la validité d'un testament	C. Aix, 30 juillet 1838
La qualité	de domicile dans l'arrondissement communal que doit avoir un témoin instrumentaire n'est pas subordonnée à un temps déterminé de résidence	Sol. J. N. art. 9744
Il suffit	que ce domicile soit établi conformément aux art. 102 et suivants du Code Napoléon	
Il n'est pas nécessaire	que les témoins instrumentaires appelés pour un testament soient domiciliés dans l'arrondissement communal	Cass. 22 août 1837 ; C. Rouen, 13 mai 1840 (?)
Les témoins instrumentaires d'un testament	peuvent être parents entre eux	Décl. Not.
Cela est constant	et fondé sur ce que la prohibition relative à la parenté ne peut être étendue d'un cas à un autre	Sol. Journ. du Not. n° du 19 janvier 1856
Un étranger qui jouit en France des droits civils	n'est pas capable par cela seul d'être témoin instrumentaire	Cass. 13 et 18 janvier 1811 ; Colmar, 13 février 1814
Un testament authentique doit, à peine de nullité, énoncer	la demeure habituelle fixe — et non pas seulement la demeure passagère des témoins	C. Bordeaux, 6 décembre 1834
Peuvent être témoins	l'ecclésiastique dans un testament qui contient des dispositions au profit de la paroisse à laquelle il est attaché	C. Liège, juillet 1801
	le curé qui reçoit un legs destiné à faire dire des messes ou des prières	C. Agen, 13 août 1807
	ces dispositions ne constituant ni un legs ni une libéralité — mais une charge de l'hérédité	Cass. 11 septembre 1800
Les sourds ne peuvent être témoins	à un testament authentique ni à une donation entre vifs	
Il en est de même de ceux qui ignorent la langue dans laquelle le testament ou la donation ont été passés —		C. Douai, 1ᵉʳ juillet 1856
Mais cette incapacité ne s'applique pas aux actes pour lesquels la présence réelle des témoins n'est pas nécessaire		
Pour déterminer	ce qu'on doit entendre par campagne dans le sens de l'art. 974 du Code Napoléon il ne faut pas admettre comme règle que tout ce qui n'est pas ville soit campagne	
C'est aux magistrats qu'il appartient de décider	d'après les circonstances quelle qualification doit être attribuée au lieu où le testament est reçu	C. Grenoble, 22 mars 1837
Un lieu	dont la population est de 909 âmes — mais qui ne comprend que des cultivateurs et quelques artisans peut être considéré comme campagne dans le sens de l'art. 974 du Code Napoléon	C. Grenoble, 7 juillet 1856 (3)
Le notaire actionné	en responsabilité pour cause de nullité d'un testament à la réception duquel a été employé comme témoin un parent au quatrième degré du légataire	C. Douai, 12 juillet 1838 ; — 7 janvier 1839
	peut repousser cette action en offrant de prouver qu'il n'a rien négligé pour s'assurer de la capacité des témoins (4)	
La présence des témoins instrumentaires	est nécessaire à la dictée non moins qu'à la lecture du testament	C. Nancy, 31 juillet 1823
En cas d'absence d'un des témoins	le notaire doit suspendre l'opération jusqu'à son retour	
Les témoins instrumentaires	peuvent être entendus dans l'enquête sur l'inscription de faux admise contre un testament authentique	
Mais leurs dépositions ne suffisent pas	sans autres preuves pour établir la fausseté des énonciations constitutives de l'authenticité du testament (5)	C. Bourges, 2 mai 1843
L'énonciation exacte du nom d'un témoin instrumentaire	est une cause de nullité du testament public et le notaire rédacteur est responsable de la nullité	Trib. Versailles, 31 janvier 1835

(V. le tableau suivant).

(1) V. au J. N. art. 8768, la dissertation de M° Serieys, notaire à Aurillac, sur la capacité des témoins instrumentaires.

(2) L'arrondissement communal est aujourd'hui celui du Tribunal de première instance. La question dont il s'agit, qui n'a pas fait doute depuis ce dernier arrêt, était controversée avant, quoiqu'il existât de nombreuses décisions pour la dispense.

(3) V. J. N. art. 9064.
La précision étant loin d'être établie sur ce point, les notaires doivent toujours, à moins d'impossibilité absolue, tenir à avoir tous témoins signataires, même dans les nombres homogènes.

(4) C'est au notaire, en général, qu'il appartient de choisir les témoins des actes, et il peut être déclaré responsable du défaut de cette capacité, — suivant MM. Roll., Questions Loret.

Il faut, dit M. Ed. Clerc, que les témoins puissent entendre et comprendre les dispositions de l'acte, le consentement des parties; ainsi, ne pourraient être témoins ceux qui ne savent pas la langue française, les aveugles, les sourds et sourds-muets, les fous.

(5) V. J. N. art. 7126.

ACTES ET CONTRATS.

(V. le tableau précédent).

TESTAMENT. (1)

Le testament par acte public — est soumis — à la loi du 25 ventôse an 11 — comme tous les actes notariés — *Cass. 1ᵉʳ octobre 1816*
— pour tous les points auxquels — le Code Napoléon ne contient pas de dérogation spéciale — *Caen, 11 juin 1818 ; C. Paris, 25 mai 1846*

Ainsi le testament n'est point frappé de nullité — pour défaut d'approbation d'un renvoi mis à la suite — la nullité n'atteint — que le renvoi non approuvé — *C. Paris, 17 janvier 1835*

Les renvois — placés en marge du testament authentique et dûment paraphés — font partie du corps de l'acte, et sont couverts par la mention finale de la lecture

En conséquence — il ne suffit pas — pour s'inscrire en faux contre ces renvois — d'articuler qu'ils ont été ajoutés après coup — il faut encore s'inscrire en faux contre la mention de lecture qui leur est applicable — *Cass. 18 août 1836*

La dictée des testaments publics — ne s'entend pas d'une transcription littérale, c'est l'identité des idées et non celle des mots que la loi exige — *Trib. Lyon, 4 juillet 1846 ; C. Paris, 3 février 1857*

Il n'y a dictée — qu'autant que le notaire reçoit les paroles du testateur et les écrit immédiatement ou en présence — *Journ. du Not. nᵒ 1312*

On ne peut conclure — de ce que le testateur avait de la difficulté à s'exprimer — qu'il n'a pas dicté son testament
Le testament — peut avoir été dicté — quoique le notaire l'ait copié sur un projet à lui remis par le testateur — *C. Bordeaux, 6 août 1855*

Il n'est pas interdit — au notaire qui reçoit un testament — d'en écrire la dictée sur brouillon et de le transcrire ensuite sur son acte — le tout en présence du testateur et des témoins auxquels lecture a été donnée de l'acte ainsi transcrit — *Cass. 11 juin 1849*

Le notaire peut ainsi — écrire — avant l'arrivée des témoins instrumentaires — l'intitulé du testament jusqu'au mot J'institue — *Cass. 14 juin 1837 (?) — 4 mars 1840*

Le testament authentique — doit recevoir son entière exécution dans la pièce même où il est dicté par le testateur alité
— est conséquemment nul — lorsqu'il a été écrit par le notaire dans une chambre autre que celle où le testateur se trouvait et de laquelle il était impossible de converser avec lui — lorsque d'ailleurs il a été signé par les témoins et le notaire hors la présence du testateur — *Cass. 28 janvier 1840*

La loi n'impose nulle part au notaire — l'obligation à peine de nullité de procéder lui-même à la lecture du testament — quoique ce mode soit le plus rationnel

On ne saurait considérer — un testament — qui aurait été — comme ayant été dicté au notaire d'après le vœu de la loi — après une conférence avec le testateur en présence de témoins — écrit chez le notaire — apporté tout rédigé au testateur — complété et clos dans une autre chambre que la sienne — *C. Bordeaux, 4 juillet 1855*

Le testament authentique — est nul :
— quand il est fait par réponses à des interrogations : — il doit être dicté — *C. Nancy, 24 juillet 1833*
— si le notaire ne mentionne pas la déclaration du testateur sur son impossibilité de signer et sur la cause qui l'en empêche — *C. Limoges, 17 juin 1868 — 4 décembre 1821 ; C. Bordeaux, 17 juillet 1845*
— si le notaire ne lit pas cette mention — au testateur — en présence des témoins — *C. Paris, 14 juillet 1851*
— lorsqu'il contient — au profit d'un des témoins instrumentaires — la reconnaissance d'une dette — contractée sans titre — par le testateur envers un témoin — *C. Bordeaux, 3 avril 1841*
— pour fausse énonciation du lieu où il a été passé — même en l'absence de toute intention frauduleuse et sans qu'il soit tenu compte de ce que le notaire a agi par inadvertance — *Caen, 16 mars 1836*

La disposition testamentaire — qui accorde aux débiteurs du testateur un délai pour se libérer après sa mort et en ne payant les intérêts qu'à partir de cette époque — est un véritable legs — et le testament est nul si le notaire ou les témoins étaient au nombre de ces débiteurs — *C. Riom, 23 mai 1855*

Il en est de même quant aux cautions de ces débiteurs

La nullité d'un testament — pour vice de forme — ne se prescrit que par trente ans — *C. Bordeaux, 14 mars 1844*

Le principe posé dans l'art. 1340 du Code Napoléon — s'applique aux testaments — aussi bien qu'aux donations

Ainsi l'exécution du testament — faite par les héritiers du testateur en connaissance de cause — les rend non recevables à opposer les nullités de forme de ce testament — *C. Rennes, 12 mai 1851*

Tous les vices de forme — qui peuvent être proposés contre un même acte — doivent être présentés à la fois

La présentation d'un vice de forme — après qu'il a été déjà prononcé sur d'autres vices de même nature — ne peut empêcher l'autorité de la chose jugée — *Cass. 11 mars 1857*

La reconnaissance de dette — faite dans un testament — n'ouvre pas d'action judiciaire contre le testateur — faite par un mineur — ne peut pas former une créance valable contre lui — *C. Douai, 23 janvier 1856*

Le notaire peut être nommé exécuteur testamentaire — dans le testament qu'il reçoit — *J. N. art. 709, 854*

Dans un testament public — une signature incorrecte ou peu lisible — ne constitue pas l'absence de signature — *Cass. 21 décembre 1858*
— il n'y a pas nullité — pour fausse déclaration de ne savoir signer — lorsque le testateur étant illettré a pu se considérer de bonne foi comme ne sachant pas signer — surtout si la même déclaration a été faite — dans les actes antérieurs — quoiqu'il ait signé d'autres actes — *C. Bordeaux, 13 janvier 1857*

Les deux notaires — qui reçoivent un testament — peuvent l'écrire alternativement — *Dissertation J. N. art. 2453*

Est nulle comme illicite — la condition — imposée au légataire d'un jardin — que le testateur y sera inhumé — si ce jardin est dans l'intérieur d'une ville (3)
— celle — imposée au même légataire de conserver le jardin tel qu'il est sans y apporter de changement de culture — *C. Bordeaux, 27 août 1855*

L'unité de temps et d'action — n'est pas nécessaire dans le testament public — n'est prescrite par l'art. 970 du Code Napoléon qu'à l'égard du testament mystique — *Dissertation J. N. art. 320, 1412*

Le notaire peut recevoir l'acte de souscription du testament mystique — lors même — qu'il a écrit le testament — que le testament contient un legs à son profit — ou à celui de ses parents au degré prévu par l'art. 8 de la loi du 25 ventôse an 11 — *Nîmes, 23 février 1826 ; Dissertation J. N. art. 171, 2605, 4256*

L'acte de souscription — doit être écrit par le notaire lui-même — et il est prudent qu'il en fasse mention — *Dissertation J. N. art. 560 — V. 7078*

(V. le tableau suivant).

---

(1) Le testament doit renfermer la preuve de l'observation des formes auxquelles la loi l'a soumis (Grenier). — Le défaut de date en entraînerait la nullité (Dict. Not.) — Quoiqu'aucune loi ne le prescrive, on est dans l'usage (qu'il faut toujours observer) de mentionner l'heure de la passation des testaments, parce que, dit Massé, étant possible que le même individu, après avoir fait un testament le matin, change d'avis dans la journée et même chercher un autre notaire pour faire un nouveau testament, si l'heure n'est pas indiquée, on ne pourra décider la question de postériorité entre ces deux actes. — V. de J. N. art. 1744, au dernier alinéa des observations pour le moyen d'éviter au notaire le payement du droit de transcription des testaments portant substitution. — Un testament était nul autrefois, s'il ne contenait des legs pieux (Serieys).

(2) Jugé au contraire que les témoins exigés par l'art. 971 du Code Napoléon doivent, à peine de nullité du testament, assister à la dictée du préambule comme au reste (Cass. 15 avril 1836). — V. pour le dépôt des testaments olographes aux notaires d'Algérie, art. 30 de l'arrêté du 30 décembre 1842.

(3) La loi du 23 prairial an 12, ne permettant, dit l'arrêt, de faire d'une propriété privée un lieu de sépulture, qu'autant qu'elle est située hors de l'enceinte des villes et bourgs.

ACTES ET CONTRATS.

(V. le tableau précédent.)

TESTAMENT

Un notaire peut recevoir le testament de son cousin-germain | l'art. 974 du Code Napoléon ne s'applique qu'aux témoins instrumentaires | C. Grenoble, 11 février 1850
la capacité du notaire demeure régie par l'art. 8 de la loi de ventôse

Un don peut être reçu | par l'exécuteur testamentaire | quoiqu'il soit incapable de recevoir un legs | Sol. J. N. art. 6082

L'exécuteur testamentaire | est responsable de l'inexécution | des dispositions du testateur imputable à sa faute ou à sa négligence | Cass. 27 août 1855

Une peine testamentaire est valable | lorsqu'elle n'a pas pour objet une condition contraire aux lois ou aux mœurs | Cass. 27 décembre 1853

Les condamnés à la réclusion | peuvent tester | C. Montpellier, 16 juin 1835 — Trib. Colmar, 11 avril 1845

Le testateur est présumé sain d'esprit | jusqu'à preuve contraire

— Si les faits tendent à établir l'insanité | ne se rapportent pas à la date du testament et ne caractérisent pas une imbécillité habituelle | ils doivent être rejetés | C. Douai, 5 mai 1841

La capacité civile du testateur | à l'époque du testament ne suffit pas — si elle n'existe encore au moment du décès | C. Agen, 1824 (1)

On peut prouver par témoins | que le testateur n'était pas sain d'esprit au moment du testament | Caen, 31 août 1818, 22 février 1877 — C. Rouen, 9 janvier 1833 — Bourges, 25 novembre 1830

Le notaire a le droit | d'apprécier l'état mental du testateur et de refuser son ministère ; si le testateur ne lui paraît pas sain d'esprit (2)

— Conséquemment | si l'insanité d'esprit du testateur lui apparaît seulement après l'apposition de la signature du testateur et celle des témoins, le notaire peut refuser de compléter l'acte en y apposant sa propre signature | C. Bordeaux, 5 août 1824

En admettant | qu'en cas de surdité du testateur, le notaire puisse régulièrement confier la lecture du testament au testateur lui-même
il faut au moins | à peine de nullité | que l'acte constate — non-seulement que cette lecture a été faite en présence des témoins — mais qu'elle l'a été de manière à être entendue de ceux-ci | Cass. 10 avril 1854 (3)

Le sourd-muet | sachant lire et écrire | et connaissant d'ailleurs la valeur et le sens des mots qu'il trace en écrivant | peut faire un testament olographe (4) | C. Pau, 23 décembre 1824

L'articulation | que les témoins ne sont arrivés auprès du testateur que longtemps après le notaire et qu'ils ne sont restés auprès du testateur que pendant un temps si court qu'il a été matériellement impossible que le testament ait été dicté et écrit en leur présence | n'est point assez précise pour être admise comme moyen de faux | C. Lyon, 15 juin 1850

Dans le cas d'inscription de faux | contre un acte notarié | spécialement contre un testament public | le notaire rédacteur de l'acte doit être admis à intervenir dans l'instance pour discuter les moyens de faux | Trib. Montpellier, 25 décembre 1842

Et si ces moyens sont reconnus mal fondés | le notaire a droit à des dommages-intérêts

Quand il y a controverse | sur l'application d'une disposition prohibitive de la loi touchant certaine forme du testament public
le notaire rédacteur | qui embrasse une opinion de préférence à une autre | n'est point passible | de dommages-intérêts en cas d'annulation du testament | Trib. d'Hazebrouck, 9 janvier 1856 — C. Douai, 23 janvier 1857

Est valable la condition | imposée dans le legs d'une femme mariée sous le régime dotal | que les biens légués seront paraphernaux, qu'elle les administrera et en percevra les fruits seule et sans le concours de son mari | C. Paris, août 1839 — C. Aix, juillet 1856 — J. N. art. 8004 (5)

Un testament authentique | qui révoque expressément un testament antérieur
ne peut | s'il est nul comme testament | valoir comme acte révocatoire | quoique revêtu de toutes les formes exigées pour la validité des actes notariés ordinaires | Cass. 16 avril 1855

On ne saurait trop compléter | la mention de la présence des témoins à la lecture du testament public | quoique cette mention n'exige pas de termes sacramentels | Cass. 30 mars 1854

L'inobservation | des formes prescrites | par l'art. 1007 du Code Napoléon pour la présentation et l'ouverture du testament | olographe ou mystique | n'en entraîne pas la nullité

Le testament olographe | fait foi de sa date jusqu'à inscription de faux | CC. Nancy, 15 juillet 1813 — Douai, 15 avril 1815 — Riom, 15 août 1856

C'est à l'héritier légitime | qui méconnaît l'écriture ou la signature du testament olographe | à en opérer la vérification ; et non au légataire envoyé en possession (6) | Cass. 21 juillet 1853

Le juge | peut et doit | quand une formalité même substantielle se trouve insuffisamment énoncée dans sa liberté d'appréciation
rechercher | dans les autres parties de l'acte (même dans un testament) et surtout dans sa clôture | si une autre disposition ne vient point en aide à celle qui est jugée insuffisante et si elle ne peut pas servir à en compléter le sens | Sol. Journ. Not. n° 1227

Lorsqu'il s'agit de savoir | si les formalités commandées par la loi à peine de nullité ont été remplies et si par conséquent un testament est nul ou valable en la forme | les arrêts des Cours impériales peuvent être annulés par la Cour de cassation | Cass. 15 mai et 28 juillet 1829

En principe | la nullité d'un testament peut être couverte | par l'approbation des parties intéressées | Dissertation J. N. art. 239
ou par une exécution volontaire faite sans réserve quand on a connaissance du testament | Grenoble, 16 août 1800 — Paris, 5 février 1839

(V. le tableau suivant.)

(1) Conformément à l'opinion de M. Favard.

(2) Le notaire doit seul interroger et faire expliquer le testateur sur ses dispositions; c'est un devoir pour lui de refuser son ministère, lorsque la volonté du testateur ne lui paraît pas libre (Ed. Ciret).
La faiblesse d'esprit qui n'a pas le caractère de la démence ou de l'imbécillité ne rend pas incapable de disposer par testament. — L'état de maladie n'est une cause de nullité que lorsqu'il en résulte une altération dans les facultés intellectuelles, comme le transport et la délire (Dict. Sol.) — La loi exige du testateur une sagesse et une intelligence moins équivoques, une volonté plus éclairée et plus ferme que pour la validité de tous autres contrats (Cass. 22 novembre 1830). — Il est du devoir moral des notaires de s'assurer si l'esprit de celui qui veut tester est sain; mais ils ne sont pas juges de cette capacité, et il n'est pas nécessaire qu'ils en fissent l'énonciation (Dissertation, J. N. art. 3772).

(3) V. J. N. art. 13250.

(4) Comme le sourd-muet, le muet est incapable de tester par acte public; mais s'il sait lire et écrire, il peut faire un testament olographe ou mystique. — L'aveugle qui peut faire une donation ne peut tester que par acte public (Grenier).

(5) Lors même que, d'après le contrat de mariage, tous les biens à venir sont soumis à la dotalité.

(6) La loi n'exige pas, à peine de déchéance, que l'ordonnance d'envoi en possession soit obtenue par le légataire (Grenier, Merlin).

ACTES ET CONTRATS.

(V. le tableau précédent).

USUFRUIT.

L'usufruitier
- quand il ne trouve pas de caution / peut offrir à la place une hypothèque sur biens libres et suffisants — C. Limoges, 15 mars 1851
- d'une vigne qui dépérit de vétusté / ne peut être contraint à la replanter / peut l'arracher et convertir le sol en terre labourable — C. Orléans, 6 janvier 1863

Dans le cas de licitation / des biens d'un mineur / le tribunal peut ordonner
- sur la demande du subrogé-tuteur / que la portion du prix afférente au mineur
- restera / jusqu'à son mariage ou sa majorité / entre les mains de l'acquéreur — Cass. 30 janvier 1843
- cette clause ne peut être contestée / par le père usufruitier légal des biens du mineur / sous prétexte qu'elle porterait atteinte à son droit d'usufruit

Le testateur / peut
- imposer / pour condition de sa libéralité / envers un mineur / que le père de ce mineur n'aura / ni la jouissance ni l'administration / des biens légués — C. Nîmes, 24 décembre 1827 / Cass. 26 mai 1856
- confier cette administration à un exécuteur testamentaire / jusqu'à la majorité du légataire, malgré l'émancipation ultérieure de celui-ci

Le défaut d'inventaire / ne prive pas / l'époux survivant / de l'usufruit légal sur les biens des enfants mineurs / lorsque les époux étaient mariés sous le régime dotal — C. Toulouse, 15 décembre 1859

La dispense de faire inventaire
- énoncée par le testateur / dans un legs universel d'usufruit
- ne produit pas d'autre effet que d'affranchir l'usufruitier de l'obligation de faire cet inventaire à ses frais — C. Toulouse, 23 mai 1821

Les héritiers / ayant la nue-propriété / peuvent toujours y procéder à leurs frais

VENTE D'ACTIONS ET CRÉANCES.

Les agents de change / ont
- à l'exclusion des notaires
- le droit de procéder / à la vente judiciaire d'actions industrielles susceptibles d'être cotées à la Bourse / soit qu'elles s'y trouvent réellement cotées ou non — C. Paris, 30 mai, 11 juillet, 5 août 1854

Ils n'ont de compétence exclusive / pour les ventes d'actions industrielles et d'autres valeurs susceptibles d'être cotées / que lorsqu'il y a lieu de procéder par voie de négociation

On ne pourrait confondre / la négociation qui se fait d'agent de change à agent de change / avec la vente publique aux enchères prescrite en cas de succession bénéficiaire — Cass. 7 décembre 1858 (1)

Dans ce cas / il appartient au juge de désigner un notaire ou tout autre officier public — en se conformant aux lois générales qui règlent les attributions des diverses classes de ces officiers

La vente forcée d'actions industrielles / n'est pas assujettie aux formalités de la saisie des rentes constituées sur particuliers / est valablement faite aux enchères publiques devant notaire — C. Douai, 22 mars 1855

Les créances / non exigibles peuvent être / saisies arrêtées et vendues aux enchères (2) — C. Paris, 24 juin 1851

Lorsqu'il y a lieu de procéder à la vente d'une créance / dépendant d'une succession et constituant un capital stipulé exigible

Cette vente doit se faire
- suivant les formalités prescrites par les art. 617 et suivants du Code de procédure auxquels renvoie l'art. 945 et — Cass. 18 août 1854
- non dans les formes prescrites pour la vente des biens immeubles des mineurs
- non plus que dans celles prescrites pour la vente après saisie de rentes constituées sur des particuliers

VENTE D'ARBRES.

C'est aux notaires seuls / qu'appartient le droit de procéder aux ventes publiques de peupliers et autres arbres sur pied — non taillis — Trib. Troyes, 15 mars 1853

Les arbres abattus et bois équarris / sont des marchandises neuves qui ne peuvent être vendues aux enchères publiques — L. N. art.....

VENTE (CONTRAT DE) (3)

L'obligation / prise par l'acquéreur d'un immeuble / de nourrir, entretenir, loger et soigner le vendeur tant en santé qu'en maladie / peut former un prix de vente sérieux / si elle est en rapport avec le revenu du bien — Cass. 15 avril 1823 / C. Bordeaux, 7 août 1849

L'acquéreur / qui a fait les notifications prescrites par la loi pour la purge des hypothèques / a le droit / de consigner son prix / sans autres offres préalables / en prélevant par privilège les frais de la consignation et de la demande en validité — C. Orléans, 13 août 1848

Les frais / de notification aux créanciers inscrits — sont à la charge du vendeur et peuvent être retenus par l'acquéreur sur le montant du prix de l'immeuble — Cass. 22 avril 1856

La femme / en vendant / solidairement avec son mari / un bien de communauté ou un propre de ce dernier — Journ. de Not. n° 1204 / aliène tous ses droits personnels sur l'immeuble vendu

Quand l'acquéreur / s'est contenté des explications données dans le contrat sur l'origine de la propriété / il ne peut / ultérieurement / sous prétexte d'insuffisance de ces explications / se refuser au paiement du prix de vente — C. Bordeaux, 12 février 1875

L'acquéreur / qui a payé son prix aux créanciers du vendeur utilement colloqués dans l'ordre / a contre eux / une action en répétition / s'il est postérieurement évincé de l'immeuble (4) — C. Riom, 26 janvier 1855

Le péril / que court le vendeur / pour le paiement / des intérêts de son prix de vente ou d'une rente constituée sur l'immeuble vendu / peut autoriser l'action en résolution de la vente quoique le capital ne soit pas exigible — C. Paris, 11 août 1856

Une pharmacie peut être vendue / comme tout objet étant dans le commerce / même à un individu non pourvu de diplôme (5) — Bordeaux, 18 février 1843

La contre-lettre sous seing-privé / portant augmentation du prix d'une vente / est nulle / même à l'égard des parties contractantes / annulant l'art. 1321 du Code Napoléon — Cass. 13 fructidor an 11 — 10 janvier 1806 — Bruxelles, 25 mars 1812 / Metz, 17 février 1819 — 24 janvier 1833 / Angers, 3 août 1817 — Cass. 6 janvier 1819

(V. le tableau suivant.)

---

(1) V. J. du Not., n°° 1104, 1105, 1106, 1123, le procès sur cette question entre les agents de change et la Compagnie des notaires de Paris.

(2) Solution contraire à la Doctrine.

(3) La séparation judiciaire ne rend pas la femme libre d'aliéner ses biens dotaux avec l'autorisation de son mari (Roll. de Vill., — Toullier). — Après la dissolution du mariage, la femme, reprenant la libre administration de ses biens, peut alors ratifier la vente qui en aurait été faite par elle ou son mari (Bellot).
L'art. 31 de l'arrêté du 30 décembre 1842, instituant le Notariat en Algérie, porte que dans les actes translatifs de propriétés immobilières, les notaires énonceront la nature, la situation, la contenance, les tenants et aboutissants des immeubles, les noms des précédents propriétaires, et autant qu'il se pourra, le caractère et la date des mutations soumises. — C'est ce qui s'est toujours observé en France, dans la pratique, mais aucun texte de loi ne le prescrit.
On devrait astreindre les vendeurs, échangistes, cédants, etc., à fournir aux notaires les numéros et les sections sous lesquels les immeubles aliénés figurent à la matrice cadastrale; pour qu'on puisse les y retrouver toutes les fois qu'il en est besoin, et pour la facilité des opérations de mutation.

(4) Conformément à l'opinion de M. Troplong.

(5) C'est à l'administration à empêcher l'exercice de la profession par une personne qui n'a pas qualité suffisante pour le faire (Ed. Clerc).

ACTES ET CONTRATS.

(V. le tableau précédent.)

VENTE MOBILIÈRE

- Les ventes du mobilier de l'État | ne peuvent être faites que | par les préposés de l'enregistrement et des domaines / en présence d'un commissaire de l'administration municipale — *Arr. 22 nivôse an 6 ; Cass. 7 mai 1832*
- Les notaires ont seuls le droit | de vendre les meubles incorporels (1)
- C'est à eux exclusivement | qu'il appartient de procéder à l'adjudication aux enchères d'un fonds de commerce qui n'est pas de la nature des effets mobiliers pour lesquels la loi du 27 ventôse an 9 accorde un droit exclusif aux commissaires-priseurs — excepté que des effets mobiliers et ustensiles dépendent de ce fonds — *Paris, 1823, 1835, 1843 ; Colmar, 1827 ; Cass. 1835*

- Les notaires | ont seuls | à l'exclusion des greffiers—huissiers et commissaires-priseurs / le droit de procéder aux ventes publiques aux enchères des bois de haute futaie / c'est-à-dire que la loi du 6 juin 1851 n'a établi le droit de concurrence que pour les objets indiqués dans son art. 1er (ventes de fruits et récoltes pendant par branches ou racines et de coupes de bois taillis). Ce droit ne doit pas être étendu à la vente de tous autres objets adhérents au sol — notamment aux bois de haute futaie (2) — *Trib. Rouen, 26 janvier 1853 ; Journ. de Not. nᵒˢ 4203, 4218*
- Ils ont | le droit exclusif | de procéder | aux ventes publiques et aux enchères de matériaux provenant de démolitions ou extractions à faire lors de la vente et de tous autres objets réputés immeubles à cette époque — *Cass. 10 décembre 1852* / aux ventes de bâtiments à démolir — *Cass. 8 avril 1829 — 8 juin 1854*
  - de vendre | les objets immeubles ou immobilisés et qui ne deviennent meubles que par la vente — *Cass.*
- Les commis-greffiers assermentés des justices de paix | ne peuvent procéder à une vente publique de meubles — *Cass. 8 décembre 1846*

- Le notaire
  - qui doit procéder à la vente publique aux enchères | d'un achalandage de marchandise ou d'autres droits incorporels — *Déc. min. 17 janvier 1832 ; Trib. de la Seine, 24 avril 1832*
  - est tenu | de faire | au bureau de l'enregistrement | la déclaration prescrite par la loi
  - peut faire | par un mandataire / la déclaration préalable aux ventes publiques de meubles — *Inst. Régie, 30 août 1808*
  - qui | a commencé une vente de meubles et / l'a interrompue | par un motif quelconque / pour la reprendre à un jour non indiqué au procès-verbal / doit faire une nouvelle déclaration — *Cass. 21 juillet 1875*
  - est choisi valablement | par le tuteur | pour une vente d'immeubles à laquelle des mineurs ont intérêt | et le tribunal ne peut faire un choix contraire — *Turin, 19 mai 1802*

- L'officier ministériel
  - n'est pas passible d'amende pour avoir | dans un procès-verbal de vente de meubles aux enchères / porté | en un seul article plusieurs objets adjugés au même avec énonciation en toutes lettres du prix total — *Trib. Mirecourt, 18 août 1854*
  - qui procède à une vente mobilière | a le droit et le devoir d'exiger le paiement par l'adjudicataire entre ses mains | du prix de la vente pour le déposer à la Caisse des Consignations — *Trib. de la Sarre, 4 février 1855*

- Le procès-verbal
  - d'une vente d'objets mobiliers | faite par un notaire / n'a pas besoin pour être régulier | d'être revêtu de toutes les formalités prescrites par la loi de ventôse notamment de la signature de l'adjudicataire (3)
  - Il suffit | que l'officier public se soit conformé aux dispositions de la loi du 27 pluviôse an 7 sans qu'il y ait lieu de distinguer si la vente est faite au comptant ou à terme
  - La seule différence | entre le procès-verbal non signé par l'adjudicataire et celui qui est signé par lui c'est que ce dernier titre autorise à agir par voie d'exécution — *Trib. St-Omer, 4 septembre 1852*

- Est obligatoire | l'arrêté municipal qui ordonne | que les ventes à l'encan ne pourront être faites ou continuées à la lumière — et devront avoir lieu en plein jour (4) — *Cass. 16 octobre 1827*
- Le subrogé-tuteur | ne peut se rendre adjudicataire des meubles du mineur — *Trib. Lourdes, 18 août 1847*
- On peut adjuger | sans ordonnance | des meubles appartenant à des mineurs | au-dessous de l'estimation de l'inventaire — *J. N. art. 1196*

- Lorsque les deniers
  - provenant d'une vente publique de meubles / sont reçus | par le mandataire du vendeur et non par l'officier public chargé de la vente
  - le créancier du vendeur | qui veut arrêter le prix / ne doit pas se contenter d'une simple opposition sur le procès-verbal doit remplir les formalités de la saisie-arrêt — *Trib. St-Omer, 12 février 1849*

- Le notaire
  - qui a procédé à la vente du mobilier d'une succession / est obligé | d'en consigner le prix — alors qu'il ne peut se libérer entre les mains d'aucun des ayants-droit faute d'attribution de qualité — *C. Lyon, 8 février 1854*
  - en doit les intérêts | à défaut de consignation
  - qui supplée un commissaire-priseur dans une vente mobilière | a le délai de dix ou quinze jours pour l'enregistrement — *J. N. 3211 (5)*

- L'action en résolution | pour défaut de paiement du prix / s'applique aux ventes de meubles comme aux ventes d'immeubles — *C. Paris, 17 août 1844*

(V. le tableau suivant).

(1) Conformément à l'opinion de M. Dalloz.

(2) D'après la discussion de la même loi et une solution du J. du Not., nᵒ du 15 juillet 1856, les commissaires-priseurs, greffiers de paix et huissiers ne peuvent faire de ventes de meubles qu'au comptant et constater seulement le fait de la vente; n'ont pas le droit de recevoir une stipulation de terme, pas plus que toute autre convention, ce droit n'appartenant qu'aux notaires.

(3) Jugé aussi que l'adjudicataire est suffisamment désigné dans les ventes publiques de meubles par son seul nom de famille ou même par un surnom, ne devant pas être regardé comme partie aux procès-verbaux (Cass. 28 juillet 1827).

(4) V. la loi du 2 mars 1791.

(5) En donnant cette solution, le J. N. observe qu'un commissaire-priseur absent ne peut être supplée que par un commissaire-priseur de la même résidence; qu'on ne se supplée qu'entre fonctionnaires du même ordre; et que si le seul commissaire-priseur établi dans une ville est absent, les parties ont le droit de recourir au ministère des autres officiers qui, d'après la loi, ont qualité pour procéder aux ventes mobilières dans les communes où il n'existe pas de commissaires-priseurs, mais que le notaire, huissier ou greffier ainsi choisi exerce en sa propre qualité, à défaut de commissaire-priseur présent, et non comme le suppléant.

ACTES ET CONTRATS.

(V. le tableau précédent).

VENTE JUDICIAIRE (1)

Un notaire peut procéder à une vente autorisée par une délibération d'un conseil de famille lorsqu'il a fait partie du conseil de famille qui a autorisé cette vente | Sol. Journ. du Not. n° du 19 janvier 1856

Les ventes judiciaires d'immeubles doivent être renvoyées devant notaire :
- soit lorsque toutes les parties le demandent (2) — lorsqu'il est de leur intérêt que l'adjudication se fasse dans un lieu plus rapproché de la situation des biens que le chef-lieu du tribunal | C. Douai, 25 mai et 17 juillet 1843 ; C. Riom, 7 janvier 1856
- lorsque les biens sont de peu de valeur | C. Bourges, 30 avril 1855
- lorsque l'intérêt de toutes les parties l'exige | C. Rennes, 8 juillet 1850 (3)
- quand les parties sont d'accord pour demander ce renvoi — alors même que parmi elles il y aurait des mineurs | C. Rouen, 11 octobre 1858
- même aussi quand il s'agit d'immeubles situés sur le territoire de la commune qui est le siège du tribunal civil — lorsque les parties le demandent | spécialement dans le cas de bénéfice d'inventaire (4) | C. Caen, 12 août 1846 ; C. Bordeaux, 27 février 1858

Dans les ventes judiciaires de biens immeubles appartenant à des mineurs ou à des femmes dotales, il y a intérêt :
- à renvoyer l'adjudication devant notaire (5) | C. Douai, 30 mai et 27 août 1844
- surtout lorsqu'il s'agit de biens peu importants ou éloignés du chef-lieu d'arrondissement | Trib. Chartres, 4 mars 1842

Le tribunal qui renvoie une vente judiciaire devant notaire est libre de choisir tel ou tel notaire, sans être tenu de déférer à la désignation faite par les parties, surtout eu égard aux intérêts des mineurs en cause | C. Nancy, 10 février 1846 (6)

Lorsque le tribunal a commis deux notaires pour une licitation, l'un d'eux ne peut procéder à l'adjudication sans le consentement de l'autre en se faisant assister de deux témoins | C. Douai, 10 août 1850

Le jugement qui commet un notaire pour une vente judiciaire ou qui ordonne que cette vente aura lieu devant le tribunal est sujet à l'appel | C. Caen, 12 août 1846

Lorsqu'un notaire commis pour une vente judiciaire se trouve empêché le jour fixé pour l'adjudication, c'est le président du tribunal qui doit pourvoir à son remplacement par une ordonnance sur requête | Sol. J. N. art. 13493

Le notaire qui procède à l'adjudication à la place du notaire commis n'a point droit à la garde de la minute du procès-verbal — ni aux honoraires de l'acte — le tout revient au notaire substitué

En cas de vente judiciaire renvoyée devant notaire, si après toutes les formalités le poursuivant ne requiert pas l'adjudication, un créancier a le droit de la requérir à sa place, dans ce cas le notaire est juge de la question de savoir s'il doit passer outre | Trib. Corbeil, 3 novembre 1852

Lorsqu'un notaire a été commis en justice pour procéder à des opérations de licitation et liquidation, les parties intéressées ne sont pas recevables sans motifs suffisants à demander qu'un autre en soit chargé | C. Douai, 11 avril 1856

Lorsqu'après un jugement ordonnant la licitation d'un immeuble entre cohéritiers — et commettant un notaire à cet effet, le poursuivant a requis l'adjudication — la rétractation qu'il fait ensuite et la protestation de quelques-uns des colicitants contre la continuation des opérations n'enlèvent pas au notaire le droit de procéder à l'adjudication — son mandat ne pouvant lui être retiré | Cass. 30 avril 1855

Les avoués peuvent être présents à l'adjudication renvoyée devant un notaire par le tribunal civil | Cass. 11 février 1850

Leurs états de frais doivent être enregistrés avant qu'il en soit fait usage par le notaire commis | Cass. 7 décembre 1855

Le subrogé-tuteur peut se rendre adjudicataire des immeubles du pupille | Cass. 21 décembre 1853

L'héritier qui s'est rendu adjudicataire sur une licitation entre cohéritiers est passible de folle enchère s'il n'exécute pas les conditions du cahier des charges | C. Bordeaux, 3 mai 1848

Est valable la clause d'un cahier des charges entre colicitants majeurs qui stipule que la folle enchère sera poursuivie devant un notaire désigné | C. Bordeaux, 3 mai 1848

L'enchère reçue par le notaire commis est obligatoire comme celle reçue par le juge. Il n'est pas nécessaire qu'elle soit signée pour lier l'enchérisseur | Cass. 25 janvier 1854

Du moment où la mise à prix est couverte, l'adjudication doit être tranchée malgré la réquisition contraire des parties demandant le renvoi pour cause d'insuffisance du prix offert | Sol. Journ. Not. n° 1720

Le renvoi d'une adjudication ne peut se justifier que dans un cas de vente purement volontaire

Il y a extinction de la bougie ou du feu allumé pour la réception des enchères quand les bougies cessent de faire voir de la flamme | Trib. Argentan, 31 août 1831 (7)

(V. le feuillet suivant.)

---

(1) Pour les formes à observer par les notaires relativement à la loi du 2 juin 1841 sur les ventes judiciaires, et au tarif du 16 octobre suivant, — V. l'instruction contenue au n° 11147 du J. N.

(2) V. pour les liquidations et partages, J. N. art. 8854.

(3) V. J. N. art. 9977, 9990, 9995.

(4) V. C. pr. art. 954.

(5) V. J. N. art. 8759, 8801, 8822. — Les notaires devraient s'attacher à obtenir, par leur comité, une jurisprudence solidement établie dans le sens de tous les arrêts ci-dessus.

(6) Le J. N. critique cette décision comme pouvant être contraire à l'intérêt le mieux entendu des parties.

D'après le dernier rapport ministériel : Il y a eu, en 1854, 18292 ventes judiciaires faites { à la barre du Tribunal . . . 10894 { devant les notaires commis . . 7399 } 18293
Elles ont produit 180,315,847 francs; soit en moyenne 10187 francs par vente.
Les frais de ces ventes se sont élevés à 5,797,015 francs; soit en moyenne 595 francs par vente.

On voit au même rapport : Procédures d'ordre ouvertes — 11944 en 1851 — 10574 en 1852 — 9589 en 1853 — 8823 en 1854. Procédures de contributions ouvertes — 1206 en 1851 — 1315 en 1852 — 1397 en 1853 — 1588 en 1854. Les frais de procédure se sont élevés à 2,897,475 fr. pour les ordres — 290,389 fr. pour les contributions. Conseils de famille présidés par les juges de paix en 1854, 90149 — Appositions de scellés, 20778 (174 de plus que les années précédentes).

(7) Les bougies employées doivent être préparées, comme on sait, de manière à durer environ une minute.

APPENDICE SUR LES ACTES ET CONTRATS.

Un point essentiel qui doit toujours être examiné par les notaires, dans l'intérêt des acquéreurs et prêteurs, lors des acquisitions et affectations hypothécaires, — ce sont les actions occultes qui affectent les droits de propriété.

M. Dupin, procureur-général, disait à la Cour suprême, en 1840 : « Les inconvénients reprochés à la législation actuelle, sur la vente et l'hypothèque, peuvent se résumer ainsi : — 1° En achetant, on n'est jamais sûr d'être propriétaire; — 2° en payant, on n'est jamais sûr d'être libéré; — 3° en prêtant son argent sur hypothèque, on n'est jamais sûr d'être remboursé. »

La loi du 23 mars 1855 (dont l'esprit, a-t-on dit, est d'établir l'état civil de la propriété et faire ressortir clairement les charges qui la grèvent), a fait disparaître la majeure partie de ces inconvénients et favorisé autant que possible les intérêts des tiers : — 1° en ordonnant les transcriptions et mentions dont la publicité leur révèle les transmissions entre vifs et les modifications de la propriété, ainsi que les jugements de résolutions et rescisions d'actes transcrits (1); — 2° en disposant que les créanciers privilégiés ou ayant hypothèque aux termes des art. 2123, 2127 et 2128 du C. N. ne peuvent plus, après la transcription, prendre utilement inscription sur le précédent propriétaire (sauf l'exception en faveur du vendeur ou du copartageant pour lesquels il est réservé un délai de 45 jours, de la date de la vente ou du partage), et en abrogeant, par suite, les art. 834 et 835 du C. pr.; — 3° en déclarant que l'action résolutoire du vendeur (C. N. art. 1654, C. pr. 717) ne peut être exercée après l'extinction de son privilège, au préjudice des tiers qui ont acquis et conservé des droits (2); — 4° en obligeant à l'inscription : 1° l'hypothèque légale de la veuve, du mineur devenu majeur et de l'interdit relevé de l'interdiction, dans l'année qui suit la dissolution du mariage ou la cessation de la tutelle; 2° l'hypothèque légale cédée par les femmes ou à laquelle elles renoncent (quand elles en ont le droit) (3).

Par application de cette loi, dont la pratique seule pourra dévoiler toute la portée, et d'après l'opinion de M. Grosse, il y a obligation de transcrire notamment :

Les ventes et tous les contrats et actes qui en tiennent lieu, comme les échanges, les diverses dations en paiement, etc., même les ventes conditionnelles, et par suite, la preuve de la non réalisation (pour apprendre aux tiers qu'ils ne doivent pas considérer l'acquéreur comme propriétaire), ou la preuve de l'accomplissement de la condition (afin d'établir que la propriété lui est définitivement acquise).

La vente sur délaissement de l'immeuble par le tiers-détenteur, dans le cas des art. 2167 et suivants.

Les ventes ou transports de droits successifs, comprenant des immeubles.

    — d'actions immobilisées de la Banque de France (4).

    — des mines.

    — des carrières, minières et tourbières (en certains cas).

    — de constructions sur le terrain d'autrui — excepté { 1° si les constructions sont vendues pour être démolies. 2° si la vente est faite au propriétaire des fonds.

    — sous faculté de réméré — ainsi que les actes de remboursements ou de rachat (V. C. N. art. 1673.)

    — d'immeubles entre cohéritiers — quand l'indivision ne cesse pas complètement, c'est-à-dire que l'acquéreur ne devient pas unique propriétaire de l'immeuble.

    — d'usufruit et les renonciations par l'usufruitier (l'usufruit étant immeuble).

Les ratifications d'actes translatifs de propriété immobilière ou d'usufruit.

L'ameublissement déterminé (C. N. 1505 et suivants.) — Il y a opinion contraire à la nécessité de transcrire : il n'y a pas, dit-on, transmission de propriété au profit d'un être moral, la communauté.

Les actes de société dans lesquels l'un des associés fait l'apport d'un immeuble.

    — d'attribution d'un immeuble au profit de l'un des associés pendant le cours de la société.

    — constitutifs d'antichrèse, de servitude, d'usage et d'habitation.

    — portant renonciation à ces mêmes droits.

    — de retrait successoral { Attendu que la vente faite par l'héritier ayant dû être transcrite, le retrait qui en opère l'annulation doit l'être aussi (Grosse), et malgré que le retrayant qui est censé avoir acquis directement de l'héritier ne soit pas tenu des hypothèques consenties par l'acheteur (Pothier).

Les jugements déclarant l'existence d'une convention verbale de nature à être transcrite.

    — d'adjudication (autres que ceux rendus sur licitation) { au profit d'un cohéritier ou copartageant et faisant cesser entièrement l'indivision, comme est dit).

Les adjudications sur folle enchère et surenchère, — sur expropriation forcée (le législateur, dit M. Grosse, n'a pas voulu que l'on pût croire que la publicité des actes de l'autorité judiciaire fût suffisante. D'ailleurs, le propriétaire pouvant aliéner valablement, s'il désintéresse tous les créanciers inscrits, il faut conséquemment un acte qui fasse connaître que l'expropriation a été mise à fin, qu'il y a eu transmission) — sur conversion en ventes volontaires.

Les résolutions volontaires des actes translatifs de propriété.

Les renonciations aux donations ou legs acceptés (et les renonciations aux successions également acceptées).

Les transactions opérant mutation de propriété immobilière ou de droit réel susceptible d'hypothèque. — (Toutes autres ne sont pas sujettes à transcription).

Les baux d'une durée de plus de dix huit ans.

Les quittances ou transports de sommes équivalant à trois années de loyers ou fermages non échus.

Les contrats de mariage contenant donation de biens immeubles présents ou de biens présents et à venir, les partages anticipés, ainsi que les autres donations entre-vifs de biens susceptibles d'hypothèque, et les substitutions — étant soumis à la formalité de transcription par les articles 939 et 1069 du Code Napoléon, — la loi du 23 mars n'a pas eu à s'en occuper.

On sait qu'il n'y a pas lieu de transcrire les actes qui ne sont que déclaratifs de la propriété; c'est-à-dire tous ceux desquels il résulte non pas une transmission, une mutation de biens immobiliers, mais une simple attribution d'immeubles à raison de droits de propriété préexistants, comme les partages et licitations en tenant lieu entre cohéritiers ou copartageants. — Ce qui s'applique aux prélèvements auxquels ont droit les époux dans les partages d'immeubles de la communauté. (La C. cass. accorde à la femme un droit de propriété pour ses reprises sur lesdits immeubles de la communauté, alors même qu'elle y renonce. Mais ce n'est qu'un simple droit de créance, d'après la plupart des Cours impériales et le plus grand nombre des auteurs. Toutefois, tant que la C. cass. maintiendra sa doctrine, l'acte de prélèvement par la femme se trouvera affranchi de la loi de transcription). V. Code Napoléon, art. 883, 1471 et s., 1476, 1086, 1872.

(V. le feuillet suivant.)

---

(1) Il ne suffit plus, pour constater publiquement la situation hypothécaire d'un immeuble, de requérir l'état des inscriptions portant le grever : cet état doit comprendre les transcriptions et mentions desquelles il pourrait résulter soit une aliénation, soit une affectation partielle ou entière du droit de propriété.

Quand il s'agit, non d'un placement de fonds, mais d'une acquisition, la demande des inscriptions, transcriptions et mentions est faite sur l'immeuble, tant sur la personne qui a transmis directement l'immeuble, que sur les précédents propriétaires, lesquels doivent être déterminés complètement dans l'acte ou contrat translatif, qui établit la propriété au-delà de 30 ans (C. Napoléon, 2262, 2235, s.) et comprend toutes les transcriptions successives (date, volume et numéro suffisent).

Ces réquisitions sont modifiées ou restreintes, bien entendu, selon le cas et eu égard aux chefs sur lesquels on veut être éclairé. V. J. de Not., numéro du 9 mai 1857, Dissertation de M° Dutrosse, notaire. Lorsque le titre de propriété est une vente ou un partage ayant donné lieu à privilège de vendeur ou de copartageant, il faut observer dans la demande d'état le délai de 45 jours accordé par le second § de l'article 6.

(2) Le F. du Not., numéro 1339, dit qu'en obligeant de rendre publique l'action résolutoire, et la loi hypothécaire simplifie l'examen des transmissions; qu'il n'est plus nécessaire (depuis le premier juillet 1856) de s'enquérir si les prix ont été payés intégralement, et les paiements ont été faits régulièrement, et qu'il suffira de lever l'extrait des inscriptions; mais chaque fois qu'une transmission résultera d'une vente judiciaire, même sur licitation, on ne devra pas avoir égard au défaut d'inscription du privilège pour en tirer la déduction qu'il n'y a plus de recours à exclure à défaut de paiement du prix; il sera nécessaire d'avoir la preuve qu'il a été payé intégralement; on serait sans cela exposé à l'effet de la folle enchère. (Grosse).

(3) Si l'inscription de la femme pouvait, il faut en marge une mention de la subrogation (suivant la même loi).

(4) Ces actions, observe M. Grosse, ne peuvent être aliénées, et les privilèges et hypothèques être purgés, qu'en se conformant au Code Napoléon et aux lois rendues sur les privilèges et hypothèques sur les propriétés foncières.

APPENDICE SUR LES ACTES ET CONTRATS.

Sont aussi dispensés de la transcription — les dispositions testamentaires, la loi ne parlant que des actes entre vifs (mais il y a exception: 1° quand le testament modifie l'état d'un immeuble qui n'est pas dans la succession d'un donateur; 2° s'il contient une disposition à charge de rendre. — (Code Napoléon 1069); — les donations entre époux pendant le mariage (assimilées aux testaments et révocables comme eux); — l'institution contractuelle; — la cession de biens judiciaire ou conventionnelle, qui donne seulement aux créanciers le droit de faire vendre les immeubles du débiteur; — les actions en revendication, en rescision, et toutes autres quelconques qui tendent *ad immobile*.

Pour les actes dont la dispense de transcription serait douteuse, il faut, bien entendu, les y soumettre par précaution.

Mais la règle de publicité, devenue générale par la nouvelle loi, ajoutée aux dispositions de la législation antérieure sur la matière, ne peut empêcher toutes les causes de trouble ou d'éviction: soit parce que certains droits doivent être protégés, comme les hypothèques légales qui sont encore dispensées de l'inscription; soit par la raison que beaucoup de ces causes ne sauraient être aperçues, telles que les cas des articles 6, 8, 10 de la loi du 25 ventôse an 11, ou restent long-temps incertaines comme les révocations de donation, etc., ou ne sont pas mises en jugement et ne peuvent conséquemment être signalées.

Afin qu'on se prémunisse plus facilement, quand cela est possible, contre les écueils ainsi restés dans l'ombre, — il importe de le rappeler et de les réunir ici:

I. — HYPOTHÈQUES LÉGALES.

Celles des femmes mariées, des mineurs et des interdits — qui ne sont pas dans les conditions de l'article 8. (1).

II. — PRIVILÉGES.

Les priviléges généraux spécifiés art. 2101 du C. N. — Lesquels s'étendent aux immeubles et sont dispensés de l'inscription (2).

Le droit de préférence résultant de la séparation des patrimoines (C. N. 2111). — Ce privilége est bien assujetti à l'inscription dans les six mois de l'ouverture de la succession; mais les hypothèques établies sur les immeubles en provenant, par les héritiers ou représentants du défunt, avant l'expiration de ce délai, seraient nulles et sans effet (même art.). — On sait que la séparation des patrimoines existe de droit lorsque la succession est acceptée sous bénéfice d'inventaire.

III. — ACTIONS EN REVENDICATION.

L'action pétitoire, notamment celle en répétition, de la part du copermutant, dans le cas de l'art. 1705 du C. N. (répétition qui peut s'exercer même contre le tiers acquéreur, suivant l'opinion de M. Troplong (3).

La revendication que peut faire de sa part dans la succession (tant qu'il n'y a pas prescription acquise contre lui), un héritier qui n'a point figuré dans l'inventaire ou dans l'acte de notoriété; actes qui, quoique destinés à constater les qualités d'héritier, ne font ni l'un ni l'autre preuve certaine de la qualité ni du nombre des héritiers, et n'établissent qu'une présomption. (Ils servent seulement à constater la bonne foi d'un acquéreur et à abréger pour lui les délais de la prescription). Un enfant naturel reconnu peut exercer la même revendication.

Le retrait d'indivision (C. N. art. 1408. — V. la 10e décision du 70e tableau).

La révocation de l'aliénation des biens dotaux qui peut être demandée (par les vendeurs même), lorsque cette aliénation n'a pas été faite dans les cas prévus par la loi, ou n'a pas été permise par le contrat de mariage (C. N. art. 1554, 1557, 1558, 1560 (4), ou pour défaut de remploi dont l'acquéreur est tenu pour son fait, sa validité et son mérite, quand l'aliénation a eu lieu en vertu de l'art. 1558, ou a été permise par le contrat à charge de remploi. (Sous le régime de la communauté, il peut aussi être stipulé dans le contrat de mariage qu'un immeuble propre de la femme ne pourra être aliéné qu'à charge de remploi.

IV. — ACTIONS EN RÉSOLUTION (5).

Révocation des donations, dont l'effet — quant à celle qui a lieu par inexécution des conditions et par survenance d'enfants — est d'anéantir la donation dans son principe et de faire rentrer aux mains du donateur l'immeuble donné, libre de toutes charges et aliénations qu'aurait pu consentir le donataire. (C. N. art. 954, 960, 963).

Réduction des donations si elles excèdent et si le donateur laisse à son décès des héritiers à réserve ou des enfants naturels légalement reconnus (que des auteurs considèrent aussi comme héritiers à réserve pour leur portion héréditaire), auquel cas les immeubles recouvrés par l'effet de la réduction, le sont sans charges des dettes et hypothèques créées par le donataire (C. N. art. 915 s., 920, s. 929, 930.)

Charges de rapport — dans les cas d'avancement d'hoirie (les immeubles se réunissent à la masse francs et quittes des charges créées par le donataire, sauf l'intervention des créanciers, C. N. art. 865).

Droit de retour qui peut être stipulé au profit du donateur, pour le cas de prédécès soit du donataire seul, soit de lui et de ses descendants, et dont l'effet est également de résoudre les aliénations et hypothèques consenties par le donataire (C. N. 951, 952 (6).

Aucun acte n'offre autant d'incertitude que la donation, quant à sa validité et à ses effets, qui sont comme suspendus pendant toute l'existence du donateur; ce n'est qu'après son décès que la donation peut acquérir le caractère d'irrévocabilité que la loi lui confère en principe (Ed. Clerc).

Caducité des donations faites en faveur d'un mariage qui n'a pas été célébré. — L'effet de la caducité est que le donateur n'a point été dessaisi.

V. — ACTIONS EN RESCISION.

Retour des héritiers légitimes avant la prescription, à l'égard des successeurs irréguliers (enfant naturel, conjoint ou état) envoyés en possession.

Retour de l'absent après l'envoi en possession — (C. N. art. 131, 132, 2126).

Effet des art. 1974 et 1975 du C. N. — relativement aux immeubles acquis à rente viagère.

Lésion de plus du quart dans le partage et de plus des 7/12es dans la vente { L'action { doit être exercée dans les deux années de l'acte ou contrat. / n'est pas admise en général dans les actes aléatoires.

Défaut de prix sérieux de la vente. — La rescision peut être demandée pendant 30 ans.

Nullité d'un partage anticipé — en cas que tous les enfants et descendants n'aient pas figuré au partage.

Le partage anticipé peut être attaqué pour cause de lésion de plus du quart, ou pour cause d'un avantage excédant la portion disponible (C. N. art. 1078 et 1079).

Erreur, violence, dol, lésion dans les conventions (C. N. art. 887, 1109, 1117, 1304, 1505).

Invalidité des actes en général, des jugements et décisions — pour conventions et stipulations contraires aux prescriptions de la loi (7), défaut de qualité ou de capacité des parties, faits de stellionnat, erreurs de droit, irrégularités, vices de formes.

En recevant les actes d'acquisition et de prêt, les notaires doivent vérifier, outre les autres garanties de parfaite transmission (8), si les titres de propriété astreints à la transcription ont reçu cette formalité; — le défaut d'icelle ayant permis aux précédents propriétaires d'aliéner à d'autres les mêmes immeubles et de les hypothéquer.

Si la transcription a été faite, on l'énonce; — sinon et dans le cas où les parties entendraient passer outre, il est bon d'expliquer en deux mots qu'elle n'a point eu lieu, — pour établir que le rédacteur s'en est préoccupé.

---

(1) L'acquéreur peut purger les hypothèques, mais cette ressource n'existe pas pour le prêteur. — Le crédit foncier seul peut purger, non-seulement les dites hypothèques, mais encore les actions résolutoires ou rescisoires et les priviléges inconnus.

(2) Cependant cette disposition exige qu'autre condition; l'inscription est nécessaire à l'égard des tiers détenteurs, et ceux-ci purgent ces priviléges par la transcription s'il s'est été inscrits à temps. — C'est ce que les auteurs ont induit de l'art. 2108 du C. N. et de l'article article 834 du Code de procédure.

(3) Juge que la revendication ne peut avoir lieu contre le tiers acquéreur de bonne foi (Toulouse, 13 août 1829; Cass., 15 germinal an XII, Aix, 25 mai 1813).

(4) L'inaliénabilité des biens dotaux existe pendant toute la durée du mariage et ne cesse pas par la séparation de biens (Rouen, 25 juin 1818, Cass. 13 août 1829).

(5) V. C. N. art. 1127. — (6) V. Commentaire Clerc, numéro 611. — (7) V. C. N. art. 1128, 1133. — (8) On ne saurait trop revoir et approfondir, en les adaptant à la nouvelle loi, les précieuses observations de M. Ed. Clerc, 3e édition, p. 532, sur les formalités hypothécaires et l'établissement de propriété. — V. aussi, pour les hypothèques consenties sur immeubles indivis, p. 189, numéro 91 et suivants, le principe d'indivisibilité et comment, en cas de licitation des bâtiments donnés en garantie, etc., rendre sans effet, abus d'un mandataire qui emprunte de plusieurs personnes séparément la somme qu'il ne lui est remboursé qu'une seule fois, p. 90. Remarque que le mandataire pourrait aussi, à défaut de précautions, se servir de la procuration après la révocation. — On doit, selon l'occurrence, dans les pièces justificatives, s'il n'y aurait point eu, soit mention ou irrégularité des inventaires, hypothèques et toutes autres poursuites pour assurer et conserver les droits immobiliers, avec déchéances, prescriptions ou péremption.

DÉPOT ET GARDE DES MINUTES (1)

Un notaire	et ses héritiers / à plus forte raison	ne sont responsables	de la perte d'une minute (2) que lorsqu'il est établi qu'il y a eu	dol et fraude de la part du notaire ou dommage et préjudice causé	C. Riom, 8 mars 1852
Le ministère public peut	sans	recourir à un compulsoire, ou se faire autoriser par ordonnance du tribunal	exiger	la communication sans déplacement des minutes d'un notaire	
Le notaire	qui refuse cette communication peut être rendu passible d'une peine disciplinaire	Trib. Montmorillon, 14 août 1845			
Les magistrats du ministère public	ne peuvent exiger	l'apport des minutes d'un notaire pour les examiner	Sol. J. N. art. 9234		
Le privilège	de l'art. 2102 du Code Napoléon	ne confère pas	au propriétaire d'une maison louée à un notaire le droit de s'opposer à l'enlèvement des minutes de ce notaire pour garantie du paiement des loyers	Trib. Châtillon-sur-Seine, 4 juin 1855 (3)	
La communication	aux préposés de l'enregistrement des actes existant	dans	les études de notaires et les autres dépôts publics	doit être donnée	dans le local même où ces actes sont déposés — Trib. Amiens, 11 août 1844

LE NOTAIRE

- autorisé à transférer | sa résidence hors de son canton | ne peut y transporter les minutes, qui | doivent être remises à un autre notaire du canton de la résidence transférée | Déc. min. 15 mai 1855
- démissionnaire | doit remettre à son successeur | non-seulement les minutes de l'étude, mais aussi les papiers qui lui ont été confiés comme notaire | C. Bourges, 26 février 1857
- est soumis | après la cessation de ses fonctions | à la contrainte par corps pour la remise de ses minutes et répertoires | Trib. St-Calais, 21 novembre 1840
- n'est pas obligé de conserver, dans ses minutes | l'acte de souscription | d'un testament mystique qui est un acte simple | Trib. de la Seine, 10 décembre 1847
- peut être contraint de remettre | à un testateur — son testament mystique sur son récépissé — ou | sur une décharge | en marge du répertoire / au notaire | aux frais du testateur si le notaire l'exige | Trib. de la Seine, 15 décembre 1847 — 16 juin 1848
- est bien tenu | sur la demande des parties intéressées en nom direct ou ayant-droit, de leur communiquer même seulement la minute de l'acte dont il est dépositaire
- — mais — pour la sûreté du dépôt — il est fondé à exiger que la communication ait lieu devant le président du tribunal — et a droit de se faire payer { par les parties } les frais de son déplacement | C. Paris, 17 février 1857 (?)
- peut | en vertu d'une ordonnance du juge | faire apposer les scellés dans les lieux où il présume que sont déposés les papiers et minutes | appartenant à son étude et injustement retenus par son prédécesseur | C. Bourges, 14 août 1856
- ne doit pas | produire en minute les actes sujets à l'approbation du préfet
- n'est tenu | que d'en délivrer — à l'administration — une copie | sur le vu de laquelle l'approbation peut être donnée par un arrêté séparé qui est ensuite annexé à la minute | Circ. min. 6 septembre 1855 (5)

Le président du tribunal	peut	commettre un notaire à la garde des minutes d'un notaire suspendu	par application de l'art. 61 de la loi du 25 ventôse an 11	Cass. 29 mai 1854 / C. Lyon, 27 janvier 1855
		dispenser	de l'apposition des scellés sur les minutes d'un notaire décédé — en commettant	le jour même du décès — un autre notaire pour dépositaire provisoire de ces minutes — ou décidant qu'elles lui seront remises en présence des héritiers	Ord. du président du tribunal de Perpignan, 12 mars 1855
		ordonner l'apport de la minute d'un acte pour procéder à la taxe des honoraires	C. Bordeaux, 4 août 1851 (6)	
Entre	la veuve, commune en biens, et les héritiers du mari	s'il y a égalité d'intérêts pour la conservation de la minute	en conséquence, la garde de cette minute appartient au plus ancien des deux notaires qui ont procédé à l'inventaire	C. Nancy, 21 août 1855
Le notaire du débiteur	a la préférence sur celui du créancier pour la réception et la garde de la minute de la quittance			
Le créancier	ne peut	refuser les offres réelles qui lui sont faites à la charge de passer quittance devant le notaire du débiteur surtout si ce notaire consent à se rendre au domicile du créancier pour recevoir la quittance	Trib. Belfort, 27 novembre 1855	
	a le droit — en ce cas — de faire concourir le notaire de son choix à la rédaction de la quittance			
La désignation des notaires	chargés de procéder à certains actes judiciaires	appartient au pouvoir discrétionnaire des tribunaux		
Les juges	dans cette désignation	ne sont point liés par les usages et règlements du Notariat	Cass. 24 décembre 1851 — 29 janvier 1855 — 30 juin 1856	

(V. le feuillet suivant.)

---

(1) La formation d'un tableau général des anciens notaires, de leurs minutes et des notaires qui en sont actuellement dépositaires, a été regardée comme un travail d'utilité publique. — Ce travail a été fait à Auxiller par M. Servais, président de la Chambre, qui a présenté ainsi la situation complète des notaires de son ressort. — Un répertoire des corps de minutes existe pour l'arrondissement de Riom et en être mis à jour par les soins de M. de Labrosse, notaire honoraire. — Le J. N. a offert depuis long-temps son obligeant concours pour une publication générale et périodique de semblables répertoires auxquels les annuaires de plusieurs départements, comme celui du Puy-de-Dôme, ont eu la bonne attention de suppléer par l'indication sommaire de tous les anciens dépôts de minutes.

(2) Le nom de minute vient de ce que, jadis, l'on écrivait les actes en notes ou écriture menue (minuta) pour plus de promptitude — Le Notaire ou tabellion en faisait ensuite des copies, en caractères plus gros, pour délivrer aux parties; de là l'origine du mot grosse. — On donnait aussi aux minutes qui alors se remettaient aux parties le nom de brevet, brefs ou brevets (Ed. Clerc).

(3) Les minutes et répertoires ne sont aucunement la propriété des notaires. — C'est une propriété publique confiée à leur garde par l'art. 1er de la loi de leur institution.

(4) Le J. N. dit : La prudence peut, dans beaucoup de circonstances, justifier cette mesure ; Il est arrivé qu'un notaire a été recherché en garantie à raison de la destruction d'une minute qui lui avait été arrachée des mains par celui à qui il en avait donné communication sur son propre bureau, bien que le crime fût constant et que le coupable ait été condamné à la peine de l'art. 255 de C. pénal.

(5) V. J. N. art. 1816 et 1903.

(6) V. J. N. art. 7215, et la note de l'art. 9238 rappelée dans les premières propositions de ce tableau.

RÉGLEMENT DES NOTAIRES DE BAR-SUR-AUBE. — DU 27 JUIN 1843.

Principales dispositions relatives au droit de préférence pour la réception des Actes et la conservation des Minutes, à consulter comme étant d'usage général dans les cas de concurrence entre confrères.

(V. le tableau précédent.)

§ 1er. — DROIT DE CONCOURS.

Quand il se présente plus de deux notaires pour coopérer au même acte | les deux plus anciens en exercice excluent les autres | sauf les exceptions ci-après

Les notaires | appelés par les parties ayant un même intérêt | l'acte est reçu par les deux plus anciens notaires
ne peuvent exclure le notaire plus jeune choisi par d'autres parties ayant un intérêt différent | pris dans les intérêts opposés

En cas de concours de plusieurs notaires appelés pour procéder | à un inventaire — à un récolement et
à tous autres actes tendant à la liquidation et au partage d'une communauté ou d'une succession

La préférence appartient dans l'ordre suivant :
1° au notaire de l'époux survivant, commun en biens ou marié sous le régime dotal avec société d'acquêts
2° au notaire de l'exécuteur testamentaire ayant la saisine
3° au notaire qui sera en possession de la clientèle du débiteur — ou en cas d'incertitude à cet égard au notaire des ayants-droit à une succession, qui auront la plus grande somme d'intérêt
4° au plus ancien des notaires appelés par les héritiers en réunion
5° au plus ancien des notaires des légataires universels
6°　　　　　　　　　　　des héritiers non réservataires
7°　　　　　　　　　　　des légataires à titre universel
8°　　　　　　　　　　　appelés par les enfants naturels légalement reconnus

Est réglé dans le même ordre que ci-dessus | le droit de concourir aux licitations — liquidations — comptes et partages amiables — et autres actes entre cohéritiers, co-donataires ou co-légataires

Le notaire | choisi par l'exécuteur testamentaire — lorsqu'il est admis à concourir
ne peut exercer son droit de concours qu'à l'égard des actes pour la validité desquels la présence de l'exécuteur est légitime et nécessaire

Quant aux autres actes — ils seront faits | 1° par le notaire qui aura procédé à l'inventaire avec éclat de l'exécuteur testamentaire
2° et par le notaire que les parties pourront nommer, en suivant les présentes règles
par suite d'arrangements quelconques

Lorsque | l'une des parties n'aura plus aucun intérêt dans les opérations subséquentes, | son notaire | qu'il ait ou non les minutes de l'inventaire et autres actes qui en sont la suite
n'aura plus droit de concours dans les actes ultérieurs — et l'on appliquera pour ces actes les règles ci-dessus et ci-après.

Dans les inventaires et récolements, le droit de préférence | pour le concours comme pour la rétention des minutes
est définitivement fixé quand l'initiale de la première vacation est terminée et signé par les parties

Si la première vacation a été faite par un seul notaire
Et qu'il en survienne un autre aux vacations suivantes | ce dernier aura le droit d'y concourir; mais la minute demeurera à celui qui aura procédé à cette vacation

Si la veuve n'a d'intérêts que comme légataire et comme créancière | son notaire n'a pas plus de préférence que celui de tous les autres créanciers et légataires

Le droit | d'appeler leur notaire à l'inventaire et au récolement ne pourra, en aucun cas, être exercé par ceux-ci-après :
1° le subrogé-tuteur des mineurs
2° les héritiers présomptifs réservataires qui sont dessaisis par l'effet des | donations, testaments authentiques ou testaments olographes ou mystiques, suivis d'envoi en possession
3° les créanciers — à moins que l'inventaire ou récolement ne soit fait à leur seule requête
4° les donataires et légataires à titre particulier

Le droit de concours n'existe jamais | en faveur du notaire d'un adjudicataire

§ II. — ATTRIBUTION DES MINUTES.

Le droit de retenir la minute appartient | en principe — au notaire de la partie ayant la plus grande somme d'intérêts
en cas d'égalité d'intérêts — au notaire le plus ancien

La conservation de la minute des inventaires et leur rédaction demeurent réservées dans l'ordre suivant :

Dans les inventaires après décès |
1° au notaire de l'époux survivant, commun en biens ou marié sous le régime dotal avec société d'acquêts.
2° au notaire qui sera en possession de la clientèle du défunt.
3° au notaire des héritiers réservataires.
4° au notaire du légataire universel.
5° au notaire des héritiers non réservataires.
6° au notaire du légataire à titre universel.
7° au notaire de l'exécuteur testamentaire | ayant ou non la saisine.
8° au notaire de l'enfant naturel reconnu.
9° au notaire des légataires à titre particulier.
10° au notaire des créanciers.

Après absence | 1° au notaire du conjoint présent, commun en biens ou marié sous le régime dotal avec société d'acquêts.
2° au notaire des envoyés en possession.

Après interdiction | 1° au notaire du conjoint commun en biens ou marié sous le régime dotal avec société d'acquêts.
2° au notaire du tuteur.

Dans les inventaires pour raison de l'exercice de la tutelle :

Particulièrement au notaire du tuteur en exercice ou entrant en fonctions — à moins que le notaire du défunt ne soit appelé par le subrogé-tuteur, auquel ce dernier à la minute.

Dans les inventaires par suite de séparation judiciaire :

Au notaire de la femme.

Dans les inventaires après séparation de corps :

Au notaire de l'époux qui a obtenu la séparation.

En ces deux derniers cas — si chacun des deux époux séparés de biens appelle un notaire pour la confection de l'inventaire d'une succession échue à la femme, la minute appartient au notaire de cette dernière.

La garde | de la minute de | licitation, liquidation, partage et autres opérations de succession | appartient | au notaire possesseur | de l'inventaire ou de la minute | du récolement
sauf le cas et la conséquence d'arrangement quelconque comme est dit ci-dessus pour le droit de concours.

Dans les cas autres que ceux prévus ci-contre, les minutes des actes ci-après appartiennent, savoir :

1° Cession de biens volontaire	au notaire du cédant	19° Nantissement	au notaire du créancier
2° Affectation hypothécaire	du créancier	20° Obligation :	
3° Antichrèse	id.	portant créance en pleine propriété	id.
4° Bail à rente	de l'acquéreur	portant créance en usufruit au profit d'une individu et en une propriété au profit d'un autre	
5° Bail à ferme ou à loyer	du bailleur		
6° Bail à vie	id.	21° Ordre amiable et distribution	du nu propriété
7° Brevet d'apprentissage	de l'apprenti		du débiteur
8° Cautionnement	du créancier	22° Ouverture de crédit	du créancier
9° Cession de bail avec le concours du bailleur	du bailleur	23° Procès-verbaux de comparution et autres	du requérant
— Sans ce concours	du cédant	24° Quittance avec subrogation	du bailleur de fonds
10° Compte de tutelle et autres	du rendant compte	sans subrogation	du débiteur
11° Concordat	du failli	25° Ratification	de la partie laquelle elle profite
12° Constitution de rente par pétation ou viagère	du créancier	26° Réméré (exercice du droit de)	de la partie qui l'exerce
13° Contrat de mariage	de la future épouse	27° Résiliation	de la partie à laquelle la chose retourne
14° Délégation et transport	du cessionnaire	28° Retrait successoral	de l'héritier
15° Devis et marché	de la personne qui fait faire l'entreprise	29° Titre nouvel	du créancier
16° Donation et actes qui en sont le complément	du donateur	30° Vente — en toute propriété en usufruit à l'un et en nue propriété à l'autre	de l'acquéreur
17° Échange avec soulte	de l'échangiste qui fait soulte		du nu propriété
18° Main-levée d'inscription sans paiement	du créancier		

En cas de difficulté | sur le lieu des réunions — lorsque deux notaires opéreront ensemble ces réunions devront avoir lieu dans l'étude de celui qui conserve la minute

L'acte | si l'un des deux notaires est d'une classe inférieure à l'autre doit être passé dans au lieu où ce notaire puisse exercer en sa qualité

Les honoraires de la minute | toutes les fois qu'il y aura dans un acte concours de deux notaires seront partagés | dans la proportion des droits et intérêts de leurs clients sans néanmoins que le notaire qui garde la minute puisse avoir moins de moitié des honoraires

Les droits | de grosses, expéditions ou extraits des actes de toute nature appartiendront au notaire détenteur de la minute

GROSSES ET EXPÉDITIONS.

LES NOTAIRES

Quant au droit de promulguer, c'est-à-dire de rendre exécutoire l'acte passé devant eux ; sont véritablement les délégués de la puissance publique | J. N. art. 2887

Ne doivent délivrer | expédition des contrats de mariage tant que les époux ne sont pas unis | qu'en faisant mention | de la date de la délivrance sur l'expédition | Arg. art. 1322 du Code Napol.

car | Il pourrait arriver que des changements soient faits à ce contrat — et il ne faut pas que le notaire puisse être recherché comme paraissant avoir enfreint les dispositions de l'art. 1397 du Code Napoléon | Sol. J. N.

N'ont le droit d'exiger | avant le paiement des débours et honoraires de leurs minutes (1) | sans pouvoir contraindre les parties à en retirer | des grosses ou des expéditions | Trib. Quimper, 6 août 1849 | Arr. du 14 octobre 1730

peuvent | dans les expéditions des actes reproduire les tableaux en chiffres | en observant | de ne pas excéder par page le nombre de lignes déterminé | en conséquence | un supplément de droit de timbre ne peut être exigé sur une expédition, sous le motif qu'un plus grand nombre de feuilles aurait été employé si les énonciations des tableaux en chiffres avaient été écrites en toutes lettres | Inst. Régie, 20 juillet 1830

ne peuvent | délivrer grosse | d'un acte sous seing privé que si le débiteur en a fait le dépôt ou y a signé | Cass. 16 décembre 1819 — 27 mars 1831 — J. N. art. 1129 | d'un billet à ordre passé devant eux et dont le rapport leur est fait pour minute | J. N. art. 7141

devant lesquels un acte a été passé sont tenus d'en fournir expédition | aux parties contractantes par eux ou leurs successeurs | tellement qu'ils | Bourges, 17 juin 1829

sont responsables | envers la partie qui a intérêt à obtenir cette expédition du dommage résultant d'une production tardive à un ordre

L'amende | n'est pas encourue quand on emploie plus de quinze syllabes par ligne | Déc. min. 16 février 1807

Le cessionnaire | d'une rente constituée dans un contrat de mariage est un ayant-droit de la partie — et peut exiger expédition entière du contrat | sans que le notaire | détenteur de la minute puisse l'obliger à se contenter d'un extrait des clauses relatives à la rente cédée | C. Dijon, 27 janvier 1847

Un légataire institué par testament / Un tiers auquel l'une des parties s'engage à servir une rente | sont des parties intéressées dans le sens de l'art. 23 de la loi de ventôse | Arg. Rouen, 13 mars 1836 (2)

Celui qui | se prétend héritier sans justifier de sa qualité | ne peut exiger | expédition ni communication | des actes

Lorsqu'une partie demande expédition | d'une ancienne minute écrite en caractères illisibles | il y a lieu de requérir | du président du tribunal la nomination d'un expert | pour | déchiffrer la minute et en faire une traduction | Déc. du président du tribunal de la Seine, 17 janvier 1846
(traduction qui doit être annexée et dont le notaire délivre expédition)

La partie | contre laquelle un acte notarié a été annulé au fond n'a pas d'action pour en obtenir expédition | Cass. 15 mars 1836

Quand le testateur demande au notaire | l'expédition du testament qu'il a passé devant lui | le notaire peut lui délivrer cette expédition sans soumettre la minute à l'enregistrement (3) | Déc. min. 15 avril 1809

Il en est de même des donations | entre époux pendant le mariage | Sol. J. N. art. 0943

La formule exécutoire | apposée sur une grosse | n'est pas nulle | par cela seul que quelques-uns des termes de la formule légale auraient été omis si les expressions les plus importantes s'y trouvent | C. Riom, 13 mai 1844

Les initiales F. G. ou les mots Fait-Grosse | écrits sur la minute d'un acte obligatoire | ne suffisent pas pour | établir le fait même de la délivrance de première grosse | la mention | prescrite par l'art. 25 de la loi de ventôse | doit | contenir ces mots : fait et délivré grosse et être paraphée par le notaire (4) | Trib. Orléans, 21 juin 1850

Lorsqu'une obligation a été délivrée en brevet | Le créancier peut obtenir une grosse exécutoire | en déposant le brevet chez un notaire autre que celui qui l'a reçu | Trib. Aubusson, 13 juillet 1844 (5)

Il suffit | qu'il soit présenté au notaire une ordonnance du président autorisant la délivrance | d'une expédition à un tiers intéressé | pour qu'il | ne soit pas admis à en discuter le mérite, doive s'y conformer et y trouver sa garantie | Rouen, 13 mars 1836 (6)

Le notaire | ne pouvant recevoir aucun dépôt de pièces sans en dresser acte (art. 44 de la loi du 25 frimaire an 7) | doit | nécessairement dresser acte du dépôt entre ses mains de l'ordonnance | du président du tribunal de première instance autorisant la délivrance de l'expédition d'un acte à une personne qui n'y a pas figuré | Usage adopté à Paris, Journ. Not. n° 1100 | conserver ainsi ladite ordonnance pour mettre sa responsabilité à couvert — et la mentionner, comme l'acte de dépôt, dans un style qui précède l'expédition délivrée au requérant.

Un notaire | peut délivrer des grosses et expéditions des minutes de son prédécesseur, infectées de nullités évidentes | doit mentionner ces nullités, si elles proviennent de surcharges, renvois, ratures non approuvés | J. N. art. 448, 1117

Dans les expéditions ou copies | comme dans les minutes des actes et contrats | les notaires doivent omettre tout ce qui rappelle le régime féodal | à peine de 28 fr. d'amende | Commentaire de la loi de ventôse

La permission du juge | n'est pas nécessaire | lorsque le débiteur consent à la délivrance d'une seconde grosse | J. N. art. 268, 2343, 2806

Est nul | le commandement fait | en vertu d'une seconde grosse délivrée par un notaire sans qu'on ait rempli les formalités de l'art. 844 du Code de procédure, notamment sans sommation préalable aux parties intéressées | C. Bordeaux, 24 août 1845

---

(1) Généralement, comme bonne pratique et régularité des affaires, tous les actes sont expédiés à mesure qu'ils reviennent de l'enregistrement; c'est donc aux clients, qui n'ignorent pas cet usage, de déclarer, en passant leurs conventions, qu'ils n'entendent pas retirer de copies, sans quoi l'expédition faite devrait être payée.

(2) C'est aussi l'opinion de M. Dalloz.

(3) M. Éd. Clerc conseille d'y ajouter; en ce cas, une mention indiquant la date de la délivrance et la réquisition du testament, et M. Dalloz dit que cette mention doit constater qu'il ne peut être fait aucun usage légal du testament, avant que la minute ait été enregistrée.

(4) Les grosses étant rarement délivrées aussitôt qu'elles sont prêtes, la mention ainsi formulée ne rend pas plus exacte le fait de la délivrance, mais elle le constate d'une manière parfaite.

(5) Cela se fait sans doute dans la pratique; — mais, par procédé, l'on doit renvoyer le dépôt au notaire qui a reçu l'obligation.

(6) Conformément, encore, à l'avis de M. Dalloz.

TIMBRE ET ENREGISTREMENT (1)

Sujet	Disposition	Référence
Peuvent être timbrées à l'extraordinaire	les polices d'assurances maritimes — à rédiger par les notaires ou les courtiers / le registre spécial qu'ils doivent tenir pour la transcription de ces polices	Sol. de la Régie, 12 septembre 1850
Les affiches	sujettes au timbre spécial / peuvent { sans contravention / comprendre plusieurs annonces différentes }	Trib. de la Seine, 2 février 1843
Un seing manuscrit	apposé dans une étude de notaire et annonçant une vente de meubles ou d'immeubles / est sujet au timbre	Trib. Melun, 11 juin 1845
Le procès-verbal de tirage au sort des lots	peut être écrit { à la suite du partage / sur la même feuille de papier }	Déc. de la Régie, 15 septembre 1845
La quittance	des frais de poursuites dus à l'avoué / peut être { écrite sans contravention / à la suite du procès-verbal d'adjudication faite devant un notaire commis en justice }	Sol. de la Régie, 3 août 1851
Les préposés de l'enregistrement	n'ont pas le droit { d'exiger des parties la communication des expéditions d'actes à elles délivrées / afin de constater les contraventions à la loi sur le timbre, qui pourraient / avoir été commises par les notaires dans ces expéditions }	Sol. J. N. art. 8357
	lorsqu'ils se procurent ces expéditions par des voies détournées / ne sont pas fondés à poursuivre { au cas de contravention / le paiement des amendes contre les notaires }	Trib. Loudun, 6 août 1824
sont exempts du timbre (2)	les demandes d'états d'inscriptions aux bureaux des hypothèques	Déc. min. 6 février 1840
	les expéditions { délivrées aux maires et administrateurs des établissements publics / des arrêtés préfectoraux portant autorisation [aux communes ou à ces établissements d'acquérir, vendre, accepter des dons et legs, etc.] / de l'arrêté du préfet portant approbation [des contrats intéressant les communes et ces établissements] }	Déc. min. 6 novembre 1855
	les inscriptions sur le grand livre de la dette publique et les effets publics d'art. 16 de la loi du 13 brumaire an 7, n'ayant pas été modifié à cet égard par la loi du 5 juin 1850, — les titres de ces inscriptions et les effets peuvent être énoncés dans un acte notarié sans avoir été timbrés.	Sol. Journ. Not. n° 1180
LE NOTAIRE	contrevient { à l'art. 49 de la loi du 2 juin 1859 / quand il se borne à déclarer dans un acte [que les billets y énoncés sont sur timbre proportionnel — sans mentionner le droit de timbre] }	Trib. Seine, 19 février 1853
	(cet art. 49 s'applique aux actes sous seings privés de quelque nature qu'ils soient, commerciaux ou civils)	Cass. 31 mai 1853
	satisfait { au vœu de ce même article, en déclarant (quand il en est ainsi) que les effets, certificats d'action, titres, etc., ou tous autres actes sujets au timbre et mentionnés dans un acte notarié — ne sont pas timbrés, — mais dans ce cas il }	
	se trouve { sous l'application de l'art. 24 de la loi du 13 brumaire an 7, qui lui défend d'agir sur un acte ou effet de commerce non revêtu du timbre — sous peine d'une amende réduite à 36 fr. par la loi du 16 juin 1824 }	
	est tenu de déclarer { dans les inventaires comme dans tous autres actes / si les titres et actes mentionnés sont ou non revêtus de timbre }	Sol. Régie, 24 août 1849
	mais cette obligation ne porte point atteinte à la faculté qui appartient au notaire d'énoncer dans les inventaires des actes non enregistrés ou non timbrés; en conséquence, il n'est personnellement passible d'aucune amende de timbre des actes relatés dans les inventaires	
	les obligations { imposées aux officiers publics et ministériels par l'art. 49 de la loi du 5 juin 1850 / ne s'appliquent qu'au cas où l'art. 24 de la loi du 13 brumaire an 7 leur fait défense d'agir sur des actes [non écrits sur papier timbré / du timbre prescrit ou / non visés pour timbre] / ne concernent pas notamment les descriptions de titres dans les inventaires et les mentions d'actes dans les instruments notariés }	Déc. min. 2 février 1855
	est responsable envers les parties / du paiement du droit proportionnel dû à raison du défaut { de notification ou d'enregistrement } { de la déclaration de command dans les 24 heures de l'adjudication }	Cass. 22 décembre 1845 / Trib. Dundront, 21 janvier 1846
L'acte d'acquisition d'immeubles	{ pour remploi d'un bien dotal / en exécution du jugement qui a ordonné l'expropriation pour utilité publique / doit être visé pour timbre et enregistré gratis }	Cass. 19 décembre 1845 — 8 décembre 1847 — 24 mai 1848
Il en est de même	de l'acquisition en remploi { faite [pour le compte d'un mineur / dans les mêmes circonstances] }	
Les actes	faits en vertu de la loi sur l'expropriation { pour cause d'utilité publique } et qui doivent être visés pour timbre et enregistrés gratis / peuvent être présentés { simultanément à cette double formalité }	Déc. min. 20 mars 1843
	ayant pour objet { le paiement et le partage des sommes provenant de l'indemnité liquidée au profit des anciens colons de St-Domingue } sont exempts du timbre et de l'enregistrement	Trib. de la Seine, 27 novembre 1848
Il n'y a point de contravention à écrire	{ sur le verso des timbres	Cass. 3 juillet 1845 / un effet de commerce sur une feuille [de papier au timbre de dimension réduite à la proportion du timbre proportionnel] }	Déc. Régie, 11 novembre 1848
Lorsqu'un effet négociable	écrit sur papier du timbre prescrit pour les effets de cette nature, ne peut contenir tous les endossements à y mettre, / on peut sans contravention ajouter à cet effet { du papier non timbré / pour la rédaction des endossements subséquents }	Déc. Régie, 17 octobre 1847
La donation entre vifs	faite durant le mariage / par un mari à sa femme acceptante { emporte transmission immédiate / ne peut (3) [quoique révocable (Code Napoléon, art. 1096) être considérée comme éventuelle] }	Cass. 31 août 1852
	donnant droit de { posséder, jouir et disposer } de suite { est conséquemment soumise [au droit proportionnel lors de l'enregistrement de l'acte] }	
Lorsqu'un acte notarié	contenant quittance et portant deux dates / constate qu'il a été signé { à la première date par le créancier et / à la seconde par le mandataire du débiteur }	Trib. Vendôme, 16 janvier 1856
	le délai pour l'enregistrement { court de la première date (4) }	

(V. le tableau suivant.)

(1) La propriété foncière rapporte annuellement, en droits d'enregistrement et de timbre, 775 millions. — Elle paie pour sa part directe de tous objets, 765 millions; — pour intérêts à 5 0/0 de sa dette hypothécaire de 16 milliards, 800 millions; — pour frais de justice en faveur... tous les ans dans la procédure, 160 millions; — au total, 1,155 millions. — On estime qu'en moyenne 100 francs d'impôts représentent une valeur immobilière d'environ 36,000 francs. — Et son revenu net, calculé en moyenne à 55 francs par hectare, c'est que de 1,500 millions. — Ce revenu est de 3 0/0 pour le propriétaire qui afferme, — de 4 0/0 pour le fermier, — de 7 0/0 pour le propriétaire qui fait valoir — opérations faites défalcations et toujours en moyenne.

(2) Les expéditions de ces arrêtés délivrées sur papier timbré et les ampliations des décrets d'autorisation et approbation aux mêmes fins peuvent être annexées aux contrats de vente et autres, sans être soumis préalablement au timbre extraordinaire ou au visa pour timbre, — mais les copies de ces annexes délivrées aux parties dans leur intérêt privé, rentrent dans la condition ordinaire des expéditions, et ne peuvent être faites que sur timbre (Déc. min. 9 juin 1856).

(3) La révocation était, dans l'espèce, une condition résolutoire et non suspensive de la mutation.

(4) Dans le jugement du Trib. de Riom du 22 février 1856, rapporté à la fin de ce tableau, l'on a rejeté la distinction entre les actes synallagmatiques et les actes unilatéraux, disant que la loi ne distingue pas; — et voici la raison s'est appuyée sur cette distinction pour motiver le double droit contre le notaire qui n'avait fait enregistrer le quittance que dans le délai de la seconde date.

ENREGISTREMENT.

(V. le tableau précédent.)

IL Y A LIEU à AMENDE (1)

contre le notaire qui rédige — sans faire enregistrer les polices d'assurances — des actes de vente ou d'échange portant que l'acquéreur ou l'échangiste entretiendra l'assurance à laquelle la maison peut être attachée, ou bien l'assurance à laquelle la maison est ou peut être assurée. Ces expressions équivoques et dubitatives devant être considérées comme des expressions prises pour dissimuler l'existence d'un acte dont on faisait usage en s'y référant, et à raison duquel on n'a pas stipulé sans qu'il existât — Cass. 5 avril 1854

lorsqu'un acte notarié — a été reçu à deux dates différentes sans que la nécessité de la seconde soit justifiée par la nature de l'acte. Et lorsqu'il est établi que l'acte avait reçu sa perfection à la première date, — et que la seconde a été ajoutée dans le seul but de prolonger le délai de l'enregistrement (2) — Trib. Loches, 22 avril 1855

C'est une contravention à l'art. 16 de la loi du 25 ventôse an 11, et le notaire est passible du double droit

pour avoir rédigé — l'acte de partage d'une communauté ou succession, en conséquence d'un jugement (non enregistré) d'adjudication des immeubles en dépendant — lors même que ce jugement et l'acte de partage sont présentés simultanément à l'enregistrement — Trib. Amiens, 14 janvier 1846

(ou au double droit) quand on présente un acte — à l'enregistrement le dernier jour du délai après l'heure indiquée pour la clôture du bureau, quoique ce soit avant celle que l'art. 1037 du Code de procédure fixe pour la fin du jour — Cass. 28 février 1838 (V. plus bas)

pour mention — dans un acte — d'actes — faits et enregistrés dans une colonie — spécialement à Alger — sans les soumettre à l'enregistrement en France — Trib. Seine, 16 avril 1845

lorsque — dans le procès-verbal d'une adjudication d'immeubles faite devant un notaire commis en justice il est déclaré — que les frais faits par l'avoué pour parvenir à la vente ont été taxés à la somme de ..... — sans que l'acte constatant la taxe ait été préalablement enregistré — Trib. Mortagne, 5 juillet 1854

la feuille du journal — contenant l'annonce de la vente signée de l'imprimeur et légalisée — n'a pas été enregistrée avant la rédaction du procès-verbal — Déc. Régie (3)

Le délai d'enregistrement

d'un acte — portant plusieurs dates — ne court que du jour où il a été revêtu de la signature du notaire (4) — Trib. Blois, 18 décembre 1852

des actes notariés soumis à l'approbation du préfet court — non pas de la date de cette approbation, mais du jour de l'arrivée de l'arrêté approbatif à la mairie — Déc. min. 20 novembre 1831 / Inst. Régie, 27 février 1812

LES NOTAIRES

ne sont pas tenus — des suppléments de droit des actes enregistrés : les parties en sont seules débitrices — Déc. min. 29 juin 1809 — Trib. Montmorillon, 24 novembre 1861

des droits de mutation dont la preuve peut se tirer des actes par eux rédigés — mais n'en formant pas le titre — Cass. 12 février 1834 (5)

peuvent exiger — le remboursement des droits avancés pour leurs actes malgré l'allégation par les parties qu'ils auraient pu les éviter en donnant à l'affaire une autre forme ou direction — Cass. 24 août 1835

qui — rédigent des actes en vertu d'actes passés dans les colonies, ou les reçoivent en dépôt sans les avoir préalablement fait enregistrer en France

contrairement — à l'art. 44 de la loi du 22 frimaire an 7 sauf la faculté qui leur est accordée par l'art. 12 de la loi du 16 juin 1824 — Dict. Not. 4ᵉ édition — (V. colonie, n° 125)

sont toujours fondés à exiger (et les receveurs doivent faire) — l'enregistrement immédiat de leurs actes — Les receveurs ne pouvant retenir 24 heures que les actes notariés en brevet et dont le notaire leur refuse copie conforme — Dict. Not. 4ᵉ édition

n'encourent pas l'amende — pour avoir présenté un acte à l'enregistrement le dernier jour du délai, après l'heure de fermeture du bureau — Déc. min. 7 août 1832 / Trib. Apt. 21 mars 1834

devraient — pour prévenir les omissions des préposés — faire enregistrer devant eux et reprendre immédiatement — les actes importants, notamment les donations, contrats de mariage, testaments (surtout)

toujours — inscrire leurs actes au répertoire avant de les porter à l'enregistrement — lorsqu'ils sont retirés du bureau — remplir au répertoire les droits perçus — afin de s'apercevoir si les actes laissés au receveur n'auraient été enregistrés qu'après le délai — Sol. J. N. art. 9184

seraient mal venus à décliner — la responsabilité d'un acte qu'ils n'auraient point revêtu de leur signature sous le prétexte qu'on ne leur aurait pas consigné le montant des droits surtout s'ils ne prouvaient point et même s'ils n'articulaient pas qu'ils eussent exigé cette consignation — Bourges, 29 avril 1823 / Cass. 27 juillet 1827

ne commettent point un faux criminel lorsque — à la demande des contractants et dans le seul but de diminuer les droits ils dissimulent une partie du prix d'une vente (7) — C. Angers, 24 mars 1835 / C. Rennes, 9 février 1848

ne sont point passibles d'amende pour avoir énoncé — dans l'acte de renonciation des légataires le testament non enregistré — Sol. J. N. art. 8730 — Déc. Régie, 22 janvier 1849

la renonciation du légataire le dispense de l'acquit du droit d'enregistrement du testament — Cass. 26 décembre 1832

peuvent rédiger — un acte de dépôt de testament sans que le procès-verbal contenant l'ordonnance du président ait été enregistré — Délib. 31 août 1876

qui ont procédé — à une vente d'immeubles d'après une commission du tribunal ne peuvent se dispenser de faire enregistrer l'adjudication et au délai voulu quoique les droits ne lui aient point été consignés par l'adjudicataire tombé en faillite depuis l'adjudication — Trib. Hâvre, 27 février 1848

La base légale d'évaluation pour la perception — du droit d'enregistrement sur les donations d'immeubles — est le prix des baux courants — Cass. 17 février 1832

En matière d'enregistrement (comme en matière ordinaire) — le jour à quo est exclu du temps déterminé pour la prescription (8) — Cass. 2 mai 1831

il n'est pas permis de raisonner d'un cas à un autre, et d'étendre par analogie un texte de loi fiscale — Cass. (Doctrine)

(V. le tableau suivant.)

---

(1) Toutes les fois que des amendes ont été exigées à l'enregistrement par une application inexacte ou forcée du Droit, il faut pétitionner auprès de M. le ministre des finances, en remise ou modération qui sont parfois accordées.

(2) Il résulte de ce jugement : 1° que l'acte à plusieurs dates ne doit être porté qu'à la dernière puisqu'il n'est parfait qu'alors ; — 2° que cet emploi de plusieurs dates ne doit avoir lieu qu'en cas de véritable nécessité ; — 3° que quand il en est fait usage l'on doit indiquer la date se rapportant à la coopération de telles et telles parties ; — 4° que les doubles dates ne se sont établies dans l'usage du Notariat que par exception et malgré les termes restrictifs des textes de lois. — V. la dissertation du J. N. et des règles posées par lui à cet égard, art. 13333 — 14637.

(3) Le J. N. pense que l'expéditeur du jour ant peut être présenté à l'enregistrement en même temps que ce procès-verbal, conformément à l'art. 13 de la loi du 16 juin 1824.

(4) Jour qui est toujours, et qu'en pratique l'on reconnaît être celui de la dernière date. — Dans cette affaire, la régie contesta la validité des doubles dates des actes ; mais le Tribunal en approuva implicitement l'usage et la jurisprudence est constante pour reconnaître la validité des doubles dates. — V. la 2ᵉ observ. ci-dessus et le J. du Not. n° 1312.

(5) Conformément à l'opinion de MM. Championnière et Rigaud. — L'omission de valeurs mobilières dans une déclaration de succession peut être prouvée par témoins (Trib. Gonesse, 12 mai 1858).

(6) V. la dernière note du 86ᵉ tableau.

(7) Le J. N. conseille aux notaires de résister à la dissimulation demandée par les parties. — Il reconnaît que la dissimulation connue du notaire peut donner lieu à une poursuite disciplinaire. — V. le 87ᵉ tableau.

(8) Quand la date d'un acte notarié présenté à l'enregistrement est surchargée, sans qu'on puisse lire quels étaient les mots remplacés, le receveur peut, indépendamment de l'amende, réclamer le double droit d'enregistrement pour retard de cette formalité (Inst. Régie, 21 frimaire, an 12).

ENREGISTREMENT [1]

(V. le tableau précédent.)

pour avoir
- *laissé*
  - dans la rédaction primitive et en projet de l'acte notarié
  - des blancs ayant pour objet des mentions | qui devaient être remplies avant la signature et qui l'ont été d'une écriture plus serrée que le corps de l'acte | *C. Paris, 6 décembre 1853*
- *procédé*
  - à l'adjudication d'actions dans une société industrielle sans les faire enregistrer (et le notaire n'est point passible d'amende) | *Sol. Régie, 11 mars 1851*

IL N'Y A PAS CONTRAVENTION
- à l'art. 42 de la loi du 22 frimaire an 7 (ni amende)
  - par le notaire qui rédige l'acte de quittance d'un billet non enregistré et déclaré adiré
  - parce que l'inutilité de la quittance notariée | si la perte du billet n'avait pas été réelle est elle-même la preuve incontestable de cette perte | *Sol. J. N. art. 10734*
- à l'art. 41 de la même loi | par le notaire qui rédige la déclaration de command avant que l'acte de vente ou d'adjudication passé devant lui ou un autre notaire, ou en justice, ait été soumis à l'enregistrement | *Inst. Régie, 22 janvier 1856* [3]
- cet art. 41 portant que les notaires peuvent | faire des actes en conséquence d'exploits et autres actes de cette nature avant qu'ils aient été enregistrés
- un notaire n'a pas contrevenu à la loi | pour avoir rédigé | un acte de consentement à l'exécution d'une saisie arrêt faite le même jour malgré que l'exploit de saisie n'ait été enregistré que le lendemain | *Sol. J. N. n° 1324*
- pour défaut d'enregistrement | des déclarations de grossesse faites devant notaire dans les délais prescrits pour tous les autres actes (la formalité ne devant avoir lieu que s'il est délivré des expéditions de ces déclarations) | *Déc. min. 20 février 1852*

Le notaire | qui énonce dans un acte un autre acte sous seing privé non enregistré commet la contravention prévue par les art. 34 et 42 de la loi du 22 frimaire an 7 | *Cass. 15 décembre 1856* [2]

La déclaration de command
- faite dans l'acte même de vente | donne ouverture à un nouveau droit de mutation à défaut de notification dans les 24 heures au receveur d'enregistrement | *Cass. 11 janvier 1847* [4]
- peut être valablement notifiée | au receveur d'un bureau autre que celui de la résidence du notaire quand le notaire se trouve trop éloigné de ce dernier bureau | *Délib. Régie, 5 mai 1847*

Les préposés de l'enregistrement
- n'ont pas le droit d'exiger la communication des actes | confiés aux notaires comme simples particuliers et dont l'existence dans leurs études n'est pas constatée par des actes de dépôts | *C. Douai, 27 décembre 1852*
- n'ont droit | lorsque les scellés ont été apposés à l'étude d'un notaire d'assister qu'à l'inventaire des actes déposés chez le notaire comme officier public | *Cass. (et Doctrine)*

Les immeubles | possédés en vertu d'un bail emphytéotique ne sont pas sujets au droit de mutation lors du décès de l'emphytéote | *Trib. Douai, 25 avril 1820*

La concession | à perpétuité — d'une terre dans un cimetière est passible — comme bail à durée illimitée — du droit d'enregistrement à 4 p % | *Déc. min. 12 mai 1845*

La régie | sur les énonciations précises et détaillées, faites dans un acte notarié d'un bail annoncé comme étant verbal | peut supposer qu'il en existe un écrit — et | est autorisée à rechercher les preuves de cet écrit et à réclamer le droit simple, et le double droit après les 3 mois | *Trib. Seine, 10 août 1854*

Les parties | qui requièrent l'enregistrement d'actes et jugements venant de l'étranger sont tenus d'y joindre une traduction faite par un traducteur juré | *Déc. min. 7 mars 1853*

Les droits d'enregistrement
- sur les contrats de mariage | doivent être restitués | quand il est reconnu que la célébration n'a pas eu et n'aura pas lieu et lorsque la demande en restitution est formée en temps utile | *Déc. min. Inst. juin 1805*
- d'un acte sous seing privé | qui n'opère point transmission d'immeubles, et qui conséquemment n'est pas, par lui-même, assujetti à la formalité sont à la charge de celle des parties qui a nécessité la production de cet acte en justice | *C. Amiens, 18 août 1838*

L'acte notarié | a date certaine (indépendamment de l'enregistrement) | *Cass. 13 janvier 1816 — Dict. de l'enregistrement, 1824 — (Favard)*

Lorsqu'une déclaration de command
- faite le 21 octobre et relative à une adjudication du 20 du même mois n'a été enregistrée que le 25, moyennant droit fixe
- le notaire ne peut | sur la demande ultérieurement formée par la régie du droit proportionnel excédant 150 fr. être admis à prouver par témoins que la déclaration a été déposée le 21 au bureau, c'est-à-dire dans les 24 heures de l'adjudication (5) | *Cass. 23 décembre 1823 — Trib. Domfront, 31 janvier 1846*

La faculté
- de requérir l'expertise, en matière d'enregistrement (6) appartient exclusivement à la régie et n'est pas accordée aux parties
- peut être exercée pour des immeubles vendus | par adjudication volontaire devant le notaire spécialement à la chambre des notaires de Paris | *Cass. 3 juillet 1855*

Un receveur
- après avoir enregistré des actes notariés dont les droits n'ont pas été payés en totalité ne peut retenir ces actes jusqu'à ce que ces droits soient soldés
- n'a que le droit | de réduire aux sommes payées les quittances mises sur les actes, et de poursuivre le règlement du surplus | *Sol. J. N. art. 7601*

Le ministre des finances seul peut | autoriser l'enregistrement des actes en débet — et accorder des délais pour le paiement des droits dus au fisc | *Cass. 9 novembre 1820*

(V. le tableau suivant.)

---

(1) V. J. du Not., n°s 1207 et 1208, la nomenclature de tous les arrêts rendus en 1856, en matière d'enregistrement. Il est de principe, en cette même matière, que, — pour qu'il y ait lieu à un droit proportionnel, il faut qu'il y ait obligation, libération ou transmission.

(2) Instruction conforme à des solutions de jurisprudence antérieure.

(3) C'est manifestement contraire à la loi modificative du 16 juin 1824, art. 12.

(4) Arrêt contraire à la doctrine et à des décisions précédentes de la Régie et du ministère. — D'après un autre arrêt de la même Cour du 21 mai 1825, et l'opinion de M. Dallos, la notification de déclaration de command devient superflue (mais c'est le seul cas où on peut l'éviter) lorsque la déclaration est présentée à l'enregistrement et admise à la formalité dans les 24 heures de l'adjudication ou du contrat, attendu que cette formalité ainsi remplie équivaut à une notification par acte extra-judiciaire.

(5) Pour prévenir ce grave inconvénient, le notaire doit, en vertu de la loi du 22 frimaire an 7, exiger que la déclaration de command soit enregistrée sur-le-champ, sous ses yeux, attendu qu'en laissant l'acte, le receveur pourrait, par oubli ou distraction, ne pas l'enregistrer à la date du dépôt; — ou bien prendre un récépissé du receveur, constatant la date de la remise de la déclaration de command. (Dict. not. art. 1360.)

(6) V. sur ce point, J. du Not., n°s des 5 et 19 mars et 2 avril 1856.

ENREGISTREMENT [1]

(V. le tableau précédent.)

L'ACTE
- constatant le dépôt
  - par une vente première
  - dans les minutes d'un notaire ou au greffe
  - des pièces relatives aux formalités de purge | sur réquisition | au profit de plusieurs non solidaires par un même procès-verbal d'adjudication — *Trib. Soissons, 17 février 1850*
  - — n'est pas sujet à autant de droits fixes d'enregistrement — qu'il y a d'acquéreurs [2]
- passé en double minute
  - par deux notaires qui ne sont pas domiciliés dans l'arrondissement du même bureau
  - doit être enregistré — savoir :
    - la première minute | moyennant le paiement des droits | au bureau du ressort du notaire qui en reste dépositaire
    - la seconde | seulement pour mémoire | au bureau duquel dépend l'autre notaire — *Déc. min. 10 août 1808*
- passé en France et translatif d'immeubles situés dans les colonies où l'enregistrement est établi | n'est sujet qu'au droit fixe — *Trib. de la Seine, 20 avril 1845*

La réduction
- du droit proportionnel d'enregistrement
- autorisée pour les donations faites aux futurs par contrat de mariage
- n'est point applicable aux donations | en faveur de mariage | faites par acte séparé du contrat — *Trib. Chartres, 8 avril 1854*

Les donations
- entre époux | pendant le mariage
- ne sont assujetties à l'enregistrement | que dans les trois mois du décès de l'époux donateur [3] — *Cass. 22 janvier 1828*

Les droits
- de sceau et d'enregistrement
- payés pour les lettres-patentes — de dispense d'âge ou de parenté pour mariage
- sont restituables
  - en vertu de l'art. 7 de la loi du 21 avril 1832
  - lorsque postérieurement à ce paiement l'impétrant justifie qu'il était hors d'état d'acquitter les droits fixes par la loi du 16 avril 1832 — *Avis de la Régie, août 1852*

L'assignation
- en restitution de droits engage l'instance | donnée devant les juges compétents
- arrête les prescriptions prononcées par l'art. 61 de la loi de frimaire
- Les art. 399 et suivants du Code de procédure | concernant la péremption d'instance | sont applicables en matière d'enregistrement — *Cass. 4 mai 1831*

La Régie a le droit et le devoir
- de rechercher | et | de constater
  - le véritable caractère des stipulations contenues dans les contrats
  - pour asseoir conformément à la loi les droits dus à raison de ces contrats — *Cass. 21 mars 1845*

Il ne peut y avoir fraude
- à faire un acte que la loi permet
- lors même que cet acte paraît être le résultat d'une combinaison pour payer de moindres droits — *Cass. (et Duvergier)*

La validité ou l'invalidité des actes
- est indifférente pour la perception des droits d'enregistrement

La Régie n'est juge
- ni des vices de forme des actes
- ni du défaut de qualité des parties contractantes — *Cass. 16 avril 1829*

Les directeurs peuvent
- faire suspendre les poursuites aussitôt qu'ils ont reçu une demande en remise ou modération d'amendes — ou de droits en sus [4] — *Inst. de la Régie, 20 novembre 1830*

Le procès-verbal d'une vente d'objets mobiliers [5]
- faite par un notaire qui supplée un commissaire-priseur absent
- n'est soumis à l'enregistrement | comme acte notarié | que dans le délai de 10 ou 15 jours — *Déc. min. 5 février 1854*

Le procès-verbal
- d'offres réelles fait par un notaire
- n'est assujetti à l'enregistrement | que dans le délai ordinaire de 10 ou 15 jours — *Sol. J. N. art. 13523*

On ne peut
- opposer à la Régie | les négligences commises par ses préposés dans l'enregistrement des actes

Mais
- les officiers publics ou les parties
- peuvent exercer | contre ces préposés | une action en garantie des dommages causés par leur négligence — *Cass. 22 décembre 1834*

Quand
- un acte notarié n'a point été enregistré dans le délai prescrit — et que
- la Régie reconnaît que c'est par la faute du receveur à qui l'acte avait été déposé avant l'expiration du délai
- Le ministre des finances | fait remise au notaire du double droit encouru et prononce contre le receveur une peine disciplinaire — *Déc. min. 19 juin 1855*

La limitation
- est constatée par le mandat
  - donné par l'ancien propriétaire
  - de vendre
    - en détail — moyennant un prix déterminé
    - à condition | que le mandataire conservera le surplus du prix fixé — et qu'il sera garant des ventes en détail — *Cass. 11 décembre 1855*

L'héritier bénéficiaire est tenu
Il en est de même du tuteur
- personnellement | d'acquitter les droits de succession — *C. Lyon, 30 mars 1854*
- lors même qu'il n'aurait entre les mains aucuns fonds disponibles — *Seine, 12 juin 1855*

La rente
- consentie moyennant une rente viagère constituée sur plusieurs têtes
- doit être enregistrée | d'après une déclaration estimative des parties et non sur le capital au denier 10 de la rente — *Arch. du Not. tome, p. 330*

La vente
- de droits successifs | donne lieu
  - au droit immobilier sur la totalité du prix
  - s'il n'y a pas un prix distinct pour les objets mobiliers
  - et ceux-ci n'ont pas été évalués article par article — *Cass. 7 août 1855*

(V. le tableau suivant.)

---

(1) M. Serieys dit qu'il n'est peut-être pas un seul notaire qui n'ait éprouvé les mauvais effets de l'arbitraire de l'administration de l'enregistrement.
(2) Conformément à plusieurs autres jugements.
(3) Étant assimilées aux testaments et devant, comme eux, être tenues secrètes jusqu'à leur exécution.
(4) M. Serieys en conclut que les amendes ne sont pas rémissibles.
(5) L'amende de 50 à 1,000 francs prononcée contre les particuliers qui vendraient ou feraient vendre des meubles n'a pas été réduite par la loi du 16 juin 1824.

ENREGISTREMENT.

(*V. le tableau précédent.*)

Lorsque des cohéritiers se rendent conjointement adjudicataires d'immeubles indivis de la succession

— Le droit de transcription hypothécaire / à 1 fr. 50 c. exigible lors de l'enregistrement / doit être perçu sur la totalité du prix de l'adjudication, — et non pas seulement comme total de l'enregistrement, sur la portion de ce prix applicable aux parts indivises acquises par les adjudicataires — Cass. 25 août 1854 (1)

Lorsque / sur une licitation poursuivie par le mari et la femme / le mari est déclaré adjudicataire d'un immeuble appartenant par indivis à celle-ci sans qu'il soit énoncé si cette acquisition est faite pour le compte de la femme

L'immeuble acquis doit néanmoins être considéré comme lui étant propre — et

Il y a lieu / pour la perception du droit d'enregistrement / de déduire du prix de l'adjudication la portion applicable à la part précédemment indivise de la femme (2) — Trib. Reims, 21 octobre 1854

L'ACTE / par lequel le tiers acquéreur d'une portion indivise des immeubles d'une succession acquiert les portions des autres cohéritiers / est une vente (et non une licitation) de nature à être transcrite — sujette au droit de 1 fr. 50 c. 0/0 — Cass. 9 janvier 1854 (3)

portant cession de droits successifs par tous les cohéritiers / à l'un d'eux à ses risques et périls / est un partage par cela seul qu'il fait cesser complètement l'indivision, et quoiqu'il ne soit pas sujet à rescision, — il est soumis au droit de 1 0/0 pour soulte et non à fr. 50 comme vente — Cass. 16 mai 1855

translatif de propriété de meubles et d'immeubles / qui ne coûtant pas tout à la fois / stipulation de prix particulier et évaluation article par article des objets mobiliers / est sujet au droit de vente immobilière sur la totalité du prix lors même que la vente de l'immeuble et celle des objets mobiliers sont faites par dispositions distinctes — Cass. 17 décembre 1845

Quand la validité du testament est contestée / le légataire universel est néanmoins tenu de faire sa déclaration, et de payer les droits de mutation par décès dans les six mois, à partir du décès du testateur — Trib. Blois, 3 décembre 1848

Le légataire universel n'est pas tenu d'acquitter les droits de mutation sur l'universalité des biens de la succession grevée de legs particuliers de sommes d'argent — Trib. Limoges, 16 août 1837

En cas de déchéance pour défaut de prestation de serment / le droit d'enregistrement perçu sur le traité de l'office n'est pas restituable — Cass. 22 janvier 1851 (4)

Lorsqu'après la prestation de serment / un jugement a réduit le prix porté au traité / le droit d'enregistrement perçu sur la somme retranchée est sujet à restitution; de même qu'au cas de réduction par l'autorité administrative avant la nomination du successeur — Trib. Mourins, 27 juillet 1849

Les profils faits par les notaires restent sujets au droit fixe de 1 fr. — Délib. Régie, 5 juillet 1850

La réduction des droits d'enregistrement prononcée par l'art. 4 de la loi du 16 juin 1824 pour les donations contenant partage anticipé / n'est pas applicable à l'acte portant donation par une mère à sa fille unique et aux enfants de celle-ci — Cass. 4 janvier 1847 — 5 juin 1845 — 12 mars 1849

La décharge du prix d'une vente publique de meubles / donnée à l'officier dans le procès-verbal même / n'est pas passible d'un droit particulier d'enregistrement — Sol. J. N. art. 4329

Le jugement prononçant résolution d'une donation d'immeubles pour cause d'inexécution des conditions / opère une mutation passible du droit d'enregistrement — Cass. 31 décembre 1845

Il y a un délai de 3 mois pour l'enregistrement des révocations de testaments — Déc. de la Régie, 4 nivôse an 12 / de la révocation par acte notarié d'une donation entre époux pendant le mariage (à partir du décès de l'époux donateur) — Cass. 30 juillet 1836

Les héritiers mineurs et les héritiers bénéficiaires doivent / comme les héritiers purs et simples / profiter du bénéfice de la décision ministérielle du 12 août 1806, d'après laquelle ils sont dispensés de payer les droits de mutation par décès sur les créances irrécouvrables de la succession en énonçant dans leur déclaration qu'ils y renoncent — Sol. Régie, 4 octobre 1845

Le testament contenant un legs d'immeubles au profit d'un parent en ligne directe du testateur à charge de restitution aux enfants nés ou à naître du légataire / est sujet au droit de transcription à 1 fr. 50 c. 0/0 — Cass. 7 et 25 avril 1839 (5)

Le notaire constitué, par ordonnance du président, dépositaire de ce testament en forme olographe / est tenu personnellement d'acquitter le droit de transcription, s'il rédige l'acte de dépôt

Les contre-lettres en matière de cession d'office / ne sont passibles que du double droit d'enregistrement (6) — Trib. Troyes, 22 janvier 1853 — Inst. Régie, 22 février 1854 / sont passibles du double droit, malgré leur annulation en justice — Trib. Seine, 17 juin 1853

Le droit proportionnel d'enregistrement perçu sur l'acte de transport du prix d'un office, consenti avant la nomination / doit être restitué lorsque cette nomination n'a pas eu lieu — Trib. Seine, 1ᵉʳ décembre 1847

(*V. le tableau suivant.*)

---

(1) *Conformément aux arrêts de la même Cour des 18 avril 1836, 7 novembre 1849, août 1850, 2 décembre 1851.*

(2) « *Attendu que l'application du droit d'enregistrement ne doit pas être réglée d'après la forme ou la teneur des actes, mais d'après leurs effets tels qu'ils sont déterminés par les principes du droit civil; — qu'ainsi, en cas d'adjudication sur licitation, les droits proportionnels ne sont dus qu'autant qu'il y a transmission effective de propriété et dans la mesure de cette transmission.* »

(3) *Conformément à cinq autres arrêts de 1845 à 1848. (V. C. N., art. 883. — L. 28 avril 1816, art. 54.*

(4) *Le Tribunal de Lyon a jugé, le 18 juillet 1848, qu'en ce cas et même sur le refus du candidat, les droits doivent être restitués.*

(5) *Le notaire qui n'a point reçu des parties la consignation du droit et ne veut pas en faire l'avance, peut se contenter de répertorier le testament sans dresser l'acte du dépôt; — sauf à remettre, dans le délai, au receveur, l'extrait certifié du testament (V. J. N., art. 13744.)*

(6) *V. la loi du 15 juin 1851, art. 11.*

HYPOTHÈQUES.

et le privilège établis sur un immeuble | se reportent sur la prime d'assurance en cas d'incendie | Colmar, 21 août 1838 — Cass. 25 juin 1841

conventionnelle sur les biens à venir | doit être inscrite à mesure des acquisitions faites par le débiteur | Cass. 27 avril 1840 — ne prend rang qu'à compter des inscriptions | C. Paris, 26 juin 1848

L'HYPOTHÈQUE :
- consentie — par un cohéritier — sur tous les immeubles de la succession indivise | produit son effet | sur tous ces biens s'ils sont devenus, par licitation, la propriété exclusive de l'héritier qui a constitué l'hypothèque | C. Bordeaux, 22 février 1845
- sur un immeuble indivis par l'un des copropriétaires | n'est pas anéantie | par la licitation lorsque l'immeuble est adjugé à un étranger
- on doit considérer comme étranger aux propriétaires | l'héritier pour partie de l'un d'eux | lorsqu'il a enchéri l'immeuble | en son nom personnel — et non comme représentant son auteur | C. Toulouse, 18 août 1841
- légale du mineur | subsiste | après l'arrêté et la décharge du compte de tutelle — à raison des erreurs ou omissions qui donnent lieu au redressement | de ce compte en faveur du mineur | Cass. 21 février 1848
- attendu notamment que toute action | du mineur contre son tuteur relativement à la tutelle | ne se prescrit que 10 ans après la majorité du pupille
- consentie sur un terrain nu | s'étend | aux constructions faites par l'acquéreur de ce terrain même à l'égard des créanciers dudit acquéreur | ce sont des améliorations dans le sens de l'art. 2133 | C. Paris, 18 janvier 1837
- judiciaire | peut être inscrite | avant que le jugement qui la confère ait été | enregistré et expédié | Cass. 12 juin 1833

Les jugements | dont la représentation peut obliger les conservateurs à rayer une inscription sont ceux rendus en dernier ressort ou passés en force de chose jugée | Sol. J. N. art. 155 — 3789

Le certificat | constatant qu'il n'existe pas d'inscription est nécessairement individuel — | en conséquence le salaire d'un franc | est exigible sur ce certificat par chacun des individus sur lesquels il n'y a pas d'inscription | Inst. Régie 31 décembre 1841

Lorsqu'une hypothèque légale a été inscrite après la purge | le conservateur | qui la délivre | dans l'état sur transcription requis après une seconde vente — peut être obligé | par justice à la supprimer de cet état — s'il lui est justifié | par un certificat négatif de son prédécesseur que cette hypothèque est purgée | Cass. 7 mars 1848

Pour obtenir des conservateurs | en vertu de l'art. 2196 du Code Napoléon | la délivrance | de copie des actes transcrits — des inscriptions ou des certificats négatifs — des mentions de subrogation et priorité d'hypothèque | les parties doivent | sans aucune exception en faire la réquisition claire et précise | Inst. Régie, 27 avril 1856

Le tiers détenteur | qui a délaissé l'immeuble | peut être contraint à le reprendre | si | avant toute adjudication le vendeur lui rapporte main-levée des inscriptions | C. Paris, 24 mars 1847

LES CONSERVATEURS :
- ne sont pas juges du mérite des inscriptions et transcriptions — ni de la validité des actes à inscrire ou transcrire | Doctrine et pratique
- ont intérêt et qualité | pour | examiner le mérite des actes en vertu desquels ils sont requis de procéder — apprécier | l'accomplissement des conditions exigées par la loi — ainsi que la capacité des contractants | C. Paris, 17 avril 1843 — Cass. 9 juin 1841
- qui contestent | de bonne foi mais à tort | la validité d'une main-levée d'inscription hypothécaire doivent être condamnés aux dépens | C. Rouen, 21 juillet 1845
- ne doivent pas comprendre | dans l'état requis après transcription d'un contrat de vente l'inscription formée d'office par eux contre l'acquéreur lorsqu'elle n'a pas été expressément requise | J. N. art. 12459, 13473 — Trib. Louhans, 23 mars 1854
- qui ont délivré un état sur transcription | sont tenus de radier sur cet état l'inscription que l'on justifie ne pas frapper des biens pour lesquels l'état d'inscription a été requis | Trib. Béden, 13 mars 1850
- peuvent être obligés | quand un contrat est transcrit — de délivrer à l'acquéreur seulement le certificat des inscriptions qui grèvent | l'immeuble vendu du chef d'un seul des précédents propriétaires | Caen, 16 décembre 1848
- n'ont pas le droit de comprendre | dans le certificat — malgré la réquisition limitative l'inscription grevant l'immeuble du chef de tous les propriétaires dénommés au contrat | Le Mans, 27 mai 1856
- dans l'état d'inscription | requis sur transcription d'une vente et seulement du chef des vendeurs | sont tenus | de délivrer à cette réquisition et d'énoncer dans l'état ou certificat qu'il est délivré par suite de transcription | Trib. du Mans, 27 mai 1856 — C. Angers, 25 août 1856
- sont tenus de délivrer l'état des inscriptions prises depuis telle époque jusqu'à telle autre — mais | ne peuvent | déférer à la réquisition portant limitation à une certaine époque — si cette limitation est motivée sur ce que des inscriptions prises postérieurement, non radiées ni périmées, seraient, par une raison de droit, devenues sans effet (comme en vertu de l'art. 584 du Code Napoléon) | Déc. min. 8 mai 1822 — Inst. Régie, 15 juin 1822 — C. Paris, 17 novembre 1855
- ne sont pas responsables | de l'omission d'une créance sur un certificat par eux délivré lorsque cette omission provient de désignation insuffisante du débiteur dans la demande | C. Riom, 11 juillet 1845
- ont le droit d'exiger la justification | de la suffisance et de la régularité des main-levées qui leur sont produites afin de radiation — de la qualité du créancier | Cass. 9 juin 1841 — 12 juillet 1847
- ne doivent point radier | l'inscription d'office du vendeur (que conserve la transcription) sur la seule main-levée donnée par le vendeur — si cette main-levée ne contient pas renonciation expresse à son privilège | Cass. 24 juin 1844
- doivent se borner à délivrer à tout requérant | des copies des actes transcrits sur leurs registres — ne sont pas autorisés à donner connaissance de ces actes | soit verbalement, soit par de simples notes | Déc. min. 5 juin 1807 — Circ. Régie, 12 juin 1829

La présentation d'un acte à la transcription | rend la perception du droit exigible — que la partie ait, à tort ou à raison, requis cette transcription | Cass. 1827, 1839, 1845, 1846, 1er décembre 1847 — J. N. art. 290, 6960, 7055, 7258

(V. le tableau suivant.)

---

(1) Le Dict. not. dit : « Le partage étant simplement déclaratif de propriété, il en résulte que les hypothèques constituées par l'un des copropriétaires, sur les immeubles communs, sont résolues de droit dès que ces immeubles ne tombent pas dans son lot; — et il en serait encore de même si le copropriétaire débiteur avait vendu sa portion à d'autres; — car tout acte qui fait cesser l'indivision est un partage. »

(2) Si les réquisitions étaient conçues en termes vagues ou incertains, les conservateurs pourraient en demander de nouvelles ou faire fournir des explications écrites qui seraient annexées à la réquisition même (instruction, V. Journ. du not., n° 1156 (Dissertation).

(3) La solution est tout entière dans le sol de l'art. 2196 : inscriptions subsistantes. J. N. — V. art. 3490.

(4) V. J. N. art. 1111. — V. aussi art. 12461 les motifs si bien précisés du jugement du Trib. du Mans cité en la proposition précédente.

(5) Spécialement lorsque le cautionnement à une prorogation est donné par un mandataire, le conservateur a le droit d'exiger le rem ise d'une expédition de la procuration; — et si son mari procède comme maître des droits de sa femme, il peut exiger un extrait du contrat de mariage quant aux dispositions qui confèrent ce droit au mari (même arrêt du 9 juin 1841); — d'où la nécessité de noter sur les titres déposés pour une inscription la recommandation de ne pas transcrire quand on veut éviter cette dernière formalité.

(6) Dans aucun cas, la transcription d'un acte et la publicité qui en résulte ne peuvent empêcher les parties intéressées de l'invoquer comme simulé et fait en fraude de leurs droits (Grenier. — Riom, 21 décembre 1819).

HYPOTHÈQUES.

(V. le tableau précédent.)

Lorsque les biens hypothéqués sont reconnus insuffisants : le créancier ne peut pas demander une extension d'hypothèque — Rouen, 1818

Quand le vendeur — il y a lieu — renonce à l'inscription d'office et se désiste du privilège résultant de la transcription / à la radiation de l'inscription d'office, sans qu'il soit nécessaire de justifier de la quittance du prix, [illegible] — C. Angers, [illegible] février 1848

Le recours en garantie contre le conservateur — peut être exercé — pour cause d'omission dans un état hypothécaire [illegible] — C. Paris, 11 décembre 1853

Lorsqu'une hypothèque n'a point été inscrite en temps utile, la créance tombe dans la classe des créances chirographaires

— Attendu que les causes de préférence — qui sont les privilèges et hypothèques ne deviennent légitimes que lorsque le créancier qui veut s'en prévaloir — a observé les formalités pour rendre efficaces [illegible] — Cass. 1849, 1812

L'acquéreur d'un immeuble n'est admis — à le délaisser pour cause d'hypothèque que lorsqu'il est exposé à payer au-delà de son prix — C. Paris, 2 mars 1822

L'acquéreur ne peut — purger — l'hypothèque résultant de ce cautionnement pendant la durée des fonctions du conservateur et dix ans après / consigner le prix pour servir de garantie aux tiers — Trib. Nogent-sur-Marne, 15 mars 1853

On a pu décider — quand le contrat de mariage a restreint l'hypothèque légale de la femme à un immeuble du mari pour sa dot et ses conventions matrimoniales / que cette restriction ne s'applique pas aux reprises ultérieures de la femme — et que pour ses reprises elle avait hypothèque légale sur tous les immeubles du mari — Cass. 18 août 1854

Le mari ne peut obtenir en justice — sans le consentement de sa femme la réduction de l'hypothèque légale de celle-ci / quel que soit l'excédant de valeur — de ses immeubles / sur les reprises de sa femme — C. Paris, 31 mai 1851

L'immeuble donné est affranchi — de l'inscription hypothécaire qui le grevait par l'effet de l'omission de cette inscription dans l'état sur transcription

Le donataire est dispensé de représenter — au créancier la valeur de l'immeuble donné / sauf le recours du créancier contre le conservateur — C. Rouen, 11 juillet 1859

Ce cas diffère de celui d'une vente — où le droit de suite / sur le prix stipulé / peut toujours être exercé — par le créancier ainsi que l'état tant que ce prix n'a pas été payé

L'hypothèque légale sur les biens du tuteur s'étend — à sa gestion entière même après la cessation de la tutelle — et / jusqu'à la reddition de compte — C. Pau, 19 août 1854

L'État n'a pas d'hypothèque légale, les communes n'en ont pas non plus — sur les biens des simples percepteurs des contributions — Déc. min. 14 juillet 1809 / sur les biens des fermiers d'octroi et des cautions de ceux-ci — Pau, 23 janvier 1814

L'existence matérielle — d'une hypothèque légale / d'une inscription quelconque — suffit pour que l'acquéreur — d'immeubles qui en sont grevés / soit fondé à une demande contre le vendeur — soit en garantie — soit en main-levée et radiation de cette cause de trouble dans sa possession

L'acquéreur n'est pas admis — d'en contester la valeur — ni d'en demander la radiation / à l'encontre de celui qui a pris l'inscription — C. Poitiers, 16 mars 1854

Pour avoir droit d'exiger main-levée — il lui suffit de notifier le bordereau qui contient / l'hypothèque ou l'inscription

Est nulle — la constitution hypothécaire qui n'énonce pas la nature des biens / on ne peut y suppléer par les énonciations de l'inscription hypothécaire — Cass. 30 avril 1851

Est valable et suffisante la désignation — telle dans un contrat hypothécaire des immeubles affectés — comme étant situés dans telle commune et celles environnantes — C. Paris, 18 février 1829

Le créancier — dont l'hypothèque conventionnelle n'a pas procuré le paiement — a le droit de poursuivre — le débiteur en justice en vertu du titre authentique de l'obligation pour obtenir l'hypothèque générale résultant de toute condamnation judiciaire — C. Paris, 12 novembre 1854

Est nulle — l'inscription qui n'énonce pas l'époque d'exigibilité de la créance — Cass. 9 août 1852

La mention d'exigibilité — dans une inscription hypothécaire / peut être suppléée par des équipollents — Cass. 8 mars 1852

Le mineur — dont l'hypothèque légale a été purgée et non inscrite pendant les délais ne peut plus se présenter à l'ordre — C. Douai, 10 novembre 1845

Les dispositions — des art. 17 et 18 de la loi du 3 mai 1841 n'ont pas été abrogées par la loi du 23 mars 1855 — Déc. min. 15 mars et 18 juillet 1856 — J. N. art. 15379 / — V. les dernières observations du premier feuillet de l'appendice

Les conquêts de communauté — sont frappés de l'hypothèque légale de la femme

En conséquence — le mari ne peut — demander la main-levée de cette hypothèque / en se fondant seulement sur le droit — que la loi lui accorde d'aliéner seul les biens de la communauté — C. Angers, 25 avril 1842 — Cass. 8 novembre 1815 — C. Orléans, 14 novembre 1817 — C. Bourges, 14 janvier 1840

Le créancier — à qui ont été hypothéqués un immeuble et des objets mobiliers qui y sont attachés par destination / ne peut être privé — de son hypothèque sur ces objets — par la vente séparée qu'en a faite plus tard le débiteur lors surtout qu'ils n'ont pas cessé d'être incorporés à l'immeuble — C. Paris, 19 février 1826

La résolution amiable d'une vente — consentie sans fraude, par l'acquéreur, faute de paiement du prix, et alors qu'elle aurait été inévitable en justice / opère l'extinction des charges et hypothèques créées par cet acquéreur sur l'immeuble — C. Bourges, 13 février 1852

(V. le tableau suivant.)

(1) Les auteurs sont presque unanimes sur cette solution.
(2) Le principe de garantie contre toute éviction nous a été transmis de siècle en siècle par les Romains, comme le rapportent plusieurs ouvrages.
(3) Une hypothèque conventionnelle peut être constituée séparément de l'obligation principale (Dict. not.)
(4) La jurisprudence est établie sur ce point. — Quand tous les intérêts échus ont été compris dans l'inscription, ils se confondent avec le capital, leur collocation ne peut présenter de difficultés. Il n'en est pas de même de ceux non compris dans l'inscription, l'art. 2151 du C. N. ne permet de les colloquer au rang du capital que pour deux années et celle courante (Dict. not.)
(5) L'inscription fait suffisamment connaître l'immeuble hypothéqué, le débiteur et le montant de la créance, il y a lieu de la tenir pour valable (Troplong). La validité ou la nullité de l'inscription doit dépendre uniquement de la question de savoir si l'omission reprochée a ou non été un intérêt que la publicité devait éclairer. Doctrine de la Cour d'Orléans.
(6) Conformément à l'opinion de MM. Toullier, Duranton et Troplong. — D'où la nécessité de faire concourir la femme aux ventes et échanges, si elle le peut, ou de remplir les formalités de purge comme s'il s'agissait des immeubles propres du mari. — Le concours de la femme, quand elle peut s'obliger, est d'ailleurs utile dans tous les actes, parce qu'il la rend garante et caution de son mari par l'engagement solidaire qu'on leur fait prendre. — Il est à remarquer que, malgré le concours de la femme à la vente des biens propres de son mari ou de ceux de la communauté, il n'en faut pas moins purger son hypothèque légale dans laquelle elle aurait pu antérieurement subroger des tiers, l'effet de cette hypothèque ne s'éteindrait pas par son concours qu'à son égard.
(7) Il y a doute. — V. J. N. art. 7458.

HYPOTHÈQUES (1).

(V. le tableau précédent.)

Le créancier — qui a une hypothèque spéciale sur un immeuble dont le prix est absorbé par un créancier ayant une hypothèque générale antérieure — ne peut aucunement prétendre à une subrogation aux droits de ce dernier pour les exercer sur d'autres biens soumis à l'hypothèque | Cass. 17 août 1830 (2)

La femme — dont les biens paraphernaux ont été aliénés avec le concours de son mari — a une hypothèque légale { du jour de l'aliénation, et / non pas seulement du jour où le mari a reçu le prix de ces biens } | Cass. 27 avril 1852
— dont l'hypothèque légale n'a pas été inscrite dans les délais — ne peut se présenter à l'ordre | Cass. 23 février 1852

Le créancier hypothécaire — dont l'inscription a été radiée par erreur { ne peut exercer le droit de préférence sur les créanciers chirographaires quant à la partie non absorbée par les hypothèques } | C. Bordeaux, 24 mai 1851
— peut { faire rapporter à la masse la partie du prix distribuée dans la vente alors même qu'il n'aurait fait aucune surenchère et / sans qu'il soit besoin de demander la nullité de la vente pour cause de dol } | Cass. 27 novembre 1855

Une main-levée ou réduction — de l'hypothèque conservatrice de la créance dotale non payée doit être considérée comme une aliénation de la dot — ne peut en conséquence être consentie par la femme { mariée sous le régime dotal / qui a obtenu en justice la séparation de biens } | Cass. 13 août 1851

On peut ne déposer — au bureau des hypothèques qu'un extrait de l'acte contenant la main-levée s'il renferme d'autres dispositions | Arch. du Not. 1848, p. 315

La profession du créancier | doit être énoncée dans l'inscription | à peine de nullité | Cass. 21 juin 1808 — 1er octobre 1810 — J. N. art. 3746

L'élection de domicile | est une formalité substantielle dont l'absence entraîne nullité | C. Bordeaux, 24 juillet 1849

La mention — expresse de l'exigibilité, dans une inscription hypothécaire — est aussi une formalité substantielle { dont le défaut est une cause de nullité — mais non soumise à des termes sacramentels } | C. Liège, 15 avril 1853 / Cass. 15 novembre 1852

Dans le concours — d'une hypothèque générale avec des hypothèques spéciales { sur plusieurs immeubles dont le prix est à distribuer dans un seul et même ordre } — le créancier { qui a une hypothèque générale prendra inscrite / peut se faire colloquer sur celui des immeubles qu'il désigne s'il y a intérêt, spécialement pour assurer le paiement d'une autre créance lui appartenant et qui — sans ce moyen — ne viendrait pas en ordre utile (3) } | Cass. 5 mars 1855 — 24 décembre 1844

La simple existence d'inscription hypothécaire { exposant l'acquéreur à payer deux fois / suffit pour l'autoriser { à suspendre le paiement de son prix / à exiger une main-levée préalable } } | Cass. 1837 — Orléans, 1829 (4)

Le jugement — qui { sur la poursuite d'un créancier hypothécaire condamne le tiers-détenteur à délaisser ou à payer } — ne fait pas produire ses effets à l'hypothèque — et ne dispense pas le créancier hypothécaire de renouveler son inscription | Cass. 31 janvier 1854
— En conséquence et à défaut de renouvellement | ce créancier a perdu toute action contre le tiers-détenteur (5)

L'ordre amiable | convenu entre des créanciers hypothécaires dans la prévision de la vente des immeubles affectés à leurs créances — ne les dispense pas du renouvellement de leurs inscriptions
L'inscription | prise sur un immeuble dépendant d'une succession bénéficiaire — n'est pas non plus dispensée de renouvellement (6) } | C. Paris, 14 février 1844

La faillite du débiteur | ne dispense pas du renouvellement des inscriptions hypothécaires dans les dix ans | C. Paris, 19 août 1841

Le créancier acquéreur de l'immeuble hypothéqué | n'est pas dispensé de renouveler son inscription — encore bien que la compensation ait été stipulée entre le prix de son acquisition et la dette du vendeur | C. Grenoble, 10 mars 1852 (7)

La notification { du contrat de vente aux créanciers inscrits / fait produire aux inscriptions leur effet légal et / dispense d'en opérer le renouvellement } | Cass. 10 janvier 1840

L'adjudication sur licitation { faite devant notaire commis par justice — et non suivie de la notification aux créanciers inscrits / ne les dispense pas du renouvellement décennal de leurs inscriptions } | Cass. 10 février 1834

L'inscription hypothécaire en renouvellement | doit — à peine de nullité — rappeler la date de l'inscription primitive | Cass. 25 août 1838

Une inscription { prise le 9 mai 1823 / n'a pas été valablement renouvelée le 9 mai 1833 } | C. Toulouse, 2 janvier 1841

Le cessionnaire { qui renouvelle l'inscription prise par son cédant / n'est pas tenu de mentionner l'acte par lequel il est devenu cessionnaire / peut opérer le renouvellement au nom de son cédant } | Cass. 6 novembre 1840

Une inscription hypothécaire est nécessaire (8) { pour conserver les intérêts dus au créancier hypothécaire au-delà de deux années et de celle courante / même lorsque le créancier hypothécaire ne se trouve en concours qu'avec des chirographaires } | Cass. 15 avril 1840

L'erreur dans la date du titre { n'annule pas l'inscription / lorsqu'elle n'a pu causer aucun préjudice } | C. Lyon, 20 juillet 1847

L'inscription hypothécaire peut être prise en vertu { d'un titre qui se trouve prescrit | Dissertation du J. N. art. 323 / d'un acte notarié non enregistré | C. Toulouse, 13 décembre 1825 }

(V. le tableau suivant.)

---

(1) V. sur les formalités hypothécaires le traité de Mr Bressy, 3 vol. in-8°. — La résolution du droit de propriété du débiteur sur les biens hypothéqués est une cause d'extinction des hypothèques.
V. C. N. pour les hypothèques constituées { par un donataire, art. 952, 954, 963 / par un acquéreur, art. 1183, 1654, 1912 } exception { donataire ingrat, art. 958. / ensuel en possession définitive, art. 132. }
Pour que l'hypothèque soit éteinte par la perte de l'immeuble, il faut que cette perte soit totale. Ainsi, malgré l'incendie de la maison hypothéquée, le fonds continuerait d'être soumis à l'hypothèque, et par une conséquence nécessaire de ce principe, la maison reconstruite subirait le même sort. (Dict. Not.)
(2) V. J. N. art. 6560 — 7003.
(3) « Attendu que l'hypothèque est de sa nature indivisible; que l'effet de l'hypothèque générale est d'affecter tous les immeubles du débiteur, de manière que le droit du créancier d'exercer sur chacun d'eux sans égard aux hypothèques spéciales. Ceux auxquels elles appartiennent ont conservé les droits qui les primaient et doivent en subir l'exercice (V. J. N. art. 7659, 8150). — Quand, au contraire, les hypothèques spéciales ont été consenties et inscrites avant les hypothèques générales, celles-ci, bien entendu, ne peuvent prendre qu'un rang postérieur à l'égard des immeubles affectés des premières inscriptions. »
(4) V. J. N. art. 13553. — Jurisprudence conforme à l'opinion de MM. Troplong, Tarenton, Delvincourt. — V. le tableau précédent, 1re division.
(5) Ceci démontre la nécessité de renouveler les inscriptions en tout état jusqu'à production de leur entier effet.
(6) V. J. N. art. 4584, 16687.
(7) Conformément à de nombreuses décisions.
(8) Le copermutant peut, comme le vendeur, prendre inscription en vertu d'un acte sous seing privé. (Dict. not.)

HYPOTHÈQUES.

(V. le tableau précédent.)

L'adjudication sur licitation — prononcée au profit de quelques-uns des cohéritiers et faisant cesser l'indivision à leur égard / à l'effet d'un partage et / anéantit l'hypothèque consentie par le cohéritier non adjudicataire sur l'immeuble indivis — *C. Paris, 2 mai 1834 (1)*

La femme — mariée sous le régime dotal / peut — avec l'autorisation de justice — hypothéquer ses immeubles dotaux / dans tous les cas où elle pourrait les aliéner sous la même autorisation / par exemple pour tirer son mari de prison — *C. Rouen, 10 mars 1828*

L'immeuble dotal — peut être — affecté à la garantie du prix du remplacement militaire de l'enfant commun / quand ce remplacement a pour but annoncé de favoriser l'établissement de l'enfant — *C. Nîmes, 18 août 1827*

Quand il y a unité de droits — il suffit d'un seul bordereau pour inscrire l'hypothèque — *C. Caen, 18 janvier 1827*

Lorsqu'une inscription a été prise — en vertu d'une obligation au porteur — par une personne désignée

Le dernier porteur de l'obligation — a le droit de donner main-levée de cette inscription / quoiqu'il n'ait pas fait mentionner sa subrogation au bureau des hypothèques

Et le conservateur ne peut exiger — ni le concours du premier porteur de l'obligation / ni le dépôt entre ses mains de la grosse du contrat — biffé et lacéré — *C. Bordeaux, 7 février 1846*

Les notaires — ont qualité pour provoquer — dans l'intérêt des parties contractantes * / la radiation des inscriptions hypothécaires / mais / ne peuvent actionner — le conservateur en justice pour le contraindre à radier / c'est aux parties elles-mêmes à exercer l'action — *Trib. Altkirch, 7 mai 1846*

Le privilège du trésor public — pour le remboursement des frais de justice criminelle / ne peut s'exercer qu'après les hypothèques — inscrites auparavant et / résultant d'actes ayant acquis une date certaine antérieure au / mandat d'arrêt décerné contre le condamné — *Cass. 13 juillet 1847*

Il y a exception — à l'art. 2149 du Code Napoléon pour la représentation du titre / À l'égard — des inscriptions des hypothèques légales et / de toutes autres inscriptions prises en renouvellement — *Inst. Régie, 2 avril 1824*

L'adjudicataire sur saisie immobilière — n'est pas dispensé de remplir les formalités de la purge des hypothèques légales / reste — à défaut de ces formalités — assujetti aux effets de cette hypothèque et spécialement au droit de suite — *Cass. 22 juin 1833 - 18 décembre 1820 — 27 mars 1844*

L'acquéreur — d'un immeuble grevé de l'hypothèque légale de la femme / peut exiger — pour purger cette hypothèque — sans attendre la séparation de biens ou la dissolution du mariage / que le montant des reprises de la femme soit actuellement déterminé — *Cass. 2? juillet 1847*

L'inscription d'office — peut produire effet comme une inscription ordinaire — lorsqu'elle contient les énonciations suffisantes — mais / n'a pas pour effet d'attribuer au donateur d'immeubles, pour l'exécution des charges de la donation, un privilège que la loi ne lui accorde point — *C. Agen, ? janvier 1854*

L'inscription — d'une hypothèque judiciaire ou légale / frappe — non-seulement les biens présents mais encore les biens à venir / sans qu'il soit besoin de prendre une nouvelle inscription à mesure des acquisitions que fait le débiteur — *Cass. 2 août 1842*

La transcription (2) — ne peut être opérée que sur l'expédition entière de l'acte de mutation — et / non sur un extrait analytique — *(V. Code Nap. art. 2181) — Dec. min. 2 août 1838 — Trib. Orléans, 2? janvier 1829*

Il y a déchéance du droit de purge — après l'expiration du délai d'un mois / à compter de la sommation de payer ou de délaisser — ce délai est fatal — *C. Paris, 5 juin 1837*

La sommation — faite par un seul des créanciers / profite à tous les autres qui peuvent opposer au tiers acquéreur le défaut de notification dans le mois

L'adjudication sur expropriation forcée (3) — ne purge pas de plein droit — l'hypothèque légale non inscrite du mineur ou de la femme / à l'égard tant de l'adjudicataire, soit des créanciers inscrits — *Cass. 27 juin 1833*

L'hypothèque légale de la femme, quoique non inscrite — n'est point purgée par l'adjudication — sur expropriation forcée / des immeubles du mari — *Cass. 26 mai 1828*

En conséquence la femme doit être colloquée — sur sa production — au rang de cette hypothèque / dans l'ordre ouvert pour la distribution du prix de l'adjudication

Lorsque l'hypothèque légale de la femme n'a été inscrite que dans le délai de l'accomplissement des formalités de purge remplies par l'acquéreur conformément à l'art. 2193, — ce dernier n'est pas tenu de faire à la femme la notification prévue par l'art. 2194 (4) — *C. Metz, 14 juin 1837*

L'inscription d'hypothèque légale (requise par un créancier subrogé) profite à la femme et à tous les créanciers subrogés — *C. Bordeaux, 4 juillet 1849 — Cass. 12 novembre 1851 (5)*

Celui — qui réunit en sa personne — pour garantie d'une créance unique / les droits d'hypothèque conventionnelle et d'hypothèque légale conférés par le même titre / est fondé — à réclamer une seule inscription de sa créance / si elle contient d'ailleurs les énonciations substantielles exigées par les art. 2148 et 2153 du Code Napoléon — *C. Orléans, 30 décembre 1856 — 20 février 1857*

Les conservateurs des hypothèques — n'ont pas le droit de refuser ou de retarder l'inscription du droit hypothécaire / ne sont pas juges de la validité du bordereau (art. 2199 du Code Napoléon) / peuvent être condamnés à des dommages-intérêts et à l'amende quand ils refusent l'inscription dans les termes où ils en sont requis

Les acquéreurs (par contrats séparés) — de plusieurs immeubles appartenant à une même personne / ont le droit — de ne faire au greffe qu'un seul dépôt de leurs contrats / afin de purger les hypothèques légales / (et le greffier ne doit en ce cas dresser qu'un seul acte de dépôt) — *Trib. de St-Brieuc et d'Orange, 14 février et 20 mai 1856 (6)*

L'hypothèque légale — purgée par l'acquéreur à réméré — peut-elle revivre — sur l'immeuble — après l'exercice du réméré et / nécessitant la subrogation du preneur qui a fourni les deniers du remboursement — *V. J. N. art. 18727*

---

(1) V. C. N. art. 883 — De là le danger des hypothèques sur les immeubles indivis et les précautions à prendre pour celles consenties conventionnellement sur de tels immeubles.

(2) À propos de la transcription, il est bon de rapporter ici l'explication suivante sur les principes de la loi du 23 mars 1855 : « Le but de la nouvelle loi est de consolider la propriété vis-à-vis des tiers par la transcription. Tant que le nouveau possesseur n'a pas fait transcrire son acte, le précédent possesseur est toujours réputé propriétaire, il peut aliéner de nouveau l'immeuble et le grever d'hypothèques. La loi est faite au profit de ce second acquéreur et des créanciers à qui ces hypothèques ont été consenties après la première aliénation non transcrite. Le nouveau possesseur doit prendre toutes les précautions contre la mauvaise foi possible de son cédant; il doit présenter les tiers de la mutation qui vient de s'opérer; s'il ne le fait pas, il est cause de l'erreur qu'ils ont commise, du crédit qu'ils ont accordé au précédent possesseur, il commet une imprudence dont il doit subir les conséquences. » (J. du Not., nᵒˢ des 26 janvier, 23 février 1856). V. Dissertation de M. de Valroge, professeur à l'école de droit de Paris, nᵒˢ 1148 et 1186. — D'après une instruction de la Régie du 24 août 1856, la transcription d'un titre peut être divisée. V. Troplong, des Hypothèques, t. 4, nᵒ 911, Grenier, id., t. 2, nᵒ 265.

(3) V. J. N. art. 5042. — La liquidation hypothécaire d'un débiteur exproprié lui coûte pour tous frais 38 0/0 (M. Constant, avocat : Projet de Banque agricole).

(4) Conformément à l'opinion de M. Grenier.

(5) D'après la loi du 23 mars 1855 et suivant la pratique, cette inscription ne profite qu'au créancier qui la requiert et concurremment à la femme; et elle doit être radiée sur la seule main-levée de ce créancier.

Par interprétation controversée de cette même loi (art. 9), on avait d'abord prétendu, en grande et puissante majorité que pour inscrire l'hypothèque légale et l'hypothèque conventionnelle, il fallait deux inscriptions séparées. — Sur la double résistance des notaires de Lyon, il a été jugé, selon la raison et le véritable esprit du droit, qu'une seule inscription suffit; et M. le conservateur de Sorrèguemines a établi péremptoirement qu'il n'en saurait être autrement. (V. pour le but, J. du Not., nᵒ 1169 et 1189). Le dernier confirme une dissertation très-catégorique sur la subrogation à l'hypothèque légale de la femme, la forme de l'inscription et les droits à percevoir; — par Mᵉ Docruel, président de la Chambre des notaires de Lyon, qui s'est occupé tout spécialement de cette matière.

(6) V. J. N. art. 19608. — Dissertation du Journ. du Not., nᵒ 1187 — et le 65ᵉ tableau.

DÉBOURSÉS ET HONORAIRES.

LES NOTAIRES

- ont le droit de déterminer { par un règlement les frais de leurs actes — mais ce tarif n'est pas obligatoire pour les clients } J. N. art. 4794 — Bourges, 16 juin 1826
- ont une action {
  - solidaire contre toutes les parties qui ont concouru à un acte
  - pour { le remboursement de leurs avances de droits d'enregistrement et autres déboursés | leurs honoraires (1) }
  } Cass. 27 janvier 1812 — C. Riom, 19 décembre 1846 — Trib. Mirande, 1ᵉʳ avril 1847 — C. Toulouse, 30 avril 1847
- n'ont pas droit à des intérêts { pour les avances d'enregistrement et de timbre (2) ni pour leurs honoraires } { les clients peuvent se faire restituer les honoraires qu'ils ont payés à ce titre } Trib. Lombez, 18 mars 1842 — Cass. 18 mars 1850
- qui ont retenu { sur une somme reçue pour leur client des honoraires qui leur paraissaient dus | et qui sont tenus ensuite de rembourser une partie de ce qu'ils ont reçu } { ne doivent l'intérêt que du jour de la demande } Cass. 19 janvier 1841
- ne sont pas tenus de délivrer { l'expédition d'un acte dont les honoraires ne leur ont pas été payés } Dér. min. 15 novembre 1844
- ont droit {
  - à des honoraires en dehors du tarif (ou plutôt à des salaires)
  - lorsqu'ils ont rendu des services { à leurs clients hors de leurs fonctions — et en qualité de mandataires ou de gérants d'affaires }
  } C. Paris, 16 août 1810 (3)
- qui sont chargés de procéder à la vente d'une créance
  - se peuvent prévaloir { à une remise proportionnelle sur le prix de l'adjudication de cette créance }
  - (la remise proportionnelle n'étant due { soit d'après le tarif de 1807 soit d'après l'ordonnance de 1841 } que pour les ventes judiciaires d'immeubles ou de rentes)
  } Cass. 16 août 1854
- peuvent {
  - prendre exécutoire du juge de paix pour leurs avances de droits d'enregistrement et de timbre
  - cette faculté { étant un privilège attaché à la nature même de la créance | appartient à leurs héritiers ou ayants-cause, aussi bien qu'à eux-mêmes }
  - nonobstant l'ordonnance du 5 janvier 1843
  - continuer à se constituer { garants ou caution } { du recouvrement du prix des ventes à termes d'effets mobiliers, opérées par leur ministère | et l'on peut stipuler des honoraires en sus pour cette responsabilité }
  } Trib. Lombez, 18 mars 1842 — arr. J. N. art. 11047
- ne peuvent {
  - faire des avances aux parties à la suite des ventes auxquelles ils ont procédé } Dér. min. mars 1851
  - stipuler une somme fixe { d'honoraires proportionnels dans les significations volontaires | cette stipulation | est | toujours sujette à la taxe }
  } Cass. 1ᵉʳ décembre 1841
- ont droit {
  - à des honoraires proportionnels à raison d'un testament olographe déposé dans leur étude — et
  - non-seulement { à un honoraire fixe (4) pour l'acte de dépôt }
  } Cass. 13 novembre 1855
- qui { dans une vente de biens de mineurs { réclament des honoraires excédant ceux du tarif } sont passibles d'une peine disciplinaire

L'exécutoire
- délivré { par le juge de paix, en vertu de l'art. 36 de la loi du 22 frimaire an 7 | pour recouvrement des droits d'enregistrement avancés par le notaire }
- ne confère point hypothèque sur les biens du débiteur (5)
} Cass. 28 janvier 1878

Les demandes
- en remboursement des droits d'enregistrement avancés pour les clients
- doivent être instruites et jugées comme les demandes formées { par la Régie elle-même pour le paiement des droits } } Cass. 27 mai 1858
- D'où il suit, notamment, que les jugements { rendus en cette matière sont en dernier ressort }

L'action
- en paiement d'honoraires dus à un notaire n'est pas soumise au préliminaire de conciliation } Trib. Libourne, 17 janvier 1843

La demande
- en paiement des déboursés et honoraires — quelqu'en soit le montant
- doit être portée { après la taxe — devant le tribunal civil de la résidence du notaire | conformément à l'art. 571 du tarif de 1807 } } Cass. 21 avril 1845 (6) — Thiers, 16 juin 1846 — Cass. 7 mai 1850

L'action du notaire
- en paiement des déboursés et honoraires à lui dus
- est suffisamment justifiée par la représentation des { minutes et expéditions des actes que cette action concerne } } Cass. 13 octobre 1841 — avril 1856 — C. Bordeaux, 5 décembre 1855

Cette action { et celle des parties contre le notaire pour contester le règlement des honoraires { ne se prescrit que par trente ans } J. N. 7795 — Amiens, 1855 — Cass. 1ᵉʳ déc. 1844

N'est pas susceptible d'appel
- le jugement sur l'opposition à la taxe { des frais et honoraires d'un acte notarié faite par le président du tribunal }
- lorsque la somme { objet du litige ne dépasse point le taux du dernier ressort }
} C. Paris, 30 juillet 1855

Il n'y a pas lieu
- à partage d'honoraires
- pour le notaire { qui concourt à un acte passé hors de son ressort | il concourt en ce cas { non comme notaire, mais seulement comme conseil } } Cass. 30 avril 1855

Quand deux notaires coopèrent à un acte
- les honoraires { auxquels donnent lieu la minute et la première expédition | se partagent entre eux par portions égales (7) }
- mais il faut que la coopération soit sérieuse, car il ne serait pas juste que le notaire en second qui n'aurait été appelé que pour une opération purement accessoire, vînt partager tous les honoraires de l'affaire principale
- les honoraires { de la seconde expédition et des expéditions suivantes } { appartiennent au notaire possesseur de la minute }
} Statuts des notaires de Paris, 1835

(V. le tableau suivant.)

---

(1) Ce principe résulte de nombreux arrêts. — Voir les deux dernières propositions du tableau suivant.

(2) Attendu, dit-on, que le notaire n'agit pas comme mandataire des parties; qu'il ne fait que remplir une obligation personnelle que la loi lui impose. — Il n'en est dû qu'en cas de demande en justice et que du jour de cette demande.

(3) Les Notaires, d'après le J. du Not., n° 1149, ont aussi droit à des honoraires pour gains et soins relatifs à la réception d'un acte, lors même que l'acte, par un fait étranger au notaire, ne vient pas à réalisation; et ces honoraires sont susceptibles d'être taxés par le président. — V. la troisième proposition du tableau suivant.

(4) Conformément à la doctrine et à l'usage actuel, notamment à Paris. — V. les observations du J. N., art. 11600. — V. J. du Not., n° du 11 juin 1856.

(5) Mais une dissertation du J. N. art. 578, démontre que le jugement qui condamne à payer les honoraires emporte hypothèque judiciaire sur tous les biens présents et à venir du débiteur.

(6) Ce Tribunal, a dit l'arrêt, est seul compétent, quel que soit le domicile du débiteur.

(7) Ces honoraires ne doivent pas, bien entendu, être plus élevés que s'il n'y avait qu'un seul notaire, ainsi, d'après le J. du Not., n° 1055, dans les inventaires comme dans tous les actes qui se règlent par vacations, chacun des deux notaires appelés a droit à ses vacations particulières.

[illegible]

[illegible]

DÉBOURSÉS ET HONORAIRES.

(V. le tableau précédent.)

Les chambres de notaires : pour le dérome et certificat du dépôt des mariages de commerçants et des jugements de séparation de corps et de biens — ont droit à un honoraire fixe — qui est à Paris de 5 fr. 50 c. pour l'acte de dépôt et le certificat (c'est-à-dire au total) } Sol. Journ. Not. n° 1152

Le notaire : pour les frais d'inventaire d'une succession bénéficiaire, dont les biens ne suffisent pas au paiement de ces frais, ne peut avoir de recours personnel contre l'héritier qui est fondé à opposer l'art. 803 du Code Napoléon } Sol. Journ. Not. n° 1152

Le légataire particulier doit : à raison de son legs — supporter l'honoraire proportionnel dû au notaire { rédacteur ou dépositaire } du testament } J. N. art. 5454

L'honoraire fixe : est droit de rédaction d'un testament { n'a rien de commun avec le droit proportionnel
L'honoraire fixe est la rétribution du travail du notaire { travail qui doit être payé, quels que soient les événements ultérieurs
Tandis que l'honoraire proportionnel { n'est dû que si le testament vient à exécution
Il est dû par le testateur { et si celui-ci ne l'a pas acquitté — il est une dette de sa succession
L'honoraire proportionnel { au contraire { est dû exclusivement par les légataires } Dict. Not. 4ᵉ édition

Les frais et honoraires : relatifs au dépôt d'un testament { olographe / contenant { un legs universel et des legs particuliers { ne sont pas { exclusivement à la charge du légataire universel } Trib. Angers, 18 juillet 1847

L'acte notarié : demeuré imparfait par le défaut de signature de quelques-uns des comparants { peut — dans certains cas — donner lieu à des honoraires } Sol. J. N. art. 12010

Quand les expéditions ont été faites frustratoirement : c'est-à-dire sans utilité { l'honoraire n'en peut pas être demandé

Le juge ne peut ordonner d'office la taxe d'un mémoire : d'honoraires de notaire { produit dans le cours d'une instance et sur lequel les parties n'ont pas élevé de contestation } C. Dijon, 19 janvier 1843

Le contrat de mariage étant un pacte de famille rédigé dans l'intérêt respectif des époux

Les frais et honoraires en doivent être supportés : par moitié par chacun desdits époux { à défaut de convention contraire } Cass. 3 juillet 1851

L'art. 173 : du tarif des frais et dépens du 16 février 1807 a abrogé l'art. 31 de la loi du 25 ventôse an 11 { conséquemment { les parties ont le droit de requérir la taxe — nonobstant { le règlement amiable et le paiement { des honoraires } Cass. années 1832, 1826, 1838, — 16 décembre 1841 — 14 mars 1853 C. Paris, mars 1845

L'avis préalable de la chambre des notaires { est purement facultatif pour le président du tribunal (1)

Le jugement : portant fixation des honoraires et émoluments dus à un notaire pour des actes qui ne sont point soumis au tarif du 16 février 1807 { ne peut { quant à cette fixation donner ouverture à cassation } Cass. 19 janvier 1851

Les frais de dépôt : des contrats de mariage des commerçants — doivent être avancés { par les notaires qui en sont chargés sans leur recours contre les parties } Déc. min. 27 juin 1809

Le notaire : a droit à des honoraires { pour les procès-verbaux d'adjudication qui ont manqué faute d'enchérisseurs } J. N. art. 2297 / pour représenter dans un inventaire un héritier absent / pour les affaires { auxquelles il a été employé et qui ne sont pas des rédactions d'actes } J. N. art. 74—2877
n'y a point droit { pour la garde des minutes, pour l'apposition du sceau, ni pour l'inscription des actes au répertoire } J. N. art. 509, 6005

Il suffit : que le rôle d'expédition soit commencé { pour que le notaire puisse le faire payer en entier } J. N. art. 665

La décision ministérielle du 1 janvier 1808 : portant qu'il ne serait dû aux notaires { pour chaque rôle des expéditions qu'ils délivrent aux préposés de l'enregistrement que 75 c. à Paris et 50 c. ailleurs { n'est plus exécutoire depuis la loi du 27 frimaire an 7 } Sol. J. N. art. 7444

La Régie : toutes les fois qu'elle a besoin { pour un intérêt quelconque { non d'une communication ou d'une simple copie d'acte qu'elle peut faire prendre mais d'une expédition en forme qui ne peut être délivrée que par le notaire — doit acquitter la rétribution prescrite par le décret du 16 février 1807

La taxe du président : n'est pas régulière lorsqu'il est constant que le notaire { n'a pas été entendu { par le président dans ses observations } Trib. Tours, 12 avril 1847
n'a point le caractère d'un jugement (2) / laisse aux parties et au notaire le droit de recourir au tribunal { de la résidence du notaire } Cass. 21 avril 1843 / Trib. Guéret, 12 juillet 1833

La remise proportionnelle : du notaire commis pour une vente judiciaire d'immeubles divisés en plusieurs lots — doit être calculée { sur le prix total de l'adjudication et (3) non sur le prix total de chaque lot séparément } Cass. 3 juin 1851

La disposition du tarif : portant que { dans le cas de lotissement d'immeubles distincts la remise proportionnelle sera fixée sur le prix de chaque lot — est spéciale aux avoués — et ne s'applique pas aux notaires

Les expéditions : qui ont été délivrées sans réserve { sont légalement présumer l'acquit des frais d'actes } Cass. 13 novembre 1813 (4)

Une chambre de notaire : comme représentant la compagnie — a droit d'intervenir { dans une instance relative à une opposition à une taxe formée par un notaire pour y soutenir ce qui peut concerner les droits et intérêts communs des notaires } C. Grenoble, 22 février 1853

Les dispositions : de l'art. 31 de la loi du 25 frimaire an 7 et de l'art. 1103 du Code Napoléon { qui règlent par qui les droits d'enregistrement doivent être supportés { ne portent pas atteinte à la solidarité { des parties envers le notaire } Cass. 28 juin 1826

Cette solidarité doit être appliquée : lors même { qu'il a été stipulé dans l'acte que telle partie en supporterait les frais } Cass. 10 avril 1826 — 10 novembre 1838 / que le notaire a laissé écouler un certain laps de temps pendant lequel le débiteur personnel des frais est { devenu insolvable — ou tombé en faillite } Cass. 30 mai 1829

(1) Un arrêt de cassation du 17 mars 1829, porte que l'avis de la chambre est obligatoire quand la contestation est portée devant le Tribunal; l'art. 31 de la loi du 25 ventôse confirmé par l'art. 5, § 4, de l'ordonnance du 4 janvier 1843 reprend alors toute sa force.

(2) En se faisant taxer, le notaire peut et devrait toujours observer sur l'état que les honoraires qu'il y porte sont conformes au tarif de sa chambre, pour qu'on ne cas de réduction cette pièce soit et reste une preuve de sa bonne foi. Toutes les fois que les taxes par le président ne paraissent pas former une juste rémunération, les notaires devraient y faire opposition dans l'intérêt du corps.

(3) Non-seulement quand les lots se composent de fractions d'un même ensemble, mais encore lorsqu'ils sont formés d'immeubles distincts et qu'ils ont conséquemment exigé chacun un établissement particulier de propriété (arrêt précité du 3 juin 1851).

(4) D'où la nécessité de mentionner sur les expéditions délivrées sans paiement en certains cas, que le coût de l'acte est dû nonobstant cette délivrance.

CONTRAVENTIONS.

LE NOTAIRE

- contrevient à la loi du timbre — et s'expose à l'amende — en donnant dans des lettres des extraits ou copies de ses actes ; Sol. J. N. art. 966
- est passible d'amende — pour — défaut d'approbation des lignes ou barres tracées pour remplir des espaces ou blancs laissés dans le corps de l'acte ; Cass. 21 juillet 1842
- ne contrevient pas — à la loi sur les poids et mesures
  - en se servant dans un inventaire — des dénominations de { pièce, feuillette, demi-pièce } de vin ; Déc. min. 15 avril 1843
  - parce que ces dénominations, comme { le mot futaille, l'expression de tonneau et autres analogues } indiquent des vases — et ne sont pas des mesures de capacité ; Trib. Avesnes, 5 août 1844
- contrevient à la loi — sur les poids et mesures — ou se servant dans les actes de ces expressions : 2/3 de mètre (1) — 12 hectolitres 1/4, etc. ; Trib. Compiègne, 18 janvier 1844
- peut reproduire textuellement — les anciennes dénominations de poids, mesures et monnaies — dans les copies, extraits et analyses d'actes antérieurs au premier janvier 1840 — en indiquant dans l'acte nouveau qu'en employant les anciennes dénominations on analyse l'acte ancien ; Déc. min. 5 août 1842
- qui — dans l'acte de remboursement dont le titre constitutif sous seing privé n'a pas été enregistré — déclare que ce titre est admis — est néanmoins passible — d'amende pour contravention aux articles 43 de la loi du 22 frimaire an 7 — et 49 de la loi du 5 juin 1850 ; Trib. de St-Lo, 20 août 1856
- s'il ne justifie pas de la perte alléguée
- qui ne porte point — au procès-verbal d'une vente publique de meubles — les objets adjugés au propriétaire — est passible d'autant d'amendes qu'il y a d'objets omis ; Trib. de Valognes, 16 mai 1854
- encourt une amende — pour avoir énoncé — dans le procès-verbal de liquidation des reprises d'une femme séparée de biens — l'acte de renonciation à communauté fait au greffe ; et non enregistré ; Trib. Châtellerault, 22 janvier 1855

Les ratures — d'articles dans les procès-verbaux de ventes de meubles — ne constituent pas par elles-mêmes des contraventions à la loi du 27 pluviôse an 7 — quoique les objets des articles rayés ne se retrouvent pas au nombre de ceux adjugés ; Délib. Régie, 23 octobre 1824

Pour établir — que cette loi a été enfreinte — il faut prouver que les articles rayés ont été adjugés

La mention — mise { à la suite des derniers mots qui forment la clôture de l'acte — ou dans le corps de l'acte lui-même } de l'appréciation des mots rayés — est insuffisante ; C. Bruxelles, 24 mars 1842

L'irrégularité — des { renvois et apostilles } — ne donne pas lieu à l'amende ; parce que la loi n'en prononce pas ; Déc. min. 6 juillet 1825

L'acte notarié — dans lequel un père ou une mère stipulent pour leurs enfants mineurs — ne contrevient pas à l'art. 15 de la loi du 25 ventôse an 11 { par cela seul que les } { nom, prénoms et demeure } de chaque enfant n'y sont pas exprimés ; Trib. St-Étienne, 27 décembre 1855 (2)

L'on peut — sans contravention au même art. 12 de la loi du 25 ventôse an 11 — ne point énoncer au procès-verbal de vente de meubles aux enchères { les } { prénoms, qualités et demeures } des adjudicataires (3) ; C. Colmar, 23 juillet 1827 — Sol. Régie, 10 décembre 1821

Le défaut — d'enregistrement { dans le délai de quatre jours } des actes de protêts — ne donne lieu qu'à l'amende de cinq francs ; Déc. min. 26 octobre 1819

Le notaire — commis pour une vente judiciaire ; ne peut énoncer l'état de frais de l'avoué avant l'enregistrement préalable (dix fr. d'amende) ; Cass. 7 décembre 1853

Lorsqu'il est reconnu — que la qualité de commerçant { donnée à un individu dans son contrat de mariage } n'est que l'effet d'une erreur et qu'en réalité il n'est pas commerçant — le défaut de dépôt du contrat ne donne pas lieu à l'amende ; Trib. Pointe-à-Pitre, 10 décembre 1853

Le jour — de la rédaction du contrat de mariage — n'est pas compris { dans le délai d'un mois pour le dépôt des contrats de mariage des commerçants } ; Trib. de la Seine, 9 août 1848

Lorsque le dernier jour du délai est férié — le notaire est passible d'amende { s'il n'a effectué le dépôt que le lendemain }

Lorsque — en l'absence d'un officier public — un employé de la régie se présente { pour vérifier les } { minutes et répertoires } — le clerc présent à l'étude n'est pas tenu de les lui communiquer et l'officier public n'est point passible d'amende pour le refus ; Cass. 21 avril 1845

Le notaire — nommé pour gérer provisoirement l'étude d'un confrère décédé — qui reçoit des actes pour le compte de cette étude pendant sa gestion provisoire — doit les inscrire { non pas sur son propre répertoire — mais bien sur le répertoire de l'étude du notaire décédé } ; Trib. Valenciennes, 11 février 1857

L'art. 24 de la loi du 22 frimaire an VII — n'étant pas applicable dans ce cas, il n'y a point contravention par le notaire en agissant ainsi

L'action — pouvant condamner aux amendes déterminées par la loi du 25 ventôse an 11 (pour les originaux) — se prescrit par deux ans, — mais le délai ne court que du jour où la Régie a pu connaître la contravention ; C. Limoges, 1er juillet 1851

Les contraventions (4) — commises dans les copies des actes — ne se prescrivent que par trente ans, à compter de la date de l'acte ; Cass. 2 janvier 1858

Les procès-verbaux des préposés — constatant des contraventions aux lois du Notariat — font foi jusqu'à preuve contraire ; CC. Rennes et Orléans, 22 avril 1833, 27 mars 1825 — C. de cassation, 16 mars 1836

C'est au ministère public exclusivement — qu'il appartient de requérir les condamnations — encourues pour contraventions aux lois sur le Notariat ; Déc. min. 16 mars, 23 avril 1808 — Cass. 14 décembre 1832

En matière de contravention — il est de principe que { la bonne foi ne sert pas d'excuse }

---

(1) Il faut l'emploi des décimales pour les fractions.

(2) Jugement contraire à un arrêt de cassation du 26 décembre 1849. — Il y a controverse sur cette question. — On doit, par prudence, faire pour les mineurs les énonciations prescrites à l'égard des personnes qui les représentent. — Il faut avoir la même précaution à l'égard des mandants, dans les actes où les contractants agissent par procuration. — Chaque acte doit contenir l'énonciation complète des noms, prénoms, qualités et demeures des parties : On ne peut, dans un acte écrit à la suite d'un autre, se référer au premier pour cette énonciation (Cass. 14 juin 1842).

(3) Attendu que ces adjudicataires ne sont point parties dans le sens de la loi.

(4) Les droits en sus et les amendes pour contravention en matière d'enregistrement doivent être acquittés préalablement à la formalité, comme le droit simple (Art. 40, 16 mai 1824 — Championnière et Rigaud). — Ainsi, lors même que les parties n'énoncent rien concernant un notaire, après le tel acte promis, et que le défaut de consignation serait la cause des droits en sus ou des amendes, ils sont à la charge du notaire. Il ne faisait pas signer l'acte, le porter au répertoire, et il devait avertir les parties des suites de leur négligence (Armand Dalloz).

RESPONSABILITÉ [1]

En matière de responsabilité — d'officier ministériel — comme en matière ordinaire — la Cour de cassation peut apprécier le caractère légal des qualifications données — par des motifs impériaux — à des faits reconnus constants — et décider par suite que ces faits ne rendent pas l'officier ministériel responsable, alors surtout que, des constatations faites par les juges du fond, il ne résulte pas qu'il y ait eu faute de l'officier ministériel ni préjudice éprouvé par la partie. *(Cass. 16 février 1841)*

Le clerc de notaire qui accepte en cette qualité une procuration des clients de son patron, pour toucher les sommes dues à ses clients, est déchargé de toute responsabilité, par cela seul qu'il justifie avoir versé les sommes dans la caisse de l'étude. *(Trib. Lyon, 4 juillet 1850)*

Celui dont le nom figure dans une procuration n'est responsable à l'égard du mandant qu'autant qu'il a été mandataire sérieux.

Par exemple, une procuration dans laquelle un notaire a fait insérer le nom de son clerc, afin de recevoir lui-même les actes, n'engage point la responsabilité du clerc — mais bien celle du notaire, seul mandataire réel. *(C. Orléans, 7 janvier 1842)*

LE NOTAIRE EST RESPONSABLE

- de l'inexactitude de la publication d'un acte de société commerciale, occasionnée par l'extrait inexact de cet acte. *(C. Douai, 21 novembre 1849 [2])*
- des suites du défaut de notification ou d'enregistrement de la déclaration de command dans les 24 heures de l'adjudication. *(Cass. 23 décembre 1835)*
- du préjudice causé par son imprudence, quand il remet à un tiers sans quittance les fonds dont il est dépositaire. *(Cass. 12 novembre 1848)*
- des conséquences de la délivrance — par lui — d'une expédition incomplète — spécialement — de la nullité d'une procédure faite en vertu de cette expédition. *(Cass. 31 mars 1857 [3])*
- des abus de confiance, tels que détournements de fonds commis par son maître-clerc, même successeur désigné, et à celui-ci personnellement, quoique les fonds aient été remis pour des personnes inconnues du notaire et traitant avec le premier clerc seul. *(Trib. Seine, 24 mars et 14 juillet 1851)*
- de l'insolvabilité de l'emprunteur, lorsque — étant chargé de placer des fonds avec subrogation hypothécaire [4] — il a remis ces fonds directement à l'emprunteur sans s'assurer que les formalités hypothécaires aient été régularisées. *(Trib. Seine, 25 janvier 1847)*
- du prix des ventes mobilières auxquelles il procède, par application de l'art. 635 du Code de procédure, excepté quand il est stipulé un terme de crédit. *(C. Nancy, 24 février 1856)*
- lorsque — sans avoir vérifié préalablement les titres de propriété et la situation hypothécaire de l'emprunteur — il a reçu l'acte de prêt fait frauduleusement et sans pouvoir par un tiers porteur des deniers du prêteur à une personne insolvable. *(Trib. de la Seine, 26 août 1859)*
- des conséquences des actes passés dans son étude entre un sourd-muet et une autre personne, quand il a fait intervenir comme interprète du sourd-muet que l'autre partie contractante. *(Trib. Seine, 10 mars 1856)*

Dans le cas de perte de — donnée à un acte — l'action en responsabilité contre le notaire se prescrit par le même laps de temps que l'action contre la partie débitrice, par exemple s'il s'agit d'arrérages de rente qui se prescrivent par 5 ans. *(C. Rennes, 26 avril 1838)*

Lorsque deux une vente — sur licitation — renvoyée devant notaire — une clause du cahier des charges autorise le poursuivant à exiger caution des enchérisseurs hors des enchères — cette caution doit être demandée sur l'observation du notaire lors de la première enchère portée par un amateur, à peine de dommages-intérêts contre le notaire pour les suites et conséquences de l'omission de cette observation faite à point. *(C. Limoges, 14 juin 1848)*

Si la signature d'un second notaire n'a été donnée que surabondamment — et quoiqu'elle fût complètement inutile à la validité de l'acte — il n'est concouru par lui aucun vrai rapport de responsabilité. *(Paris, 25 juin 1841)*

Dans le cas où l'acte est passé conjointement par deux notaires — parce que tel est le vœu de la loi — il y a lieu à les condamner solidairement aux dommages-intérêts qui sont dus aux parties. *(Cass. 20 février et 5 novembre 1836 — 17 juillet, 7 août 1837 — 29 janvier 1840)*

Quand un acte a été déclaré faux — le notaire qui l'a signé en second hors la présence des parties ne peut être soumis à aucune responsabilité s'il n'existait ni dans le contexte de l'acte ni dans la position du notaire instrumentaire aucune circonstance de nature à éveiller les soupçons. *(Trib. Pontivy, 27 février 1856)*

Les notaires compromettraient doublement leur responsabilité en se prêtant à des acquisitions faites par les couvents — sans autorisation — au moyen de porte-fort et dans le but évident d'éluder la juste rigueur des lois sur la main-morte :

1° à l'égard des couvents, qui voudraient répudier des acquisitions devenues onéreuses, ou seraient forcés de les abandonner par l'autorité supérieure, et même dans ce dernier cas, seraient à réclamer des redevances de frais ou faux frais ;

2° à l'égard des vendeurs, s'il on leur faisait rendre compte des propriétés dépréciées [5]. *(Sol. J. du Not., 1er du 12 avril 1856)*

(V. le tableau suivant.)

---

[1] Sur la responsabilité générale des notaires. — V. le programme du concours ouvert par l'administration du J. N., art. 1859.

[2] V. les observations du même Journal, art. 10036.

[3] Il suffirait, dans l'espèce, d'un extrait, alors qu'il eût fallu une copie entière, c'est-à-dire une expédition. — Cette rigueur démontre qu'il n'est qu'avec réserve et dans des circonstances exceptionnelles qu'il faut délivrer de simples extraits ou lieu d'expéditions régulières.

[4] En matière de placements, le notaire est responsable toutes les fois qu'il a réellement pris mandat de négocier entièrement le prêt. — Dans tous les petits faits par son intermédiaire ordinaire ou le chargé de régulariser les formalités, — le notaire doit, avant la remise des fonds à l'emprunteur, requérir inscription au profit du créancier, et, en déposant le titre et les bordereaux à cet effet, s'assurer qu'aucune autre inscription n'a été prise contre cet emprunteur depuis la délivrance de l'état demandé contre lui.

[5] Le J. du Not. ajoute : Il y a plus, certains magistrats se pourraient voir, dans ces complaisances intéressées du Notaire, matière à poursuites de discipline, car les notaires doivent être les gardiens vigilants des lois d'ordre public.

RESPONSABILITÉ.

(V. le tableau précédent.)

ON A DÉCIDÉ QUE :

- Le ministère légal des notaires et la responsabilité qui en résulte — se bornent à recevoir les actes et contrats — auxquels les parties doivent ou veulent conférer l'authenticité
- les notaires — que — lors de ces fonctions — déclarations et mandataires des parties — par leur volonté respective — peuvent être soumis à la responsabilité — en cette qualité de mandataire
- mais — dans ce cas — il faut — que le mandat ne soit pas dénié, ou qu'il décerne des règles du droit commun
- ni la loi du 25 ventôse ni aucune autre loi — n'imposent — au notaire qui reçoit un acte de son ministère l'obligation de remplir les formalités destinées à en assurer l'exécution
- il n'y a exception — à cette règle — que quand le notaire — par un mandat exprès — s'est chargé spécialement — des suites de l'opération — et de la conservation des droits de ses clients
- ainsi, à défaut de ce mandat exprès — le notaire — qui a procédé à une adjudication sur licitation — n'est pas responsable — envers les collicitants du défaut d'inscription de leur privilège dans le délai légal
- les notaires ne sont tenus de faire — transcrire ou inscrire leurs actes — qu'autant qu'ils ont reçu — mandat spécial à cet effet [1] — avec somme nécessaire pour la formalité

Cass. 20 juin 1827
C. Lyon, 14 mars 1862

Cass. 14 février 1855
C. Lyon, 14 mars 1855 (déjà cité)

C. Lyon, 12 août 1853

IL A ÉTÉ JUGÉ CONTRAIREMENT QUE :

- les notaires —
  - n'ont pas seulement pour mission — de donner aux contrats dont ils sont rédacteurs un caractère légal — mais encore — d'éclairer l'inexpérience de leurs clients — et de prévenir de leur part des erreurs de nature à leur causer un préjudice irréparable
  - sont responsables, à cet égard — de leur négligence — quand elle présente les caractères de la faute lourde
  - sont ainsi responsables — de leur négligence à éclairer les parties — sur les conséquences légales — d'un acte ou d'un paiement — d'une formalité extrinsèque comme d'une formalité extrinsèque [2]
  - doivent veiller — à l'accomplissement des formalités conservatoires — à la conservation des droits résultant des actes par eux reçus — lorsque les parties sont illettrées
  - spécialement — le notaire — rédacteur — du procès-verbal de licitation et du cahier des enchères sur cette licitation — est responsable — du préjudice résultant de l'omission de l'inscription du privilège de co-partageant, dans le délai légal

Trib. de la Seine, 4 juin 1854
C. Paris, 13 juin 1840 [2]
C. Nancy, 7 février 1838
C. Paris, 1834, 1837 — 13 juin 1834

JUGÉ AUSSI QUE LE NOTAIRE PEUT ÊTRE DÉCLARÉ RESPONSABLE :

- de la perte — résultant du défaut d'inscription — d'une hypothèque au profit d'un hospice [4] — lorsqu'il a reçu l'acte hypothécaire comme notaire de cet hospice
- de la nullité — d'un bordereau d'inscription hypothécaire qui ne contient pas d'élection de domicile — s'il a été chargé de rédiger ce bordereau et s'il a reçu un honoraire pour cette rédaction
- ou défaut d'inscription — quand il s'est constitué mandataire — de l'une des parties contractantes — à l'occasion d'un acte emportant hypothèque
- ce mandat peut résulter — 1° de ce que le principal et les intérêts étaient stipulés payables à l'étude — 2° de ce que les parties — étant illettrées — avaient laissé le notaire dépositaire de tous les titres nécessaires à l'inscription
- de la nullité d'un testament — pour cause de parenté — au degré prohibé de l'un des légataires avec un témoin instrumentaire — lorsqu'il a négligé d'interpeller ce témoin sur sa parenté quand bien même le témoin aurait été requis par le notaire
- de l'annulation d'un testament — pour défaut de signature — d'un renvoi par les témoins

C. Paris, 15 janvier 1844
Trib. Marvejols, 13 février 1854
Paris, 22 juin 1844
Cass. 7 juillet 1847
C. Nîmes, 7 novembre 1849
C. Limoges, 20 juillet 1839

La responsabilité des notaires ne peut se couvrir — ni par des affiches dans l'étude — ni par les clauses contenues au contrat — à cette fin — si en fait d'un droit il doit être déclaré responsable

C. Paris, 27 août 1852

(V. le tableau suivant.)

---

[1] Cela était certes vrai avant la nouvelle loi sur la transcription hypothécaire (du 23 mars 1855), — mais aux notaires à insérer dans tous les actes susceptibles de cette formalité, que les parties intéressées ont été prévenues par le notaire de la nécessité de faire transcrire le contrat au bureau des hypothèques pour rendre leurs droits opposables aux tiers, et à mettre une mention analogue dans les actes qui ont trait à des hypothèques légales sujettes à l'inscription ou à des mentions interrogatoires (V. J. N. art. 1583, et l'Annuaire du même Journal pour 1856, p. 171). — Remarquer le dernier acte rapporté en ce tableau.

[2] Le J. N. trouve cette décision trop fondée.

[3] V. El. Clerc, p. 1106, art. 55 (manuel théorique et pratique (2ᵉ édition).

[4] Arrêt en opposition avec celui de la Cour de cassation du 20 juin 1855.

[5] Une pétition a été adressée au ministre de la Justice par la Chambre des notaires de l'arrondissement de Marennes (Charente-Inférieure) dans le but de faire limiter selon le strict droit et l'équité, la responsabilité notariale que la jurisprudence aggrave de plus en plus (V. J. Not., n° du 11 juin 1856).

RESPONSABILITÉ.

(V. le tableau précédent.)

Le mandat [1] : donné au notaire pour opérer un placement hypothécaire
— est salarié quand l'emprunteur lui paie des honoraires plus élevés que ceux portés au tarif — *Cass. 14 janvier 1850 (affaire Bardout)*
— et l'aggravation de responsabilité prévue par l'art. 1992 du Code Napoléon peut être appliquée dans ce cas

Le notaire qui négocie un emprunt **doit** exiger une garantie double de la créance ou d'un moins un tiers en plus, par induction de l'art. 2102 et du décret du 28 février 1852 sur le crédit foncier — *Erreur, 18 janvier 1854 (motifs du même arrêt)*

La preuve de la gestion d'affaires aussi bien que celle du mandat est à la charge de la partie qui l'allègue contre un notaire, pour le faire déclarer responsable soit d'un placement fait à son étude, soit d'erreur ou d'omission — *C. Douai, 18 novembre 1845 — 21 juin 1855. — Cass. 20 juin 1852*

Lorsqu'il est reconnu par un notaire actionné en responsabilité qu'il a reçu un mandat, l'étendue de ce mandat est appréciée souverainement par les juges du fait.
— Par exemple — ils peuvent décider sans encourir la censure de la Cour de cassation que le notaire a engagé sa responsabilité en payant le prix d'une vente et en subrogeant le prêteur au droit du vendeur, quand il existait sur les biens vendus une inscription qui rendait illusoire ce paiement et cette subrogation — *Cass. 19 juillet 1854*

Il ne suffit pas pour établir le quasi-contrat de gestion d'affaires contre un notaire d'articuler qu'un placement de fonds a été fait par son conseil, ou qu'il a mis le prêteur en rapport avec l'emprunteur. **Ces faits ne peuvent prouver** ni le mandat, ni la gestion d'affaires — *C. Bordeaux, 25 juillet 1845*

Les officiers ministériels qui sont mandataires par la nature même de leurs fonctions sont présumés avoir reçu mandat d'agir — par cela seul qu'ils ont reçu les pièces. Qui prétendent ne pas avoir reçu de mandat doivent prouver leur refus. (À cet égard l'aveu de l'officier est divisible et la réception des pièces est prouvée indépendamment de cet aveu.) — *Cass. 14 février 1851 [2]*

On peut admettre la preuve testimoniale, en l'absence de tout commencement de preuve par écrit, sur des faits tendant à engager la responsabilité d'un notaire et qui ne constituent point un mandat — *C. Bordeaux, 30 juin 1852*

La preuve testimoniale du mandat donné à un notaire, à l'effet de placer un capital excédent 150 francs, est inadmissible en l'absence d'un commencement de preuve par écrit — *C. Poitiers, 15 juillet 1854*

Les cas où les notaires peuvent être déclarés responsables de l'omission de certaines formalités essentielles à la validité des actes sont laissés à l'appréciation des tribunaux — *Cass. 11 mai 1852 [3]*

UN NOTAIRE

n'est pas responsable :
- de la capacité et de la qualité des parties — *Trib. Alger, 17 avril 1853 — Cass. 8 janvier 1853 — Douai, 26 juin 1843 — C. Metz, 30 mars 1835 [4]*
- lorsqu'il y a controverse sur la nécessité d'une formalité omise dans un acte, de la nullité de l'acte prononcée pour omission de cette formalité — *C. Lyon, 16 janvier 1823*
- d'une nullité d'un acte par lui reçu — alors qu'il y avait controverse sur la légalité ou l'irrégularité du système qu'il a adopté — *C. Agen, 19 août 1830 — Douai, 2 janvier 1827 [5]*

ne doit pas être déclaré responsable :
- des erreurs de droit qu'un esprit attentif et exercé ne peut pas toujours reconnaître et prévenir,
- spécialement lorsqu'il s'agit d'une question qui n'est pas clairement éclaircie et tranchée en jurisprudence — *C. Bordeaux, 2 décembre 1847*
- surtout lorsqu'il agit conformément à une jurisprudence qui a changé depuis l'acte — *C. Paris, 12 juin 1845*

n'est pas responsable de plein droit des vices de forme des actes qu'il a reçus. Ces mots : *s'il y a lieu*, de l'art. 68 de la loi de ventôse, laissant à l'appréciation des magistrats les cas où cette responsabilité peut être encourue. — En conséquence n'est pas susceptible de cassation l'arrêt qui refuse d'accorder des dommages-intérêts dans un cas où la faute du notaire n'a pas paru aux magistrats de nature à engager sa responsabilité.

est responsable du préjudice résultant de la radiation indûment faite par suite d'une erreur dans ses actes, relative au n° d'une autre inscription dont la radiation était consentie — *C. Lyon, 11 avril 1853 — Cass. 19 avril 1836 [6]*

dépositaire de la grosse d'une obligation hypothécaire, ayant renouvelé à ses frais, tardivement, l'inscription affectée à la garantie de cette obligation, **peut être** par cela même déclaré mandataire du créancier pour opérer ce renouvellement, et comme tel responsable des conséquences préjudiciables du retard — surtout s'il est constaté par des actes que le détenteur de la grosse devait veiller à la conservation de la créance [7] — *Cass. 19 mars 1856*

Aucune loi n'établissant de prescription particulière pour l'action en responsabilité à laquelle les notaires peuvent en général être exposés par suite de leurs fonctions, cette action n'est en conséquence prescriptible que par trente ans — *Sol. Journ. du Not., n° du 10 juillet 1838*

(V. le tableau suivant.)

---

(1) V. avec n°s 1156 et 1161 du J. du Not. — Dissertation de Me Georges Martin, avocat à Lyon, qui, par un aperçu nouveau et très-remarquable, démontre que la responsabilité, si facilement prononcée contre les notaires et résultant du mandat en matière de placement par obligation authentique, est une contradiction avec la défense à eux faite, notamment par l'ordonnance du 4 janvier 1843, de se constituer gérants ou curateurs, directement ou indirectement, dans aucune affaire pour laquelle ils prêtent leur ministère.

(2) Il s'agissait, dans l'espèce, d'une production négligée par un notaire.

(3) V. J. N., art. 799.

(4) Conformément à l'opinion de MM. Rolland de Villargues, Ferrière, Pagès, Dalloz, Locré, mais il serait responsable de l'incapacité des personnes figurant qui seraient des interdits, et de celles qui manqueraient véritablement de santé d'esprit.

(5) V. J. N., art. 964.

(6) Ces arrêts ont déclaré le conservateur responsable de la faute indivisément avec le notaire, en ce que le conservateur dormit pas, par la simple lecture en ses rôles de l'acte produit, reconnaître l'erreur et ne point consommer la radiation.

(7) Cette décision a été motivée sur des faits particuliers qui constituaient, paraît-il, mandat au notaire; mais, par prudence, et tout en maintenant son caractère officieux, tous les notaires devraient s'astreindre à la tenue d'un registre spécial pour l'accomplissement exact des formalités hypothécaires et rencontreraient un registre aux actes de ventose, et entre d'eux les titres mal liassés ou déposés à l'étude par les clients; ou mieux, remettre, autant que possible, toutes les pièces aux parties, sauf celles qui leur seraient recommandées spécialement pour effectuer des recouvrements ou pour d'autres motifs déterminés, auxquels cas on emploierait le registre des formalités.

RESPONSABILITÉ.

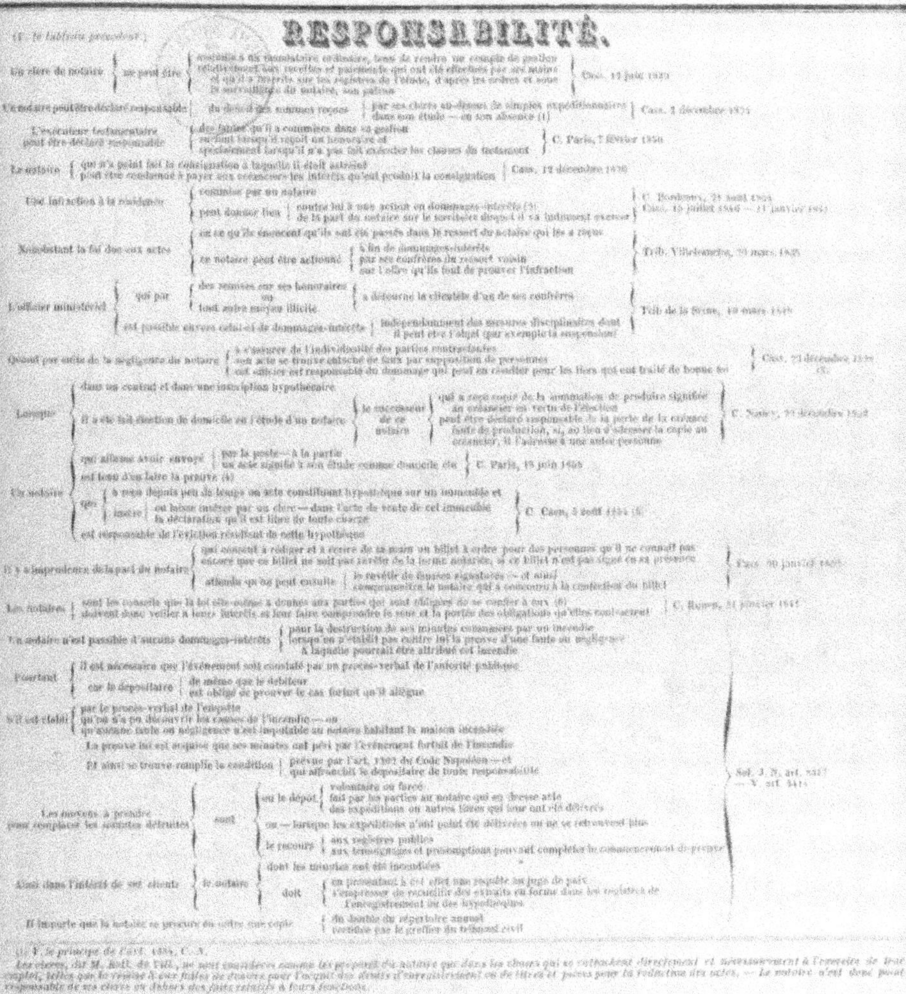

(V. le tableau précédent.)

Un clerc de notaire — ne peut être considéré comme mandataire ordinaire, tenu de rendre un compte de gestion, relativement aux recettes et paiements qui ont été effectués par ses mains et qu'il a inscrits sur les registres de l'étude, d'après les ordres et sous la surveillance du notaire, son patron. — Cass. 12 juin 1820

Un notaire peut être déclaré responsable — du détail des sommes reçues — par ses clercs au-dessus de simples expéditionnaires dans son étude — ou son absence (1) — Cass. 1 décembre 18..

L'exécuteur testamentaire peut être déclaré responsable — des fautes qu'il a commises dans sa gestion — surtout lorsqu'il reçoit un honoraire et — spécialement lorsqu'il n'a pas fait exécuter les clauses du testament — C. Paris, 7 février 1850

Le notaire — qui n'a point fait la consignation à laquelle il était astreint — peut être condamné à payer aux créanciers les intérêts qu'eût produit la consignation — Cass. 12 décembre 1836

Une infraction à la résidence — commise par un notaire — peut donner lieu — contre lui à une action en dommages-intérêts (2) — de la part du notaire sur le territoire duquel il s'est indûment exercé — C. Bordeaux, 21 août 1854 — Cass. 15 juillet 1856 — 11 janvier 1841

Nonobstant la foi due aux actes — en ce qu'ils énoncent qu'ils ont été passés dans le ressort du notaire qui les a reçus — ce notaire peut être actionné — à fin de dommages-intérêts — par ses confrères du ressort voisin — sur l'offre qu'ils font de prouver l'infraction — Trib. Villefranche, 20 mars 1835

L'officier ministériel — qui par — des remises sur ses honoraires — ou — tout autre moyen illicite — a détourné la clientèle d'un de ses confrères — est passible envers celui-ci de dommages-intérêts — indépendamment des mesures disciplinaires dont il peut être l'objet (par exemple la suspension) — Trib. de la Seine, 10 mars 1846

Quand par suite de la négligence du notaire — à s'assurer de l'individualité des parties contractantes — son acte se trouve entaché de faux par supposition de personnes — cet officier est responsable du dommage qui peut en résulter pour les tiers qui ont traité de bonne foi — Cass. 21 décembre 18.. (3)

Lorsqu'il a été fait élection de domicile en l'étude d'un notaire — dans un contrat et dans une inscription hypothécaire — le successeur de ce notaire — qui a reçu copie de la sommation de produire signifiée au créancier en vertu de l'élection — peut être déclaré responsable de la perte de la créance faute de production, si, au lieu d'adresser la copie au créancier, il l'adresse à une autre personne — C. Nancy, 23 décembre 1842

Un notaire — qui affirme avoir envoyé — par la poste — à la partie — un acte signifié à son étude comme domicile élu — est tenu d'en faire la preuve (4) — C. Paris, 15 juin 1855

qui — inscrit — ou reçu depuis peu de temps un acte constituant hypothèque sur un immeuble et — ou laisse insérer par un clerc — dans l'acte de vente de cet immeuble — la déclaration qu'il est libre de toute charge — est responsable de l'éviction résultant de cette hypothèque — C. Caen, 3 août 1854 (5)

Il y a imprudence de la part du notaire — qui consent à rédiger et à écrire de sa main un billet à ordre pour des personnes qu'il ne connaît pas encore que ce billet ne soit pas revêtu de la forme notariée, si ce billet n'est pas signé en sa présence — attendu qu'il peut ensuite — le revêtir de fausses signatures — et ainsi compromettre le notaire qui a concouru à la confection du billet — Cass. 20 janvier 18..

Les notaires — sont les conseils que la loi elle-même a donnés aux parties qui sont obligées de se confier à eux — doivent donc veiller à leurs intérêts, et leur faire comprendre le sens et la portée des obligations qu'elles contractent — C. Rouen, 31 janvier 1841

Un notaire n'est passible d'aucuns dommages-intérêts — pour la destruction de ses minutes consumées par un incendie — lorsqu'on n'établit pas contre lui la preuve d'une faute ou négligence — à laquelle pourrait être attribué cet incendie

Pourtant — il est nécessaire que l'événement soit constaté par un procès-verbal de l'autorité publique — car le dépositaire — de même que le débiteur — est obligé de prouver le cas fortuit qu'il allègue

S'il est établi — par le procès-verbal de l'enquête — qu'on n'a pu découvrir les causes de l'incendie — on — qu'aucune faute ou négligence n'est imputable au notaire habitant la maison incendiée — la preuve lui est acquise que ses minutes ont péri par l'événement fortuit de l'incendie

Et ainsi se trouve remplie la condition — prévue par l'art. 1302 du Code Napoléon — et — qui affranchit le dépositaire de toute responsabilité — Sol. J. N. art. 7517 — V. art. 5414

Les moyens à prendre pour remplacer les minutes détruites — sont — ou le dépôt — volontaire ou forcé — fait par les parties au notaire qui en dresse acte — des expéditions ou autres titres qui leur ont été délivrés — ou — lorsque les expéditions n'ont point été délivrées ou ne se retrouvent plus — le recours — aux registres publics — aux témoignages et présomptions pouvant compléter le commencement de preuve

Ainsi dans l'intérêt de ses clients — le notaire — dont les minutes ont été incendiées — doit — en présentant à cet effet une requête au juge de paix — s'empresser de recueillir des extraits en forme dans les registres de l'enregistrement ou des hypothèques

Il importe que le notaire se procure ou retire une copie — du double du répertoire annuel — certifiée par le greffier du tribunal civil

(1) V. le principe de l'art. 1384, C. N.

Les clercs, dit M. Roll. de Vill., ne sont considérés comme les préposés du notaire que dans les choses qui se rattachent directement et nécessairement à l'exercice de leur emploi, telles que la remise à eux faite de deniers pour l'acquit des droits d'enregistrement ou de titres et pièces pour la rédaction des actes. — Le notaire n'est donc point responsable de ses clercs en dehors des faits relatifs à leurs fonctions.

(2) Il y a sur ce point un grand nombre de décisions qui fixent la jurisprudence.

(3) Conformément à l'opinion de M. Zupan.

(4) Il devrait toujours, en ce cas, recommander la lettre pour établir cette preuve par les registres de la poste. — V. sur le transport des papiers d'affaires, la loi du 25 juin 1856, art. 3, 8 et 9; et l'arrêté ministériel du 9 juillet suivant, art. 5 et 6. — Le tout est expliqué à la fin de l'annuaire J. N. de 1857, aux observations générales sur le service des postes.

(5) V. J. N. art. 14844. — Il résulte au contraire d'une dissertation du même journal, art. 1435, que le notaire rédacteur d'un premier acte constituant une hypothèque pour sûreté d'une créance, ne doit pas, à cause du secret dû, en avertir un second créancier au profit duquel le débiteur grève les immeubles d'une nouvelle hypothèque. — Et, sans aucun doute, cette considération doit prévenir.

(6) Conformément à l'opinion de M. Viard, docteur en droit, sur les devoirs moraux des notaires et les conseils donnés par eux aux parties :

« On comprend combien sont graves et importants pour la société les fonctions des notaires ; leur office s'exerçant dans les actes les plus solennels de la vie …. Ils sont les ministres de la juridiction gracieuse, comme les magistrats sont les ministres de la juridiction contentieuse, et sont le double rapport de la probité et des lumières, ils ne sauraient présenter trop de garanties. — Toutefois, l'absence de cette prospérité, ferce néanmoins qui leur est-demandée, doit dangereux si les signalait aux parties, des conseils donnés de bonne foi ne sauraient constituer en principe de responsabilité; l'accomplissement des devoirs moraux se trouve par sa sanction dans la loi positive, — il est assuré par la satisfaction de la conscience et le suffrage des gens de bien. »

ERRATA. — À la première ligne intérieure du 3ᵉ tableau, lisez … Sont nommés par l'Empereur.

III.

CODE NAPOLÉON.

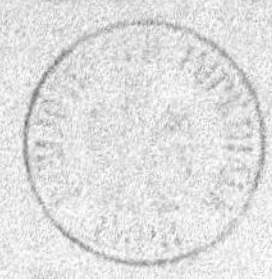

« *La nature des lois humaines est d'être soumise à tous les accidents*
qui arrivent, et de varier à mesure que les volontés des hommes
changent. »

(Montesquieu.)

« *Un Code, quelque complet qu'il paraisse, n'est pas plus tôt achevé,*
que mille questions inattendues viennent s'offrir au Magistrat. Car
les lois, une fois rédigées, demeurent telles qu'elles ont été écrites :
Les hommes, au contraire, ne se reposent jamais, ils agissent toujours;
et ce mouvement qui ne s'arrête pas, et dont les effets sont diverse-
ment modifiés par les circonstances, produit à chaque instant quelque
combinaison nouvelle, quelque nouveau fait, quelque nouveau résultat.
Une foule de choses sont donc nécessairement abandonnées à l'empire
de l'usage, à la discussion des hommes instruits, à l'arbitrage des
juges. »

(Extr. du Discours préliminaire du Code Napoléon.)

DIVISION GÉNÉRALE DU CODE NAPOLÉON.

Le CODE NAPOLÉON est divisé en trois Livres :

Le 1er LIVRE a rapport aux PERSONNES, et traite de seize objets :

- 1° des Droits civils, qui s'acquièrent ou se perdent.
- 2° des Actes de l'état civil, lesquels sont de trois sortes : 1° les Actes de naissance. 2° les Actes de mariage. 3° les Actes de décès.
- 3° du Domicile.
- 4° de l'Absence.
- 5° du Mariage.
- 6° de la Séparation de corps.
- 7° de la Filiation
- 8° de la Légitimation et Reconnaissance } des enfants,
- 9° de la Recherche de la { paternité, maternité.
- 10° de l'Adoption.
- 11° de la Tutelle officieuse.
- 12° de la Puissance paternelle.
- 13° de la Tutelle, qui est de quatre sortes : 1° la Tutelle des père et mère. 2° la Tutelle déférée par le père ou la mère. 3° la Tutelle des ascendants. 4° la Tutelle déférée par le conseil de famille. exige la nomination d'un subrogé tuteur.
- 14° de la Majorité.
- 15° de l'Interdiction.
- 16° du Conseil judiciaire.

Voy. les 1er et 2e Tableaux ci-après.

Le IIe LIVRE a rapport aux BIENS,

- lesquels sont de deux sortes : 1° les Biens immeubles. 2° les Biens meubles.
- sur lesquels on a, ou un Droit de propriété, un simple Droit d'usufruit, des Droits { d'usage, d'habitation. des Servitudes.

Voy. le 3e tableau ci-après.

Le IIIe LIVRE traite des différentes MANIÈRES dont on acquiert,

1° la Propriété, au nombre de quatre :

- 1° les Successions, lesquelles sont de quatre sortes : 1° Successions déférées aux descendants. 2° Successions déférées aux ascendants. 3° Successions collatérales. 4° Successions irrégulières. Voy. le 4e Tableau.
- 2° les Donations entre vifs, testamentaires. Voy. le 5e Tableau.
- 3° les Obligations (1) qui forment les Contrats lesquels
  - naissent quelquefois sans conventions. Elles résultent, 1° de l'Autorité seule de la loi, 2° des Quasi-contrats. 2° des Délits, Quasi-délits. Voy. le 7e Tableau.
  - peuvent être divisés en cinq espèces :
    - 1° Contrats synallagmatiques parfaits, au nombre de sept; savoir : 1° le Contrat de mariage. (Voy. le 8e Tableau.) 2° le Contrat de vente. 3° le Transport. 4° l'Échange. 5° le Contrat de louage. 6° le Contrat de société. 7° la Transaction. Voy. le 9e Tableau.
    - 2° Contrats synallagmatiques imparfaits, au nombre de trois : 1° le Mandat. 2° le Dépôt. 3° le Nantissement. Voy. le 10e Tableau.
    - 3° Contrats unilatéraux, au nombre de trois : 1° le prêt de consommation. 2° le prêt à intérêt. 3° le Cautionnement.
    - 4° Contrats de bienfaisance, tels que : le Prêt à usage ou Commodat. Voy. le 11e Tabl.
    - 5° Contrats aléatoires, au nombre de cinq : 1° le Contrat d'assurance. 2° le Prêt à grosse aventure. 3° le Jeu. 4° le Pari. 5° le Contrat de rente viagère.
- 4° la Prescription. (Voy. le 13e Tableau.)

2° des DROITS sur

- la Personne, comme par la Contrainte par corps.
- les Biens sur lesquels on a ou peut avoir, ou :
  - le Privilège, qui peut être, ou 1° sur les meubles. 2° sur les immeubles. 3° sur les meubles et immeubles. Voy. le 13e Tableau.
  - l'Hypothèque, qui est de trois sortes : 1° Hypothèque légale. 2° Hypothèque judiciaire. 3° Hypothèque conventionnelle. Voy. le 14e et dernier Tabl.
  - le Droit d'Expropriation forcée.

(1) Pour les Obligations en général, voy. les 6e et 7e Tableaux.

DES PERSONNES. — Code Napoléon, *Livre Ier.*

SECTION Ire.

Des Droits civils, des Actes de l'état civil, du Domicile et de l'Absence.

Le CODE NAPOLÉON est divisé en trois LIVRES. (Voir le Tableau de Division générale.)

Le Ier LIVRE a rapport aux PERSONNES, et traite de trois objets :

1° des Droits civils, dont

- la Jouissance s'accorde à :
  - tout Français,
  - tout enfant né d'un Français en pays étranger.
  - tout étranger
    - en France, { autant que, dans sa nation, on jouirait un Français.
    - autorisé à établir son domicile en France, { tant qu'il continue d'y résider.

- la Privation arrive :
  - 1° par la perte de la qualité de Français, laquelle a lieu de quatre manières :
    - 1° par la naturalisation en pays étranger.
    - 2° par l'acceptation, non autorisée par l'Empereur, de fonctions publiques chez l'étranger.
    - 3° par l'affiliation à toute corporation étrangère qui exige des distinctions de naissance.
    - 4° par tout établissement fait en pays étranger, { sans esprit de retour.
    - peut se recouvrer.
  - 2° par la mort civile, qu'emportent les condamnations :
    - à la mort naturelle.
    - aux autres peines afflictives perpétuelles, { mais seulement lorsque la loi y a attaché cet effet.
    - contradictoires, { à compter seulement du jour de leur exécution, soit { réelle, { par effigie.
    - par contumace, { après les cinq années qui suivront l'exécution du jugement par effigie. { Pendant ce temps, privation de l'exercice des droits civils.

2° des Actes de l'état civil, lesquels sont

- dressés :
  - par les officiers de l'état civil
  - sur des registres cotés { paraphés { par { le président du tribunal civil, ou { le juge qui le remplace.
  - de suite.
  - sans aucun blanc.

- signés par les { officiers de l'état civil. { comparants { témoins.

- de trois sortes :
  - 1° les Actes de naissance, lesquels seront rédigés { sur la déclaration qui sera faite de la naissance dans les trois jours de l'accouchement { en présence de deux témoins.
  - 2° les Actes de mariage, lesquels annonceront entre autres choses,
    - 1° { le consentement { des ascendants, de la famille, { dans les cas où ces consentements sont requis. { ou { les actes respectueux.
    - 2° les publications, qui se feront { au nombre de deux { à huit jours d'intervalle. { devant la porte de la maison commune.
  - 3° les Actes de décès, lesquels { seront dressés sur la déclaration de deux témoins.

- rectifiés { par le tribunal compétent. { sur les conclusions du procureur impérial. { parties appelées, { s'il y a lieu.

3° du Domicile, lequel est { au lieu où l'on a son principal établissement.

4° de l'Absence, laquelle :

- est, ou { présumée { auquel cas { 1° le tribunal statue s'il y a nécessité de pourvoir à l'administration des biens. { 2° on nomme un notaire pour représenter le présumé absent.
- certaine { auquel cas, { les parties peuvent faire déclarer l'absence.
- donne lieu à l'envoi provisoire en possession en faveur des héritiers présomptifs, { en donnant caution.

5° du Mariage, lequel, etc. (La suite au Tableau suivant.)

DES PERSONNES. — Code Napoléon, *Livre Iᵉʳ*

SECTION II.

Du Mariage, de la Séparation, des Enfants, de l'Adoption, de la Tutelle, de la Puissance paternelle, de la Majorité, de l'Interdiction et du Conseil judiciaire.

Le CODE NAPOLÉON est divisé en trois LIVRES. (Voir le Tableau de Division générale.)

LE Iᵉʳ LIVRE, à rapport aux PERSONNES et traite de seize objets :

1° des Droits civils, dont etc. (Voir le Tableau précédent.)

2° du Mariage, lequel
- ne peut se contracter
  - avant l'âge de 18 ans, par l'homme ; 15 ans, par la femme.
  - entre ascendants et descendants, frère et sœur, oncle et nièce, tante et neveu.
  - sans le consentement des père et mère, si les parties n'ont pas le fils 25, la fille 21 ans accomplis.
  - sans le conseil des aïeuls, qui doit être demandé, se supplée par l'acte respectueux, lequel — si les parties ont l'âge susdésigné ; fait une fois sans succès, se renouvelle deux autres fois de mois en mois ; suffit, une fois fait, si l'enfant a le fils 30, la fille 25 ans accomplis.
- est célébré devant l'officier civil du domicile de l'une des parties.
- produit diverses obligations de la part des
  - époux : l'un envers l'autre. (Voir les articles 208, 212 et 214 du Code Napoléon.)
  - enfants : envers leurs ascendants. (Voir l'article 205.)
  - gendres et belles-filles. (Voir l'article 206.)
- donne au mari un droit de puissance sur la personne, les biens de sa femme, laquelle a besoin de l'autorisation de son mari presque en toute circonstance.
- se dissout de deux manières : 1° par la mort naturelle ; 2° par la mort civile de l'un des époux.

3° de la Séparation de corps, laquelle
- a lieu pour trois causes :
  - 1° l'adultère de l'un des époux.
  - 2° les excès, sévices ou injures graves de l'un des époux envers l'autre.
  - 3° la condamnation de l'un des époux à une peine infamante.
- emporte toujours la séparation de biens.

7° de la Filiation des enfants. | Principe général : l'enfant conçu pendant le mariage a pour père le mari, mais peut être désavoué dans le cas désigné article 312 du Code Napoléon.

8° de la Légitimation et de la Reconnaissance des enfants, lesquelles peuvent avoir lieu en faveur des enfants naturels, autres que les adultérins, incestueux.

9° de la Recherche
- de la paternité, qui est interdite.
- de la maternité, qui est admise, sous certaines conditions.

10° de l'Adoption, qui
- est permise aux personnes désignées en l'article 343 du Code Napoléon.
- donne à l'adopté le nom, rend l'adopté héritier de l'adoptant.

11° de la Tutelle officieuse, qui peut être exercée par les individus désignés articles 361 et 362, produit diverses obligations mentionnées articles 364 et suivants.

12° de la Puissance paternelle, laquelle
- s'étend sur la personne, les biens des enfants.
- donne au survivant des père et mère la jouissance des biens de leurs enfants jusqu'à l'âge de 18 ans.

13° de la Tutelle, laquelle
- est de quatre sortes :
  - 1° la tutelle des père et mère.
  - 2° la tutelle déférée par le père ou la mère.
  - 3° la tutelle des ascendants.
  - 4° la tutelle déférée par le conseil de famille.
- exige la nomination d'un subrogé tuteur, dont la principale fonction est d'agir pour les intérêts du mineur, lorsqu'ils sont en opposition avec ceux du tuteur ; les fonctions cessent avec la tutelle.
- cesse par l'émancipation, laquelle a lieu de plein droit par le mariage ; à 15 ans, par la déclaration du père ou de la mère devant le juge de paix ; à 18 ans, pour le mineur sans père ni mère, étant d'un mineur commerçant, le fait répute pour majeur pour les faits relatifs à son commerce.
- dont sont dispensées les personnes désignées articles 427 et suivants du Code Napoléon ; excluse celles désignées articles 442 et suivants.
- dont les principaux devoirs sont : 1° de prendre soin de la personne ; 2° d'administrer les biens ; 3° de rendre compte de sa gestion — du mineur.

14° de la Majorité, laquelle est fixée à 21 ans.

15° de l'Interdiction, laquelle
- a lieu lorsqu'un majeur est dans un état habituel d'imbécillité, de démence ou de fureur.
- est demandée au tribunal de première instance, assimile l'interdit au mineur, cesse avec les causes qui l'ont déterminée.

16° et du Conseil judiciaire, lequel se donne aux prodigues, qui ne peuvent agir sans ce conseil.

DES BIENS. — Code Napoléon, *Livre II.*

Des Meubles et des Immeubles, de la Propriété, de l'Usufruit, de l'Usage et de l'Habitation, et des Servitudes.

Le CODE NAPOLÉON est divisé en trois Livres. (*Voir la Division générale.*)	Le Iᵉʳ Livre	a rapport aux Personnes, et traite de seize objets :	1° des Droits civils, dont etc. (*Voir le 1ᵉʳ et le 2ᵉ Tableau.*)

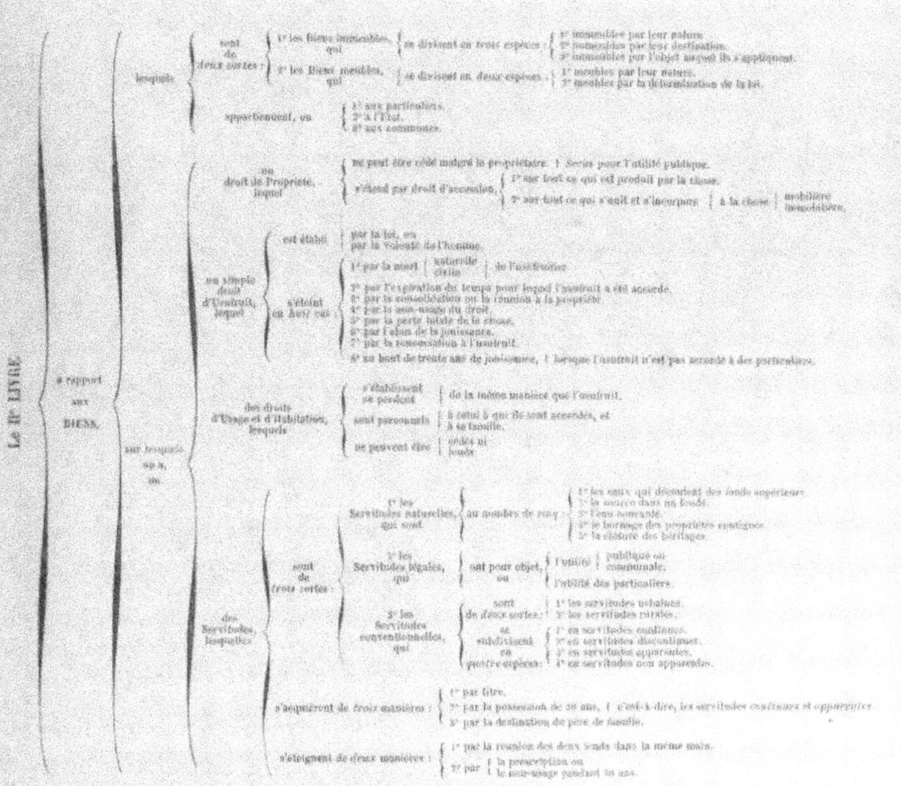

Le IIᵉ LIVRE a rapport aux **BIENS**, sur lesquels on a,

lesquels

- **sont de deux sortes :**
  - 1° les biens immeubles, qui — se divisent en trois espèces : 1° immeubles par leur nature. 2° immeubles par leur destination. 3° immeubles par l'objet auquel ils s'appliquent.
  - 2° les biens meubles, qui — se divisent en deux espèces : 1° meubles par leur nature. 2° meubles par la détermination de la loi.
- **appartiennent, ou** 1° aux particuliers. 2° à l'État. 3° aux communes.

ou droit de Propriété, lequel

- ne peut être cédé malgré le propriétaire, } Sinon pour l'utilité publique.
- s'étend par droit d'accession, 1° sur tout ce qui est produit par la chose. 2° sur tout ce qui s'unit et s'incorpore à la chose — mobilière, immobilière.

ou simple droit d'Usufruit, lequel

- est établi par la loi, ou par la volonté de l'homme.
- s'éteint en huit cas :
  - 1° par la mort naturelle, civile, de l'usufruitier.
  - 2° par l'expiration du temps pour lequel l'usufruit a été accordé.
  - 3° par la consolidation ou la réunion à la propriété.
  - 4° par le non-usage du droit.
  - 5° par la perte totale de la chose.
  - 6° par l'abus de la jouissance.
  - 7° par la renonciation à l'usufruit.
  - 8° au bout de trente ans de jouissance, } lorsque l'usufruit n'est pas accordé à des particuliers.

des droits d'Usage et d'Habitation, lesquels

- s'établissent ou se perdent — de la même manière que l'usufruit.
- sont personnels — à celui à qui ils sont accordés, et à sa famille.
- ne peuvent être — cédés ni loués.

des Servitudes, lesquelles

- **sont de trois sortes :**
  - 1° les Servitudes naturelles, qui sont au nombre de cinq : 1° les eaux qui découlent des fonds supérieurs. 2° la source dans un fonds. 3° l'eau courante. 4° le bornage des propriétés contiguës. 5° la clôture des héritages.
  - 2° les Servitudes légales, qui ont pour objet, ou l'utilité publique ou communale, l'utilité des particuliers.
  - 3° les Servitudes conventionnelles, qui — sont de deux sortes : 1° les servitudes urbaines. 2° les servitudes rurales. — se subdivisent en quatre espèces : 1° en servitudes continues. 2° en servitudes discontinues. 3° en servitudes apparentes. 4° en servitudes non apparentes.
- **s'acquièrent de trois manières :** 1° par titre. 2° par la possession de 30 ans, c'est-à-dire, les servitudes continues et apparentes. 3° par la destination de père de famille.
- **s'éteignent de deux manières :** 1° par la réunion des deux fonds dans la même main. 2° par la prescription ou le non-usage pendant 30 ans.

DES DIFFÉRENTES MANIÈRES DONT ON ACQUIERT LA PROPRIÉTÉ. — Code Napoléon, *Livre III*.

SECTION I.re

Des Successions.

Le CODE NAPOLÉON est divisé en trois LIVRES. (*Voir la Division générale.*) — Le I.er LIVRE a rapport aux Personnes, et traite de seize objets : des droits civils, dont etc. (*Voir le 1.er et le 2.e Tableau.*) — Le II.e LIVRE a rapport aux Biens. (*Voir le 2.e Tableau.*)

La III.e LIVRE traite des DIFFÉRENTES MANIÈRES DONT ON ACQUIERT, 1.° la Propriété, au nombre de quatre :

1.° les Successions, lesquelles :

— s'ouvrent de deux manières : 1.° par la mort naturelle ; 2.° par la mort civile.

— sont dévolues aux Héritiers légitimes, qui sont saisis de plein droit des biens du défunt.
  - À leur défaut, aux Enfants naturels.
  - Au défaut de ceux-ci, à l'Époux survivant.
  - À son défaut, à l'État.

- 1.re Successions déférées aux Descendants, lorsque le défunt laisse des enfants, petits-enfants, etc. Ils succèdent par égales portions, et par tête, quand ils sont au 1.er degré et seuls, sont tous appelés de leur chef ; par souche, lorsqu'ils viennent, tous ou en partie, par représentation.

- 2.e Successions déférées aux Ascendants, lorsque le défunt ne laisse ni postérité, ni frère ni sœur, en ce cas division par moitié entre les ascendants de la ligne paternelle, ascendants de la ligne maternelle.

- 3.e Successions collatérales. sont de quatre sortes :
  - Frères, Sœurs ou leurs descendants, succèdent :
    - en totalité, le père et la mère ayant précédé le défunt sans enfants ;
    - pour moitié, le père et la mère ayant survécu ;
    - pour trois quarts, le père ou la mère ayant seul survécu.
    - moitié aux ascendants survivants ;
  - l'autre moitié aux parents les plus proches, en ce cas au-delà du 12.e degré. À défaut de parents à ce degré, ceux de l'autre ligne succèdent pour le tout, à l'infini dans la ligne directe descendante, a lieu au profit des enfants et descendants de frères ou sœurs du défunt, en ligne collatérale.
  - Ascendants dans l'une ou l'autre ligne.

- 4.e Successions irrégulières, telles sont celles dévolues :
  - aux enfants naturels, à défaut des héritiers légitimes.
  - à l'époux survivant, à défaut d'enfants naturels.
  - à l'État, à défaut de conjoint survivant.

— peuvent être :
  - acceptées de deux manières : 1.° purement et simplement ; 2.° sous bénéfice d'inventaire, par déclaration au greffe du tribunal civil.
  - répudiées. La Renonciation ne se présume pas, se fait au greffe du tribunal civil. à la succession d'un homme vivant, est nulle.

— vacantes, sont pourvues d'un curateur.

— étant acceptées, se partagent. Le PARTAGE :
  - peut être *demandé* en tout temps.
  - est *précédé* 1.° de l'apposition des scellés, 2.° d'un inventaire, lorsqu'il y a absents, mineurs, interdits.
  - se *fait* en justice.
  - comprend les Rapports, qui se font de deux manières : 1.° en nature ; 2.° en moins-prenant ; par tout héritier venant à une succession.
  - souffre les Prélèvements.
  - exige un tirage des lots, confection dans les dettes *pro rata* autrefois, garantie respective entre les cohéritiers.
  - est sujet à rescision en deux cas : s'il y a 1.° violence ou dol ; 2.° lésion de plus du quart.
  - peut être fait par les ascendants entre leurs descendants, de deux manières : 1.° par donation entre vifs ; 2.° par testament.

2.° les Donations, lesquelles, etc. (*Voir le 2.e Tableau ci-après.*)

3.° des Droits sur etc. (*Voir le 13.e et le 14.e Tableau.*)

DES DIFFÉRENTES MANIÈRES DONT ON ACQUIERT LA PROPRIÉTÉ. — Code Napoléon, *Livre III.*

SECTION II.

Des Donations.

Le CODE NAPOLÉON est divisé en trois LIVRES. (Voir la Division générale). | Le 1er LIVRE { a rapport aux Personnes, et traite de seize objets ; | { 1° des Droits civils, dont etc. (Voir le 1er et le 2e Tableau). | Le IIe LIVRE { a rapport aux Biens. (Voir le 2e Tableau.)

Le IIIe LIVRE traité des DIFFÉRENTES MANIÈRES DONT ON ACQUIERT,

1° la Propriété, au nombre de quatre :

  1° les Successions, lesquelles etc. (Voir le 4e Tableau.)

  2° les Donations, lesquelles sont de deux sortes :

    1° la Donation entre vifs, qui
      doit être { passée devant notaires, acceptée expressément. transcrite, { si les biens sont susceptibles d'hypothèque
      est nulle pour les biens à venir.
      se révoque pour *trois* causes : 1° inexécution des conditions. 2° ingratitude. 3° survenance d'enfants.

    2° la Donation à cause de mort ou le Testament, qui est de cinq espèces :
      1° le Testament olographe, qui doit être { écrit en entier, daté et signé } de la main du testateur.
      2° le Testament par acte public, qui est { reçu, ou par { deux notaires, en présence de deux ou un notaire, en présence de quatre } témoins.
        dicté par le testateur aux notaires.
        écrit par le notaire ou l'un des notaires.
        lu au testateur en présence des témoins.
        signé par { le testateur, { s'il sait signer; } mention, s'il ne sait ou ne peut signer. les témoins. { Dans les campagnes, il suffit que moitié des témoins signe.
      3° le Testament mystique ou secret, qui est { signé par le testateur, { s'il sait ou peut signer. clos et scellé, présenté { au notaire, lequel } dresse l'acte de souscription. ainsi { à six témoins au moins.
      4° les Testaments des militaires. 5° les Testaments sur mer. { ces testaments ont des formes particulières réglées par le Code Napoléon.

    se peuvent excéder, si le disposant laisse, à son décès, { un enfant, { la moitié. deux enfants, { le tiers. trois enfants ou plus, { le quart. un ou plusieurs ascendants dans chacune des deux lignes, { la moitié. ascendant dans une ligne seulement, { les trois quarts } des biens du disposant.

    peuvent épuiser la totalité des biens, à défaut { d'ascendants et de descendants.

    entre époux, { peuvent être { s'ils ne laissent point de descendants, { 1° de la propriété de tout ce qu'ils pourraient donner à un étranger. 2° de l'usufruit de la portion non disponible. s'ils laissent des descendants, { d'un quart en propriété et d'un autre quart en usufruit ou de l'usufruit de la moitié de tous leurs biens. ayant enfants d'un autre lit, { de la part d'un enfant moins prenant.
      ne peuvent être faites, pendant le mariage, par un seul et même acte.
      par contrat de mariage, { sont irrévocables,
      pendant le mariage, { sont toujours révocables,

  3° les Obligations, qui etc. (Voir les 6e, 7e, 8e, 9e, 10e et 11e Tableaux ci-après.)

  4° les Droits sur etc. (Voir les 12e et 13e Tableaux.)

DES DIFFÉRENTES MANIÈRES DONT ON ACQUIERT LA PROPRIÉTÉ. — Code Napoléon, *Livre III.*

SECTION III.

Des Obligations.

Le CODE NAPOLÉON est divisé en trois LIVRES. (Voir la Division générale). — LE 1er LIVRE a rapport aux Personnes, et traite de seize objets... 1° des Droits civils, dont etc. (Voir le 1er et le 2e Tableau). — LE IIe LIVRE a rapport aux Biens. (Voir le 2e Tableau).

Le IIIe LIVRE traite des DIFFÉRENTES MANIÈRES DONT ON ACQUIERT

1° la Propriété, au nombre de quatre :

- **1° les Successions,** lesquelles etc. (Voir le 3e Tableau.)

- **2° les Obligations, qui sont de sept sortes :**

  - **1° l'Obligation conditionnelle.**
    - *sont sortes de conditions* :
      - 1° casuelle,
      - 2° potestative,
      - 3° mixte,
      - 4° suspensive,
      - 5° résolutoire.
    - *la condition* :
      - 6° impossible,
      - 7° contraire aux bonnes mœurs,
      - 8° prohibée par la loi. } Ces conditions { sont nulles, et rendent nulle la convention.
  - **2° l'Obligation à terme.** | On ne peut exiger avant le terme.
  - **3° l'Obligation alternative.** | le choix appartient au débiteur, s'il n'est autrement convenu.
  - **4° l'Obligation solidaire** | pour le paiement et les poursuites, | le créancier s'adresse à celui des débiteurs qu'il lui plaît.
  - **5° l'Obligation divisible, qui a pour objet** | une chose qui, dans sa livraison, un fait qui, dans l'exécution, | est susceptible de division.
  - **6° l'Obligation indivisible, qui a pour objet** | une chose un fait | non susceptible de division.
  - **7° l'Obligation avec clause pénale.** | La peine | tient lieu de dommages et intérêts, n'empêche point le créancier de poursuivre l'exécution de l'obligation principale.

  s'éteignent de onze manières :

  - **1° par le Paiement, lequel se fait**
    - dans le lieu | désigné par la convention, du domicile du débiteur, si l'on n'a point désigné de lieu.
    - aux frais du débiteur.
    - quelquefois avec subrogation, | La Subrogation est de deux sortes : | 1° Subrogation *conventionnelle,* 2° Subrogation *légale.*
  - **2° par la Consignation, laquelle** doit être précédée d'Offres réelles.
  - **3° par la Cession de biens, qui est de** deux sortes | 1° la cession *volontaire.* 2° la cession *judiciaire.* | Celle-ci ne libère le débiteur que jusqu'à concurrence des biens abandonnés.
  - **4° par la Novation, qui** s'opère de *trois manières* | 1° par la substitution d'une nouvelle dette à l'ancienne. 2° par la substitution d'un nouveau débiteur à l'ancien. 3° par la substitution d'un nouveau créancier à l'ancien.
  - **5° par la Remise de la dette, qui est de** deux sortes : | 1° la remise *tacite.* 2° la remise ou décharge *conventionnelle.*
  - **6° par la Compensation, laquelle**
    - s'opère de plein droit.
    - qu'entre deux dettes également | liquides, exigibles.
    - n'a lieu en matière | de restitution de chose prise, de dépôt, de prêt à usage, d'aliments,
  - **7° par la Confusion, laquelle** | a lieu de droit, | éteint les deux créances *réunies* en la même personne.
  - **8° par la Perte de la chose.**
  - **9° par la Nullité ou Rescision des conventions,** | dont l'action dure ordinairement dix ans, d'où résulte la rescindante.
  - **10° par l'effet de la Condition résolutoire.**
  - **11° et par la Prescription.**

  se prouvent etc. (Voir le 7e Tableau ci-après.)

- **3° les Droits sur etc.** (Voir les 13e et 14e Tableaux.)

DES DIFFÉRENTES MANIÈRES DONT ON ACQUIERT LA PROPRIÉTÉ. — Code Napoléon, *Livre III.*

SECTION IV.

De la Preuve et de la Validité des Obligations, des Quasi-contrats et Quasi-délits.

Le CODE NAPOLÉON est divisé en trois LIVRES. (Voir la Division générale). — Le 1er LIVRE { a rapport aux Personnes, et traite de seize objets. (Voir le 1er et le 2e Tableau). — Le IIe LIVRE { a rapport aux Biens. (Voir le 3e Tableau.)

Le IIIe LIVRE traite des DIFFÉRENTES MANIÈRES DONT ON ACQUIERT —

1° la Propriété, au nombre de quatre :

- **1° les Successions,** lesquelles etc. (Voir les 4e, 5e et 6e Tableaux.)

- **2° les Obligations, qui se prouvent de cinq manières :**

  - **1° par écrit;** c'est ce que l'on appelle la **Preuve littérale,** qui résulte —
    - **1° des Actes,** lesquels sont de deux sortes :
      - **1° l'Acte authentique,** lequel est celui reçu par officiers publics ayant caractère, fait pleine foi jusqu'à inscription de faux.
      - **2° l'Acte sous seing privé,** qui est de différentes espèces :
        - 1° l'Acte sous seing privé proprement dit, lequel, étant { synallagmatique, doit être fait en autant d'originaux qu'il y a de parties; soit billet, doit être approuvé dans la somme en toutes lettres, sauf les exceptions; n'a point de date certaine.
        - 2° les Registres et Livres des marchands.
        - 3° les Registres et Papiers domestiques.
        - 4° les Écritures { non datées ni signées, faites par le créancier, à la suite au dos en marge, d'un écrit.
      - se subdivisent,
        - 1° en Copies de titres, lesquelles font foi en certains cas.
        - 2° en Actes récognitifs, lesquels ne dispensent point de la représentation du titre primordial.
        - 3° en Actes confirmatifs, lesquels ne peuvent valider une donation vicieuse.
    - **2° des Tailles,** lesquelles, étant corrélatives aux échantillons, font foi.

  - **2° par Témoins;** c'est ce que l'on appelle la **Preuve testimoniale,** laquelle —
    - n'est point admise, 1° pour toutes choses excédant 150 francs. 2° contre outre le contenu aux actes.
    - est admise, 1° lorsqu'il existe un commencement de preuve par écrit. 2° toutes les fois que le créancier a été dans l'impossibilité de se procurer une preuve par écrit.

  - **3° par les Présomptions, qui** sont de deux espèces : 1° la présomption légale; 2° la présomption simple, ou non établie par la loi. { Ces deux dernières sortes de présomptions doivent être graves, précises et concordantes.

  - **4° par l'Aveu de la partie, lequel** est de deux sortes : 1° l'aveu extrajudiciaire. 2° l'aveu judiciaire.

  - **5° par le Serment judiciaire, qui** est de deux espèces : 1° le serment décisoire. 2° le serment déféré d'office.

  veulent quatre Conditions pour être valides :

  - **1° le Consentement de la personne qui s'oblige, lequel** doit être non donné par erreur, extorqué par violence, surpris par dol.
  - **2° la Capacité de contracter, laquelle** a { toute personne non déclarée incapable. n'ont pas les { mineurs, interdits, femmes mariées, dans les cas exprimés par la loi.
  - **3° un Objet, lequel** doit être certain, peut être une chose future, (Sauf des successions non ouvertes.)
  - **4° une Cause, qui** doit être licite.

  naissent quelquefois sans convention, Elles résultent,
  - 1° de l'autorité seule de la loi.
  - 2° des quasi-contrats, comme { la gestion volontaire de l'affaire d'autrui, le paiement par erreur.
  - 3° des délits et quasi-délits, lesquels obligent à réparer le tort.

  forment les Contrats, lesquels etc. (Voir le 8e Tableau ci-après.)

- **3° des Droits sur etc.** (Voir le 13e et le 14e Tableau.)

DES DIFFÉRENTES MANIÈRES DONT ON ACQUIERT LA PROPRIÉTÉ. — Code Napoléon, *Livre III*.

SECTION V.
Du Contrat de Mariage.

Le CODE NAPOLÉON est divisé en trois LIVRES. (Voir la Division générale). — LE 1er LIVRE a rapport aux Personnes, et traite de seize objets : 1° des Droits civils, dont etc. : Voir le 1er et le 2e Tableau. — LE IIe LIVRE a rapport aux Biens. : Voir le 3e Tableau.

Le IIIe LIVRE traite des DIFFÉRENTES MANIÈRES DONT ON ACQUIERT 1° la **Propriété**, au nombre de quatre :

1° les Successions, lesquelles etc. (Voir les 4e, 5e, 6e et 7e Tableaux.)

2° les Obligations, qui forment les Contrats, lesquels peuvent être divisés en cinq espèces : 1° les CONTRATS SYNALLAGMATIQUES PARFAITS, au nombre de sept ; tels sont : 1° le CONTRAT DE MARIAGE, lequel contient, selon que l'on en convient :

- doit être passé devant notaires,
- est susceptible de toutes sortes de conventions, à pourvu qu'elles ne soient point contraires aux bonnes mœurs,

STIPULATIONS DE COMMUNAUTÉ, laquelle communauté :

- est de droit, à défaut de contrat.
- est de deux sortes :
  - 1° la Communauté légale, qui peut être modifiée de différentes manières, notamment par
    - l'entrée en communauté — l'exclusion de certains biens meubles ou immeubles.
    - la séparation — la franchise de dettes antérieures au mariage.
    - le préciput.
    - l'admission à une part plus ou moins forte en la communauté.
    - la communauté universelle entre les époux.
  - 2° la Communauté conventionnelle.
- commence du jour du mariage.
- se compose
  - activement, 1° de tout le mobilier existant lors et reçu pendant le mariage. 2° de tous fruits, revenus et intérêts. 3° des conquêts pendant le mariage.
  - passivement, 1° de toutes dettes mobilières, sauf les exceptions. 2° des charges du mariage.
- est administrée par le mari, qui seul peut administrer, vendre, aliéner, hypothéquer les biens de la communauté.
- se dissout de quatre manières : 1° par la mort naturelle. 2° par la mort civile. 3° par la séparation de corps. 4° par la séparation de biens.
- ou s'accepte ; En cas d'acceptation, l'Actif
  - se compose de la Masse des biens existants, à laquelle se font les rapports, sur laquelle se font les prélèvements, reprises, laquelle se partage par moitié entre les époux ou ceux qui les représentent.
  - se partage, déduction faite des Dettes, lesquelles se paient par moitié, par chacun des époux ou de leurs héritiers.
- ou est répudiée ;
  - La faculté de renoncer est restreinte à la femme survivante comme aussi à la femme d'un mort civilement ; à ses héritiers, ayants-cause.
  - se conserve par un inventaire fait dans les trois mois du décès du mari, affirmé devant le notaire.
  - se perd de trois manières : 1° à défaut d'inventaire dans le délai prescrit. 2° par l'immixtion dans les biens de la communauté. 3° par la qualité de commune, prise dans un acte.
  - La renonciation
    - se fait au greffe du tribunal civil, dans les trois mois et quarante jours après le décès du mari ; ce délai peut être prorogé par le tribunal.
    - est utile quand il y a divertissement ou recélé.

EXCLUSION de communauté, laquelle se fait de deux manières : en déclarant, 1° que les époux se marient sans communauté / Dans ce cas, le mari demeure administrateur. 2° qu'ils seront séparés de biens / Dans ce dernier cas, la femme administre ses biens meubles et immeubles.

SOUMISSION au RÉGIME DOTAL, lequel conserve au mari l'administration des Biens dotaux. Les Biens paraphernaux sont ceux de la femme non constitués en dot, administrés par elle, et elle en a la jouissance. rend les biens dotaux inaliénables, et ce n'est dans les cas désignés par la loi. n'exclut point la stipulation d'une société d'acquêts.

2° la Vente, laquelle etc. (Voir le 2e Tableau.)

3° des Droits sur etc. (Voir les 10e et 11e Tableaux.)

DES DIFFÉRENTES MANIÈRES DONT ON ACQUIERT LA PROPRIÉTÉ. — Code Napoléon, *Livre III*.

SECTION VI.

Des Contrats de Vente et de Louage, du Transport et de l'Échange.

Le CODE NAPOLÉON est divisé en trois Livres. (*Voir la Division générale.*) — Le Iᵉʳ Livre a rapport aux Personnes, et traite de cette objets : 1° des Droits civils, dont etc. (*Voir le 1ᵉʳ et le 3ᵉ Tableau.*) — Le IIᵉ Livre a rapport aux Biens. (*Voir le 2ᵉ Tableau.*)

Le IIIᵉ LIVRE traite DES DIFFÉRENTES MANIÈRES DONT ON ACQUIERT 1° la Propriété, au nombre de quatre ; 2° les Obligations, qui ; formant les Contrats, lesquels peuvent être divisés en cinq espèces.

1° les Successions, Incapables etc. (*Voir les 4ᵉ, 5ᵉ, 6ᵉ, 7ᵉ et 8ᵉ Tableaux.*)

2° les CONTRATS SYNALLAGMATIQUES PARFAITS, au nombre de sept, tels sont :

1° la VENTE, laquelle —
est valable de tout ce qui est dans le commerce, lorsque les lois particulières n'en ont pas prohibé l'aliénation ;
est nulle de la chose d'autrui, périe en totalité au moment de la vente ; de la succession d'une personne vivante, même de son consentement.
renferme obligation : de la part du vendeur, 1° de délivrer la chose, à moins 1° que l'acheteur ne paie point le prix, 2° qu'il ne soit en faillite, est de droit ; 2° de la garantie. La Garantie peut être étendue ou restreinte ; de la part de l'acheteur, de payer le prix.
peut être résolue de trois manières : 1° par l'exercice de la faculté de rachat ou réméré dans le délai fixé, lequel ne peut excéder cinq ans, est de rigueur ; 2° par le défaut de paiement de la part de l'acheteur ; 3° par la lésion dans le prix de plus de sept douzièmes.

3° le TRANSPORT, dans lequel, à l'égard —
d'une Créance, d'un droit ou d'une action, sur un tiers, la saisine s'opère de deux manières : 1° par la signification du transport au débiteur, 2° par l'acceptation du transport dans un titre authentique ; la garantie de l'existence du droit incorporel a lieu, quoique le transport soit fait sans garantie.
d'une Hérédité, la garantie n'a lieu que relativement à la qualité d'héritier.
d'un Droit litigieux, celui contre qui on l'a cédé peut s'en faire tenir quitte par le remboursant en lui 1° le prix réel, 2° les frais et loyaux coûts, 3° et les intérêts, de la raison.

4° l'ÉCHANGE, lequel suit, en général, les mêmes règles que le contrat de vente, mais ne peut être rescindé pour cause de lésion.

5° le CONTRAT DE LOUAGE, lequel se subdivise ou présente encore espèces diverses : est de deux sortes : 1° le louage des choses, 2° celui d'ouvrages.
1° le bail à loyer, c'est-à-dire celui des maisons ; les obligations du bailleur sont : 1° à délivrer, 2° à entretenir la chose louée, 3° à faire jouir paisiblement le preneur ; les obligations du preneur : 1° à jouir en bon père de famille, 2° à payer le prix du bail au terme convenu, 3° à répondre des dégradations, pertes, survenues, arrivés par sa faute, 4° à souffrir les réparations urgentes.
Baux à loyer, sont, en ce qui touche les réparations, la sûreté des loyers : le locataire est tenu des menus entretiens, le locataire est tenu de garnir la maison de meubles suffisants.
2° le bail à ferme, c'est-à-dire celui des héritages ruraux ; le fermier partiaire, à ne pouvoir sous-louer ni céder ; Baux à ferme, consistent, en ce qui touche les fermiers, en général : 1° à engranger dans les lieux à ce destinés par le bail, 2° à avertir le propriétaire des usurpations, 3° à laisser au fermier qui lui succède, les logements convenables et autres facilités, les pailles et engrais de l'année.
3° le Louage d'ouvrage et d'industrie, qui est de trois sortes : 1° le louage des gens de travail, tels sont les domestiques, les ouvriers ; 2° le louage des voituriers par terre, eau ; 3° le louage des entrepreneurs d'ouvrages, par suite de devis ou marchés.
4° le bail à cheptel, qui est de cinq sortes : 1° le cheptel simple ou ordinaire, 2° le cheptel à moitié, 3° le cheptel donné au fermier, aussi appelé le cheptel de fer, 4° le cheptel donné au colon partiaire, 5° le cheptel improprement dit, par lequel on donne une ou plusieurs vaches pour les loger et nourrir.

6° la Société, qui etc. (*Voir le 10ᵉ Tableau.*)

3° des Droits sur etc. (*Voir les 11ᵉ et 12ᵉ Tableaux.*)

DES DIFFÉRENTES MANIÈRES DONT ON ACQUIERT LA PROPRIÉTÉ. — Code Napoléon, *Livre III.*

SECTION VII.

Société, Transaction, Mandat, Dépôt, Nantissement.

Le CODE NAPOLÉON est divisé en trois LIVRES (Voir la division générale.) — Le 1er LIVRE a rapport aux Personnes, et à leurs Droits civils, doit etc. — toute de notre objet — (Voir le 2e et le 3e Tableau.) — Le IIe LIVRE a rapport aux Biens (Voir le 3e Tableau.)

1° les Successions, lesquelles etc. (Voir les 3e, 5e, 6e, 7e, 8e et 9e Tableaux.)

La IIIe LIVRE traite des DIFFÉRENTES MANIÈRES DONT ON ACQUIERT :

1° la Propriété, au nombre de quatre :

2° les Obligations, qui

Naissent les Contrats, qui peuvent être divisés en cinq espèces :

1° CONTRATS SYNALLAGMATIQUES PARFAITS, au nombre de sept, lesquels sont :

6° la SOCIÉTÉ, qui — pour tout objet excédant cent cinquante francs, doit être rédigée par écrit. — est de deux sortes : 1° la Société universelle, laquelle est de deux espèces : 1° la société de tous biens présents ; 2° la société universelle de gains. — 2° la Société particulière, c'est-à-dire, pour certaines choses. — commence : à l'instant même du contrat, s'il ne désigne une autre époque. — dure tout le temps : de la vie des animaux, si la durée de la société n'est pas limitée ; de la durée de l'affaire, s'il s'agit d'une affaire dont la durée soit limitée. — finit de sept manières : 1° par l'expiration du temps ; 2° par l'extinction ou la perte de la chose ; 3° par la consommation de la négociation ; 4° par la mort naturelle ; 5° par la mort civile, l'interdiction ou la déconfiture de l'un des associés ; 6° par la renonciation de l'un ou de plusieurs des associés.

7° La TRANSACTION, qui — doit être rédigée par écrit. — a pour bornes : l'objet qu'elle renferme ; les différends qui s'y trouvent compris. — ne peut être attaquée pour cause de : l'erreur de droit. L'erreur de calcul se répare ; en général.

2° CONTRATS SYNALLAGMATIQUES IMPARFAITS, au nombre de trois, lesquels sont :

1° le MANDAT, qui — est gratuit, s'il n'y a convention contraire. — formé par l'acceptation du mandataire. — donné de quatre manières : 1° par acte public ; 2° par acte sous seing privé ; 3° par lettre ; 4° verbalement. — ne peut être excédé. — finit de cinq manières : 1° par la révocation du mandataire ; 2° par la renonciation au mandat ; 3° par la mort naturelle ou civile ; 4° par l'interdiction ; 5° par la déconfiture, soit du mandant, soit du mandataire.

2° le DÉPÔT, qui — est de deux espèces : 1° le Dépôt proprement dit, lequel — gratuit de sa nature. — est de deux sortes : 1° le dépôt volontaire, excédant 150 francs, se prouve par témoins là où il est reçu ; 2° le dépôt nécessaire, se prouve par témoins, même excédant 150 francs. — 2° le Séquestre, lequel est de deux sortes : 1° le séquestre conventionnel ; 2° le séquestre ou dépôt judiciaire.

3° le NANTISSEMENT, qui — est de deux espèces : 1° le Gage, lequel rend le créancier le droit de se faire payer sur la chose qui en est l'objet, par privilège et préférence aux autres créanciers ; 2° l'Antichrèse, laquelle s'établit par écrit, acquiert au créancier la simple faculté de percevoir les fruits de l'immeuble.

3° CONTRATS UNILATÉRAUX, au nombre de dix. (Voir le 11e Tableau.)

2° des Droits sur etc. (Voir les 10e et 11e Tableaux.)

DES DIFFÉRENTES MANIÈRES DONT ON ACQUIERT LA PROPRIÉTÉ. — Code Napoléon, *Livre III.*

SECTION VIII.
Des Prêts, du Cautionnement, et des Contrats aléatoires.

Le CODE NAPOLÉON est divisé en trois Livres. *(Voir la Division générale.)* — Le Iᵉ LIVRE { a rapport aux Personnes, et | 1ᵉ des Droits civils, dont etc. | traite de seize objets ; | *(Voir le 1ᵉ et le 2ᵉ Tableau.)* — Le IIᵉ LIVRE { a rapport aux biens. *(Voir le 2ᵉ Tableau.)*

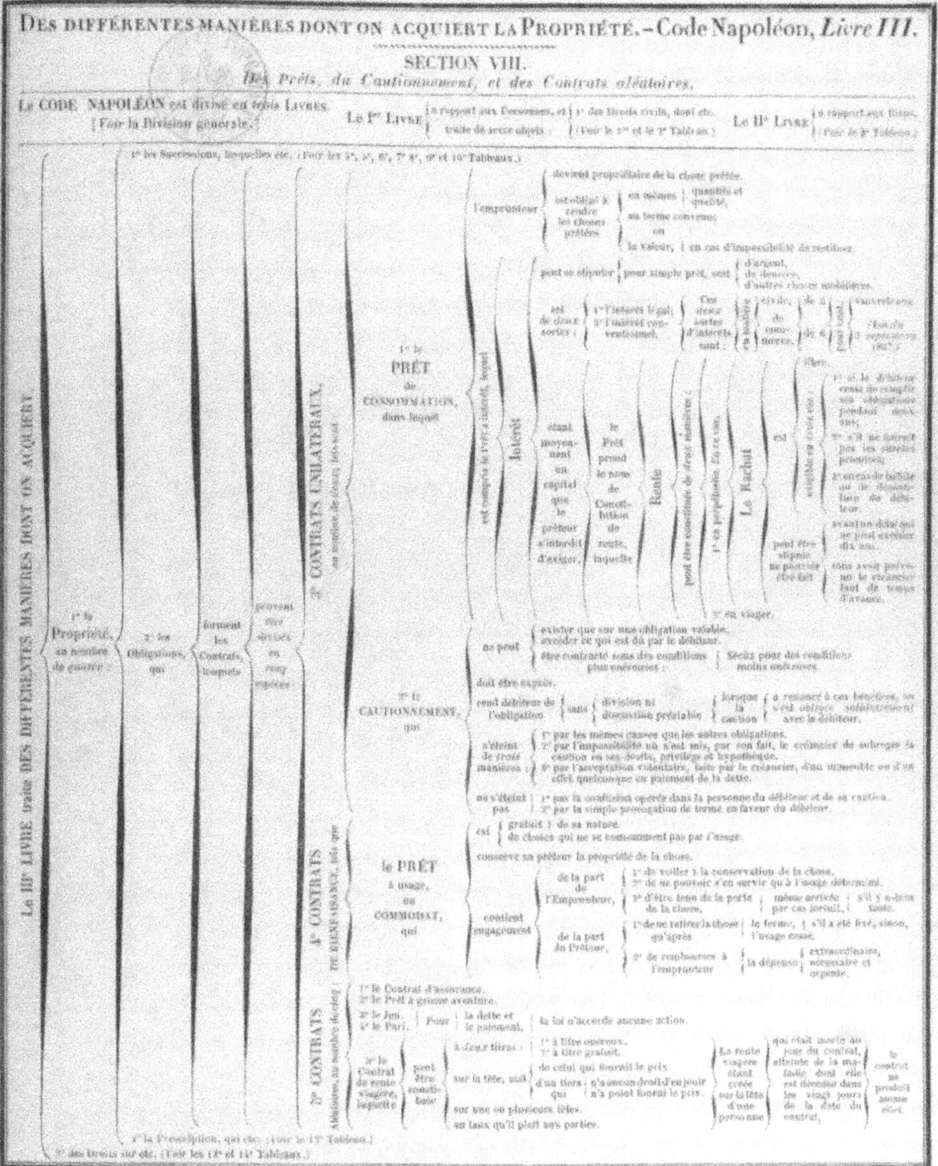

Le IIIᵉ LIVRE traite DES DIFFÉRENTES MANIÈRES DONT ON ACQUIERT 1ᵉ la Propriété, au nombre de quatre ; 2ᵉ les Obligations, qui forment les Contrats, lesquels peuvent être divisés en cinq espèces :

1ᵉ les Successions, lesquelles etc. *(Voir les 3ᵉ, 5ᵉ, 6ᵉ, 7ᵉ 8ᵉ, 9ᵉ et 10ᵉ Tableaux.)*

3ᵉ la Prescription, qui etc. *(Voir le 12ᵉ Tableau.)*
5ᵉ des Droits sur etc. *(Voir les 13ᵉ et 14ᵉ Tableaux.)*

DES DIFFÉRENTES MANIÈRES DONT ON ACQUIERT LA PROPRIÉTÉ. — Code Napoléon, *Livre III.*

SECTION IX.
De la Prescription.

Le CODE NAPOLÉON est divisé en trois LIVRES. (Voir la Division générale). — LE 1ᵉʳ LIVRE { a rapport aux Personnes, et traite de leur objets. | 1° des Droits civils, dont etc. (Voir le 1ᵉʳ et le 2ᵉ Tableau.) — LE IIᵉ LIVRE { a rapport aux Biens, (Voir le 2ᵉ Tableau).

Le IIIᵉ LIVRE traite des DIFFÉRENTES MANIÈRES DONT ON ACQUIERT.

1° les Successions, lesquelles etc. (Voir les 4ᵉ, 5ᵉ, 6ᵉ, 7ᵉ, 8ᵉ, 9ᵉ, 10ᵉ et 11ᵉ Tableaux.)

C'est la Propriété, au nombre de quatre :

1° la Prescription, qui

- **peut être opposée** — par toute personne { excepté, { 1° ceux qui possèdent pour autrui ; 2° leurs héritiers. — en tout état de cause.

- **n'a point lieu** — à l'égard du domaine des choses hors du commerce. — contre son propre titre.

- **est interrompue** — en général, de deux manières : { 1° naturellement, comme — lorsque le possesseur est privé pendant plus d'un an de la jouissance de la chose. { 2° civilement, comme par le moyen — d'une citation en justice, d'un commandement ou d'une saisie } signifiés. — par la citation { en conciliation, { du jour de sa date ; en justice, { donnée même devant un juge incompétent. — par { la reconnaissance et l'interpellation.

- **court** — contre { toutes personnes { en général, la femme mariée, { à l'égard des biens administrés par le mari, { sauf son recours contre celui-ci ; une succession vacante. — pendant les délais accordés pour faire inventaire et délibérer.

- **ne court point** — contre les { mineurs, interdits, { excepté les prescriptions particulières { moindres de dix ans ; pour les meubles ; { sauf leur recours contre leurs tuteurs. — entre époux. — pendant le mariage, { dans les cas désignés aux articles 2255 et 2256 du Code Napoléon. — contre l'héritier bénéficiaire.

- **se compte jour par jour ; est acquise dès que le dernier jour du terme est accompli.**

- **est de**
  - **30 ans :** contre toutes actions, soit { réelles, personnelles { [Prescription] { pour pouvoir prescrire { doit être { 1° continue et non interrompue. 2° paisible. 3° publique. 4° non équivoque. 5° à titre de propriétaire.
  - **10 ans :** en faveur, { 1° de l'acquéreur de bonne foi, { il lui faut vingt ans, si le propriétaire est domicilié hors du ressort de la cour d'appel. { 2° des { architectes, entrepreneurs, { pour la garantie des gros ouvrages.
  - **5 ans, pour :** { 1° les Avoués, relativement à leurs { frais et salaires, { pour affaires non terminées ; décharges de pièces, { à partir du jugement. { 2° tout ce qui est payable, ou { par année, à des termes périodiques plus courts.
  - **2 ans :** contre les Avoués, { à compter, on { du jugement, de la conciliation, de leur révocation, } pour le paiement de leurs } frais et salaires. — pour les Huissiers, { à l'égard de la décharge des pièces, { à partir { de l'exécution de la commission ou de la signification.
  - **1 an :** contre les { Officiers de santé. Huissiers, { pour leurs salaires. Marchands. Maîtres de pension et autres, { pour { pension, apprentissage. Domestiques.
  - **6 mois :** contre les { Maîtres et Instituteurs, { pour leçons. Hôteliers, Traiteurs. Ouvriers, Gens de travail.

- **pour les meubles,** est suppléée par la possession, laquelle, { vaut titre. { Néanmoins, { chose { perdue ou volée, { peut être revendiquée pendant trois ans.

2° des Droits sur etc. (Voir le 13ᵉ et le 14ᵉ Tableau.)

DES DIFFÉRENTES MANIÈRES DONT ON ACQUIERT LA PROPRIÉTÉ.—Code Napoléon, *Livre III.*

SECTION X.

De la Contrainte par corps et du Privilège.

Le CODE NAPOLÉON est divisé en *trois* LIVRES. (*Voir la Division générale.*) Le 1er LIVRE { a rapport aux Personnes, et traite de seize objets: { 1° des Droits civils, dont etc. (*Voir le 1er et le 2e Tableau.*) Le IIe LIVRE { a rapport aux Biens { (*Voir le 3e Tableau.*)

Le IIIe LIVRE traite des DIFFÉRENTES MANIÈRES DONT ON ACQUIERT.

1° la Propriété, au nombre de etc. (*Voir les 4e, 5e, 6e, 7e, 8e, 9e, 10e, 11e et 12e Tableaux.*)

3° des Droits, sur:

la Personne, comme la Contrainte par corps, qui, en matière civile, a lieu en dix cas:

- 1° pour le stellionat.
- 2° pour dépôt nécessaire.
- 3° en cas de réintégrande.
- 4° pour restitution de deniers consignés entre les mains de personnes publiques établies à cet effet.
- 5° pour la représentation des choses déposées aux { séquestres, commissaires et autres gardiens.
- 6° contre les cautions { judiciaires, des contraignables par corps, | lorsqu'elles s'y sont soumises.
- 7° contre tous officiers publics, | pour la représentation de leurs minutes, (lorsqu'elle est ordonnée.
- 8° contre les { notaires, avoués, huissiers. { pour restitution de { deniers, titres.
- 9° contre ceux condamnés par jugement au pétitoire à déguerpir un fonds) Ils peuvent être contraints par corps par un deuxième jugement.
- 10° contre les fermiers, { 1° si elle a été stipulée expressément par le bail. 2° si les fermiers ne représentent, par leur faute, à la fin du bail, les { semences, instruments aratoires à eux confiés.

les Biens, sur lesquels on peut avoir, ou Privilège, qui peut être, ou:

1° sur les meubles.

Les PRIVILEGES SUR LES MEUBLES sont de deux sortes ou:

- généraux; tels sont ceux pour:
  - 1° les frais de justice.
  - 2° les frais funéraires.
  - 3° les frais de dernière maladie.
  - 4° les salaires des gens de service.
  - 5° les fournitures de subsistances.
- particuliers sur certains meubles; tels sont ceux pour:
  - 1° les loyers et fermages.
  - 2° la créance,) sur le gage donné en nantissement.
  - 3° les frais faits pour la conservation de la chose.
  - 4° le prix d'effets mobiliers non payés.
  - 5° les fournitures d'aubergistes à un voyageur.
  - 6° les frais de voiture et dépenses accessoires.
  - 7° les { abus prévarications | de { fonctionnaires publics, } sur { fonds et les intérêts | de leur cautionnement.

2° sur les immeubles.

Les PRIVILEGES SUR LES IMMEUBLES sont:

- 1° le vendeur, | pour le paiement du prix. 2° le prêteur des deniers de l'acquisition. | Leur privilège se conserve | par la transcription du titre translatif de propriété.
- 3° les cohéritiers | pour la garantie | des | partages, soultes ou retours. | Leur privilège se conserve | par l'inscription faite dans les soixante jours du partage ou de la licitation.
- 1° les architectes et autres ouvriers. 2° ceux qui, pour payer aux dépenses, ont prêté leurs deniers. | Leur privilège se conserve | par la double inscription, { 1° du procès-verbal d'état des lieux; 2° du procès-verbal de réception.

3° sur les Meubles et les immeubles; | tels sont | les Privilèges généraux ci-dessus énoncés.

Hypothèque, qui etc. (*Voir le 14e et dernier Tableau.*)

DES DIFFÉRENTES MANIÈRES DONT ON ACQUIERT LA PROPRIÉTÉ. — Code Napoléon, *Livre III*.

SECTION XI.

De l'Hypothèque, et de l'Expropriation forcée.

Le CODE NAPOLÉON est divisé en trois LIVRES. *(Voir la Division générale.)* — Le 1.er LIVRE {a rapport aux Personnes, et traite de seize objets. — 1.° des Droits civils, dont etc. *(Voir le 1.er et le 2.e Tableau.)* — Le IIe LIVRE {a rapport aux Biens. *(Voir le 3.e Tableau.)*

Le IIIe LIVRE traite des DIFFÉRENTES MANIÈRES DONT ON ACQUIERT 3.° des **Droits**, sur les Biens, sur lesquels on peut avoir, ou HYPOTHÈQUE, qui :

1.° la Propriété, au nombre de etc. *(Voir les 4.e, 5.e, 6.e, 7.e, 8.e, 9.e, 10.e, 11.e et 12.e Tableaux.)*

la Possession, comme etc.

Privilège, qui etc. *(Voir le IXe Tableau.)*

est de trois sortes :

1.° l'Hypothèque légale, laquelle a lieu au profit : 1.° des femmes mariées. 2.° des mineurs et des interdits. 3.° de l'État. 4.° des communes. 5.° des établissements publics. — On peut demander la restriction de leur hypothèque aux immeubles suffisants. — indépendamment de toute inscription, pour les femmes, les mineurs et les interdits.

2.° l'Hypothèque judiciaire, laquelle peut s'exercer sur les immeubles actuels du débiteur, qu'il pourra acquérir, sauf les modifications. — sur tous les biens appartenant au débiteur, qui pourraient lui échoir.

3.° l'Hypothèque conventionnelle, laquelle n'est valable que consentie par acte notarié, pour les biens à venir, — qu'en assujettant la situation des choses des immeubles appartenant au débiteur. — Mais chacun de tous ses biens présents peut être aussitôt soumis à l'hypothèque.

se confère par l'Inscription, laquelle n'a de rang, entre les créanciers, que du jour de l'inscription, sauf les modifications, au bureau de conservation des hypothèques.

se fait par la représentation, aux frais du débiteur, de : 1.° de l'original ou brevet, ou de l'expédition du jugement ou de l'acte. 2.° de deux bordereaux sur timbre, dont l'on se sert au requérant.

se renouvelle avant l'expiration des dix années de sa date.

se radie au moyen du dépôt, au bureau du conservateur, de l'expédition de l'acte authentique portant consentement, ou du jugement qui ordonne la radiation.

étant excessive, se réduit sur la demande qui peut en être faite, de la manière et dans les cas déterminés par la loi.

suit l'immeuble, en quelques mains qu'il passe.

s'éteint que sur le Privilège, laquelle se fait du contrat translatif de propriété au bureau des hypothèques, seule, il suffit pour garantir des poursuites autorisées par la loi.

se purge par la Transcription, laquelle doit être accompagnée de la Notification, qui doit être faite : aux créanciers, avant les poursuites ou dans le mois, au plus tard, de la première sommation, de l'extrait du titre, de la transcription, d'un tableau sur trois colonnes, contenant : 1.° la date des hypothèques, inscriptions. 2.° le nom des créanciers. 3.° le montant des créances. avec sommation de payer, sur-le-champ, jusqu'à concurrence du prix, les dettes et charges hypothécaires.

Le Décret d'une copie collationnée du contrat, au greffe du tribunal civil, où le contrat demeurera affiché pendant deux mois. — signifié à la commune ou au nouveau vendeur et au procureur impérial. Cette purge a lieu, pour les biens acquis ou de, mais ou tutelle.

s'éteint de quatre manières : 1.° par l'extinction de la dette principale. 2.° par la renonciation à l'hypothèque. 3.° par l'accomplissement des formalités pour la purge. 4.° par la prescription.

droit d'Expropriation forcée, laquelle peut être : poursuivie en vertu d'un titre authentique et exécutoire. — jugement. — par biens authentiques, le débiteur justifiant que le revenu net et libre de ses immeubles pendant une année, suffit pour paiement de la dette en capital, intérêts et frais.

IV.

PLAN D'ÉTUDE

ET BIBLIOGRAPHIE.

PLAN D'ÉTUDE [1]

PREMIÈRE PARTIE. — LÉGISLATION

CODE NAPOLÉON [2] — — — décrété le 5 mars 1803, — contenant 2,281 articles.

CODE DE PROCÉDURE CIVILE [3] — — 14 avril 1806 — — — 1,042

CODE DE COMMERCE [4] — — — — 10 sept. 1807 — — — 648

Ces trois principaux Codes à étudier entièrement avec les lois additionnelles et modificatives qui se trouvent classées sous les textes de Rogron, ou confondues avec — comme la loi du 2 juin 1841, sur les ventes judiciaires d'immeubles, et celle du 18 juillet 1830, sur les contrats de louage.

CODE D'INSTRUCTION CRIMINELLE, — décrété le 17 novembre 1808, — contenant 643 articles.

En ce qui peut être relatif au Notariat, spécialement les articles 29, — 412 à 464.

CODE PÉNAL, — décrété le 12 février 1810, — contenant 484 articles.

En ce qui peut être relatif au Notariat, spécialement les art. 133 et suiv., 142, 143, 145, 146, 173, 174, 175, 196, 197, 209 et suiv., 214, 254, 265, 256, 378, 415.

BULLETIN annoté DES LOIS — { faisant suite à la dernière édition des Codes Rogron
pour les dispositions nouvelles sur le Droit civil et le Notariat.

CODES.

Loi organique du 25 ventôse an 11 (16 mars 1803) — avec le Commentaire Dalloz, dans Éd. Clere.

Lois { 14 janvier 1805 / 15 septembre 1805 } sur { les cautionnements, leur affectation aux faits de charge / le privilège de second ordre et le mode de remboursement

Loi { 25 nivôse an 13 } déterminant les formalités et déclarations pour le privilège de second ordre des cautionnements en faveur des bailleurs de fonds
D. { 29 août 1808 / 31 décembre 1811 }

Loi 28 avril 1816 { fixant le montant actuel des cautionnements / conférant aux titulaires le droit de présenter leurs successeurs [5]

Loi 25 juin 1841 | sur la forme des traités d'offices

Ord. 4 janvier 1843 | sur l'organisation des Chambres et de la discipline (avec le Traité de A. Dalloz, dans Éd. Clere)

Loi 21 juin 1843 | sur la forme des actes notariés | (V. tableau des actes et contrats)

D. { 16 février 1807 / 18 juin 1811 } portant tarif { des frais et dépens pour les actes contentieux à vacations / en matière criminelle, pour communication } d'actes et de pièces } (V. tableau des honoraires)

Loi 28 avril 1816 / 2 Ord. 3 juillet 1816 / D. 1er mai 1851 | sur la Caisse des Dépôts et Consignations (particulièrement en ce qui touche les notaires et les dépôts à effectuer par eux)

D. 3 juin 1851 | sur les ventes publiques volontaires { de fruits et de récoltes pendants par racines et des coupes de bois taillis

D. 28 février 1852 | sur le Crédit foncier — (et les dispositions modificatives amenées aux Codes Rogron) — notamment art. 14 [6]

D. 17 juin 1852 | sur la correspondance télégraphique privée — art. 5

Lois { 8 juin 1850 / 31 mai 1854 } sur la dégradation civique et l'interdiction légale { (V. Code pénal, art. 28, 29, 30, 84, 183, et tous ceux desquels il résulte une interdiction de contracter — V. C. N. art. 31 et suiv.)

PRINCIPALES LOIS PROFESSIONNELLES ET RÉGLEMENTAIRES.

(Dans les Écoles de Droit, d'après l'ordonnance du 4 octobre 1820), { les matières des études sont :
le droit naturel (comprenant le droit des gens) — et le droit public général
les Institutes du Droit romain. — L'histoire du Droit romain et français
le cours de Code Napoléon — et de procédure civile
le droit — commercial — criminel — administratif } [7]

(V. le tableau suivant.)

---

(1) La science, en général, consiste, non pas à savoir beaucoup, mais à bien savoir ce qu'on sait et ce qu'on doit savoir dans son état (le père Raffiez).
La science du Notariat est l'application du Droit à la rédaction des actes (Massé).

(2) Le Code Napoléon a été fondé sur les lois romaines, appelées la Raison écrite ; et rédigé par MM. Cambacérès, de Malleville, Tronchet, Portalis, Bigot de Préameneu. — Chef-d'œuvre de méthode et de précision, — c'est le Code civil le plus parfait qui soit sorti de la main des hommes, — a dit la Cour suprême.

(3) Le Code de procédure a remplacé l'ordonnance de 1667. — Loin d'être parfait et réclamant de salutaires modifications, surtout sous le rapport de la célérité, il a prolongé et rendu les procès qui, autrefois, duraient vingt communément jusqu'à 103 ans.

(4) Le Code de Commerce a été basé sur l'ordonnance du commerce de 1673 et sur celle de la Marine de 1681.

(5) La vénalité et l'hérédité des offices ont été abolies par la loi du 30 septembre 1791.

(6) V. le Traité du Crédit foncier, par M. Josseau, ouvrage très-complet.

(7) Le tout dure — dans quatre années — selon les grades — et suivant la destination des étudiants.

PLAN D'ÉTUDE [1]

(V. le tableau précédent.)

PRINCIPALES LOIS FISCALES.

TIMBRE.

- Loi 13 brumaire an 7 (au 3 novembre 1798) portant { établissement / fixation / application } des droits
- Lois { 28 avril 1816 / 18 juin 1821 / 5 juin 1850 } contenant les plus importantes { additions et modifications } de la loi de brumaire
- Loi 3 juillet 1851 sur l'abonnement pour les lettres de gage du Crédit foncier (art. 26)

ENREGISTREMENT.

- 22 frimaire an 7 (12 décembre 1798) — contenant les bases et règles de perception
- 5 prairial an 7 (25 mai 1799) — imposant le décime ou subvention de guerre
- 22 pluviôse an 7 (10 février 1799) — sur les ventes publiques d'objets mobiliers
- 27 ventôse an 9 (15 mars 1801) — relative à la perception des droits
- Lois :
  - { 28 avril 1816 / 15 mai 1818 } contenant diverses dispositions
  - { 16 juin 1824 — portant réduction des amendes, etc. / 21 avril 1832 — sur les donations entre vifs et les mutations }
  - { 23 juin 1844 / 15 mai 1850 / 27 février 1851 / 28 février 1852 / 5 mai 1855 } sur les { mutations d'usines / partages anticipés, dons manuels et gratuites / contrats d'apprentissage / lettres de gage du Crédit foncier / actes d'obligation et de délibération de commune }
  - 14 juillet 1855 imposant un second décime de guerre temporaire

HYPOTH.

- Loi organique du 21 ventôse an 7 (11 mars 1799)
- Lois { additionnelles et modificatives } des { 8 germinal an 7, 21 mars 1806, 28 avril 1816 / 16 juin 1824, 18 avril 1841, 23 mars 1855 }

GREFFE.

- Loi établissant les droits de Greffe — du 21 ventôse an 7
- Lois { additionnelles et modificatives } des { 22 prairial an 7 / 13 juillet 1815 et 24 juillet 1830 }

(le tout en ce qui a rapport aux actes des Notaires : lire le Commentaire abrégé de M. Armand Dalloz, — second volume de M. Éd. Clerc).

DEUXIÈME PARTIE — DOCTRINE.

- Cours élémentaire du Code Napoléon . . . . . . par MM. Pigeau ou Bertat Saint-Prix.
- Explication théorique et pratique du Code Napoléon, analyse critique des auteurs et de la Jurisprudence . . . } — Marcadé et Pont, — 5e édition augmentée.
- — en matière : Le Droit civil . . . . — Toullier et Troplong, — Commentaire le plus complet
- Dictionnaire du Notariat . . . . — L'administration du J. N. — 5e édition.
- Traité de la Responsabilité des Notaires . . . . — MM. Verge (à la fin du Manuel Éd. Clerc).
- Théorie pour servir aux Examens . . . . — — Édouard Clerc
- Traité de l'Admission au Notariat . . . . — — Favier-Coulaud.
- Commentaire de la Loi du 21 mars 1844 . . . . — — Grosse, — ou Troplong

TROISIÈME PARTIE. — JURISPRUDENCE

Journal mensuel des Notaires et des Avocats — à lire régulièrement, en faisant exactement les annotations au Dictionnaire

QUATRIÈME PARTIE — RÉDACTION DES ACTES.

- Manuel théorique et pratique. . . . — M. Édouard Clerc (3e édition).
- Formulaire Puchet (3e édition) . . . — de l'Administration du Journal des Notaires.
- Mémento de M. Rousset (3e édition), — très-bon récapitulatif de la substance des Actes et Contrats.

---

[1] Les plus grandes difficultés de l'étude du Droit sont dans les distinctions à faire sur chaque point. [illegible]

Pour bien étudier, il faut se fixer solidement sur les principes et les textes, ne jamais les perdre de vue ; et, afin d'éviter toute confusion, diviser chaque matière, en ne s'occupant que des exceptions et dispositions accessoires qui lui sont contraires [illegible] ; puis s'expliquer tout l'ensemble ; — s'habituer à juger par soi-même de l'intention et des conséquences de la loi, afin de se soustraire, autant qu'il se peut, aux contradictions des doctrines. — Pour bien saisir les motifs, le but, l'application des lois, il faut méditer les rapports et discussions qui les ont déterminées. À cette fin c'est surtout à l'immense ouvrage de Dalloz que l'on doit recourir.

Les articles de lois et les décisions de jurisprudence, dont la connaissance est directement nécessaire au Notariat, sont dans leur généralité au nombre d'environ cinq mille. [illegible]

Les réunions et conférences bien organisées et suivies, entre clercs, pour une mutuelle instruction, facilitent agréablement l'étude et la rendent beaucoup plus profitable.

BIBLIOGRAPHIE DU NOTARIAT.

1470. Formulaire ou Protocolle pour les notaires (sans nom d'auteur).

1483. Privilèges des notaires et secrétaires du Roi, et ampliation d'iceux par le roi Louis XI, en 1461. — Confirmés et étendus par Charles VIII en 1484; par François Iᵉʳ en 1518, 1519, 1527, 1540 et 1543; et par Henri II en 1549. — 1 vol. in-4° (1).

1500. Rolandini, Patavini, Ars Notaria. — Lugduni — sans date mais imprimé avant l'an 1500 à Lyon (2).

1515. Ars Notariatus, perutilis non solum, utriusque juridium civilisquam canonici scholasticis, soditium ipsis simplicibus pratici, tabellionibus, etc.; notariis admodum necessaria. — 1 vol. in-8° (3).

1534. Formulaire instrumentorum, addita arte notariatus (4).

1560. Artis Notariae, sive tabellionum, brevis primus in qua quidquid adnotationum et cognitionem et verae jurium pertinet, qua circa officium atque exercitium tabellionis ius consistat, quam exactissime proscribitur. Hinc additi sunt, quotionum sive clausularum quibus tabelliones quotidie in instrumentis utantur; libelli — Lugduni, Joannes Frellonus.

— Jacobus Goboelus, de arte notaria (5).

— Doctrinale eorum artis notariae, seu formularium instrumentorum cum allegationibus utriusque juris, canonici et civilis, additis per magistrum Jacquinus de Gradibus, utriusque juris professorem. Et cognoscant artis hujus professores tabellarum modernos vere scripsisse, idea que fideliter in instrumentis contificatio ejus doctrinam inducitur — Lugduni, Gilbertus de Villers. — in-8°.

1551. Le Prothocolle, l'art et stille des tabellions, notaires, secrétaires, greffiers, sergents, scelleurs et autres personnes publiques; pour apprendre à rédiger par escript tous contratz, instrumens, rapports et autres exploits de justice. — Nouvellement veu, corrigé et augmenté, oultre les précédentes impressions, ainsi qu'il apparoistra par la lecture d'icelluy; avec les cinquante canons et reigles des notaires et tabellions, extraits tant de droict que des ordonnances royales; auquel sont adjoutez tous les bénéfices de droict auxquels on peut renoncer spécialement, et autres auxquels on ne peut renoncer en manière quelconque. — Très-nécessaire à sçavoir à tous notaires et tabellions. — Par Galliot du Pré. — in-4°.

1568. Instrument du premier notaire (contenant la manière d'acquérir selon la loy). — Trias judicial, du second notaire (contenant la manière de conserver selon la police universelle). — Les secrets du troisième et dernier notaire (contenant la manière d'acquérir et retenir par authorité, bienfait et libéralité du Prince souverain). — Par Jehan Papon, conseiller du Roi et lieutenant-général au bailliage de Forest. 3 vol. in-fol. (3 éditions imprimées à Lyon de 1568 à 1585.)

1574. Le stile et protocole des notaires. — 1 vol. in-8° (sans nom d'auteur).

1583. Pratique de l'art des notaires, contenant les formes de minuter et grossoyer toutes sortes de contracts, tant en matières ecclésiastiques que temporelles, traduites du latin en français et succinctement adaptées aux ordonnances royaux. — Par Pardoux du Prat, docteur ès-droit; revue et augmentée avec un traité de la disposition judiciaire. — 1 vol. in-12.

1587. Recueils de plusieurs édits, règlements et arrêts du mois de juillet 1670, 28 janvier 1681; juin, 7 septembre, 11 et 12 décembre 1685; 9 mars, 10 et 26 novembre 1696, concernant la création et establissement des offices de notaires, gardes-notes royaux, en la province de Normandie, aux droits, fonctions, exercices, émoluments, pouvoirs, facultez, privilèges et exemptions y spécifiés. — 1 vol. in-4° imprimé à Paris chez Thomas Charpentier.

1588. Théorique de l'art des Notaires, pour cognoistre la nature de tous les contracts et de tous les points de droict qui concernent l'estat et office des notaires. — Nouvellement traduicte du latin en français et succinctement adaptée aux ordonnances royaux. — Par Pardoux du Prat, docteur ès-droict, et depuis revue et augmentée par ledit auteur. — 1 vol. in-12.

1589. Traité du Notariat. — Par Samson Herzog. — 1 vol. in-folio (6).

1605. De officialis Notariorum, secretariorum, etc. — Joannis Bronet, advocati, etc. — Libellus notariatûs, artem scribens. — 1 vol. in-4°.

— Le vray et parfait instructif de la théorie et pratique générale des Notaires de Paris. — Par C. de Beanne, praticien, natif de Monchori-Lamaury (Seine-et-Oise). — nouvelle édition corrigée et augmentée de contracts avec la clause de réméré, de baux emphytéotiques; quantité d'autres concernant les matières bénéficiales et plusieurs autres expéditions. — Par L. de L., de Paris — 1 vol. in-8°.

1618. Remonstrance au Roi (Henri IV), pour le résoudre à ôter aux faux notaires les moyens qu'ils ont d'achalander et de varier, d'altérer et de supposer les feuillets de leurs livres. — Par Jean de Croset — 1 vol. in-8°, imprimé à Lyon.

1649. Chartres, lettres et tiltres des pouvoirs et facultez attribuez aux notaires-gardes-notes, au Chastelet de Paris; arrêts du Parlement et sentences de Monsieur le prévost de Paris, pour la fondation de leurs offices. — Jean Sara. — in-4° (7).

1697. La théorique et pratique des Notaires, — Par Philippe Cothereau, notaire au Chastelet de Paris, in-8° — réimprimé à Paris, chez Mathurin Henault, en 1645, pour la quatrième édition.

(V. le tableau suivant.)

---

(1) Magnifique manuscrit présenté à Henri II, relié en velours, orné de riches miniatures et d'initiales peintes rehaussées d'or et en couleurs; acquis en 1845, à la vente de M. Gendarme (Chenesi) de la Chastre, par M. F. Didot, moyennant la somme de 296 francs.

(2) Rolandino, dit le Grammairien, le plus célèbre des auteurs anciens qui aient écrit sur le Notariat, né à Padoue en 1200, mort en cette ville le 12 février 1276. — Son livre Ars Notaria a été imprimé pour la première fois à Turin en 1476, sous nom d'imprimeur.

(3) Il y eut six éditions de ce livre avant 1500. — Imprimé à Rome et à Cologne; réimprimé à Lyon en 1562, in-4°.

(4) Imprimé avant 1500 à Rome, Spire, Cologne et Mommingune.

(5) Traducteur, poète, historien et alchimiste, J. Cobory, né à Paris, y mourut le 12 mars 1570.

(6) Imprimé à Strasbourg en langue allemande.

(7) On y voit que la confrérie des Notaires de Paris fut ornée par ordonnance de Philippe-le-Bel, datée de Fontainebleau l'an 1300.

[illegible]

BIBLIOGRAPHIE DU NOTARIAT.

(V. le tableau précédent.)

1633. Recueil des Édits de création des offices de notaires, tabellions et gardes-notes héréditaires; ensemble les déclarations, arrêts, règlements en conséquence, etc. — 1 vol. in-4°.

1635. Parfait Notaire. — Par Claude Berguère, conseiller d'État, premier sénateur de Savoie.

1644. Le vrai style et protocole des Notaires royaux, contenant toutes obligations, contrats, quittances et autres actes. — Par Rochette. — 1 vol. in-8°.

1650. Discours pour montrer qu'un gentilhomme ne déroge pas à sa noblesse par la charge de notaire au Chastelet de Paris. — Par le sieur Fagnan. — 1 vol. in-4°, imprimé vers 1650.

1657. Chartres, lettres, titres et arrêts de l'antiquité. — Droits, fonctions, pouvoirs, etc., des notaires et gardes-notes au Chastelet de Paris; recueillis par Guillaume Levesque, notaire audit Chastelet. — in-4°.

1665. L'office et pratique des Notaires, — par Estienne Cartosset, notaire au Chastelet de Paris. — 1 vol. in-8° (1665). — 2e et dernière édition du même ouvrage, augmentée d'une seconde partie contenant plusieurs transactions sur différentes et notables questions. — in-8°, imprimé à Paris en 1665.

1673. Le nouveau et parfait Notaire français, réformé suivant les nouvelles ordonnances, contenant toutes sortes de contrats et actes les plus fréquents, avec l'instruction de ce qui doit être fait pour l'exécution d'iceux, et le style pour mettre lesdits contrats en grosse et forme exécutoire; corrigé et augmenté de plusieurs actes et d'un formulaire des preuves de noblesse des chevaliers de Malthe. — Par Jean Cassan, praticien. — 1 vol. in-4°.

— Nouveau style général des Notaires apostoliques. — 3e édition. — 1 vol. in-4° (première édition in-8° en 1674).

1674. Les Édits et déclarations du Roi et arrêts du Conseil d'État, concernant les offices de conseillers, notaires, gardes-notes de Sa Majesté, en son Chastelet de Paris. — 1 vol. in-8°.

1682. La science parfaite des notaires, ou le moyen de faire un parfait notaire, contenant les ordonnances, arrêts et règlements rendus, touchant les fonctions des notaires, avec une instruction pour dresser toutes sortes d'actes, etc. — Par Claude Ferrière. — 1 vol. in-4°, — (autres éditions, dont la 5e en 1699).

1698. Recueil des Édits, etc., concernant la suppression des offices de gardes-scels, et création de vingt offices de notaires. — in-4°.

— Le Jurisconsulte cartulaire, ou explication sommaire des principales clauses des actes. — Par E. B., avocat au Parlement. — 1 vol. in-12 (autre édition en 1701).

XVIIIe siècle. Les instructions et ordonnances des Tabellionages, et usances des contrats royaux d'Anjou, Saumur et Baugé et des cours subalternes des greffes du pays d'Anjou, conformes aux anciennes ordonnances. — 1 vol. in-4° du 12e siècle, mais sans millésime.

1711. Statuts et Règlements de la communauté des conseillers du roi, notaires, gardes-notes au Chastelet de Paris et les articles de la bourse commune; avec les annotations, changements et augmentations. — in-4° (1).

1717. Diverses observations de droit, divisées en cinq livres; le premier desquels contient plusieurs recherches des offices des notaires et tabellions royaux, protonotaires, secrétaires du roi, greffiers et autres semblables. Les quatre livres suivants traitent des matières contractuelles et testamentaires, enrichies de l'histoire et des antiquités romaines. — Par M. Maurice Bernard, conseiller du roi en la sénéchaussée du Puy en Velay. — 1 vol. in-4°.

1729. Supplément au nouveau et parfait Notaire de Jean Cassan, contenant de nouveaux modèles de contrats et actes dressés sur le style des plus habiles notaires et dans les formes les plus nettes. — Par E.-B. de Vismes. — 1 vol. in-8°.

1730. Le parfait Notaire apostolique et procureur des officialités, contenant les règles et formalités de toutes sortes d'actes ecclésiastiques. — Par J.-L. Brunel. — 1 vol. in-4°.

1738. Traité des droits, privilèges et fonctions des Conseillers du Roi, notaires, garde-notes et gardes-scels de S. M. au Chastelet de Paris, avec le recueil de leurs chartes et titres. — Par Langlois, notaire à Paris. — 1 vol. in-4° (2).

1743. Le nouveau et parfait Notaire. — Par Jean Cassan. — 1 vol. in-4°, nouvelle édition mise en forme de dictionnaire. Par J.-B. de Vismes.

1768. Mémoire en forme de réfutation de ce qui est dit de l'origine des notaires, de leurs fonctions et de leurs prérogatives dans la collection des décisions nouvelles de M. Denisart, procureur au Chastelet de Paris. — Par Bernard. — 1 vol. in-4°.

1770. El. Siuber, de Notarus inventaria confesentibus, secundum statuta academiensia *argentorati*. — Imprimé à Strasbourg.

1784. Traité des connaissances nécessaires à un notaire, contenant des principes sûrs pour rédiger avec intelligence toutes sortes d'actes et de contrats avec des formules dressées sur ces mêmes principes. — Par Rondelu. — 8 vol. in-12 (publié en deux éditions, de 1774 à 1784).

1799. Code des Notaires publics, ou recueil des décrets intéressant les notaires, avec de nouvelles formules, suivies d'instructions sommaires. — Par M. Guichard. — 3 vol. in-12, (seconde édition en 1805, 4 vol.)

(V. le tableau suivant.)

(1) *Toutes les Compagnies des notaires de province ont aussi leurs statuts et règlements établis sans doute sur ceux de Paris, qui sont les plus anciens comme les plus nombreux.*
Chaque Chambre a également son tarif particulier, dont les bases et le taux, différant parfois sur beaucoup de points, sont souvent mal entendus, et plus ou moins avantageux : ce qui est véritablement choquant. (V. la 3e observation du 18e tableau. — Première partie.)

(2) *Continuation de ce Traité, par M. Eugène-Louis Regnault, notaire à Paris. — Manuscrit in-4°, daté de 1784, et déposé à la bibliothèque des notaires de cette ville.*

BIBLIOGRAPHIE DU NOTARIAT [1]

(V. le tableau précédent.)

An XI. (1803). Organisation du Notariat, contenant la loi du 25 ventôse an 11, les motifs et le rapport faits au Tribunat. — Par Favard de Langlade. — in-12.

— Jury Notarial, ou recueil des principes qui règlent les devoirs des notaires, la nature et la formalité de leurs actes. — Par Carla, notaire à Cahors. — in-12.

— Nouveau style des notaires de Paris, contenant des explications sur les divers contrats, avec des formules. — Par M. Commaille, avocat. — 6 vol. in-8°.

— Considérations sur le Notariat. — Par M. Bonnamé, notaire à Paris. — in-8°.

1805. Tableau des Notaires de l'Empire français. — Par Delepierre, employé au ministère du grand-juge, ministre de la justice. — in-8°.

1807. Traité élémentaire du Notariat. — Par M. Garnier-Deschênes, notaire honoraire à Paris. — in-4° et in-8°. — 2ᵉ édition en 1809. — Formules d'actes à joindre au traité, — par le même, 1813, in-4°.

— Éléments de la science notariale, avec commentaire de la loi organisatrice. — Par Loret. — 3 vol. in-4°.

1809. Répertoire général, par ordre alphabétique, des dispositions législatives, organiques et réglementaires du notariat. — Par J.-C. Tiphaine. — in-4°. (Il y eut une première édition en 1803).

1810. Essai sur les obligations que les lois imposent aux notaires et sur les règles soit générales, soit particulières des actes notariés. — Par M. Fouquet, avocat à la Cour royale de Paris.

1811. Manuel du Notaire, ou instruction par demandes et par réponses, sur les contrats, donations et testaments, avec des modèles d'actes conformes aux dispositions tant de la loi du 25 ventôse an 11, que des Codes civil, de procédure et de commerce. — Par P.-A. Cloos, notaire à Agen, — 1 vol. in-8°. (4ᵉ édition du même ouvrage, suivi d'une table de calculs, en 1831).

— Formulario dei Notari, del impero francese de' departementi uniti a quelle Alpi segnor d'Italia e del dottore Pasquale Cavelli, notare imperiale à Firenze. — in-8° (tiré à 1,600 exemplaires).

— Code Notarial, ou recueil chronologique des lois, arrêtés du Gouvernement, décrets impériaux, avis du Conseil d'État, arrêts des Cours et instructions ministérielles concernant le Notariat. — Par le secrétaire de la Chambre de discipline de Riom. — 1 vol. in-8°.

1812. Traité du Notariat. — Par J. Van de Liden. — 4 vol. in-8°, imprimé à Amsterdam.

— Éléments de la science notariale, avec formules. — Par J.-B. Loret, traduit en Holl. et arrangé dans un nouvel ordre, par Van der Aa, avocat. — in-8°.

— Formulaire des notaires, contenant: 1° des formules de tous les actes qui se passent par-devant notaires, rédigées d'après les Codes; 2° la définition de ces actes d'après les meilleurs auteurs. — Par M. Biret jeune. — in-8°.

1813. Recueil des lois, décrets, décisions ministérielles, règles et principes sur les émoluments des notaires, etc. — Par L. Ramey, notaire. — in-8°.

— Manuel pratique du Notariat. — Par M. Fleury, notaire à Paris. — in-8°.

1815. Manuel des contraventions et nullités relatives au Notariat. — Par C. Hoy, inspecteur des domaines à Chaumont. — in-8°. — Il existe un supplément pour 1834, même format.

1815. De la nécessité d'ériger en titres d'offices les fonctions de notaire, avoué, greffier et huissier, suivi d'un projet de loi sur cette matière, avec un appendice contenant des observations sur le Notariat, et le projet d'une nouvelle organisation. — Par M. Fouquet, avocat à la Cour royale de Paris. — in-8°.

— Histoire du Notariat, suivie de considérations générales sur l'état actuel de cette institution. — Par E. D. Berge, notaire. — in-12.

— Du droit de présentation. — Par Boll. de Villargues.

1816. Tarif des notaires, ou instructions sur la perception des émoluments des notaires. — Par Benaud, avocat et notaire à Besançon. — in-8°.

1817. Annuaire des notaires. — Par P. Launay, notaire. — in-12.

— Almanach des notaires de l'arrondissement de Troyes, pour l'an 1817. — in-12, rédigé par les soins de la Chambre.

1818. Nouveau Manuel des notaires, ou traité théorique et pratique, contenant les principes généraux des contrats ou obligations conventionnelles, des donations et des testaments, etc. — Par deux avocats, reproduit en 1830, sous le titre de Nouveau parfait Notaire. — 2 vol. in-8°. (La 2ᵉ édition datait de 1827).

(V. le tableau suivant.)

(1) Les meilleurs ouvrages sont de notre siècle, les plus nombreux datent surtout du commencement : ce qui s'explique par les bienfaits et l'application de la loi organique et des Codes.

Les Notaires des bourgs et villages, privés de tous conseils et des conversations fortifiantes qu'ont si aisément leurs confrères des villes, avec les avocats, avoués et préposés de la Régie, devraient posséder de bonnes bibliothèques, et ce sont eux, au contraire, qui se trouvent ordinairement le plus mal pourvus à cet égard. Aujourd'hui, un excellent choix de livres, en notariat, parfaitement complet, quoique aussi restreint que possible, me paraît être celui-ci :

Pour la législation { Napoléon Busquet. — Édition de 1833—1835 contenant toute la législation française jusqu'à cette dernière date.
{ Bulletin des lois annuel. — Y faisant suite, dans un ordre chronologique, publié par Paul Dupont.

Pour la doctrine et la pratique { Marcadé. — Explication du Code Napoléon. — Grosse (ou Troplong) Commentaire sur la nouvelle loi de transcription.
{ Le manuel de M. Édouard Clerc, 3ᵉ édition. — Théorie du Notariat, par le même.
{ Le Dictionnaire du Notariat, 4ᵉ édition. — Formulaire Rolland, dit J. N., dernière édition.

Pour la jurisprudence { La Table générale de la collection du J. N. — analysant toutes les propositions depuis sa fondation jusqu'en 1835 inclusivement.
{ Tous les volumes du même Journal — à partir du 1ᵉʳ janvier 1834 jusqu'à présent.
{ Et les cahiers mensuels qui doivent se collectionner successivement comme le surplus.

BIBLIOGRAPHIE DU NOTARIAT [1]

1818. Mémorial des Notaires et des employés de l'enregistrement, ou Traité des devoirs et obligations des notaires. — Par F.-M. Berthou, receveur. — In-12.

1818. Manuel des clercs de notaires. — Sans nom d'auteur. — In-12.

— Almanach de MM. les notaires et avoués du royaume de France, avec leurs adresses, et l'indication des bureaux de poste par lesquels sont servies les communes de leurs résidences; suivi d'un grand nombre de lois, etc. — Par Mangeot, ancien avoué à Paris. — In-12.

1820. Précis alphabétique de la science notariale, contenant la définition des mots, la formule de tous les actes notariés et la solution d'environ 4,000 questions de droit. — Par P. Deinos de Tarengaye, notaire. — 1 vol. in-8°.

— Introduction au Notariat. — Par N.-A.-J. Lequien, ancien praticien. — In-12.

— Essai sur le Notariat, dédié à M. Massé, notaire honoraire à Paris. — N.-A. Dupin. — In-8°.

1822. Analyse raisonnée et Conférence des opinions des commentateurs et des arrêts sur la loi organisatrice du Notariat. — Par M. H. G., professeur du cours de Droit appliqué au Notariat, établi à Fontenay. — In-8°.

— Manuel portatif des notaires, augmenté d'un supplément. — Par P. L. Lavaux, notaire. — In-12.

1823. Statuts et règlements pour les notaires de l'arrondissement de Gray (Haute-Saône), contenant, 1° le texte de la loi du 25 ventôse an 11, de l'arrêté du Gouvernement du 2 nivôse an 12, etc.; 2° sous chaque article, le rapprochement des lois nouvelles, avis du Conseil d'État, décrets, ordonnances, arrêts, décisions ministérielles, instructions et délibérations de la Régie, et opinions des auteurs. — Ouvrage utile à MM. les notaires de toute la France. — Par Mᵉ P. J. Cornet, notaire à Gray et président de la Chambre. — 1 vol. in-8°.

— Jurisprudence et style du notaire, contenant : 1° la jurisprudence des arrêts; 2° les dispositions législatives; 3° le style ou formulaire. — Par A.-J. Massé, notaire honoraire à Paris, ancien professeur de Notariat à l'Académie de Législation, et A.-J. Dierbette, docteur en droit et magistrat. — 3 vol. in-8°. — Il y a une édition de 1839.

— Le Pollier des Notaires, ou abrégé de ses divers Traités. — Par Loiseau. — 2 vol. in-8°.

1824. Loi du 25 ventôse an 11, sur le Notariat, annotée et conférée avec les lois antérieures et postérieures, etc. — Par Fabre, notaire. — In-8°.

1824. Le Vade-Mecum du notaire et du praticien, ou Dictionnaire de poche du Notariat. — Par L. E. B. O. S. — In-8°.

— Essai sur le Notariat. — Par Pierre-Théophile Cormier, avocat et notaire. — In-8°.

1825. La Clé du Notariat, ou exposition méthodique des connaissances nécessaires à un notaire; contenant des principes sûrs, puisés dans les meilleurs auteurs, pour rédiger avec intelligence toutes sortes d'actes et de contrats. — Par Ledru, ancien principal clerc de notaire. — In-8°, 2ᵉ édition. — Il y a une 3ᵉ édition de 1828.

— Cours de Notariat, suivi d'un tarif alphabétique et résumé des droits d'enregistrement et d'hypothèques. — Par J.-B. Augan, notaire à Agen, ancien principal clerc à Paris. — In-8°. — Il y a une 2ᵉ édition en 1830.

1826. Du Notariat dans l'intérêt de la Société. — Sans nom d'auteur. In-12.

1827. Répertoire de la Jurisprudence du Notariat. — Par une société de magistrats, de jurisconsultes et de notaires, — sous la direction de M. Rolland de Villargues, conseiller à la Cour royale de Paris. — 7 vol. in-8°, (1827 à 1831). — Il y a une 2ᵉ édition en 8 vol. même format, de 18..

1828. Nouveau Répertoire de la Jurisprudence et de la science du Notariat, depuis son organisation jusqu'à présent. — Par J.-J. Sedeys, notaire à Aurillac. — In-8° (?).

— Le Parfait Notaire, ou la science des notaires. — Par A.-J. Massé, notaire à Paris. — 2 vol. in-8°, 6ᵉ édition.

— Nouveau Formulaire du Notariat. — Par les auteurs du Dictionnaire du Notariat. — In-8°.

1829. Du Tarif des Notaires, ouvrage au moyen duquel chaque notaire peut se procurer un tarif approprié à la localité qu'il habite, connaître ses droits et ses devoirs pour la taxe et le paiement de ses actes et vacations, et trouver sous une division commode et facile, toutes les lois, décrets, décisions ministérielles, règles et principes qui régissent la matière. — Par E.-L. Vernet, notaire. — In-8°.

— Tarif général des émoluments, honoraires et salaires que les notaires, les avoués, les huissiers, etc., sont autorisés à percevoir, etc. — Par C.-C. Conseybet, homme de loi. — In-8°.

— Opinion de M. Dupin aîné, député, émise dans le comité secret du 31 avril 1829, sur une proposition relative au Notariat et dont l'objet était de connaître les honoraires des notaires à un taux. — In-8°.

— Plaintes et mémoires sur plusieurs contraventions à la loi organique du 25 ventôse an 11. — Par P.-A. Rodier. — In-8°.

— Dissertation sur cette question : « Est-il nécessaire, sous peine de faux et de nullité, que le second notaire ou les témoins instrumentaires soient présents à la rédaction des actes. » — Par Emmanuel Lignoux, notaire à Nantes. — In-8°.

— Exposé des motifs de la loi du 25 ventôse an 11, relative à l'organisation du Notariat. — Par le conseiller d'État Réal. — In-8°.

(V. le Tableau suivant).

---

[1] Toutes les matières du Notariat sont ici traitées. — Institution, propriété et produit des offices; devoirs, périls et prérogatives de la profession; enseignement théorique et pratique; matières d'ordre et de chancellerie, considérations diverses. — On a tout découvert, tout dit par ces laborieuses productions qui méritent la plus grande reconnaissance pour la facilité admirable qu'y trouvent étudiants et praticiens.

Les moyens d'instruction dont étaient privés nos anciens, abondent aujourd'hui. — Les notions en affaires se vulgarisent, et mointes personnes qui y sont étrangères en approfondiraient les principaux points.

Aussi, n'est-il plus permis aux apprenants d'apporter, ni surtout aux Chambres de souffrir un service imparfait dont les conséquences retombent à la fois aux intérêts des clients et à la considération du Corps.

[2] L'honorable notaire Scrieys, nommé vers 1810, est encore à son poste, il a 75 ans. — On lui doit d'autres travaux pour le Notariat. — S'il est nommé à 75 ans, au lieu de 20, Mᵉ Scrieys aurait maintenant plus d'un demi-siècle d'exercice, que d'affaires il peut parvenir à compléter. — Il est sans doute le doyen des notaires de France.

BIBLIOGRAPHIE DU NOTARIAT.

(*V. le tableau précédent.*)

1830. Tractatus Theologicus de Justitia et contractibus, ad leges nunc vigentes accomodatus; auctore domino. — in-12.

— Dictionnaire des contraventions et nullités relatives au Notariat, ou Table générale du manuel et des suppléments, jusques et y compris celui de 1830. — Par E. Roy. — in-8°.

1831. Recherches historiques sur l'origine du Notariat dans le ci-devant duché de Lorraine, et réflexions sur les droits, les devoirs et les prérogatives des notaires actuels; avec un règlement et un tarif de tous les actes de leur ministère. — Par M. Noël, notaire et avocat. — in-8°.

1832. La Philosophie du Notariat, ou lettres sur la profession de notaire, adressées à M. Chardel, conseiller à la Cour de cassation. — Par M. H. Cellier, notaire à Rouen. — in-8°.

— Ecole spéciale de Notariat appliqué, instituée à Strasbourg par décision ministérielle, approbative d'une délibération du conseil royal de l'instruction publique, sous la direction de M. A.-E. Amand, ancien clerc de notaire, avocat et professeur. — in-4°.

1833. Analyse du Cours de Notariat professé à Rouen, par M. Cellier, notaire. — in-4° (1).

— Les souvenirs d'un vieux clerc de notaire, suivis d'un grand nombre de remarques neuves et intéressantes sur toutes sortes de sujets et de questions de droit civil. — in-8°.

— Le Notaire des gens de la campagne, ou traité contenant les devoirs des notaires, la taxe de tous leurs actes, le mode de procéder à cette taxe, etc.; l'énumération de tous les actes qui peuvent avoir lieu sous seing-privé, etc. — J.-B. Chenu. — in-8°.

— Régulateurs des Notaires, présentant le tarif général de tous les actes que les notaires peuvent ou doivent recevoir, basé sur la loi du 22 frimaire an 7, et le tarif des frais et dépens du 16 février 1807. — in-plano.

1834. Annuaire général de la Magistrature française, du Notariat et des officiers ministériels. — Par M. Joyo, chef du bureau du Notariat au ministère de la Justice. — in-8°.

— Proposition de l'établissement d'un comité de correspondance notariale dans chaque arrondissement. — in-8°.

— Mémoire sur la responsabilité des notaires en second, présenté à la chambre des députés, le 20 mars 1834, par Mᵉ Trioullier, notaire à Ardes (Puy-de-Dôme). — in-8°.

— Commentaire de la loi du 25 ventôse an 11, sur l'organisation du Notariat, 2 vol. in-8°, au bureau du *Mémorial*. — Par Gagneraux.

1834. Les Contrats sans notaires : jurisprudence et formules des actes sous seing-privé. — L. Ch. et Cyrille Hébert. — in-8°.

— Discours préliminaire prononcé par Mᵉ Rigaud, notaire honoraire, à l'ouverture d'un cours de droit appliqué au Notariat, dont il a institué l'école à Toulouse. — in-8°.

— Quelques mots à propos d'un projet d'association possible entre les notaires de Rouen, pour la mise en commun de leurs bénéfices; projet considéré comme moyen à employer dans l'intérêt du public, des notaires eux-mêmes et de la science notariale. — in-8°.

1835. Lettre à M. de Dunoc, député de l'Eure, sur l'organisation légale des cours publics de Notariat. — Par H. Cellier, notaire à Rouen. — in-8° (2).

— Recueil pour les notaires de l'arrondissement de Gex. — in-8°.

— Mémoire adressé à M. le Garde-des-Sceaux, par les notaires de Rouen. — in-4°.

1836. Nouveau Dictionnaire des notaires et des préposés de l'Enregistrement et des Domaines, précédé d'un recueil de législation spéciale. — Par les notaires, les anciens préposés de l'administration de l'enregistrement et les jurisconsultes, rédacteurs du journal *Le Conseil des Notaires et des conservateurs des hypothèques*. — 4 vol. in-8°.

— Observations confidentielles sur un projet de règlement disciplinaire pour les notaires. — in-8°.

— La taxe du Notariat, ou le tarif du 16 février 1807, expliqué dans son chapitre 7, suivi de l'enregistrement de tous les actes rangés par ordre alphabétique, et du mode de procéder à leur taxe. — J.-B. Chenu. — in-8°.

— Du Notaire en second et de la nécessité de modifier l'art. 9 de la loi du 25 ventôse an 11. — Ch. Drion, juge. — in-8°.

— Code du Notariat et des droits de timbre, d'enregistrement, d'hypothèque et de greffe. — Par M. Rolland de Villargues. — 2 vol. in-8°.

— Du droit des officiers ministériels de présenter leurs successeurs à l'agrément de Sa Majesté. — in-8°.

1837. Répertoire de la Législation du Notariat. — Par M. Favard de Langlade. — 2 vol. in-8°.

— Annuaire du Notariat, publié par les administrateurs du journal *Le Notaire*. — in-8°.

— Considérations sur le Notariat et la Législation. — N. H. Cellier. — in-8°.

— Le Formulaire des actes les plus usités. — J.-B. Chenu. — in-8°.

(*V. le tableau suivant.*)

(1) *Un volume in-8°, de M. Cellier, porte pour titre : Cours de rédaction notariale; — volume qui paraît indépendant de cette analyse.*

(2) *V. J. N. art. 12421, rapport d'une pétition pour la création d'Ecoles Notariales dans chaque département; — et les modifications du stage. — Un ancien notaire de Paris avait légué à la Chambre de cette ville une somme importante destinée à la création d'une chaire de Notariat à l'Ecole de Droit de Paris. — On refusa le legs par diverses considérations.*

BIBLIOGRAPHIE DU NOTARIAT (1).

(V. le tableau précédent.)

1838. Traité des offices désignés dans l'art. 91 de la loi du 28 avril 1816, concernant les avocats à la Cour de cassation, les notaires, les avoués, les greffiers, les huissiers, les commissaires-priseurs, les agents de change et les courtiers. — Par le chevalier Hard, ancien professeur de droit. — 1 vol. in-8°.

— Observations relatives au Notariat, sur les questions suivantes : le Notariat peut-il être supprimé? le nombre des notaires peut-il être illimité? le nombre des notaires doit-il être augmenté. — in-8°.

— Observations soumises aux Chambres législatives, sur les charges de notaires et d'avoués. — Par A. P..., ancien magistrat. in-8°.

1839. Réflexions sur la création et la transmission des offices et charges de notaires, avoués, etc., présentées à la commission chargée par M. le ministre de la justice d'examiner ces questions. — Par F. Dumons (de la Gironde). — in-8°.

— Rapport sur deux pétitions relatives à la transmission des offices, à la limitation de leur nombre, à la révision du Code de procédure, à la demande d'un tarif unique pour les actes des officiers ministériels, etc. — Par M. le vicomte de Villiers du Terrage, conseiller d'État, pair de France. — in-8°.

— Réflexions sur la vénalité des offices. — Sans nom d'auteur. — in-4° (2).

— Réforme nécessaire du Notariat en France. — E. Péclet. — in-8° (3).

— Réflexions sur l'application de l'art. 11 de la loi du 25 ventôse an 11. — Par M. J. Delacour, notaire. — in-8°.

— Questions sur la transmission des offices, résolues d'après la jurisprudence et les décisions ministérielles. — Par Joye, ancien chef du bureau du Notariat. — in-8°.

— Opinion sur la vénalité des offices ministériels. — Par M. J. Sarget. — in-8°.

— Le Notaire. — Par Delacodre, notaire honoraire à Caen. — in-18.

— Observations sur le droit de propriété et de transmission des offices, — présentées par les notaires de l'arrondissement de Besançon, et rédigées par M. Édouard Clerc. — in-8°.

— Du monopole des professions libérales en France, ou du privilége et de la vénalité des offices et de leur suppression moyennant une indemnité. — Par Morel Fatio. — in-8°.

— Mémoire présenté à S. E. M. le Garde-des-Sceaux et à MM. les membres de la commission chargée de l'examen des questions concernant la transmission de tous les offices et la création d'offices nouveaux; sur la nécessité de créer un certain nombre d'études nouvelles de notaires dans quelques villes et principalement à Rouen. in-8°.

1840. Le Ferrière moderne, — Dictionnaire spécial des termes de droit et de pratique. — Par M. Boviel. — 1 vol. in-8°.

— Lettre à M. Desjobert, député, sur la position des officiers ministériels en France. — Ch. Gaillard. — in-8°.

— Les vendeurs chassés du temple. — Conseils au Gouvernement sur la nécessité d'abolir promptement la vénalité des charges. — Sans nom d'auteur. — in-4°.

— Étude théorique et pratique du Notariat. — Par M. L. Fouilleret. — 4 vol. in-8°.

— De la transmission des offices, des contre-lettres et des poursuites disciplinaires auxquelles elles peuvent donner lieu. — Par Adolphe T..., avocat. — in-8°.

— Discours sur la profession de notaire. — Par J.-C. Serret, notaire royal à Aubenas (Ardèche). — in-8°.

— Du droit de propriété et de transmission des offices ministériels, de ses précédents historiques, de son principe actuel et de ses conséquences. — Par Ch. Bataillard. — in-8°.

— De la nécessité de maintenir la limitation du nombre des officiers ministériels, la vénalité et l'hérédité de leurs offices; et de l'inutilité d'une loi particulière sur le mode de transmission. — E. Bourland. — in-8°.

— Considérations sur les états privilégiés, et projet de loi organique du Notariat. — in-8°.

— Réforme notariale et vénalité des offices. — Cellier. — in-8°. — 2e édition.

1841. Vade-Mecum des officiers ministériels. — Sans nom d'auteur. — in-4°.

— Réponse à la brochure sur le Notariat, de M. L. Fouilleret, ancien notaire, reçu par la Chambre des notaires de Paris, professeur de Notariat. — Lejeune, clerc de notaire. — in-8°.

— Projet d'organisation du Notariat. — Émile Leroy. — in-8°.

— Opuscule sur le Notariat, pour la solution des graves et importantes questions qui s'y rattachent. — Par M. F... — in-8°.

— Essais d'histoire et de jurisprudence sur le Notariat. — Par M. Tigan. — in-8°.

— De la liberté professionnelle, et de l'abolition de la vénalité des offices et des priviléges. — Mesure d'intérêt public, etc. — Par M. F. Dumons (de la Gironde). — in-18.

— Propriété et transmission des offices ministériels. — Par Bataillard. — 1 vol. in-8°.

(V. le tableau suivant.)

(1) Me Sum, notaire à Soissons, membre de la société archéologique de cette ville, prépare depuis plusieurs années un ouvrage de genre tout nouveau : c'est le dépouillement et l'analyse des anciennes minutes conservées dans les études de Soissons, pour en tirer un résumé historique sur les habitants, les mœurs, les rues et carrefours, les établissements, le commerce, l'industrie et l'administration de Soissons, à la fin du 16e siècle et au commencement du 17e. — Me Sum, donnant l'exemple aux graves travailleurs, engage ses confrères de la province à faire, pendant leurs loisirs, de semblables extraits qui, donnant des renseignements sur les principaux faits, la situation des classes bourgeoises et populaires, les changements d'usages, le mouvement des idées et des lois dans les périodes les plus intéressantes, seraient, dit-il, autant de pierres pour le grand monument que veulent élever les érudits modernes : L'histoire du tiers-état, l'histoire du peuple, celle des citoyens, celle de la civilisation; c'est-à-dire l'histoire des sujets après celle des souverains, des princes et des autres personnages dont on s'est occupé presque exclusivement jusqu'à nos jours.

(2) Réimprimé la même année dans le format in-8°.

(3) Il y a une autre édition de 1843 sur le même ouvrage.

BIBLIOGRAPHIE DU NOTARIAT.

(V. le tableau précédent).

1842. Procuration encyclopédique, ou projet de procuration générale. — in-4°.

— Mémoire sur cette question : Des moyens d'abolir la vénalité des offices ministériels, tout en ménageant les intérêts privés des titulaires actuels de ces offices. — Par un ancien notaire. — in-8°.

— Tenue des livres des notaires. — Par Louis Garnier. — in-8°.

— Rapport présenté à la conférence des notaires des départements de France. — Par Me Iouassel-St-Hilaire. — in-4°.

— Opuscule sur le Notariat en l'an 1843. — A.-M. Bouthel. — in-8°.

— Nouveau formulaire des actes des notaires. — Par les auteurs du nouveau Dictionnaire des notaires et conservateurs. — in-4°.

— Analyse des observations et propositions adressées par les compagnies des notaires, à la commission neutrale instituée par la conférence de 1841. — Présentée, au nom de cette commission à la conférence de 1842. — Par Fouin. — in-8°.

— Le Manuel des notaires, contenant un nouveau dictionnaire des formules de tous les actes des notaires, etc. — Par Me F.-M. Sellier, avocat, ancien notaire, professeur titulaire de Notariat à Paris. — 4 vol. in-4°.

1843. Petit opuscule sur une affaire du Notariat. — in-4°.

— Opuscule sur la réforme à apporter à la législation du Notariat. — in-8°.

— Traité de législation nouvelle du Notariat. — Par Gand. — in-8°.

— De la responsabilité des notaires. — Par A. Pagès. — in-8° (2).

1844. Manuel du Notariat en Alsace, ou notice sur la composition de toutes les études de cette ancienne province (Haut et Bas-Rhin, partie des Vosges et de la Bavière Rhénane); précédées d'une histoire du Notariat, etc. — Par J.-P. Lobstein, avocat. — in-8°.

— Manuel alphabétique des notaires et des aspirants au Notariat. — Par M. A. Caillard, notaire. — in-8°.

— Manuel des notaires de l'arrondissement de Châlons-sur-Marne. — in-8°.

1844. Lois et règlements sur le Notariat. — in-8°.

— Généalogie de tous les offices de notaires de l'arrondissement de Marseille. — in-4°.

— Annuaire du Notariat pour 1844. — Publié par M. de Milleville. — in-16.

— Traité de l'admission au Notariat. — Par M. Favier-Coulomb, avocat à la Cour impériale de Paris. — 1 vol. in-8° (3).

1845. Demande à M. le Garde-des-Sceaux, ministre de la justice, par les notaires des cantons ruraux du département de la Seine et sur la réformation des règlements proposés par la Chambre de discipline, dans les dispositions relatives au partage des honoraires. — in-4°.

— Des notaires au moyen-âge. — in-8°.

1846. Vénalité des offices. — Sans nom d'auteur. — in-18.

— Lois des commissaires-priseurs et des courtiers, notaires, greffiers et huissiers, en qualité d'officiers-vendeurs de meubles et de marchandises. — Par M. J.-E. Jay. — in-12.

— Considérations sur l'état présent du Notariat, et sa réforme. — Par M. Adrien Morus. — in-8°.

— De la forme des actes au point de vue de l'intérêt des tiers ou de la société, etc. — Par Abard. — 1 vol. in-8°.

— Nouveau formulaire du Notariat. — Par les rédacteurs du Journal des notaires et des avocats. — 1 vol. in-8°.

— Manuel du Notariat, ou recueil de formules. — Par Bavoux. — 1 vol. in-32.

— Cours de Notariat. — Par Angust. — Nouvelle édition. — 2 vol. in-8°.

1847. Essai sur l'institution du Notariat. — Par M. J.-P. Rochou de Vardier, notaire à Billom (Puy-de-Dôme). — in-8° — Il y a une nouvelle édition en 1856.

— Du privilège des vendeurs d'offices sur les sommes fixées par la Chancellerie, et imposées aux successeurs des titulaires destitués. — in-8°. — Sans nom d'auteur.

(V. le Tableau suivant).

(1) *N'ont pu être classés, à défaut de leur découverte : — Le Traité des offices, par Loyseau; — La Théorie et pratique du Notaire, par Cotbereou; — et un précis sur la Garantie en matière de vente, expliquée au Notariat, par M. Sacy.*
Il est à remarquer encore qu'un certain nombre d'autres ouvrages auraient pu échapper à mes recherches.

(2) *Il y a aussi une dissertation sur la Responsabilité des Notaires. — Par M. Pont Paul. — in-8°.*

(3) *Législation du Notariat. Recueil annoté des lois, ordonnances, etc., concernant spécialement le Notariat. — Par le même auteur. — 1 vol. in-8°. — 1846.*

BIBLIOGRAPHIE DU NOTARIAT.

(V. le tableau précédent.)

1848. Un mot sur la vénalité des offices et sur la hiérarchie des clercs. — Par le citoyen Henri Oudin. — in-8°.

— Traité sur la vénalité et propriété des offices, ouvrage dédié à MM. les officiers ministériels. — Par Paul Bonnet, avocat. — in-8°.

— Quelques mots sur les offices. — Sans nom d'auteur. — in-4°.

— Le Notariat considéré dans ses rapports intimes et journaliers avec la morale. — Par M. R..., notaire. — in-8°.

— Impôt sur les offices, ou leur réforme appliquée au Notariat, procurant immédiatement à l'État un revenu annuel de plus de cent cinquante millions, sans diminuer en rien les émoluments des notaires et sans bouleverser la loi fondamentale du Notariat, mais en l'améliorant. — Par Henri Oudin. — in-8°.

— Essai sur la transmission des offices ministériels. — Par un magistrat. — in-8°.

— Des offices et des officiers ministériels et particulièrement du Notariat et des notaires. — Par J.-A. Gueroult, notaire à Rouen. — in-8°.

— De la vénalité des offices relativement au Notariat, ouvrage dans lequel on démontre : 1° la nécessité d'un prompt rachat de la propriété des offices de notaire; 2° la nécessité de l'abolition de la vénalité de ces offices; 3° les moyens à employer pour faire ce rachat sans causer de préjudice aux tiers, soit à l'État, soit aux particuliers, — suivi d'un projet de loi sur le Notariat. — Par un notaire. — in-8° (1).

— De la vénalité des offices et de la possibilité de son extinction par une nouvelle organisation donnant un mode de remboursement progressif et intégral, et constituant les intérêts des titulaires et de leurs clercs ou employés. — Par A. Frapé. — in-8°.

— De la vénalité des offices. — Par Gilardeau. — in-8°.

— De la transmission des offices. — Bevrier, huissier à Paris. — in-8°.

— Aperçu sur un projet d'association mutuelle entre tous les officiers ministériels de la France, pour garantir leurs clients de tous les risques et périls, provenant des faits soit d'incendie soit de déconfiture. — in-8° (2).

— De la vénalité des charges. — Par F.-F. Félix. — in-4°.

— Mémoire sur la propriété des offices de notaires. — E. Masseret. — in-4°.

— De la situation et de l'avenir des offices ministériels. — Par Henri Cauvain, avocat à la Cour de Paris. — in-8°.

1849. De l'origine et de l'institution du Notariat, précis historique. — Par Euryale Fabre, notaire à Clermont-Ferrand. — in-4° (3).

— Discours sur les devoirs du notaire, et réflexions critiques sur divers abus à supprimer. — Par Mᵉ Bastide, notaire à Épinal. — in-8°.

— Un mot sur les questions des offices ministériels. — Par A. Roger, avoué d'appel à Caen. — in-8°.

— Observations présentées à la Commission du budget de l'Assemblée Législative, — par les délégués du Notariat des départements, — au sujet du projet de loi sur les patentes. — in-8°.

1850. Réquisitoire de M. Dupin, procureur général à la Cour de cassation, dans la question des clauses compromissoires appliquées aux ventes et à la fixation du prix des offices, et du pouvoir des chambres de discipline en cette matière, avec l'arrêt de la Cour (audience du 28 juillet). in-8°.

— Précis sur la réforme du régime hypothécaire, délibéré par la Chambre des notaires de l'arrondissement de Compiègne (séance du 3 avril). — in-8°.

— Observations présentées à l'Assemblée nationale sur le projet de loi relatif au régime hypothécaire, — par les délégués des notaires des départements. — in-8°.

— Offices et officiers ministériels. — Par M. Victor Bellot, docteur en droit, avocat, etc. — in-8°.

— La vénalité des offices. — in-4° (4).

— Le taxateur des notaires, ou tarif légal et raisonné de tous les actes que les notaires peuvent et doivent recevoir, etc. — Par F. Courgibet et Buchez-Hilton. — in-8°.

— Du Crédit foncier et de la réforme hypothécaire, mémoire délibéré par la Compagnie des notaires de l'arrondissement de Châlons-sur-Marne, sur le rapport de M. Caquet. — in-8°.

— Chambre des Notaires de Paris. — Examen de la clause de voie parée. in-4°.

— Mémento du notaire, indiquant ce qui forme la substance des actes et contrats d'après les dispositions législatives et la jurisprudence. — Par Alp. Rousset, notaire. — 1 vol. in-18. — 3ᵉ édition.

(V. le tableau suivant.)

---

(1) *L'avant-propos est signé : C..., notaire.*
(2) *Ouvrage signé : L. Robert d'Avenay; E. du Ferre de Vrégnel.*
(3) *Il existe une brochure du même auteur sur la réforme hypothécaire.*
(4) *Écrit signé : Buchez-Hilton.*

BIBLIOGRAPHIE DU NOTARIAT.

(V. le tableau précédent.)

1851. De la purge des hypothèques légales non inscrites et de son application au prêt hypothécaire. — Projet soumis à l'Assemblée nationale législative, par les délégués des notaires des départements, avant la troisième lecture de la loi sur les privilèges et hypothèques. — in-8°.

— Cours élémentaire du Notariat français. — Vilain. — 1 vol. in-8°.

1852. Tableau des notaires de l'arrondissement de Lille, depuis le premier mai 1671 jusqu'au premier mai 1852, dédié à la Chambre des notaires. — Par Edmond Leux, ancien conservateur des archives du Tabellion. — Avec notice historique. — in-folio.

— Sur la fermeture des études de notaire le dimanche. — in-4° (1)

— Projet de suppression de la vénalité des offices de notaires. — Par F. Mordret, notaire à Paris (Ille-et-Vilaine). — in-8°.

— Note présentée par la Chambre des notaires de Paris, sur la proposition d'un tarif des droits et émoluments des actes notariés. — in-4°.

— Examen des droits des officiers ministériels à la propriété de leurs offices; état de la législation jusqu'à la révolution de 1848. — in-2°.

— Théorie du Notariat, pour servir aux examens de capacité. — Par Édouard Clerc. — 1 vol. in-8°.

— Nouveau Dictionnaire des notaires et des préposés de l'Enregistrement et des Domaines. — Par une société de jurisconsultes, de notaires et d'anciens employés de l'Enregistrement. — 3 vol. in-8°. — (Ce dictionnaire doit être le même que celui qui a pour titre : Dictionnaire général et spécial des Notaires, par l'administration du Journal du Notariat et des offices ministériels.

— Formulaire pour inventaires. — Par un notaire de Paris. — 1 vol. in-4°.

— Formulaire pour contrats de mariage. — Par un notaire de Paris. — 1 vol. in-4°.

1853. Tablettes à l'usage des clercs de notaires. — Par un clerc de notaire. — Volume-album. — in-folio.

— Projet de réorganisation du Notariat. — Par M. Garnier de Cluse, ancien notaire. — in-8°. — Il y a une 2e édition en 1855, augmentée du tableau comparatif des droits d'enregistrement.
Il a paru à la suite de cet ouvrage une brochure contenant discussion du projet.

— Manuel théorique et pratique et formulaire général et complet du Notariat. — Par Édouard Clerc. — Suivi du Code des notaires, expliqué par A. Dalloz, et d'un traité de la responsabilité des notaires. — Par M. Vogel. — 2 vol. in-8°, 3e édition (2).

1854. Esquisse d'un projet de transformation du Notariat en magistrature. — Par M. E. V. Loba. — 1 vol. in-8°.

1854. Esprit, législation et jurisprudence du Notariat, ou Guide théorique et pratique des personnes qui en exercent les fonctions ou s'y destinent, et de toutes celles qui ont occasion de recourir ses lois sur la matière, traité sur un plan nouveau. — Par C. Smithère Bertholtus, avocat, ancien notaire. — in-8°.

— Éléments de comptabilité et de tenue des études de notaires, des taux d'honoraires et des prix de cessions des études de notaire. — Par Charles Lemenier, ancien premier clerc de notaire à Paris, président de la Chambre des notaires de l'arrondissement de la Rochelle. — 1 vol. in-8°.

1855. Formulaire Pocket des actes des notaires avec des annotations, suivi du texte du Code Napoléon et du Code de procédure civile. — Par l'administration du Journal des notaires et des avoués. — 1 vol. in-18, 3e édition, mise au courant jusqu'au 31 décembre 1856. — (4e tirage février 1857.)

— Manuel du clerc de notaire, ou précis des connaissances nécessaires aux aspirants au Notariat, suivi d'un traité pratique de comptabilité notariale. — Par Loriflus Besson, avocat à la Cour impériale de Paris, et Armand Lucelle, ancien clerc de notaire. — En sort volume charpentier.

1856. Commentaire de la loi du 23 mars 1855, pour la pratique notariale. — Par M. Grossi, ancien notaire. — 1 vol. in-8° (3).

— Études historiques sur les clercs de la Bazoche. — Par M. Adolphe Fabre, avocat. — 1 vol. in-8° (4).

— Guide pratique du clerc de notaire, contenant : 1° un essai historique sur la chancellerie sous les Hébreux, Égyptiens, Athéniens, Grecs, Romains, Gaulois, Francs et jusqu'à l'an XI ; — 2° la législation cléricale postérieure à l'an XI, suivie de projets réformistes ; — 3° et l'énumération des règles devant présider tout traité d'étude, et des pièces et formalités exigées jusqu'à l'installation de l'aspirant comme notaire. — Par Hugues Metenier, ancien premier clerc de notaire. — 3e édition, in-8°.

L'auteur traite des lois et de la jurisprudence cléricales, trace les règles des inscriptions des clercs, dirige l'aspirant dans le choix et l'achat des offices et énumère les formalités d'admission comme notaire.

Il indique également quelques indications ou réformes, comme la création de chambres composées des clercs de chaque arrondissement, l'obligation de se rendre à des conférences particulières où les clercs d'instruiraient et prendraient l'habitude de parler et traiter les affaires.

1857. Dictionnaire du Notariat. — Par les notaires et jurisconsulte rédacteurs du Journal des notaires et des avoués. — 4e édition, revue et entièrement refondue. — 12 vol. in-8°. — Commencée en 1855, cette nouvelle édition, si désirable et si importante, ne pourra se terminer que dans quelques années.

(V. le tableau suivant.)

---

(1) Signé Joubert, principal clerc de notaire à Alès.

(2) La première édition est de 1837, la seconde de 1846.

(3) Il y a, sur l'application de la même loi, une excellente brochure de M. Dieuvoi, notaire à Lyon, président de la Chambre ; — une circulaire publiée le 17 avril 1856, par les délégués des notaires, — et les avis des Chambres notariales de Paris, Lyon, Strasbourg, rapportés dans les archives du Notariat, (t. l. 2756).

(4) Ce livre et le suivant comblent une lacune qu'on regrettait au sujet des anciens clercs-étudiants.

M. Fabre établit l'origine des clercs, rappelle les usages, jeux et cérémonies de leurs corporations qui, dit-il, formaient trois ordres à Paris :

Le Royaume de la Bazoche, — comprenant les clercs des procureurs du Parlement ;
L'Empire de Galilée, — se composant des clercs de procureurs à la Cour des comptes ;
La Bazoche du Châtelet, — formée principalement des clercs de notaires ou intelligents. — Celle-ci combattait aussi ; Bazoche reprenait en taille et triomphe d'honneur, et prétendait à l'antériorité de sa confrérie qui datait, paraît-il, de 1370.

Les couronnements bazochiens de Paris étaient les plus anciens comme les plus importants ; aussi, par imitation, si l'on veut croire d'autres ou procès, se prétendaient auprès des juridictions de Lyon, Marseille, Aix, Toulouse, Poitiers, Tours, Loches, Bourges, Orléans, Chartres, Vernovil, Évreux, Rouen, Chaumont.

BIBLIOGRAPHIE DU NOTARIAT.

(V. le tableau précédent.)

PUBLICATIONS PÉRIODIQUES.

1798. Guide des notaires et des employés de l'Enregistrement, contenant : 1° des modèles d'actes des meilleurs notaires de Paris; 2° leurs effets civils d'après la jurisprudence nouvelle; 3° le modèle d'enregistrement; 4° et la liquidation des droits qu'ils opèrent. — An VII (1799), et années suivantes. — Cet ouvrage se publiait par douze cahiers formant 2 volumes l'an; en tout 6 volumes. — Il y a une seconde édition de 1800, en 6 volumes.

1802. Annales de législation et de jurisprudence du Notariat, par une société de jurisconsultes et de notaires. — Éditeur, M. Loiret, et plus tard d'autres avocats. — Un cahier in-8° par chaque mois. — Cet ouvrage, qui a commencé à paraître le 21 avril 1802, époque de la promulgation de la loi organique du 25 ventôse an 11, et s'est arrêté en 1827, forme une collection de 27 volumes. — Il fut entrepris d'après une autorisation du Grand-Juge, ministre de la Justice, agréé et encouragé par Sa Grandeur le chancelier de France et par Son Excellence le Garde-des-Sceaux.

1805. Journal des Notaires et des Avocats, — publié par une société de notaires et de jurisconsultes, et paraissant dans la première quinzaine de chaque mois en un cahier in-8°. — La collection de ce journal, du premier janvier 1805, date de sa fondation, au premier janvier 1857, forme 56 vol. in-8°. — Un autre volume du même format contient la Table générale du journal, de 1808 à 1833 inclusivement, c'est-à-dire pour la première période de 25 ans.

1809. Journal du Notariat, des hypothèques et de l'enregistrement. — 1809 et années suivantes. — Sans noms d'auteurs.

1812. Le Contrôleur de l'Enregistrement, recueil du Notariat, contenant toutes les décisions administratives et judiciaires sur l'enregistrement, le timbre, les hypothèques et le notariat. — Par MM. Régaud, Liénart et Camps, avocats à Paris, et plusieurs professionnels. — Le Contrôleur paraît mensuellement avec régularité par livraison de trois feuilles in-8°. — Il a été fondé en 1813. — Il y a aussi, par M. Camps, un Dictionnaire des Droits d'enregistrement, de timbre, d'hypothèques, de greffe et des contraventions aux lois sur le Notariat, à l'usage des notaires et des officiers ministériels. — 1 vol. in-8°, de 104...

1826. Mémorial du Notariat et de l'Enregistrement, journal paraissant en un cahier par mois, à partir de 1820. — Fondé par M. Gagneraux et continué par ses collaborateurs.

1828. Jurisprudence du Notariat. — Par les auteurs du Dictionnaire du Notariat; — journal paraissant à compter du premier janvier 1835, en un cahier de 4 feuilles par mois.

— Jurisprudence du Notariat. — Recueil mensuel fondé par M. Rolland de Villargues, magistrat. — Ce recueil, de 1828 à 1851, forme 56 volumes in-8°, et paraît toujours.

1824. Revue du Notariat et de l'Enregistrement, journal paraissant en un cahier par mois, à compter du premier janvier 1824. — Par plusieurs avocats et jurisconsultes. — In-8°.

1825. Le Conseil des Notaires et des Conservateurs des hypothèques. — Journal du Notariat, de l'enregistrement, des hypothèques et du timbre. — Par une société de jurisconsultes, de notaires et d'anciens employés de l'administration de l'Enregistrement et des Domaines. — Paraissent à partir du premier janvier 1825, en un cahier in-8° de 4 feuilles par mois.

1830. Journal du Notariat et des offices ministériels. — Paraissant les mercredi et samedi de chaque semaine, depuis 1849. — Sous la direction de M. de Laguerie.

1851. Archives du Notariat. — Par les rédacteurs du Journal du Notariat et des offices ministériels. — Cahier de jurisprudence, in-8°, paraissant à la fin de chaque mois, depuis le premier janvier 1851.

1847. Agenda et Annuaire de la Magistrature, du Barreau et des offices publics, contenant le tarif des droits de timbre, enregistrement, hypothèques et greffe, la taxe des actes judiciaires et divers renseignements et comptes-faits. — Par l'administration du Journal des notaires et des avocats. — Paraissant depuis 1847.

1849. Journal du Manuel des notaires, ou Recueil de jurisprudence et de doctrine. — Par M. F. Collier, avocat, ancien notaire, professeur d'Histoire du Notariat à Paris, auteur du Manuel des notaires et directeur du bureau des offices. — En un cahier par mois de 16 articles environ, format in-4°, faisant la suite et le complément du Manuel des notaires. — Publication datant du premier janvier 1849. — Dans la collection de 1849 à 1853 de ce journal, se trouve en entier le cours de Notariat, contenant le commentaire de la loi du 25 ventôse an XI, par le même auteur.

1853. L'Officier Ministériel, recueil spécial des lois, décrets, arrêts et décisions judiciaires, à l'usage de MM. les avoués, notaires, greffiers, huissiers, commissaires-priseurs, etc., etc. — Sous la direction de M. Dupré, ancien magistrat. — Livraison mensuelle, in-4°, qui paraît avoir commencé en 1853.

— Le Courrier du Notariat. — Journal spécial de la réorganisation. — Directeur, M. Gardiey de Clarac. — In-4°. — Paraissant le jeudi de chaque semaine, à partir de 1853; le premier numéro est daté du 7 avril.

— Le Moniteur du Notariat, recueil mensuel de jurisprudence, — encore par M. Gardiey de Clarac, — faisant, comme le journal, suite à sa brochure sur la Réforme du Notariat, et tendant au même but. — Cette livraison paraît tomber; on y citait des lettres portant adhésion de divers notaires.

1857. Annuaire des clercs de notaire pour 1857 (première année), suivi d'un formulaire pratique des principaux actes du Notariat, publié avec le concours d'une réunion de principaux clercs.

FIN (1)

<hr>

(1) C'est ici le lieu de répéter, avec M⁰ Savigny, auteur déjà cité, que les livres sur le Notariat se trouvent du nombre de ceux qui ne sont jamais faits, à cause des fréquents changements qui surviennent continuellement dans la Législation et la Jurisprudence.

INDEX DE LA LÉGISLATION ET DE LA JURISPRUDENCE.

9 782329 256016